太極學報

（壹）

自第一號
至第七號

圖書
出版　韓國學資料院

태극학보 太極學報

1906년 8월 24일 일본 도쿄에서 태극학회가 창간한 기관지.

태극학회는 제국주의 침략하에서 나라를 구하는 방법은 국민 교육이라고 생각하고 서북 지방의 유학생을 중심으로 1905년 9월 조직된 단체이다. 1906년 8월 24일 기관지로 『태극학보(太極學報)』를 창간하였고, 1908년 12월 24일 총권 27호로 종간되었으나 『공수학보(共修學報)』, 『대한유학생회회보(大韓留學生會會報)』 등 일본 내 다른 유학생회의 기관지 발행에도 영향을 주었다.

『태극학보』는 태극학회의 창립 목적을 달성하기 위한 수단으로 1906년 8월 24일 창간되었다. 『태극학보』의 창간호 서문에는 "아동포국민(我同胞國民)의 지식(智識)을 개발(開發)하는 일분(一分)의 조력(助力)"이 될 것이라 하면서 발간 목적을 밝혔다. 학보의 발간 경비는 처음에는 전적으로 회원들의 의연금에 의지하였으나 점차 학보의 판매 대금과 이갑(李甲) 등 국내 서북 지역과 서울 지역 유지의 출연으로 확대하였다.

『태극학보』의 구성은 3호까지는 강단(講壇), 학원(學園), 잡보(雜報)로 나누었으나 4호부터는 강단과 학원을 구분하지 않았으며, 11호부터는 논단(論壇), 강단, 학원, 잡찬(雜纂), 잡보 등으로 세분하였다. 주된 내용은 애국 계몽 단체가 추구하였던 교육 구국 운동, 언론 계몽 운동, 실업 구국 운동, 국채 보상 운동, 신문화 신문학 운동, 국학 운동, 민족 종교 운동, 해외 독립운동 기지 건설 운동 등의 내용을 종합적으로 추구하였다

『태극학보』는 매월 1회 발간하였으며, 8월에는 하기 휴간하였다. 3

호까지는 일본 유학생을 중심으로 배포되었으나 4호가 발간된 1909년 11월부터는 국내 배포를 위하여 경성 중서에 위치한 주한 영사관에 『태극학보』 출판 지점을 설치하였고, 12월에는 캘리포니아 한인공동신보사사에 배포소를 설치하였다. 1907년 7호부터는 국내 각 지역의 학교에도 잡지를 발송하였다. 『태극학보』는 태극학회 회원만이 아니라 국내의 지식인과 학부모까지를 망라하는 매우 폭넓은 필진을 보유하였다. 이는 『태극학보』에 대한 당시의 관심을 반영하는 것이라 할 수 있다.

『태극학보』는 개항기 일본 유학생이 조직한 태극학회의 기관지로 발간되어 태극학회가 목적으로 하였던 애국 계몽 운동의 주요한 선전 도구의 역할을 다하였다.

출처 세계한민족문화대전

「大極學報」　目次

解題

光武十年八月二十四日發行

太極學報

每月一回發行

第一號

太極學報發刊의序

今日文明時代에處ᄒ야個人的國民的을不論ᄒ고學識을不修ᄒ면戰國時代에處ᄒ야武藝를不習ᄒᆷ에無異ᄒ니엇지社會에容立기能ᄒ리오是故로近日憂國憂時의士ㅣ반닷시國民敎育四字로標幟唱導치아님이無ᄒ나凡事가唱ᄒ기易ᄒ고實行기難ᄒᆷ은人世의常態로다

惟我太極學會가呱呱의聲을發ᄒ고東都一隅에萌出ᄒᆷ이於茲에逾年이라此間에幾多頓挫辛苦의悲境이不少ᄒ여스나盤根을不遇ᄒ면利刀를難辨이라倚我會員의血誠所湧이여一致團心으로相勸相救ᄒ며相導相携ᄒ야一步를退縮ᄒ고면數步를更進ᄒ고難關을遭遇ᄒ면百折不屈의精神으로勇氣를倍進ᄒ니此ᄂ本會가今日漸次旺盛ᄒᄂ域에進ᄒᆷ이요時々演說講演或討論等으로써學識을交換研磨ᄒ야他日雄飛의準備를不怠ᄒ고學識暇를利用하ᄂ各自學習ᄒᄂ바專門普通으로論作之飜譯之ᄒ야我同胞國民의智識을開發ᄒᄂ一分의助力이되고져ᄒᄂ微誠에出ᄒᆷ이니此ᄂ本報가創刊되ᄂ盛運에達ᄒ者인ㅣ져

一粒의土도積ᄒ면泰山을成ᄒ고一滴의水도合ᄒ면大海를成ᄒᄂ니吾儕도ᄯᅩᄒ我二千萬國民의各一分子라各一臂의力을出ᄒ야國民의天職을萬分一이라도盡ᄒᆷ이有ᄒ면此ᄂ吾儕의衷心으로熱望ᄒᄂ비로다

學報序

目次

大極學會總說上

國之謂國夫豈徒環海疆土之謂哉以有民族
生聚能立自治之體而能養自守之力也是以
民富則謂之富國民強則謂之強國民愚而不
知自立則謂之弱國民亂而不能自守則謂之
敗國也且一民一族固不能爲全國而就幾萬
民族區而別之分而數之則固各自爲一民一
族是以一民一族各自修身各自務農各自通
工場事講武演藝則全國之治且安富且強其
在是矣今此學會諸公各自來學是不過一民
一族之事而學成歸國之日萬水同流終成一
海豈非我全國治安　富強之基哉諸公其勉之
哉然諸公其必以太極名此學會者果何爲耶
昔易庸學爲東洋陳腐之舊而後生少年務學
泰西者所噤口而不肯道者諸公所學乃泰西

之新而反取東洋之陳得無爲攘攘熙熙者之
所笑耶嗚呼理無東西人無古今請就極本窮
源而演其說可乎今夫國土爲君主一人之物
果何爲哉只就一民一族而言之或由其身或
由其祖或官或商或稼或工積功累財收田起
家則此當爲子孫世守之物而非餘人之所宜
侵奪君主之有國土或由其身或由其先或以
其德或以其智而統有其域撫有其民者固不
當爲其人子孫世守之物耶然則今日東西韓
之爲韓支那大和之爲支那　大和英德法義之
爲英德法義者各有其君各有其民此決非彼
此強制之所宜奪者理也而理則所謂大極也
今勿論國之大小顧其民族群群生聚未必皆
賢皆智胥治胥安則必有君主而立治教以求
相生相養者勢所必至而理所必有此君主之
所以立而其理則所謂太極也且國土之廣民
族之眾固非一人之所能御則分郡立縣置省

伺察探幽隱索乃所以助治安而導法律此其
理則所謂太極也今夫醫何必學耶天以生物
爲心而胎卵濕化群群逐逐莫非天之物人於
其間得此生物之心以爲心自然便有惻怛慈
愛之情推此心而廣之凡此胎卵濕化皆吾之
所當愛而人與人其類同則所愛在先而所施
爲急是以愚者教之而使之智是固愛之也惡
者治之而使之善是固愛之也至其風氣之所
迭盪氣血之所傳受疾病相尋生物有損則針
砭之設藥石之行所以補治術之所不及而盡
慈愛惻怛之心其理則所謂太極也且一人之
身而百工之事備焉非宮室則風雨何以障非
衣食則生命何以保非舟車則遠近何以通非
器具則日用何以給宮室衣食舟車器具莫非
養生送死起居動息之所必需此工之所必要
而其理則所謂太極也且天之所生地之養物
產有偏盛民業有通塞務遷有無互相交易乃

設司而有長官有大臣有屬僚有徒隸以行治
教者固勢所必至而理所必有其理則所謂太
極也今夫法律何必學耶大臣長官以行君之
令治民之事爲職而其或苟祿偸安不事其事
則此法之所當問也其或擇僚不材置屬不審
而收賄納財以事包苴則此法之所當問也屬
僚徒隸侵侮生靈以事割剝則此法之所當問
也是其立法制律之理然也而其理則所謂太
極也今夫警察何必學耶人生本善皆有是心
只因一時私慾之拘戾氣之濫敢於踰閑勇於
作惡而本心之善未嘗鑠盡雖弒父之兇殺人
之盜而中夜自省慄然自懼是以巧爲之謀而
隱其惡逃其罪曲避刑法之苦務圖生命之存
是不可任其回互隱蔽而使牧善之蠹害人之
蠹容於民族之間而縱一惡以害萬善則巡視

養生送死之所不可缺此商之所必要而其理
則所謂太極也民族之有國即如一人之有家
先王之所遺父祖之所傳生於斯葬於斯家於
斯而養子孫於斯區域有定服事有所其不可
使殊系之國異言之人開其侵侮以墜公業則
柔遠能邇宜示懷保冠玉帛宜昭信義然則暴
隣強族恣其私慾逞其野心則此不容不以干
戈相見不寧惟是雖在同國之中而時有蘖芽
之生陵夷人紀胎禍善良則此軍事之不可不
學而其理則所謂太極也至若禾麻菽麥雞豚
牛羊為養命之本而材木魚壚以為之助則農
之不可不學固不待於喻而其理則所謂太極
也今此學會諸公所學若政治若法律若軍警
若醫農工商分則為物各具一太極合則為萬
物統體一太極其以太極名此會者此吾之所
以深許而極贊者也吾之向在美洲也我學生
遊學在彼者語及東西學術之異今此歲久不

能記其姓名而其議論則概不忘也曰吾不知
孔孟為何人耶歐洲無孔美洲無孟而政治之
良追駕唐虞三代之美遠勝湯武而醫農工商
厚生利用非復唐虞三代之所可及吾於是不
免嚼舌而不之語是難以口舌爭也嗚呼理
無東西人無古今試讀歐史歷覽美洲其以人
愛人立政制治施設法之本意則通天下一
而已矣然則讀孔孟說堯舜在東洋若爾邦
者耶嗚呼藥石非不良而病人自不服縱使病
人只誦藥名其病果可已耶至若器械之精推
測之妙則出自泰西者果非東亞之所嘗有而
是則何不讀歐美史考其製造草創之時耶是
亦不免如易繫及考工記所云重門擊析舟車
刳圓之為而在泰西則由專門立學科精益求
精新益求新以至有近日無線之電輕球之行
而東洋之人只事蹈襲不求研究是蓋後學之

三

易學在焉此則另俟他日爲諸公一講之

過也孔孟所見常在生物之源人道之大而厚
生利用之具則蓋略備焉而已諸公謂近日爲
泰西所就已在絶頂耶若謂如是則是又不免
爲夏虫之語氷又安知幾十百年之後火輪舟
車將不爲廢物而通星渡月將不在瞬息耶若
在彼時追視今日則今所攘攘當復如何蓋天
之所設無窮而地之所局甚窄非一世一紀之
人所能窮而盡之其理則所謂太極也至於哲
學之有異同者則如老聃墨翟釋迦耶蘇流以
古今散以東西各就所見設爲敎門而信者之
不一亦由所見之不同譬如菽粟布帛楂梨橘
柚惟在其人所嗜之如何而同氣相求各成一
黨者也是薰陰陽之所迭運晝夜之所相禪不
能無尖斜曲直方圓黑白爲之相對而與之相
反此其理則又所謂太極也今此諸公讀東亞
之書學泰西之說而參古酌今當有折衷之妙
矣若專就太極之說而求其精深微密則自有

賀太極學報之創始

工學士　尙灝

喜哉라太極學報之創始여忠心之所發이며
元氣之所著로다何者오太極云者는四千餘
年歷史와二千萬國民을有한我大韓國家의
威權을代表하는旗號니即我國民之精神이
라以是로爲氣하고學云者는人生이世上에
處하여宇宙間萬物人可以得見하며可以得
想者를都取之於前하야其性質을研究하야
人生에對한其利害關係有無를學함이니即
生存競爭之場에第一必要하고且頭等有力한
知識을得하는唯一大路라以是로爲體하며
報云者는以其研究而得知者로互相通報하
야實地事爲에有益케함이니即同類團合的
機關이라以是로爲行하니其氣也浩하고其

體也固ᄒ고其行也正ᄒ도다嗚呼라此ᅵ忠心之所發이며元氣之所著이여以是而前進이면何事不成고然而夫事者ᄂ易始而難成이라爲事者ᅵ可不慮哉며可不愼哉아ᄂ以是로作之ᄒ야以是로守之ᄒ면有始大成을何恨不得고故로吾輩ᄂ惟慶賀而心喜ᄒ노라

贊說

友古生　崔　麟

余之來遊東京은爲學也라時當盛炎ᄒ야坐于樹陰而揮蠅獵書ᄒ더니以支長日이러니忽有蟬聲이出自木末이라余ᅵ喟然歎曰噫라此ᄂ秋意也ᅵ로다夫當陽極之候ᄒ야己有一陰而暗動於中者ᄂ人雖不知나候物이先之라此ᅵ陽極陰生ᄒ며陰極陽生ᄒ야循環無端ᄒ니所謂太極者否也아適有客過之曰子亦聞此京에有太極學報之發刊者乎아余曰未也라太極은是無極也而我 大韓帝國之旗章也라取此而名其報者ᅵ果何人耶아客曰名必有義어ᄂ子何不顧名而思義乎아取非韓人而誰歟아余ᅵ蹶然而起曰嘗聞我同學中有志諸君이起學會於此京之本鄕區ᄒ고命其名曰太極云러니今所謂太極學報가無乃是眞遊學之正義務오是固進修底眞面目이로다於我學生之長進이孰逾於此리오客이聞言更坐曰人有先後進ᄒ고事有緩急務ᄒ야人若宜後而欲先則蹇於中途ᄒ고事或以緩而爲急則患於就緒者ᄂ理也라論以今日我韓之現像컨딘爲先覺者ᄂ當以從事於敎育ᄒ야以新聞雜誌等書籍으로目的於開發民智ᄒ고爲後進者ᄂ當以從事於

五

11

學問 호야以農工醫理等科學으로目的이 於專
攻一門 호야以成大家之不暇也어 近所謂
學生界之會也報也로紛紛然往來 自忙 호야
有妨於專修者 눈吾之所不贊也라 호노라余
曰惡라是何言也오君之言이 足可誣而誤人
也로다大抵學問者 눈聞見也라聞其所不聞
호며見其所不見 호야得之於己而推及於人
이라야可以得彼與我一致而幷進焉이라故
로醫學者不解法律則亦不完其所學者 눈不待明
學者不知理科則不得 全於所學者 눈不待明
而明矣라然而苟以己之所得 으로欲及於人
則國土가廣 호고人物이衆 호야夫吾人意思
喩戶說則將用何術而施之乎아夫吾人意思
之所以發表者 ㅣ有三種方法 호니動作曰
言語曰文辭是也라若動作 으로欲表意思則
如喜而笑悲而泣者 ㅣ其例不多 호고若言語
也와文辭也則是無窮之活體也라講究乎今

古之學問 호며交換乎彼我之智識인디非言
語文辭면其何以表示리오然이나言語則口
傳面命이其用也狹 호고文辭則述意流佈 가
其效也遠矣라今此諸君子之組之會刊之
報 눈所謂推己及人之一大活業也니於我國
民之大精神과於我學生之大舉動이是其非
耶아客曰可可 호고余曰快快 호야爲之說而
贊祝之 호노라

贊說

李承瑾

古人이云有志者ㅣ事竟成이라 호니信斯言
也여余於友人之事에 剏乃信之矣로다奧自
往年乙巳之冬 으로有某々同志者ㅣ留學於
江戶 호써其爲志也ㅣ非但以箇人的主意로
獨步於文明之域 호야以有助於國家之萬一
이라並以共同團體之全力 으로熱心進就於

新學界之發達ᄒᆞ야大有補於生存競爭之世
界然後에可以達留學之目的이라ᄒᆞ야乃刱
設學塾於東京市內ᄒᆞ고교名之曰太極學校ᄅᆞ
ᄒᆞ야募集多士에研鑽學術ᄒᆞᆯ식或討論學習
ᄒᆞ야以開人之智識ᄒᆞ며或編刊學報ᄒᆞ야以
達人之耳目케ᄒᆞ니善哉라斯人之爲斯也여
吾閱近世普佛戰史則普師之凱還也에有云
今日之戰勝이非我軍旅之樹勳이라是乃學
校教師之熱心敎育으로人民之智識을發達
케ᄒᆞᆫ功力이ᄅᆞ고萬口咸頌ᄒᆞ엿다ᄒᆞ니信然
哉라斯言也여可羨哉라斯言也여夫國之文
野와人之智愚가在於學問之存不存如何則
豈不重且大歟아惟我諸君子는推此心界에
야敎育發達에熱心勸勉則其於功成之日에
爲國盡瘁에竭力共進ᄒᆞ야可以措天下於盤
泰之安矣리니以若有志血誠ᄋᆞ로何難之有
哉아爲諸公是祝

七

贊說

池成沈

美哉太極學報之發刊　善哉太極學報之發刊
太極者無極也而我　大韓之所以爲旗章者
也僉哉君子取理於此以刊學報有志哉僉君子
好學哉僉君子盆太極肇判而天地是關天地
關焉而萬物是生萬物生焉而惟人最靈最靈
乎人者以其有學問也然學問云者非徒閉戶
讀書之謂也即恢弘聞見以擴充智識者也現
今東西分裂新舊並擧學問之競爭與日益甚
智巧之發達隨時愈奇千派萬流類出其間而
所學不同所業各異苟非一圓這理莫可得以
包括矣故僉君子乃以好學之心慨然有志於
此會其同志組成一社發行學報以其所聞口
於不聞以其所見口於不見互相交換其智識
期人於至善至美之境而竟至於無極之理矣

此學報之名以太極不亦宜乎　於是余有觀感

而與起焉敢以燕辭以表贊祝之忱

收精彩於諸賢其文郁々　錫佳名以太極有

理昭々

有此美號　可以觀矣

竊惟學問之修養　實在智識之擴充

會以文補以仁友朋之交有道　取其長補其

短德業之成可期

分東裂西縱有百家之殊藝　智新溫古遠追

先聖之遺謨

嗚呼　之恨

　　　造此邦家岌嶪之機　豈堪志士痛哭

二千萬兄弟渾在長夜之夢鄉　三千里江山

半作他人之利藪

氣燄未全消矣誰將擊楫而誓清　塗炭於斯

極乎時遠警鐸之循路　惟我留學僉位

克念民智之開發　　致有學報之編成

應群心於同聲義捐學費　　體一理於無極名

取國旗

蒐輯東西之精華聞見漸博　酌酌古今之同

異損益可知

盍以志乎學之心　竟有述此編之美

有終有始庶期與聖而同歸　如啄如磨可見

成章之有斐

楊子之著書問幾不使專美於前　嘉祐之多

士復稱亦將有利於國

生　學識淺薄　志業空踈

素乏經論之才縱無一辭之能贊　聊起懦頑

之習以囊末光之得依

講

壇

國家論

會員 崔錫夏

國家主義가發達된歐米人은國家에對ᄒᆞ야恒常注意를不怠ᄒᆞᆷ으로써人々마다其定義를明히解釋ᄒᆞᄂᆞ我邦人은不然ᄒᆞ야古來로國家에對ᄒᆞ야冷淡ᄒᆞᆫ觀念이有ᄒᆞᆯᄲᅮᆫ더러往々히其眞意를誤解ᄒᆞ도다故로余ᄂᆞᆫ薄識을不拘ᄒᆞ고所聞을略論코져ᄒᆞ노라

從古以來로國家라ᄒᆞᄂᆞᆫ定義에對ᄒᆞ야學者의所論이不同ᄒᆞ나今日文明諸國에서通用ᄒᆞᄂᆞᆫ學說은如左ᄒᆞ니曰國家라ᄒᆞᄂᆞᆫ것은一定ᄒᆞᆫ土地를有ᄒᆞ고ᄯᅩ權力으로써統一ᄒᆞᄂᆞᆫ人民의團體니라此定義를分析ᄒᆞ면國家에三要素가有ᄒᆞᆫᄃᆡ第一은土地니幾千萬人이共同ᄒᆞ야團體를結合ᄒᆞ더라도一定ᄒᆞᆫ領土가無ᄒᆞ면國家라稱ᄒᆞᆯ슈無ᄒᆞᆫ지라故로學者가古代에水草를追隨ᄒᆞ야八方으로漂流ᄒᆞ던蠻族의團體를國家로不認ᄒᆞᄂᆞ니라然이ᄂᆞ土地의大小에ᄂᆞᆫ區別이無ᄒᆞ니全世界에第一廣大ᄒᆞᆫ領土를有ᄒᆞᆫ英國도一國家오彈丸黑子갓튼摩洽哥도一國家니라第二ᄂᆞᆫ權力이니一定ᄒᆞᆫ土地가有ᄒᆞ고數多ᄒᆞᆫ民族이有ᄒᆞ더라도此를統治ᄒᆞᄂᆞᆫ主權者가無ᄒᆞ면國家가아니나니라故로文明諸國에셔ᄂᆞᆫ治者와被治者의區分이明瞭ᄒᆞ야人民이其主權者에게對ᄒᆞ야絕對的으로服從ᄒᆞᄂᆞ니라第三은人民의團體니此社會上에無數ᄒᆞᆫ團體가存在ᄒᆞ엿시ᄂᆞ國家ᄂᆞᆫ單純ᄒᆞᆫ團體가아니오一定ᄒᆞᆫ土地와權力으로組成ᄒᆞᆫ團體니라」以上三要素로成立ᄒᆞᆫ國家가吾人과如何ᄒᆞᆫ關係가有ᄒᆞ뇨西哲의言과갓치生活의目的을達ᄒᆞ기爲ᄒᆞ야家族團體가發生ᄒᆞ고家族團體가發達ᄒᆞ야部落團體가되고部落團體

가發達ㅎ야完全한國家團體가되여시니卽國家는吾人의集合體라此國家가無ㅎ면吾人은生活을完全히ㅎ야萬無ㅎ니何者오國家가아니면吾人의危害를排除ㅎ며吾人의幸福을增進케ㅎ이不能ㅎ도다且夫國家가吾人을保護ㅎ는데方法이二種類가有ㅎ니一則對內保護오一則對外保護라一國內에多數民族이集會ㅎ야共同生活을營ㅎ는데自然히利害가相反ㅎ야時時로衝突을不免홀뿐더러國民中에善者도有ㅎ고惡者도有ㅎ今此를區分ㅎ야相當한統治方法을講치아니면此社會에存在ㅎ多數良民은畢竟惡者의게侵害를被ㅎ야一日이라도高枕肆志ㅎ고吾人의生命을享存ㅎ무도다惡者가有ㅎ야吾人의生命을害ㅎ면國家가法律로써此를制裁ㅎ고强盜가有ㅎ야吾人의財産을奪ㅎ면國家가警察로써此를防禦ㅎ고惡官吏

가有ㅎ야吾人의게不法行爲를行ㅎ면國家가行政으로써此를救濟ㅎ야事生之前에는政治手段으로써人民의災殃을豫防ㅎ고事生之後에는司法制度로人民의損害를救正ㅎ나니是는國家가國內에存在ㅎ人民의權利關係를保護ㅎ인故로對內保護라稱ㅎ나니라

以上論ㅎ과갓치假令國家가國內人民을保護ㅎ야共同生活의秩序를維持ㅎ더라도外國으로부터來ㅎ는侵害와侮蔑을防備ㅎ지못ㅎ면國民의安寧幸福을期ㅎ기難ㅎ거시라現今二十世紀는生存競爭時代라優勝劣敗와强食弱肉은自然之理勢라文明列强의大勢를觀察ㅎ에年年歲歲로人口가繁殖ㅎ야土地가不足ㅎ야自國內에셔는發展홀餘地가無ㅎ故로勢不得已ㅎ야國外에領土를開拓ㅎ야國民의生活上福利를圖謀ㅎ나니

此를稱하야帝國主義라稱하나니라吾人이此時代에生하야各々自己의生活을完全히하기爲하야外部의壓力을防禦코져하면一個人의腕力으로는其目的을達할슈無한즉不可不堅固하고强大한團體를組成할必要가生하나니於此에國家가有하야一邊으로陸海軍을養成하야外國의侵害를豫防하며一邊으로列國과通商條約을締結하야人民의게此等事을行하는것은皆是國家의分子되는人民의生活利益을保護함에出함이니此를稱하야對外保護라하나니라要컨대國家는吾人으로組織한團體라即吾人을個人的으로結合한것으로觀하면國家니此理를推而言之하면人民之利益이即國家之利益이오人民之災殃이即國家之災殃이라反而言之하면國家之隆

盛이即人民之隆盛이오國家之滅亡이即人民之滅亡이니라然而吾人이國家事로爲하야生命을拋棄하여야될境遇가有하니此는人民의利害와國家의利害가相反하니此決코是理가아니라國家의危急存亡할찍를當하야吾人이自己의生命을不顧하는것은國家의生命이即自己의生命인故로自己之事를爲하야自己의生命을賭하는것이니現今文明諸國人民은但知有國하고不知有身하는은愛國性이有함으로無事之日에는一心協力으로政治를整頓하야實力을養成하고有事之日에는赴湯蹈火하야國難에殉하나니如此하고國步之不振이何有며民族之不盛이何有리오激烈한競爭中에介在한我邦同胞는國家思想을腦中에涵養하야須臾라도國際上陶汰하는理則을不忘하면殄滅

之慘禍를 可免이오 興復之機會를 可見이라 ᄒ노라

我國敎育界의 現象을 觀ᄒ고 普通敎育의 急務를 論홈

會員 張膺震

一家의 興敗는 其子孫의 良否에 係ᄒ고 一國의 盛衰는 其國民의 健否에 由ᄒ나니 是故로 一家의 計를 立코져 ᄒ면 其子孫을 薰陶善良케ᄒ믈만 不如ᄒ고 一國의 基礎를 定코져 ᄒ면 其國民의 精神을 健全히 振興發揮ᄒ믈만 莫若ᄒ도다 然則 其薰陶發揮의 道가 何에 在홈은 吾人의 畋々히 說을 不待ᄒ고 人人이 萬口一唱으로 無疑明答ᄒ을者니 即 敎育이 是라

宇宙의 大法則을 觀察ᄒ면 上으로 太陽系의 大와 下으로 有機微物에 至ᄒ도록 宇宙間萬物은 活動變化ᄒ야 暫時라도 進化의 程路를 不息ᄒ나니 吾人人類의 生活도 坯한 이 一大法則을 免치못ᄒ리로다 然이나 一地方活動의 速力은 一國에 比ᄒ면 晚後의 歎을 免ᄒ고 一國活動의 速度는 世界에 比ᄒ면 晚後의 傾向이 不無ᄒ나니 一地方의 敎育은 不得不 其國情에 相應ᄒ 標準을 取치아니치못ᄒ 것이요 一國의 敎育은 世界大勢에 鑑ᄒ야 其標準을 定치아니치못ᄒ지라 今日 環球列國의 國民敎育의 大方針을 觀ᄒ면 各各 此로써 專力注務치안는 者無ᄒ야 我의 短을 捨ᄒ고 人의 長을 取홈에 不恥ᄒ며 人의 短을 見ᄒ고 我의 長을 益益發揮홈에 不怠ᄒ나니 此는 農工商法律政治軍事等 一切의 進步가 各其國情의 特殊홈을 隨ᄒ야 多少의 差異는 有ᄒ나 大略 平衡의 狀態로 駸駸乎 長足의 進步를 發展ᄒ는 所以로다

我國今日 敎育界의 情形을 回顧ᄒᆞ면可히世
界大勢에 投合ᄒᆞᄂᆞᆫ다 謂ᄒᆞᆯ가 設使世界大勢에
投合ᄒᆞᄂᆞᆫ域에ᄂᆞᆫ達치못ᄒᆞ여슬지라도 一步
進一步ᄒᆞ야 漸次進就向上ᄒᆞᄂᆞᆫ 段階에 在ᄒᆞ
다 謂ᄒᆞᆯᄂᆞᆫ지人으로ᄒᆞ여 今流涕長嘆ᄒᆞᆯ者ᅵ一
再에 不止ᄒᆞ도다 元來 士林으로言ᄒᆞ면 一國
의柱石이라古今에 通ᄒᆞ고 天下大勢의 移動
을達察ᄒᆞ며 事理에 精通ᄒᆞ야 進ᄒᆞ면 足히ᄡᅥ
國家의 休戚을論ᄒᆞ며 國民의 福利를 經綸ᄒᆞ
고退ᄒᆞ면足히 衆民의 指導가되야 國民으로
ᄒᆞ여 今敎導開發ᄒᆞ야 文明의 域에 進ᄒᆞᆷ으로
ᄡᅥ己任을作ᄒᆞᆯ것이어ᄂᆞᆯ슬푸다우리 士林의
無能이여 詞章摘句의 術과 陳腐曲學의 說로
阿世欺人ᄒᆞᄂᆞᆫ類가아니면一是古人의遺糟
에心醉盲從ᄒᆞ야 其高尙ᄒᆞᆫ精神의 本軆와人
生의天職은 頓忘不解ᄒᆞ고 唯一形式에 拘泥
ᄒᆞ야一切新理를 排擊ᄒᆞ고 舊習을 膠守ᄒᆞ며

豆大의眼孔으로 世界를 觀察ᄒᆞ야 自尊妄大
의謬想을 徒增ᄒᆞ고 心中에ᄂᆞᆫ 一國의士林으
로ᄡᅥ自負ᄒᆞ며 世人이ᄯᅩᄂᆞᆫ 彼를士林으로ᄡᅥ
認許ᄒᆞ니心中에엇지 自愧ᄒᆞᆷ이 無ᄒᆞ리요 借
問ᄒᆞ노니 聖賢은 何人이며 君子ᄂᆞᆫ 何人고 吾
人도ᄯᅩᄒᆞᆫ 古昔 聖賢의 偉訓偉績을 仰慕崇拜
ᄒᆞ야니미아니나 聖賢도本是人이오 君子도
同是人이라 孟子曰 舜何人也 며 余何人也 오
ᄒᆞ시니 全智全能ᄒᆞᆫ 造物이아니어ᄂᆞᆯᄂᆞᆯ엇지人
事에 盡善完美ᄒᆞᆫ 境이有ᄒᆞ리요 況且人類의
文化ᄂᆞᆫ 時代의經過를 從ᄒᆞ야 向上進化ᄒᆞᄂᆞᆫ
것이라上代의 美德이반ᄃᆞ시今世의 美德됨
을不保ᄒᆞ고 上古博學의 智識이今日兒童에
不及ᄒᆞ者ᅵ往往不無ᄒᆞ며 ᄯᅩ 倫理道德으로論
ᄒᆞᆯ지라도 時代의 趨勢와 人文의 發達의 程度
에從ᄒᆞ야 變遷無此ᄒᆞᆯ것이어ᄂᆞᆯ況其習俗形
式이리요 此를 千代一律로 繩墨自守ᄒᆞ야 聖

門에自擬코져ᄒᆞ니. 儒林의固陋ᄒᆞᆫ僻見이此
에至ᄒᆞ야憫笑可憐ᄒᆞ도다士林의無能이此
에至ᄒᆞ니비록全國에充滿ᄒᆞ면何等福利를
其國에及ᄒᆞ며今日激烈ᄒᆞᆫ競爭社會에何等
實力이有ᄒᆞ리오다못實力이無ᄒᆞᆯᄲᅵᆫ아니라
一國衰頹의原因을作ᄒᆞᆷ이實로不少ᄒᆞ도다
ᄯᅩ科擧法廢止以後에所謂新學鬪發의機關
이라稱ᄒᆞᆯ幾個의外國語學校가創立되여스
니語學으로論ᄒᆞ면文明國의言文을習得ᄒᆞ
야其國文明의精華와學識의源泉을研究ᄒᆞᆷ
에在ᄒᆞ거늘嗟呼라我國語學의無實이여所謂
學徒가一定의目的이無ᄒᆞ고다못世上風潮
에湧動ᄒᆞ야或數年을繼做ᄒᆞ야僅僅其初階
ᄒᆞ면東語西圖ᄒᆞ야竄路에奔沒ᄒᆞ며或外人
의通辯으로碌碌自足ᄒᆞ니ᄭᅩ暇에學理를爲
ᄒᆞ야蘊奧을研究ᄒᆞ며公益을爲ᄒᆞ야一身을

挺ᄒᆞᄂᆞᆫ高尙ᄒᆞᆫ精神을養致ᄒᆞᆷ에達ᄒᆞ리요不
寧惟是라或不良無識의徒가其通辯의媒로
ᄡᅥ往往外人에게依勢ᄒᆞ야自利만是營ᄒᆞ고
一國의不利를能行ᄒᆞ며同胞를犧牲에誘致
ᄒᆞᆷ에至ᄒᆞ여ᄂᆞᆫ其害毒이莫甚ᄒᆞ도다近來靑
年等이斷髮輕裝으로開化를自榜ᄒᆞ고花柳
春風에黃金을散靈ᄒᆞ야一生을自誤ᄒᆞ며輕
薄行動으로自由를頻稱ᄒᆞ야上下人倫을不
鮮ᄒᆞ며不義不理를敢行ᄒᆞ고도日日自由라ᄒᆞ
니此ᄂᆞᆫ某雜誌의所謂近日我國의開化病痛
이라擧國靑年의精神이如此히腐敗ᄒᆞ고思
想이如此히鄙陋ᄒᆞ야滔滔救出기難ᄒᆞᆷ에至
ᄒᆞᆫ者ᄂᆞᆫ社會精神을推究ᄒᆞ면靑年의罪가아니
요實은社會精神의腐敗와國民敎育의不振
에起因ᄒᆞᆷ이로다近來暗黑界中에셔隱然히
一條微光을破出ᄒᆞᄂᆞᆫ者有ᄒᆞ니小學敎育의
萌發이是라大抵健全ᄒᆞᆫ國民을養成코져ᄒᆞ

면其小學時代에敎育에注目지아니치못ᄒᆞ지니兒童의純一ᄒᆞᆫ腦中에健全ᄒᆞᆫ精神의元動力과完美ᄒᆞᆫ習慣을注入ᄒᆞ야異日完成의基礎를確立치아니면不可ᄒᆞ도다近日四方의有志人士가時勢에鑑ᄒᆞ고國民의不振ᄒᆞᆷ을憤慨ᄒᆞ야家貲를盡傾ᄒᆞ며或義金을鳩聚ᄒᆞ야學校를創設ᄒᆞᆷ이連日新紙에記載ᄒᆞᆷ을見ᄒᆞ니如此盛事를熱心唱道ᄒᆞ서는先進諸士의高義에對ᄒᆞ여는感謝無至어니와實로國家를爲ᄒᆞ고國民을爲ᄒᆞ야讚賀不已ᄒᆞᆯ者로다然而血誠이衝天ᄒᆞ나實力이不及ᄒᆞ여往往龍頭蛇尾의歎이不無ᄋᆞ로其熱誠의本意를求得기難ᄒᆞᆷ으로其人往往有名無實의地에終ᄒᆞᆯ疑憂가不無치아니ᄒᆞ여는其責任을國家가負擔치아니ᄒᆞ리로다此世何世며此時何時뇨舊式의敎育은衰敗의極頂에達ᄒᆞ고新式의敎育은弱芽

를僅出ᄒᆞᆷ에止ᄒᆞ니此危機를當ᄒᆞ야一大英斷으로一大非常ᄒᆞᆫ手術를施設치아니ᄒᆞ면國家萬年의計를確立기難ᄒᆞ도다夫敎育의遠大ᄒᆞᆫ目的은個人의品格과國家의人格을高尙히發達ᄒᆞᆷ에在ᄒᆞ나其直接의目的은今日生存競爭에處ᄒᆞ야自活自存에必要ᄒᆞᆫ方策을講究ᄒᆞᆷ에在ᄒᆞ도다此二十世紀는다못ᄒᆞᆯ것이니武力의競爭時代가아니라智識의競爭이요結濟의競爭이요權力의競爭이니故로國家는活動生存으로써目的을定치아니치못ᄒᆞᆯ것이요國家의要素되는人民은生存에堪能ᄒᆞᆫ勇氣를培養ᄒᆞ며不屈의精神을研磨치아니치못ᄒᆞᆯ지라今日此世에處ᄒᆞ야常識을不修ᄒᆞ고社會에立코져ᄒᆞᆷ은武藝를不習ᄒᆞ고戰場에出ᄒᆞᆷ에無異ᄒᆞ니此는所以文明列國이國民普通敎育에注力ᄒᆞ니此가로다此普通敎育이普及完成ᄒᆞᆷ으로써國民

의 敎育이 畢ᄒᆞᆷ이아니라實로普通敎育이無ᄒᆞ면個人 으로써自己의 職分을完守ᄒᆞ야文明社會에容立키難ᄒᆞ고 國家에對ᄒᆞ야國民의 義務를盡ᄒᆞ기不能ᄒᆞ리니普通敎育은人民의 一大義務요國家의 一大任務라稱ᄒᆞ리로다 今日列國의 敎育制度를略擧ᄒᆞ면小學으로붓터 中學을經由ᄒᆞ야高等、專門、大學、에至ᄒᆞ나니小學、中學은一般國民에게必要ᄒᆞᆫ普通學科를敎授ᄒᆞ야 常識을培成ᄒᆞᄂᆞᆫ第一의 機關이라此를畢ᄒᆞ면一個完全ᄒᆞᆫ國民의 資格을認許ᄒᆞᆷ이오一步를更進코져ᄒᆞᄂᆞᆫ者ᄂᆞᆫ면高等、專門、大學에進入ᄒᆞ야高尙ᄒᆞᆫ學理를獎勵硏磨케ᄒᆞᆷ이니此ᄂᆞᆫ即國家의 有爲人物을造成ᄒᆞᄂᆞᆫ機關이라然則小學、中學은世人이往往 誤解ᄒᆞᆷ과갓치高等、專門學에入ᄒᆞᄂᆞᆫ 豫備門이아니오 健全ᄒᆞᆫ國民을造出ᄒᆞᄂᆞᆫ 一個獨立의 機關이나學者의

便利를計ᄒᆞ야 其聯絡을附有ᄒᆞᆷ에 不過ᄒᆞ도다此로由ᄒᆞ야 普通敎育은學術進步의關門이오 國民의精神을發揮ᄒᆞᄂᆞᆫ唯一의良劑니此ᄂᆞᆫ吾人이今日我國民情에鑑ᄒᆞ야普通敎育의 急務를唱論ᄒᆞᄂᆞᆫ비로라

獻身的精神 (寄書)

崔南善

吾儕―志를決ᄒᆞ고 笈을負ᄒᆞ야멀리海外에遊ᄒᆞᆷ은莫非 新世界의新精華를採取ᄒᆞ야 他日國家에貢献ᄒᆞᆷ이有코쟈ᄒᆞᆷ이라然이ᄂᆞᆫ希望은信念에셔셔生ᄒᆞ고 信念은一貫主義에셔生ᄒᆞᄂᆞ니 遠大를期ᄒᆞ고 將來를圖ᄒᆞᄂᆞᆫ吾儕―應當金石ᄀᆞᆺᄒᆞᆫ堅確操와海天ᄀᆞᆺᄒᆞᆫ浩氣壯心은 個個抱持ᄒᆞ얏스러니와萬一、一以貫之ᄒᆞᆫ主義 가無ᄒᆞᆯ진ᄃᆡ 棟梁이失ᄒᆞᆫ大厦와帆檣은失ᄒᆞᆫ巨艦과始同ᄒᆞ야 東歪西倒

치아니ᄒ면 南詔北落ᄒ 後에야 乃已ᄒ지니

一念이 到此에 엇지 不悚然가

嗟乎다 吾輩靑年!

天地ᄀ치 大ᄒ 職務와 山岳ᄀ치 重ᄒ 責任을 兩肩에 荷ᄒ 吾輩靑年!

短體ᄂ 五尺이오 丹心은 一片이여 늘 山巓々 水淼々에 前路ᄂ 茫然ᄒ고 火炎炎煙騰々에 當頭가 危哉로다 恰然히 硝藥을 手持ᄒ고 熱火에 自投ᄒᄂ 吾輩靑年!

試思ᄒ라

籠中의 飛隼이 霄漢을 思ᄒ고 圈裏의 猛虎가 嚴壑을 戀흠이 事理의 固然ᄒ바이나 如或 尖嘴利吻으로 膠柱를 破ᄒ고 劍翎鉤爪로 華絆을 斷ᄒ야 全動力으로 飛翔 치아니ᄒ면 摩天英勇과 掠地逸氣가 空然히 徒死 中老了ᄒ것이오 又或 銛爪鋸牙로 圍柵을 拔去ᄒ고 强尾捷足으로 圈套를 脫出ᄒ야 氣力되로 疾走치 아니ᄒ면 拔山威武와 貢隅雄姿가 空然히 徒戀中에 衰了ᄒ뿐이라 畢竟 他日에 何益이 有ᄒ리오

嗚呼라 吾輩靑年!

吾輩ᄂ 곳 籠中의 飛隼이오 圈裏의 猛虎라 幸ᄒ 此中에 一面光明處가 不無ᄒ니 大槪 上帝ᄂ 有意ᄒ사 如斯ᄒ 好時機를 愛惜치아니ᄒ시고 吾輩의게 受與ᄒ시며 如斯ᄒ 好職任을 疑慮업시 吾輩의게 託付ᄒ사 將춧 吾輩의 堅確ᄒ 意志와 勇壯ᄒ 行動을 玩賞코자ᄒ시며 一面으론 我東開闢 以來固有ᄒ 朝鮮魂—四千年傳授ᄒ거든 我東土眞精神을 發揮케ᄒ야 苦海難關腥風膽雨中에 吾輩를 試鍊코자ᄒ나니 吾輩ᄂ 將춧 如何ᄒ 決心과 如何ᄒ 定念으로 此局에 堪居ᄒ며 此職을 克盡코자ᄒ나뇨

奮起

勇往

百折不撓

萬難不屈

等諸般事도足히吾輩를成功處에引導호깃
스나然이나余는只此로는 滿足타謂치못호
노니然則更히何者를要호깃나뇨曰

献身的精神—犠牲的觀念이라

試思호라

支離호民族을收合호고衰頹호國運을振興
호야北大陸上에儼然호雄國을建호者는誰
오是豈페터—의功이리오곳페터—의献身
的精神으로因成호바이며殘喘이奄々호고
餘運이無多커늘既失호土地를恢復호고
亂호國政을整理호야分散無定호十數列邦
으로호여곰푸로시아의王冠下에合一케호者
는誰오是豈쎄스맑의功이리오곳쎄스맑의

献身的精神으로得就홈이오一小郷村一小
工人의子로能히教理를弘布호고衆生을救
済호야萬古의瞻仰이一身에不離호는크리
스트를觀호라是誰之力이며是誰之功고全
世界人은應當異口同聲으로十字架上의流
血上從來 호얏다호리이오退服僻陬一小郷
農의女로軍旅를指揮호고强敵을摧折호야
舉國의希望이自身에專屬케호짠덕크를觀
호라是誰之使며 是誰之役고萬衆一言
으로斬頭臺에殉節노輩固호얏다云호리라
羅馬新教의開祖—教界의偉人루더도然
호고共和政治의創立者新世界의建設者와
싱톤도亦然호니彼가法皇을抗호미一死를
豫期호얏고彼가上國을拒호미必死를先決
호얏스니此皆献身的精神——犠牲的觀念
中으로十顛九倒호고九死一生호야然後에
好果를收호고偉功을奏호明效確驗이며

26

鞠躬盡瘁ᄒᆞ야死而後已ᄂᆞᆫ諸葛亮의獻身的
精神이오白頭何歸오悵餘生之無幾ᄒᆞ고丹
心未泯이라誓九死而不移ᄂᆞᆫ趙鼎의獻身的
精神이며鼎鑊이甘如飴라求之不可得은文
天祥의獻身的精神이오椒山이自有膽이라
何必염蚍蛇라ᄒᆞᆷ은楊繼盛의獻身的精神이
니能히素志를展ᄒᆞ고宿望을就ᄒᆞ야偉勳壯
烈이山斗에比擬ᄒᆞᆫ뭇ᄒᆞᆯ지니其亦偉치아니ᄒᆞ며
節이日月과永耀ᄒᆞᆯ지니其亦偉치아니ᄒᆞ뇨(未完)

宗教維持方針이在經學家

速先開化　附祝歌 (寄書)

麟皐生柳承欽

余도孔門者流의一信徒요東洋民族의一分
子라際此世級이浸降ᄒᆞ야斯道가微行ᄒᆞ고
四隣이並强ᄒᆞ야外教가漸盛之時에豈無慨
然之痛歎이리오遡考我開關以來四千餘載
間컨디典章法度와衣冠文物이燦ᄃᆞ具備ᄒᆞ
야人倫이明於上ᄒᆞ고教化ᅵ行於下ᄒᆞ야國
泰於治安ᄒᆞ고民樂於昇平矣러니何挽近以
來로國獎民困ᄒᆞ고反不齒於彼外疆之列哉
아其故安在오窃念及此에非徒慨歎이라常
中夜不寐ᄒᆞ고撫枕啜泣者ᅵ屢矣러니今因
余黨僉士友之誠勤心熱ᄒᆞ야及此太極學報
之發刊也의其欲學識之交換과且爲民智之
發達이在余栢悅之同情ᄒᆞ야不無句之攢
祝일ᄉᆡ茲將數條之愚見ᄒᆞ야敢贅爲粗莽之
辭ᄒᆞ노라
夫宗教者ᄂᆞᆫ能令人心而仁弱ᄒᆞ며能令人性
而强悍ᄒᆞ야謂之國民之精神頭腦ᄒᆞ며教育
根本이라도不甚遠矣라故로蒙古ᄂᆞᆫ北清雄
大國으로入於愛新覺羅氏之手段ᄒᆞ야遂衰
於喇嘛教之傳布ᄒᆞ고合衆國은羿列顚之殖

十九

民地로賴有華盛頓之英達ㅎ야獨立於耶蘇

敎之勢力ㅎ얏스니彼兩國之興廢가亦全以

宗敎之如何耳라然則其宗敎之關係於國者

가果何等重歟아

顧今論我東亞大勢者가或以爲政體之不善

ㅎ며或以爲實業之未發ㅎ야立憲法之策과

改良業之議가遍滿於朝野ㅎ며紛紜於上下

ㅎ되至若斯宗敎ㅎ야는少無振興之漸ㅎ야

使獨善主義者로는遯跡於佛門ㅎ며使依勢

主義者로는趨向於西敎ㅎ고近則有天道敎

淨土宗之新盛ㅎ야已占全國勢力之半ㅎ얏

스니以余之不智로其孰善孰否와何優何

劣은不可指定이오亦不敢評判於其間이나

其是吾非他之黨論이互相觝觸ㅎ야貼弊民

間ㅎ며損傷國體가種다有之ㅎ고論者ㅣ又

曰我東之宗敎가本是不美ㅎ야不及於他敎

오又不可行於此世라ㅎ니豈其然哉아蓋世

間에以敎以道之有名稱者는皆當時聖明賢

哲之所自出也라其理會思量之周到處에豈

可汎論이리오但吾後輩之墨守가不達時宜

故也라

余嘗聞之先覺ㅎ니凡今宇內에有三大俗尙

ㅎ니卽世謂三大聖之立敎餘及也인디三大

聖은乃我孔夫子及耶蘇氏釋迦如來氏也라

然而雖聖人이라도因於形便ㅎ며措於時勢

ㅎ야有正偏之論ㅎ며有長短之所ㅎ니若使

信其正而不審其短則有病俗之獘ㅎ고但知

其長而不覺其偏則有誤道之慮ㅎ나니此를

爲今世學者가不可不深究일시請證而述

之ㅎ노니

曰孔氏는卽吾人所云天縱之聖이라與天地

合其德ㅎ며與日月合其明ㅎ고秋陽以曝에

無以加之者而生於魯國ㅎ야當周室衰微之

時代ㅎ니諸侯强大ㅎ야干戈日爭에王室이

存若無爲이라於是에論其貴賤호며正其名
分호야汲汲於宗周之義호니此所以春秋作
而亂臣賊子ㅣ懼者也오

曰耶蘇氏는即世所云天主子也라現宇內歐
米列疆에 所謂開明諸國이無不信奉者而生
於猶太國호야當歐州草創之時代호니民智
가未開호고國紀가不立호야人類가無以奠
接이라於是에去舊創新호며推賢讓能호야
泊於救時主義호니此所以有代吾民贖其罪
之句者也오　未完

無學의 不幸이라

會員　全　永　爵

夫吾人人類는萬物의長이라生홈에理性을
有호고事物을理解호는能力이有호나人이
生호야單純호經驗으로得호智識은極히淺
薄호지라眞誠호智識即學識이라고云호는

것은不得호느니譬컨딘朱葉은水面에浮上
호고金石은沈下호느것을知홈은單純호智
識이오學識이아니라木葉과金石은比重의
法則을因호야浮沈홈을理解호는것이眞誠
호學識이라如此한現象의其原因結果를理
解호는것을學識이라云호느니學識은吾人
이勉學과研究의結果로得호는바이라無智
蒙昧는通信機關에缺乏홈을因홈이라고辯
護호는時代가有호나此는往古에一地方이
地方과交通이杜絶호야智識의交換이全然
히不行호故ㅣ라今日은不然호야新聞電信
印刷機械汽車汽船及書籍等이有호지라智
識交換機關은盡備된時代라交通機關이如
此히準備되야學識을求호는데便利가多大
호고吾輩智識을擴張코져호면能히世界의
智識이라도求홀수有호지라學識의必要홈
은吾人의所共知라至今에長言홀必要가無

二十一

ᄒ나 二三의 例證을 擧ᄒ야 言ᄒ면쌔트손河底隧道를 通ᄒᄂ 一列車가 機關에 故障이 生ᄒ야 不得己 運轉을 中止ᄒᄂᄃ 至ᄒ지라 後보來ᄂ 列車와 衝突의 防備를 爲ᄒ야 隧道口에 出ᄒ야 警戒ᄒ기를 旗手에게 命ᄒ지라 其旗手 思ᄒ되 若隧道口를 出ᄒ면 列車가 飛走ᄒ야 再度 乘치 못ᄒᆞᆯ가 恐ᄒ야 僅 二三步ᅳ 車를 離ᄒ고 旗를 搖ᄒ고 잇ᄂ지라 然則 黑暗暗洞裡에 危險信號ᄂ 當然이 何等에 效를 奏치 못ᄒ고 後來로 列車ᄂ 隧道에 入ᄒ야 轟然히 一聲을 發ᄒ고셔로 衝突ᄒ야 旗手와 數多ᄒ 乘客은 慘炮를 免치 못한지라 右旗手ᄂ 決코 惡人이 아니오 愚人이라 然則 敎育이 有ᄒ 精神又치 高價ᄒ 物은 無ᄒ도다 旗手 一人의 敎育費를 假令千元이라ᄒ야도 쌔트손河에 遭難危變을 豫備ᄒᆞᆷ을 得ᄒᆞᆯ것ᄀᆞ지면 一億元이라도 可ᄒᆞᆯ줄노 思ᄒ노라 又一證을 言ᄒ면폐

엔나 劇場에셔 發火ᄒ야 約千人의 觀客이 炎ᄒ 猛火中에 燒死된 悲劇이라도 其原因을 質ᄒ면 二三蒙昧者의 不注意ᄒᆞᆷ에 在ᄒ지라 又況 無智ᄒ 巡査ᄂ 下階의 八門을 閉ᄒ야酸鼻ᄒ 大變事를 做出ᄒ지라 此等例證이 無非無學識 不注意ᄒᆞᆷ을 從ᄒ야 出ᄒᄂ니 大抵 敎育은 愚者를 賢明케 ᄒ고 萬事에 注意를 有케 ᄒᆞᆷ이니 愚人이 愚ᄒ야 賢明치 못ᄒ고 萬事에 注意치 못ᄒ면 恒常 右等의 椿事를 惹起ᄒᄂ니 엇지 無事渡世를 望ᄒ리오 此를 一箇人의 事로만 思ᄒ면 不大ᄒ 것갓지마ᄂ 一箇人은 即社會를 成ᄒᄂ 單位라 一社會가 如此ᄒ고 又進一步ᄒ야 一國의 主要ᄒ 地位를 占有ᄒ者가 不注意ᄒ 愚者로 以ᄒ면 其國家의 興敗ᄂ 者를 不待ᄒ야도 知ᄒ지라 嗚呼라 翻思我邦今日現狀ᄒ니 不完全ᄒ 敎育制度와 遊衣遊食ᄒᄂ 靑年子弟가 國中에 多數를 占領ᄒ니

其腐敗홈은 容疑홀餘地가 無ㅎ지라 當此競爭時代ㅎ야 雖孜孜盡力이라도 惟恐不及이온況春睡方濃之中乎아 凡學問은 一國에性命이라 學問有無로 文野를 分ㅎ고 智識優劣로 强弱을 準ㅎ느니 學識이 無ㅎ고 此世에對立ㅎ야 競爭코자홈은 譬컨딘 羊이 虎를 敵ㅎ랴홈과 彷彿ㅎ도다 能히 其勝利를 得ㅎ야 獨立生活을 維持홀가 嗚呼라 以此로 吾人의 不幸은 莫大於無學이라ㅎ노라

社會敎育

會員 蔡 奎 丙

敎育이 有三ㅎ니 曰家庭敎育曰學校敎育曰社會敎育이 是也ㅣ라 夫吾人이 家庭에셔父母兄弟의 訓誡를 受ㅎ야 倫理上思想을 啓發ㅎ며 學校에셔 敎師의 薰陶를 被ㅎ야 學問智識을 養成ㅎ며 社會에셔 先進者의 敎導를 依ㅎ야 健全훈 精神과 確固훈 意思를 發揚ㅎ야 비로소 完全無缺훈 人物이 되느니 此三者는 輕重의 差別이 無ㅎ도다 引例而言之컨딘 學校에셔 舌爛口焦ㅎ도록 忠義를 講論ㅎ는 家庭에 在훈 父兄이 不忠不義를 致ㅎ며 學校에셔 禮義廉恥를 說明ㅎ는 社會風習이 貪饕를 是尙ㅎ면 國民敎育이 何等目的을 達ㅎ리오 故로 歐米各國에셔는 社會敎育을 熱心是圖ㅎ는데 其敎育機關이 具備ㅎ고 其敎育方法이 完全ㅎ니 或은 新聞雜誌等 으로써 科學的智識과 政治上得失과 社會上公論을 國民에게 敎誨ㅎ며 或은 每日曜日에 諸先進家가 各處에 散在훈 敎會及學校內에 講演會를 開ㅎ야 倫理上觀念과 公共的精神과 國家的思想과 文藝上精華를 國民에게 演明ㅎ야 自國同胞로ㅎ여곰 其個人의 品性을 善良케ㅎ며 其國民的人格을 高尙케ㅎ야 自國의 目的에 適

二十三

合ᄒᆞᄂᆞᆫ人物을養成ᄒᆞᄂᆞ니라現今我邦의情
況을回顧ᄒᆞ건딘二三有志士가新聞雜誌를
發刊ᄒᆞ야社會敎育에注意를不息ᄒᆞᄂᆞ아직
도其機關이末備ᄒᆞ고其範圍가狹小ᄒᆞ야多
數國民을指導ᄒᆞ기難ᄒᆞ도다靜言思之
ᄒᆞ니我邦갓치敎育이未洽ᄒᆞᆫ國家에ᄂᆞᆫ더욱
社會敎育의必要가有ᄒᆞᆫ것은非他라假令學
校를擴張ᄒᆞ야敎育을奬勵ᄒᆞ더라도三四十
歲以上人은學校에入ᄒᆞ야順序로硏學ᄒᆞ기
不能ᄒᆞ니爲先社會敎育의方策으로써此를
一時救急ᄒᆞᄂᆞᆫ것이必要ᄒᆞ다ᄒᆞ야我邦諸先
進에게請告ᄒᆞ노니政治家軍人家法律家文
學家實業家를勿論ᄒᆞ고餘力을利用ᄒᆞ야或
은文詞로써ᄒᆞ며或은言論으로써ᄒᆞ야無學
ᄒᆞᆫ同胞兄弟를啓發ᄒᆞᆯ지어다

告我二千萬同胞 (寄書)

工學士　尙　灝

二十四

爲國ᄒᆞ거든敎子ᄒᆞ고
敎子ᄒᆞ거든正己ᄒᆞ라

嗟呼靑邱三千里江山이여天地立々ᄒᆞ고日
月ᄆᆞ々이라然則奈何오一莫可奈何아一莫
可奈何아莫曰莫可奈何ᄒᆞ라人生은靈物이
라億萬年天之健道와億千年日之熱氣와千
萬年地之厚德으로化生ᄒᆞᆫ惟一靈物이라奈
何一時之沈과瞬間之暗으로皇皇汲汲ᄒᆞ야
哀叫莫可奈何之聲리오又況吾輩人士ᄂᆞᆫ
四千年聖賢之薰陶에生長ᄒᆞᆫ人物이라吾身
之困辱도不得堪忍也어니와子孫之慘狀을可得忍見
奈何ᄒᆞ고奈何ᄒᆞ며祖先之恥辱을
가嗚呼라靑邱人士아當不愧死며可不興起
아余本無學ᄒᆞ고又遊外學業이不過是工業

的學術이라此外에有何識見이며有何經綸
가마는今才九年의所學을纔畢ㅎ고回顧故
國山川ㅎ니於心에有慘慘焉ㅎ며有切切焉
이라故로玆에敢陳一言ㅎ니雖是蕪言荒說
이나願 我同胞아幸須一覽ㅎ라今夫大韓
者ㅣ地亘三千里ㅎ고人衆二千萬ㅎ고史有
四千餘年ㅎ며稱爲禮義之邦ㅎ고敎以聖經
賢傳ㅎ니此可以爲天下强大之國也이어늘
胡爲乎還不能保 祖宗之遺業ㅎ고區區喘
息於人之足下乎아此不勝痛歎太息者ㅣ也ㅣ
로다嗚呼라夫事者ㅣ小則其因이淺近ㅎ고
大則其原이深遠도다自 檀君以來로國有
律令ㅎ고民有綱常ㅎ야文化隆盛ㅎ고武勇
이振外ㅎ야燦然東方에成一君子之國이러
니及其有科擧之法以後로國中人士ㅣ爭誦
經傳이나滿腹經綸이只有科擧二字라是以
로士氣가喪沮ㅎ고綱常이解弛ㅎ니國家安

得不危ㅎ며社會安得不敗리오其間에可悟
之機가非一非再로되終不能自覺ㅎ고上下
官民이只以征利로爲事ㅎ야無所不到러니
自十數年以來로爲世上生存競爭之風潮之
所襲ㅎ야國之法令이不能行ㅎ며民之生命
이不能保일시於是에八道人士ㅣ始覺事急
而至危ㅎ고或伏刃而自盡ㅎ며或飮藥而自
處ㅎ며或叫施政改善ㅎ며或唱人民敎育ㅎ
야三千里江山이鼎沸터니海外留學者도多
ㅎ고學校之設立도多ㅎ고民間團體도多ㅎ
나大槪言之則事 由靑年子弟者는稍有大望
이나其外는姑不免一時驚動之誠也ㅣ로다何
者오民間團體도未有發有爲之活動ㅎ고學
校則今日設立而明日哀訴難保之歎ㅎ며新
聞則多有督促新聞價로爲其業之半ㅎ니
嗚呼靑邱人士아不知而然耶아抑亦知之而
然耶아甚矣甚哉라科擧之餘毒이여當此萬

死之境遇ᄒ야猶不能恍然大覺ᄒ고勵精神
而興起ᄒ니無氣而然耶아無義而然耶아無
勇而然耶아此眞痛哭者也로다借問컨디今
日吾人所食之食을因誰而得也며所住之衣
를因誰而得也며所居之國을因誰而得也오此盡是吾人之祖先이四千
餘年間에流血盡力而得者也若不然則以土
窟로爲室ᄒ고逐食山野ᄒ야安得免之아噫라
吾人之祖先이千辛萬苦ᄒ며盡心竭力ᄒ야
作此社會ᄒ야傳之於我二千萬同胞ᄒ얏스
오니吾人이亦當盡心竭力ᄒ야步一步進益
進ᄒ야傳之於吾人之子孫이於義에可ᄒ고
人道當然之事이어늘此事ᄂ夢中의도不思
ᄒ고惟食所知며惟衣所好며惟錢所貪이며
惟遊所娛며惟虐所事ᄒ고國家之興亡과社
會之盛衰ᄂ日非吾所知라ᄒ니三千里祖宗

疆土와四千餘年之基業을使之覆滅而乃已
ᄒ리니於心에快快然無所切痛가試看峰峰然散
在於三千里江山祖先之墳墓ᄒ라悽然慘憺
ᄒ니此爲我同胞之前道而然耶아又不勝拔
掘之畏而然耶아二千萬同胞
皆不知之理哉아以吾之有心으로忖度他有
余非別人이라豈有余獨知之而二千萬同胞
心則余知之ᄒ노라我二千萬同胞皆有爲國
之忠誠이나熱血沸於心藏ᄒ고憤痛深入骨
髓나然이나不知何以爲之故로皇々汲々ᄒ
야朝想夕變ᄒ며左捉右放ᄒ야不有一個着
實之事이로다　嗚呼라數百年漸退之衰運
이여難以一朝之心과一時之力으로能得挽
回로다故로余曰苟有爲國之心이어든敎育
子弟ᄒ노니何則고試言當今世界列國
이所以爲生存競爭之準備者則曰國民之元
氣며曰愛國之心이며曰國民之智識이며曰

個人的實力이며曰海陸軍力이며曰鑛山이
며曰農商工業之發達이며曰水陸交通機關
即鐵道及船舶等이며曰機械的原動力이며
曰石炭이며曰造船場及船渠이며曰石炭貯
藏所等이며皆頭等必要者이라然이나至於
我國호야는一無發達者호고多有全無者호
니不可不急着手호야逐事一事호야熟心
做去라도猶恐不及이어늘奈何오財力도財
力이며權力도權力이어니와第一必要한國
民之元氣가解弛호야雖曰有志者나言則如
靑山流水호고行則如糞溝滯尿호야言行不
一이如此懸隔호니戲事도難作이온況爲實
地事業가難哉라拔去熟慣之惡習이여故로
曰苟爲國家어든敎育子弟호라호노라

　　未
　　完

空氣說

編輯人　張膺震

空氣說을始호기前에物體의大略을先述
호노라

大凡物質의思想은吾人의視覺、或聽覺、或
觸覺、等으로因호야起홈이니水、空氣、鐵、
木、石、等은다一物質이라此物質의若干分
量을定限홀時에는物體의觀念을生호나니
假令一塊의鎮과一團의水와一袋의空氣는
다一物體라稱호리로다物體中에는、金、銀、
銅、鐵、酸素、水素、窒素、炭素、等과갓치單
純호야다른物質로分호지못홀者有호니此
를元素라稱호고도一物體를數多의單純호
物質로分호者有호믹此를化合物이라稱호
니水는酸素와永素二元素로分홈을得홀지
라如此히萬般物體를數多의單純혼物質即

二十七

元素로分去ᄒ야今에其지格致家의宇宙間에서發見ᄒᆞᆫ바元素가總七十五種에達ᄒᆞ도다然則今日地球上에서吾人의日常見接需用ᄒᆞᆫ바大槪物體ᄂᆞᆫ此七十五種元素가互相結合ᄒ야組成ᄒᆞᆫ것이요一元素가單獨히物體를組成存在ᄒᆞᆷ은極히稀貴ᄒᆞ도다또物體에三態가有ᄒᆞ니鐵、木、石、等과갓치一定ᄒᆞᆫ形體를保有ᄒᆞᆫ者ᄂᆞᆫ固躰라稱ᄒ고水、油、와갓치一定ᄒᆞᆫ形躰가無ᄒ야流動ᄒᆞᆫ者를液躰라稱ᄒ고空氣、炭氣、「炭酸瓦斯」等과갓치流動의度가一層甚烈ᄒᆞᆫ者를氣躰라稱ᄒᆞ니氣躰의多數ᄂᆞᆫ吾人의視覺에感入치아니ᄒᆞ도다 一水蒸氣ᄂᆞᆫ氣躰에屬ᄒ나恒常雲

ᄒ야稀薄ᄒᆞ니其高ᄂᆞᆫ地球表面에셔我韓里로計ᄒᆞ면大約三百里許에達ᄒ리라더라空氣ᄂᆞᆫ大槪其容量의五分一酸素와五分四窒素와小量의幾他元素가混合組成ᄒᆞᆫ것이니通常此外에多量의塵埃와炭氣等을含有ᄒᆞᆫ지라空氣ᄂᆞᆫ다른物體와갓치重量이有ᄒᆞ야地球表面에壓力을及ᄒᆞ니此를利用ᄒᆞᆷ애筒「무자위」을作ᄒ고또液躰와氣躰ᄂᆞᆫ浮力이有ᄒ야自身보다比重「此重이라ᄒᆞᆫᆫ것은數多物體의同容積의重量을比較ᄒᆞᆫ者라」이輕ᄒ면其物體를浮上ᄒᆞᆫ니性質이有ᄒ야此를利用ᄒ야飛揚船「輕氣球」을作ᄒ도다

動物의呼吸과及物體의燃燒

吾人이一時라도呼吸이中止ᄒᆞ면生存ᄒ기不能ᄒᆞᆫ바ᄂᆞᆫ人人이明知ᄒᆞᆫᄂᆞ者이나其理由ᄂᆞᆫ何에在ᄒᆞᆫ고無他라凡動物의吸呼이란것은胸部에肺가有ᄒ야吸入ᄒᆞᆯ時마다空氣中에

在ᄒᆞᆫ氣體를謂ᄒᆞᆷ이니其濃厚의度ᄂᆞᆫ地球表面에接近ᄒᆞᆷ을從ᄒ야緻密ᄒ고高遠ᄒᆞᆷ을從

ᄂᆞᆫ비라」空氣라ᄒᆞᆫᄂᆞᆫ것은地球周圍에包ᄒᆞ야「空中에飛揚ᄒᆞᆷ은吾人의日常見知

在ᄒᆞᆫ酸素를吸取ᄒᆞ야全身의血液을新鮮케
ᄒᆞ고呼出ᄒᆞᆯ時마다各血管에셔集來ᄒᆞᆫ炭
氣를體外로排出ᄒᆞ야恒常血脉의循環을平
滑케ᄒᆞᄂᆞᆫ作用을繼續ᄒᆞᆷ이니若此作用이暫
時라도停滯ᄒᆞ면血液이不純ᄒᆞ야곳身體健
強에害를及ᄒᆞᆯ者必然ᄒᆞᆫ結果니然則空氣ᄂᆞᆫ
動物의生命을保全ᄒᆞᄂᆞᆫ第一의要素라稱ᄒᆞ
리로다此로由ᄒᆞ야觀ᄒᆞ면衛生上에미장良
好ᄒᆞᆫ空氣ᄂᆞᆫ可及的塵埃와炭氣가少ᄒᆞ고比
較的酸素가多ᄒᆞᆫ者를宜撰ᄒᆞᆯ지니人家稠密
ᄒᆞᆫ都會處보다海邊山鄕이居處에優好ᄒᆞᆯ것
은吾人이이의聞驗熟知ᄒᆞᄂᆞᆫ바로다且物體
의燃燒ᄒᆞᄂᆞᆫ것은此物體를組織ᄒᆞᆫ바某元素
가空氣中의酸素를取ᄒᆞ야化合ᄒᆞᄂᆞᆫ狀態니
燃燒後에ᄂᆞᆫ通常炭氣를生ᄒᆞᄂᆞᆫ지라故로物
體가燃燒ᄒᆞᆯ時에空氣가充分치못ᄒᆞ야酸素
를適當이供給치못ᄒᆞ면火ᄂᆞᆫ即時消滅ᄒᆞᆯ지

라蠟燭에火를點ᄒᆞ야玻璃筒中에入ᄒᆞ고蓋
를覆ᄒᆞ면瞬時後에火가即滅ᄒᆞᆷ을見ᄒᆞ리니
此ᄂᆞᆫ筒中에含有ᄒᆞᆫ酸素를盡取燃燒ᄒᆞᆫ後에
酸素供給의道가絶無ᄒᆞᆷ으로因ᄒᆞᆷ이라（未
完)

水蒸氣의變化

會員 金志侃

何世界何地方을不問ᄒᆞ고水가無ᄒᆞᆫ處ᄂᆞᆫ無
ᄒᆞ니海ᄂᆞᆫ水의第一大ᄒᆞᆫ者오河와湖ᄂᆞᆫ其次
에居ᄒᆞ며小ᄒᆞᆫ者로言ᄒᆞ면井水及硯水에至
ᄒᆞ도록水가有ᄒᆞᆫ處에ᄂᆞᆫ반다시蒸發作用이
有ᄒᆞ도다四季의變遷과寒暑度數의差異를
從ᄒᆞ야其量의多少ᄂᆞᆫ有ᄒᆞᄂᆞ要ᄒᆞ면太陽熱
과風이此蒸發作用의主動이되나니熱帶地
方海岸의暑氣가酷烈ᄒᆞᆫ處에ᄂᆞᆫ蒸發作用이
一層盛ᄒᆞ고風吹ᄒᆞᄂᆞᆫ日은不吹ᄒᆞᄂᆞᆫ日에比

ᄒᆞ면蒸發作用이非常히여ᄒᆞ니라 一例證을擧ᄒᆞ야言ᄒᆞ면溫度가同ᄒᆞ日에一物을乾燥ᄒᆞ는데無風日에는五時間쯤乾燥ᄒᆞᆯ物이나도有風日에는三時間이면乾燥가되ᄂᆞ니此乾燥라ᄒᆞ는것은太陽熱과風의作用이物의水分을吸取發散ᄒᆞᆷ을云ᄒᆞᆷ이라

然則其蒸發作用으로由ᄒᆞ야如何ᄒᆞ奇異狀態를惹起ᄒᆞ는지硏究ᄒᆞ야보면興味가有ᄒᆞ學問이라

水蒸氣가千態萬象으로凝結ᄒᆞ야種種의形狀으로變換發表ᄒᆞ는事實을左에略述ᄒᆞ노라水蒸氣라ᄒᆞ는一氣體가空中에飛揚ᄒᆞ야雲을作ᄒᆞ며雪도作ᄒᆞ고 雨露霜霧霰雹等으로其形의隨時變化ᄒᆞ는大略을逐次로陳述ᄒᆞ노라

雲, 雲은種類가甚多ᄒᆞ나吾人의日常目擊ᄒᆞ는바는白雲或黑雲等이니何處로從ᄒᆞ야突然現出ᄒᆞ며何處로從ᄒᆞ야忽然消散ᄒᆞᆷ인지實로異常ᄒᆞ다云ᄒᆞ리로다大抵雲은如何히起ᄒᆞᆷ이뇨水蒸氣가空間에飛揚ᄒᆞᆯ際에急히寒冷ᄒᆞᆫ空氣를遇ᄒᆞ면凝結緻密ᄒᆞ야吾人의眼目에雲으로暎ᄒᆞ고此凝結ᄒᆞᆫ水蒸氣即雲이溫暖ᄒᆞᆫ空氣를更遇ᄒᆞ면忽然히分散ᄒᆞ야其形體를消失ᄒᆞᆷ에至ᄒᆞᆷ이니然則雲의千態萬化ᄒᆞ는奇象이都是水蒸氣의集合分散ᄒᆞ는狀態에不過ᄒᆞ도다

霧, 霧도ᄯᅩᄒᆞ雲과同ᄒᆞ理由로水蒸氣가大氣中에서凝集ᄒᆞᆫ者니秋節曉天에가장多見ᄒᆞ는바라春의霞라云ᄒᆞᆫ것은秋의霧와同ᄒᆞᆫ性質이니그凝結ᄒᆞᆫ바水蒸氣의點滴이極히微少ᄒᆞ야肉眼으로判見ᄒᆞ기難ᄒᆞᆫ者를霞라云ᄒᆞ고點滴이稍大ᄒᆞ야容易히見ᄒᆞᆯ者를霧라稱ᄒᆞ는지라

雲霧霞는다—同ᄒᆞ理由로成立된者나此를

吾人이空際에遠望ᄒ야면雲이되고地面上에接見ᄒ면霧霞가되나니假令一行人이山腹에在ᄒᆯ時에眼目에接觸ᄒ야望見ᄒ야면雲으로뵈이ᄂᆞᆫ者가山底에下ᄒ야望見ᄒ야면雲으로뵈나니라

露

露ᄂᆞᆫ如何히된것인가天으로從ᄒ야降ᄒᆫ것은아니라晝의高熱로物體에셔放散ᄒᆫ水蒸氣가空中에盛滿ᄒ얏다가夜가되면宇宙가急히冷却ᄒ야오ᄂᆞᆫ故로水蒸氣가居ᄒᆯ處가無ᄒᆞᄆᆡ不得已ᄒ야冷却된物體에接觸이되면水蒸氣가變ᄒ야細微ᄒᆫ點滴이되여他物體에附着ᄒ야잇ᄂᆞᆫ것을露라稱ᄒᆞ니라

草葉은熱을放散ᄒᆞᄂᆞᆫ力이第一强ᄒ야速히冷却ᄒᆞᄂᆞᆫ故로樹木과草葉이繁盛ᄒᆫ處에ᄂᆞᆫ반다시露가多結ᄒᆞ며ᄯᅩ季節과晴雨의關係로其量의多少가有ᄒᆞ니春秋에ᄂᆞᆫ蒸發作用

又天氣가晴明ᄒᆫ時에ᄂᆞᆫ蒸發作用이旺盛ᄒᆫ故로ᄯᅩᄒᆫ冷却의作用도多ᄒ야天晴ᄒᆫ夜에ᄂᆞᆫ露가多結ᄒ고天氣가晴明치못ᄒᆫ日에ᄂᆞᆫ이로말무여冷却의度가減ᄒ야蒸發作用이不多ᄒᆫ故로天陰ᄒᆫ夜에ᄂᆞᆫ露의結ᄒᆞᄂᆞᆫ量이少ᄒᆞ니라 (未完)

石炭

會員 張志台

石炭은大槪其色이黑ᄒᆞ며其質이脆ᄒ야能히燃料가되ᄂᆞᆫ故로此世에第一廣用이되야諸所工塲에機械運轉과汽車汽船에快走ᄒᄂᆞᆫ것이다―此로從出ᄒᆞᆷ이니今日文明에一部ᄂᆞᆫ此石炭에所賜라ᄒᆞᆯ만ᄒᆞ도다

石炭의用途가尚多 호니此를乾溜호야骸炭
을製호며또燈火에用호는石炭瓦斯도製호
며次에生호는(다-루)라稱호는黑色의油
狀體는鐵器木材等에塗호야其腐蝕을防호
며又此로써各種顔料와石炭酸等을製호며
骸炭은火力이極强호고惡臭가無혼故로冶
金處와及其他工業上에多用호느니라
石炭은無煙炭黑炭褐炭三種에別이有호니
無煙炭은其色이鐵黑色이오金屬과갓치光
澤이有호며其質이極硬호야燃火홀時에煙
及臭氣가少호며火力이極强호며
黑炭은其色이黑호며光澤이亦有호며燃火
홀時에煙及臭氣를發호며
褐炭은其色이黑褐色이며其中에木理가尙
有호고燃火홀時에煙及惡臭가太甚호니日
本(愛知縣)에出호는岩木이다-此에種類
니라

總石炭類는太古에植物이地中에埋호야次
第變質化成혼者라
吾人의日用호는木炭은本質를空氣不充分
혼處에셔燃燒호야得홈이나石炭類는植物
이地中에埋沒호야數千萬年를經過홀時에
次第로其質이變호야自然이其炭素만殘留
혼者니此變質호는것을炭化라稱호느니라
植物이地中에埋沒호야石炭을成홀時에其
經過年月의多少를從호야써炭化의度數가
相異혼故로黑種에類別이有호니其年數가
最古혼者는無煙炭이라其質이良好호야十
分之九以上에炭素가含有호고其次는黑炭
이니十分之七以上에炭素를含有호고其次
는褐炭이니十分之五以上에炭素가含有호
니라
年數가褐炭보다一層更少혼者는日本(仙
臺)에셔出호는埋木의類니木理가尙明호
니라

고 木質이 不變ᄒᆞ나 自今 으로 幾萬年을 經ᄒᆞ
면 褐炭도 되며 黑炭도 되고 ᄯᅩ 無煙炭도 成ᄒᆞ
나니라

此中에 ᄯᅩ 泥炭이라 稱ᄒᆞ는 者有ᄒᆞ니 此는 古
代의 水草가 泥中에 埋沒ᄒᆞ야져 으기炭化ᄒᆞᆫ
者니 莖과 葉等에 文彩가 尙存ᄒᆞ며 其質이 輕
鬆ᄒᆞ고 褐色을 呈ᄒᆞ나니 足히 燃料에 供ᄒᆞᆯ지니
라

石油

會員 申 成 鎬

石油는 臭氣가 有ᄒᆞᆫ 一種液體니 此를 椀中에
注入ᄒᆞ고 正面으로 透見ᄒᆞ면 其色이 淡黃ᄒᆞ
는 表面으로 斜見ᄒᆞ면 其色이 紫藍을 呈ᄒᆞ며
ᄯᅩ 比重이 水보다 輕ᄒᆞ야 水中에 混入ᄒᆞ면 直
히 分離ᄒᆞ야 水面에 浮上ᄒᆞ고 ᄯᅩ 引火ᄒᆞ기 쉬
운性質이 有ᄒᆞ나니라

石油는 原油로써 一層精製ᄒᆞᆫ 者니 原油는 其
質이 甚히 濃厚ᄒᆞ고 其臭가 甚히 强ᄒᆞ며 數種
에 雜油를 混有ᄒᆞᆫ 者니라

原油를 釜中에 入ᄒᆞ야 蒸溜 精製ᄒᆞᆯ時에 其溫
度의 高低를 從ᄒᆞ야 各種 雜油를 分得ᄒᆞ나니
溫度가 低ᄒᆞᆯ時에 溜出ᄒᆞᆫ 者는 揮發油라 稱ᄒᆞ
니 極히 引火ᄒᆞ기 쉬우며 ᄯᅩ 溫度가 高ᄒᆞᆯ時에
溜出ᄒᆞᆫ 者는 即 燈用의 石油가 되고 釜底에 殘
留ᄒᆞᆫ 者는 機械油가 되며 其次에 出
油라 稱ᄒᆞ나니라

夫石油는 燈用에 多供ᄒᆞ며 ᄯᅩ 石油發動機의
燃料가 되고 揮發油는 洗濯에 多用ᄒᆞ며 機械
油는 機械運轉에 多用ᄒᆞ며 重油는 蒸氣釜等
에 燃料가 되고 ᄯᅩ 此로써 石蠟도 製ᄒᆞ나니라

原油는 泉水와 갓치 地中으로 湧出ᄒᆞ는 處도
有ᄒᆞ나 大槪는 地下深處에 潴溜ᄒᆞᆫ 者라 故로
鐵鑽으로 地中에 孔을 穿ᄒᆞ고 唧筒 (무ᄌ웨)

으로 此를 汲上호며 或은 井을 掘호고 釣瓶(듸레박)으로 此를 汲取호눈 處도 有호니 此等地 所물 油井이라 總稱호느니라

今日世界上의 第一有名호 産地눈 北米合衆國과 露西亞와 日本이니 吾人에 日常使用호눈 物中에 一日이라도 不缺홀 者니라

衛 生 (寄書)

柳隱生康秉鈺

人이 世間에 生호면 반다시 社會에 屬호야 共同生活을 營호눈 者니 同種相救호며 同族相賴호야 彼我의 生活을 便利케 홈이 必要호도다 然則 若或 一人이라도 衛生에 注意치 아닌 結果로 疾病에 罹호면 國家에 對호야 如何호 忠誠이 有호고 同胞의 對호야 如何호 抱負가 有할지라도 其目的을 達기 不能호고 若病毒이 傳染호야 社會全般에 流及호면 其影響을

莫測호리니 此로 由호야 觀호면 個人이 衛生의 道를 守호야 各自의 身體를 健强히 홈은 自己一身의 宰만 아니라 社會公衆에 對호 義務를 盡홈이니 故로 左에 衛生의 大略을 論述호노라

人은 다른 動植物과 갓튼 有機體의 生物이니 有機體눈 微妙호 生活作用을 營호눈 者라 人이 動植物中에셔 飲食될만호 物質을 攝取호야 自己의 身體와 同化호눈 것을 消化作用이라 稱호고 此物質을 身體各部에 輸送홈을 循環作用이라 稱호고 此物質과 酸素가 化合生熱호기 爲호야 空氣中에셔 酸素를 吸取호고 體內의 炭氣를 呼出호눈 作用을 呼吸作用이라 稱호고 神經의 感覺을 大腦에 傳호야 靈妙호 思想을 發出홈을 精神作用이라 稱호고 此物質의 一部分이 老廢호야 體外로 放出홈을 排泄用作이라 稱호느니라 消化作用의 衛生

은滋養分에 豐富한 食物을 攝取홈에 在호니 蛋白質、脂肪、含永炭素、壚分、水分、等이 多含혼者는 消化기 容易혼 優美의 食品이될 지라 (未完)

松蛄蛴(松虫)驅除及豫防法

會員 金 瀅 穆

松虫은 昆虫類인데 松林에 加害호는것이 不少혼뿐不是라 甚홀時에 는 全松林이 火災를 經홈과 如히 全滅의 慘禍를不免호리니 其國家의 損害의 衛生上과 不利홈이 何等 不幸에 比호리오故로 其虫의 性質과 驅除及豫防의 方法을 略述호야 斯業에 有志혼諸士의 參考에供호노라

幼虫은 大約四月下旬頃부터 其潛伏所로 現出호야 松樹에 匍匐登行 호며 松葉을多蝕호 다 體軀肥大호느니라

야成長을 妨害호다가 五月下旬乃至 六月上旬에 드듸여 老熟에 達호면絲縷를 吐出호야 葉枝及樹皮間에 粗繭을營造호고 蟄而爲蛹이라가 六月下旬乃至七月上旬에 化爲蛾호 야松林에 飛翔호며 其梢部의 嫩葉을 選擇 야 卵子를 産付호느니 此卵子가 一二三週을經 호면 孵化호야다시 松葉을 蝕害호고 十月頃 에 至호야는 次第로 根際에 降下호야 或土中에 入호며 或落葉 下에 蟄伏호며 或樹皮間에 匿호야 凌寒經冬 호고 翌年四月下旬부터 其 潛伏所로 再現호야 松幹에 登行호야 松葉을 蝕害호느니라

蛾는 體軀肥大 호야 頭胸兩部 는 黑褐色이며 腹部와 觸鬚는 灰褐色이고 前翅 는 長形으로 幅은 狹호고色은 赤褐이며 後翅 는 三角形으로 幅은 廣호고色은 灰褐이니 雌蛾 는 雄蛾보

三十五

卵子는 楕圓形으로 稍히 扁平ᄒ고 扁絲色을 帶ᄒ느니 産付는 一葉에 十顆式 一列로 ᄒ느니라

此松虫을 驅除ᄒ며 豫防ᄒ기는 左의 方法으로ᄒ느니라

第一 卵子를 蒐集潰殺ᄒ은 卵色이 松葉과 類似ᄒ고 産付處가 高ᄒ야 極難ᄒ나 孵化幼穉ᄒᄂ 時에 梢部에 群棲蝕害ᄒ야 면葉色이 次第로 變褐枯死ᄒᄂ니 然則該部를 直時斷切ᄒ야 燒殺驅除ᄒ을 것이오

第二 冬日에는 松虫의 蟄伏所를 探索ᄒ야 捕殺ᄒ며 ᄯ四月 松樹根際로 登行코져ᄒ을 時에 根際限二三尺쯤 幹面에 帶形으로 「다알」을 塗ᄒ면 行動코져ᄒᄂ 松虫이ᄂ다ᅵ이 「다알」에 粘着ᄒ야 上行ᄒ을 不得ᄒ느니 時々로 幹面을 撿査ᄒ야 撲殺ᄒ을 것이오

第三 松虫에ᄂ 二種의 馬尾蜂이 寄生ᄒ야 斃

死케ᄒ고 ᄯ卵子에도 一種의 小蜂이 寄生ᄒ야 自殺케ᄒ느니 是ᄂ 自然驅除의 良法이라 其 狀態를 詳察ᄒ야 增殖을 善圖ᄒ을지니라

造林學之必要

會員 金 鎭 初

木材가 社會에 必要ᄒ것은 贅論을 不待ᄒ고 人皆明知ᄒᄂ바ᅵ 玆述數言ᄒ노니 吾人이 常居ᄒᄂ 家屋과 吾人이 日用ᄒᄂ 木物은 何以築之製之ᄒ며 吾人이 日食ᄒᄂ 食物과 吾人이 常處ᄒᄂ 温突은 何以炊之温之ᄒᄂ뇨 木材應用之大ᄂ 實로 天下로ᄒ여곰 驚動케ᄒ리로다 彼文明之利器라稱ᄒᄂ 者即滊車와 滊船等으로부터 電信電話等ᄭ지라도 一々히 木材를 不用ᄒ이 無ᄒ니 眞實로 人間社會에 木材가 無ᄒ면 雖一日이라도 決코 生存치못ᄒ이로다 輓近에 林學이 進步되야 木材

를廣히製造及工藝上에應用ᄒᄂᆫ道를開ᄒ
야或은木材를分解ᄒ야紙를製ᄒ며絲를紡
ᄒ야布를織ᄒ고或은木材를乾餾ᄒ야木醋
와木精과「아세톤」과「다알」과燈用瓦斯와
熱用瓦斯等을製ᄒ고或은木材를粘性의柔
軟體로ᄆ다러活字와鎖袱（단추）과人工象
牙와洋服의護謨襟等을製出ᄒ고
ᄯᅩ近來木材로絹絲를製ᄒ며酒를釀ᄒᄂᆫ新
法을發明ᄒ홈에至ᄒ얏스니其長足進步ᄂᆫ實
로驚歎ᄒ염즉ᄒ도다ᄯᅩ森林은木材産出의
用ᄲᅮᆫ不是라能히氣候를調和ᄒ고水源을養
ᄒᄂᆫ等間接으로國土保安上에重要ᄒ效益
이頗多ᄒ지라

使用ᄒ여도當時의人口不多ᄒ고利用의道
도亦未開ᄒ야木材의不足을不感ᄒᆯᄲᅮᆫ不是
라實로殖民之第一着手로欝蒼ᄒ森林을放
火盡燒ᄒ얏ᄂᆫ니라後에人口漸々增加ᄒ고
人智漸々開發ᄒ에及ᄒ야木材의利用이益
々興盛홈을不拘ᄒ고一方은森林의面積이
年々歲々로農業의蠶食을被ᄒ야終乃不忍
ᄒ慘狀이되얏스니氣候의調和
를破ᄒ야洪水旱魃의害를發ᄒ고直接으로
ᄂᆫ用材薪炭의不足을告ᄒ야間接으로
困難을生ᄒᄂᆫ니於是에森林을自然에放置
홈이不可홈을始覺ᄒ야造林學의必要가遂
生ᄒ얏스니此實數十年前事로다

如此히必要ᄒ森林이古昔에ᄂᆫ如何ᄒ狀態
로經過ᄒ얏ᄂᆫ냐ᄒ면森林이人力을不要ᄒ
고自然이繁殖成長ᄒ야陸地全面을掩蔽ᄒ
으로써人々이其所欲을從ᄒ야隨意로伐採

造林學은可히利益ᄒᆯ方法으로森林을組立
ᄒ며養育ᄒᄂᆫ바에理論及方法을講論ᄒᄂᆫ
것인데其目的은可及的價値잇ᄂᆫ森林을造
ᄒᆷ에有ᄒ니此價値ᄂᆫ其意甚廣ᄒ야所有主

의目的을由ᄒᆞ야ᄌᆞ一ᄒᆞᄂᆞ니比喩ᄒᆞ면所有
主의目的이 土砂扞止林이면良好ᄒᆞᆫ木材를
産出ᄒᆞᄂᆞᆫ것보다ᄎᆞ르리土砂를善이扞止ᄒᆞ
ᄂᆞᆫ森林이 有價値홈과갓치造林의目的으로
森林을二種에大別ᄒᆞ면如左ᄒᆞ니

一經濟林

二保安林

經濟林은直接으로木材를使用ᄒᆞᄂᆞᆫ森林인
데卽伐採ᄒᆞ야家屋과橋梁과其他諸種의器
具를作ᄒᆞ며ᄯᅩ薪炭과製紙ᄒᆞᄂᆞᆫ用에供ᄒᆞᄂᆞᆫ
等이오保安林은前者와反ᄒᆞ야間接으로效
果를利用ᄒᆞᄂᆞᆫ森林인데卽伐採치아니ᄒᆞ고
冥々之中에其効用을專케ᄒᆞᄂᆞᆫ것이니水源
涵養과土砂扞止와風致等이是也라

녀ᄌᆞ고흉

會員 金洛泳

대뎌、인싱、이라、ᄒᆞᄂᆞᆫ거슨、남녀、두셩품이
합ᄒᆞ여、된거스로、쟝릭의、샤회문명을、기ᄃᆞ
려、ᄇᆞ라ᄂᆞᆫ것이니、녯사름이、말ᄒᆞ디、문명이
라、ᄒᆞᄂᆞᆫ、거슨、음즉이고、고요ᄒᆞᆫ、두가지힘
이、합ᄒᆞ여、고로럽게、된거슬、닐음이라ᄒᆞ니、
이두가지힘을、눈호아、말ᄒᆞ면、음즉이ᄂᆞᆫ거
슨、녀ᄌᆞᄅᆞᆯ、닐음이오、고요ᄒᆞᆫ、거슨、녀인을
닐음이니、이말이、비록、디혜와、덕의、가득
ᄒᆞᆫ、거슬、붉히、말홈에、지나지、못ᄒᆞ나、실
샹남녀의、힘동ᄒᆞᆫ、거스로、보건딕、남ᄌᆞ
ᄂᆞᆫ、항샹、디혜로、동ᄒᆞᄂᆞᆫ거슬、가졋고、녀인
은、항샹、덕으로、죠용ᄒᆞᆫ거슬、가졋ᄉᆞ니、이
두가지를、합ᄒᆞ여、죠용ᄒᆞᆫ거슬、이셰샹、샤회의、귀쵸를、
삼아、우리인싱의、ᄌᆞ미를엇게ᄒᆞᆯᄉᆡ、ᄅᆡ호복

희씨, 혼인호는례를, 시쟉호엿고, 집만일을,
드스리기, 위호야, 셩인의, 녀즈훈이, 소연
호니, 혼인은, 실노, 인셩의, 힝홀바ㅡ, 첫길
이오, 샤회를, 왕셩케, 홀, 큰, 당본이라, 몸
은, 다로나, 무음은, 굿하지고, 셩품은, 다르
나, 졍은, 굿하지느니, 이셰샹에, 쳔밀훈거
시, 이에셔, 지놀거시, 업눈고로, 합호여한
집안을, 문들고, 덕이잇셔, 죵용훈거술, 됴
화호는, 셩품은, 안혜잇셔, 집안을, 드스리
고, 디혜롭고, 동호기를, 됴화호는, 셩품은,
밧게잇셔, 빅스를, 쥬댱호야, 안과, 밧곗이,
셔로응호며, 화목호야, 으믈이, 잇고, 손즈
가, 잇스며, 또이즈손의게, 셩인의훈계가잇
셔, 삼강오륜의도와, 흉군의국의졍셩을, 구
르치느니, 쟝릭, 가죡의, 번챵호기와, 다른
놀, 나라집, 샤회의, 발달될거시, 잔혀즈녀
를, 잘, 교휵홈에, 잇슴이라, 만일, 그부모된

이, 즈녀를구르쳐, 션훈되로, 인도호지, 못
호면, 다른놀, 불효불튱과, 경직픽가가되리
로다, 슬프다, 부모되신이, 즈식의, 불량호
거술, 보면, 호기쉬온말노, 언필칭, 슌님금
호며, 즈식, 못둔, 한탄으로, 일삼아, 셰월을
보내면셔, 힝혀, 효도를, 밧아보랴, 호니, 속
담에, 닐온바ㅡ, 범의색기는, 도로범이되고,
기삭기는, 다시기가, 된다호는말을, 헛말
노만, 앎인가, 부모된이도, 일즉, 조부모의
게, 샹당훈, 교휵을, 밧지, 못호엿슴으로, 즈
긔의, 지놀일, 되로, 그즈식을, 구르쳣스니,
그즈식인들, 하늘에셔, 써러진쟈가, 아니여
든, 어딕셔, 효도를, 비호앗스리오, 그런고
로, 즈식의게, 효도를, 밧으며, 나라에, 튱신
이, 되고, 샤회의, 큰일군이, 되기를원호시
거든, 어려샤, 브터, 션, 것과, 쟈비훈것과,
올흔것으로만, 잘구르치시오, 이것들을구

三十九

ᄅ처시려면, 부모가, 조식, ᄉᆞ랑ᄒᆞᆫ, 거ᄉᆞᆯ, 비록, 똑굿다, ᄒᆞ나, 부친, 되이ᄂᆞᆫ, ᄉᆞ랑, 가온ᄃᆡ라도, 위엄이, 은연히, 낫타나셔, 어리고, 량슌ᄒᆞᆫ으히, 눈에, 무셥게, 보히ᄂᆞᆫ, 교로, 쳔, 근공지, 못ᄒᆞᆫ고, 눈결에, 혹보이게, 되면긔 어히, 보지아니ᄒᆞ려, ᄒᆞ며, 혹피치못ᄒᆞ여, 그 압헤셔, 교훈을, 드를ᄯᅥᆨ, 무셔온거시, 압셔 셔ᄆᆞ음이, ᄯᅥᆯ니ᄂᆞᆫ, 교로, 그ᄀᆞᄅ치ᄂᆞᆫ, 거ᄉᆞᆯ, 분명히, 듯지, 못ᄒᆞᄂᆞ니, 만일, 이굿치, 부쳔 의, 교휵만, 밧으면, 혼가지로, 쥬의 를, 삼아, 그, 훗ᄌᆞ손의게도, 역시, 엄훈것으 로만, 그ᄅ칠터히니, 대긔, 엄죽것, 가온ᄃᆡ 눈, 졍이, 화ᄒᆞ지, 못ᄒᆞ여, ᄂᆞ죵에ᄂᆞᆫ, 부조지 간에, 불효, 불쳔, 호거시, 졀노싱겨ᄒᆞᆫ집안 안에, 견졍이, ᄭᅳᆺ치지, 아니ᄒᆞᄂᆞ니, 이ᄯᅥ롤, 당ᄒᆞ여, 당쵸에, 잘ᄀᆞᄅ치지, 못ᄒᆞᆫ, 조긔, 허 물은, 싱각지, 아니ᄒᆞ고, 다만, 그, 조식을, 한

탄ᄒᆞ고, 미워ᄒᆞ니, 원릭, ᄲᅮᆯ회업ᄂᆞᆫ, 나무에 셔, 님과, 순이, 엇지돗으며, 호매질ᄅ아니ᄒᆞᆫ, 곡식밧에셔, 열믜가, 엇지, 츙실ᄒᆞ리오, 이 와굿치, 교휵의, 너무, 엄훈결과ᄂᆞᆫ, 결단코, 완젼치, 못ᄒᆞᆯ거신즉, 덕으로, 죵용훈셩품을, 가진, 그, 모쳔이, 못ᄂᆞᆫ거시, 합당ᄒᆞ니, 그모 쳔은, 원릭, 온유ᄒᆞ고, 쟈비ᄒᆞ며, 조녀롤, 거 느려, 그ᄅ침에, ᄉᆞ랑과, 감동이, 압셔ᄒᆡᆼᄒᆞ 고, 즐거움과, 화ᄒᆞ긔운이, 쟈연, 가득ᄒᆞ게, 되ᄂᆞᆫ교로, 그어린ᄋᆞ히들이, ᄉᆞ모ᄒᆞ기롤, 빈 곱흐고, 목, 마른것, ᄀᆞᆺ치ᄒᆞ여, 교화가, 은연 히, 더들의, 졍신에, 가득ᄒᆞᆫ이후에, 학교 의, 교휵과, 샤회의, 교휵을, 밧아, 틈효의, 어 류과, 도덕의, 군조가, 되여, 훗사롬으로ᄒᆞ 여곰, 그어머니의덕을, 임ᄉᆞ의게비ᄒᆞ고, 그 어머니공을, ᄆᆡᆼ모으게, 찬숑ᄒᆞ리니, 한집안, 경ᄉᆞᄂᆞᆫ, 엇더고, 한나라, 영광은, 엇더ᄒᆞ며

50

쳔추만셰 력수우혜 아름다온 일홈빗치 과

연 엇더 ᄒᆞ겟ᄂᆞᆫ가 이거슬 보면 사름의 일

싱에 듕효군 ᄌᆞ라 도젹 쇼인이라 ᄒᆞᄂᆞᆫ거시

다 어려슬ᄯᅥ에 교휵 잘밧고 못밧은것에

달녓ᄂᆞ니 환조희와 ᄀᆞᆺ치물드리ᄂᆞᆫ딕로 빗

시ᄂᆞ고 맑은물과 ᄀᆞᆺ치그릇을 ᄯᅡ라형용이

변ᄒᆞᄂᆞᆫ것 ᄀᆞᆺ흔 어린ᄋᆞ히의 셩품을 ᄀᆞ르

치ᄂᆞᆫ 거시 젼혀 그어머니의게 잇ᄉᆞᆫ죽 어

머니 된이ᄂᆞᆫ 맛당히 덕당ᄒᆞᆫ 학문을 비호

워야 흘터힌고로 뎌 문명를 틱셔 모든나

라들이 녀인의 권셰를 놉혀주며 고등ᄒᆞᆫ

함문뎡도로 만히 셜립ᄒᆞ여 원

나라 녀ᄌᆞ를 구름ᄀᆞᆺ치 모호와 이홋딕의

어진어머니와 어진안히가 되여 이러케 듕

대ᄒᆞᆫ 소임을 감당ᄒᆞᆯ만 ᄒᆞ게 가라치니 오

놀 어린 계집ᄋ히들은 이홋딕 ᄌᆞ손의어

머니라 지금 이 녀ᄌᆞ들을 교휵식이지

아니ᄒᆞ면 이ᄂᆞᆫ 쟝릭의 나라샤회를 멸망

록 과ᄒᆞ고 외람ᄒᆞᆫ듯 ᄒᆞ나 그럿치 아니ᄒᆞ

니 집안은 곳 샤회의 긔쵸오 ᄌᆞ녀ᄂᆞᆫ 즉

집안의 근본이라 만일 ᄌᆞ손이 피악ᄒᆞ면

지무셥지 아니ᄒᆞ리오 쟝릭문명의 긔쵸를

맛흔부인의 즉분을 잘짓히게 ᄒᆞᄂᆞᆫ것은 오

놀ᄂᆞ여러 부모신되이의 녀ᄌᆞ교휵을 힘쓰ᄂᆞᆫ

딕잇ᄉᆞᆫ죽 여러부모쉐셔 이ᄀᆞᆺ치 중ᄒᆞᆫ소임

을 두 엇ᄭᅵ에 매엿ᄂᆞᆫ지라 엇지평안히 잇

셔셔 조곰도 ᄂᆞ러놀 싱각이 업서 희미ᄒᆞ

게 누어잇ᄉᆞ리오 우리 신명ᄒᆞ오신 대황

뎨폐하ᄭᅥ 오셔 도 거룩ᄒᆞ신 죠셔를 ᄂᆞ리우

샤 일반신민으로 학문을 힘쓰게 ᄒᆞ셧ᄉᆞ

오니 우리인민된쟈ᄂᆞᆫ 몸이 망ᄒᆞ고 목슘

이 다ᄒᆞ도록 졍셩을 다ᄒᆞ여 일변으로셩

四十一

지를, 밧드러, 되답ᄒ고, 일변으로 나 라의,
용맹흔, 졍신을, 예비케, ᄒ옵시기를, 근졀
히 ᄇ라옵ᄂ이다.

聞蟬　　　　　　會員 金淵穆

暑退涼生氣序遷、　蟬聲繚亂綠陰邊、
隱映長吟朝露葉、　凄涼晚帶夕陽煙、
懷友精神庭下樹、　脫仙消息洞中天、
聞來忽覺家鄉夢、　回首京華倚檻前、

賀太極學報　　　　雲樵生池成沇

願將太極今日報、　太極旗下傳無極、
萬理昭然一太極、　太極報名亦無極、

偶吟　　　　　　　　上 全

風雨凄凄夜已長、　此生幻在夢中鄉、
可憐一點騷人燭、　獨向天涯耿有光、

忠告歌　　　　　會員 張啓澤

우리同胞青年이여 이닉말삼드러보소
幾千年來우리大韓 先聖遺風지키신다고
斯門弟子自稱ᄒ고 整衣冠ᅵ端膝坐로
千金갓치貴흔歲月 無爲虛送ᄒ을젹에
草堂春睡깁히드러 牕外日遲不知러니
庭前草木蕭殺聲에 忽然놀ᄂ,세엿ᄂ지
旅舘寒燈깁흔밤에 客心凄然難堪도다
於左於右轉々타가 悲歌一曲沸血聲에
어이將出이러나셔 故國山川바라보니
星河는西落ᄒ고 海天은茫々흔데
錦繡江山우리大韓 遍滿黑雲뿐이로다
鬱々蒼々何處去며 悽慘之景웬일인가
悲且哀ᅵ痛矣哉라 千萬生靈엇지ᄒ고
여보시오여보시오 우리同胞青年이여

桃原春夢어셔여　周雖舊邦잇지마셔

南山喬木搖落時에　新葉發生誰知리오

慈愛ᄒ신우리上帝　陽春和氣다시주사

枝々花發花々結實　其씩보면榮光이지

豪傑이別無他人이오　強弱이別無所定

이라　有志者면豪傑이오　有爲者면強國이지

英氣勃々우리青年　一片丹心굿건ᄒ여

軟骨弱膓다바리고　活潑志氣鍊成ᄒ면

國權恢復제안되며　同等權利걱졍업다

一慟悲曲긴소릭로　슬피우러忠告ᄒ니

臨淵羨魚ᄒᄂ者는　退以結綱第一이오

爲國爲民ᄒ라ᄂ者　團結心이第一일셰

여보시오우리同胞　ᄭ天呼地겨졍말고

新學問新智識으로　革其惰怠舊習ᄒ야

忠義膽勇一團精神　暫時라도잇지말고

要進文明ᄒ여보며　要致富強ᄒ여보셰

憂國傷時우리同志　愁苦怨恨근심마오

天道ᄂ往則必復이오　人事ᄂ窮則必變

이니　剝窮而復生ᄒ며　否極而泰來ᄂ

現今我韓觀之ᄒ면　不易之定理ㅣ니라

自古及今數萬年에　可謂剝窮否極이라

當此艱會時代ᄒ야　克復回泰ᄒ랴ᄒ면

天下萬國歡迎ᄒ며　惟我上帝助佑ᄒ지

奮起어다우리同胞青年

會員　表　振　模

奮起어다我同胞青年　勉哉어다我學生諸

君　今世何世며今日何日고　生存競爭의劇

塲이오　活動舞臺의新幕이라　漏舟中焦薪上

에　偶然跪坐ᄒ야仁義만獨說ᄒ면仁者라可

謂ᄒ며　世人은孜々勤勉ᄒ야寸隙을不止ᄒ

고　生活經營에不息ᄒ거늘青樓月花柳風에

家産을蕩盡ᄒ야一身을自滅ᄒ면智者라可

四十三

53

謂호ᄆ 人이 我의 手足을 縛호며 我의 家產을 奪호되 暗然無覺호고 其餘喘이 奄々호야 苟安을 尙求호면 人이라 可稱호리오 憤起어다 우리 靑年 戒哉어다 三千里疆土를 雙肩上에 貧擔호 우리 學生諸君 經天의 智略과 緯地의 策術이 設有호들 確乎호 思想을 不立호고 遠大호 目的을 抱치아니호면 엇지 足히 貴호바 有호리오 日月의 炯眼을 一擧호야 世界의 趨勢와 我國上下社會의 情態를 觀察호지어다 憂國의 士로호여 곰ᄆ 天痛哭치아니코져호들 엇지 得호리오 余ᄂ 本是 才質이 魯鈍호고 學識이 淺薄호야 天下의 經綸과 人事의 得失에ᄂ 一言論及기難호나 國家를 思慕호ᄂ 忠誠과 國運의 進就隆盛을 希望호ᄂ 熱心에 至호여ᄂ 諸賢에게 不後홈을 敢言호노라

蓋國民은 腎中에 確乎호 性格을 俱備호며 純美호 德性을 涵養치아니치못홀지라 竊恐호건ᄃ 國民의 性格이 滅失홈은 其社會가 糜爛호ᄂ 端이며 其國家의 衰頹호ᄂ 兆이니 可히 警戒치아니리오 今日 新舊改革의 大會를 當호야 我國民 된者ᅵ 一定호 思想이 無호고 ᄃ 못形式的開化에 沈醉호야 自國傳來의 美風美德 ᄭ지라도 一切抛棄호고 几百文物制度를 外國에 摸取코져호ᄂ 極端에 至호ᄆ 其害가 ᄯ호 舊式을 墨守호고 一切新式을 排斥호ᄂ 獘에 不下홀지니 彼我의 長短을 參酌호야 內部의 改良을 漸施호며 敎育의 普及을 先圖호야 國民의 陳腐호 思想을 一新高尙케호고 富源을 開發호며 機械를 發達호야 利用厚生의 道를 盡開호 然後에 庶幾乎開明의 域에 進홀지니 此大責任大職務를 負擔호者ᅵ 我學生靑年이아니고 誰리오 奮哉어다 諸君 遠大호 目的과 遠大호 思想과 大活氣와 大熱心

청년ㅣ

과 大抱負로 勇進邁往호야 我大韓國家로호
여곰 文明의 域에 進호게호는 基礎를 養成홀
지어다 勉哉어다 學生諸君 奮起어다 同胞

東京一日의生活

會員 李潤柱

無床우에 노아둔 醒寐鍾이 씽々々 六點을 報호
눈聲에 忽然이 잠을 씨니 窓外에 喧嘩호는 人
馬聲이며 먼길에 通行호는 電車소리 人力車
소릭둘々々々々 人事의 多忙을 告호더라 두
눈을 부븨고 이러나셔 寢褥를 收藏혼後 窓門
을 開放호고 洗수를 畢혼後에 房에 도라오
下女는 발셔 食卓을 排列호고 朝餐을 準備호
엿더라 一味噌汁 (도장국) 菁沈菜로 淡泊호 食
事를 纔畢호니 隣室壁上에 걸닌 時鍾七點을
鳴打호더라 即時日服을 脫혼後에 洋服을 換

着호고 어젯밤에 亂雜히 버려둔 冊子를 整頓
호며 本日學校셔 授業훌 敎科書ㅣㅣㅣ 幾
卷을 冊보에 쓰러세고 點心을 쓴든後에 門外
에 썩나시니 旭日은 東天에 三竿인데 집々이
塲園洒掃와 一日準備에 紛忙호며 官人商人
職工等은 各自의 事務處를 向호야 奔忙호
校길을 急히 호드라
學校에 到達호니 四處에셔 從來호는 幾百學
徒가 爭先雲集호야 十分假量 休憩호고 上學
鍾을 기다려 一齊室內에 드러가 少時後에 敎
師가 臨席禮畢호고 講說을 始호니 此時間은
即西洋歷史科라 題目은 佛國革命時代니 (自
西歷一七八九年 至一八一五年) 佛王路易
十六世代에 至호야 佛國의 財政이 益々困難
호미 名士쥬ㅣ루고벡ㅣ커ㅣ 等이 相議호야
財政方策을 改革코져 호다가 貴族과 僧侶의

妨害를 遇ᄒ야 如意치 못ᄒ고 캐ᅳᄀ의 召集ᄒᆫ바 縉紳會도 好結果를 不擧ᄒ며 評議會ᄂᆫ 國政改革의 急務를 上言不已ᄒᄂᆫ 句節로 起說ᄒ야 國會의 召集ᄒᆫ 事由며 革命의 發端과 市民이 激仰一擧ᄒ야 빠스칠獄을 破壞ᄒᆫ 情形이며 國民會議의 進行과 新憲法의 制定 等으로 滔々數千言當時佛國의 亂脉과 貴族僧侶의 跋扈와 下民의 慘狀을 況然可想ᄒ깃다라 破學鍾이 ᄉᆡᆼ々々々々々

每時間마다 十分式 休ᄒᆫ 後에 數學物理地理 等科로 正午々々지 受學ᄒ고 午砲 소리와 갓치 休學鍾이 亂鳴ᄒ니 正年로부터 零時半三十 分間은 點心時間으로 許與ᄒᆷ이라 各自携帶ᄒᆫ 點心을 喫畢ᄒᆫ 後에 運動場에 亂散ᄒ야 或 體操或遊戲로 精神을 活潑히 ᄒ고 少許後開學鍾이 更鳴ᄒᆷ이 運動場에 齊會ᄒ야 兵式體操를 訓練ᄒ고 餘課를 畢ᄒᆫ 後에 二點半 廢學

鍾에 學校門을 退出ᄒ야 各其宿所로 散歸ᄒ더라

旅舍에 도라와 衣服을 換着後에 沐浴을 畢ᄒ니 身體가 疲勞를 少覺ᄒ깃더라 一時間靜息ᄒ야 五點量에 晚餐을 畢ᄒ고 木履短筇으로 消風兼不忍池 (東京上野公園下池名)를 向ᄒ니 大道兩邊에ᄂᆫ 萬點燈光이 如晝ᄒᆫ데 晝間에ᄂᆫ 如許히 忙殺ᄒ든 全般社會도 一日의 業務를 다ᄒ고 凉天을 乘出ᄒ야 屋外에 散策ᄒᄂᆫ者 兩々三々으로 人山人海를 遍成ᄒ고 商店과 演劇場 等에셔ᄂᆫ 呼客聲이 頻繁ᄒ더라

緩步로 逍遙ᄒ야 池畔에 다々르니 滿池蓮葉은 靑々ᄒᆫ데 紅花ᄂᆫ 點々ᄒ야 香氣를 吹送ᄒ고건ᄂᆫ 便公園에셔ᄂᆫ 男兒立志出鄕關學若不成死不還을 高聲朗吟ᄒᄂᆫ 소링心神이 快活ᄒ야 頓然이 我를 忘ᄒ고 池畔에 徘徊터니

上野山 외로운절에 七點을報ᄒᆞ는쇠북소리
隱然이蒼林속으로ᄉᆞ々々々々々々
書窓에도라와耿々寒燈下에書床을對坐ᄒᆞ
고이것져것學科를自習ᄒᆞ며明日學校課工
을多少預備ᄒᆞ니夜已十點에萬籟皆息이라
玆에一日學業을庶畢ᄒᆞ고디디여天地의氣
密로더부러接合

隨感隨筆

會員 朴 相 洛

○文明國人民은男女老少를勿論ᄒᆞ고各其
職務에奔沒ᄒᆞ야時間을經濟的으로費用
ᄒᆞ거늘我國서는博奕豪遊와空談午睡로
光陰을虛費ᄒᆞ는者全人口五分一以上에
達ᄒᆞ지니此는家敗國弱의病源
○一死報國으로忠義의芳名을千秋에遺傳
ᄒᆞ지언졍不義非理를敢行ᄒᆞ야一身의榮
籠만是圖ᄒᆞ는姦惡은되지말지로다
○父兄된者其子弟를爲ᄒᆞ야敎育은不施ᄒᆞ
고美田만買與ᄒᆞ면此는子弟로ᄒᆞ여금他
日不幸ᄒᆞᆫ地에歐陷ᄒᆞᆷ이로다
○余는人生의來世有無ᄒᆞ는世事를
觀察ᄒᆞ면善者往往困厄을不免ᄒᆞ고惡者
도리혀跋扈ᄒᆞᆷ에至ᄒᆞ여天公이不公
○舊日東洋的觀念으로論ᄒᆞ면女子는男子
의奴隷라同等權은姑捨ᄒᆞ고女子에게는
敎育을不施ᄒᆞ야今日社會開發上에不少
ᄒᆞᆫ害毒을及ᄒᆞᆷ이니此等頑習을速히打破
ᄒᆞ고女子敎育을擴張ᄒᆞᆷ이今日急務
○西國에셔는女尊男卑의風이威行ᄒᆞ야夫
가其妻眷에게歐打를當ᄒᆞ여도敢히抵抗
치못ᄒᆞᆫ다ᄒᆞ니事爲에勇敢ᄒᆞ고思想에綿
密ᄒᆞᆫ西國男子도女性에對ᄒᆞ면魂膽을失
ᄒᆞᆫ지

四十七

○女子가 生理上精神上에 멀니 男子에 不及홈은 天定호 性分이라 此를 保護扶翼호야 兩性의 調和를 得호 然後에 야 人類社會에 完全호 發達을 期호리로다

○外國에 留學호 人도 本國에 도라가 면往々 文明의 假面을 脱却호고 其眞相이 露出호야 世人의 信用을 失墮호다호니 此는 學問의 眞義를 未究호 者

○當時歐洲를 席捲호든 萬古英雄奈破倫도 絶海孤島에 幽閉호야 末路의 悲運을 自嘆호엿스니 人事는 變遷無雙

賀在米國共立協會

壯哉라 米國에 留學호는 我同胞의 熱血이여 弱者로호여 곰强케호며 懦夫로호여곰立케 호도다 萬里殊域에서 同志를 合同호야一會를 創立호니 名曰共立協會라 會員이 數百餘 名에 達호는데 諸會員이 千辛萬苦로 終日勞働호야 得호 金錢을 不惜出捐호야 或新聞을 發刊호야 國民의 智識을 啓發호며 或傳道를 奬勵호야 本國同胞의 性格을 養成호며 或慈善事業을 實行호야 本國同胞의 患難疾苦를 救助호며 或各處에 會員을 派送호야 學生의 品行을 司察호다호니 嗚呼猗哉라 米國에 留學호는 我同胞가 幾萬里海外에 一新韓國을 組成호고 諸般有益事業을 卒先行之호도다 若我韓二千萬同胞가 皆以此同胞之血心으로 爲心이면 國家之不興을 何患哉리오 先月에 日本太陽雜誌에 記載호 大隈伯의 所論을 見호즉 日本東京에 留學호는 米國宣敎師하리스氏가 伊藤侯를 訪見호고 我韓國民의 性格을 說明호야 曰 世人이 言必稱 韓國人은 愛國性도 無호고 公德心도 無호다호느 其不然호 確證이 有호니 我米國에 留學호는 韓人等은

終日勞働ᄒ야如千 金額을儲得ᄒ면浪費타
아니ᄒ고 傳道事業慈善新聞發刊等 有益ᄒ
事業예投用ᄒ야 國家의發達을熱心圖之ᄒ
니 由是觀之컨딘世人의所評이皆是虛妄이
라ᄒ엿더라 鳴呼라米國에在ᄒ 我同胞兄弟
여諸君子의滿腔血誠이外國有志人으로ᄒ
여곰如此ᄒ 言을發ᄒ야我邦國民의性格을
世界에 辯護ᄒ고ᄒ엿도다 余等은此에對ᄒ
여諸君子의爲國盡瘁를感謝ᄒ고兼ᄒ야我
海外留學生의一動一靜이我韓國體에關係
됨을感悟ᄒ고 東西相應ᄒ야一心恊力으로
萬分之一이라도國家에献身홈을血心祝之
ᄒ노라

醫師安商浩氏의來歷

現今日本東京芝區慈惠病院에셔 主醫로잇
ᄂ安商浩氏를內國同胞에게紹介ᄒ노라

氏ᄂ京城人이니 官立日語學校에셔 刻勤勉
勵ᄒ야業을卒ᄒ 後에光武二年十一月에奮
然이志를決ᄒ고 日本에渡來ᄒ야東京慈惠
專門醫學校에入學ᄒ여스나本是學資에艱
乏홈으로千辛萬苦ᄒ 事ᄂ一々이記述키難
ᄒ도다然이나氏의百折不屈ᄒ고勇進ᄒᄂ
精神이能히四年間을繼做ᄒ야光武六年九
月에優等의成績으로業을卒ᄒ고醫師免許
省醫師檢定試驗에受驗登第ᄒ야日本內務
狀을受ᄒ고 其後로慈惠病院에셔 實習을視
ᄒ며氏의眞實ᄒ고 高明ᄒ實力이遠近에表
彰ᄒ고該病院長에 欽讚信用ᄒ을被ᄒ야드
디여該院의主醫로被任ᄒ고至今々지雖百
忙中이라도一時를不怠ᄒ고孜々勤勉ᄒ야
學理의精蘊을益々 研讚不已ᄒ니氏ᄂ我國
斯界의斗泰요 我學生界의模範이라ᄒ만ᄒ
도다

四十九

工科大學卒業生尚灝氏

我邦留學生이日本에來學홈이十有餘年에帝國大學本科를卒業혼人은同氏로부터開始호여시니同人一個人에게만幸福이아니라촘大韓國家가善良혼一俊士를得호여시니可賀々々로다同氏눈本是京城人으로九年前에日本에來學호야高等學校로부터大學에入學호야去番試驗에良好혼成績으로써工科大學을終了호여스미日本東京各新聞에셔讚揚不已호더라同氏눈本是家貧호야長時學資에困絀호여시느堅忍不拔호눈勇氣가有혼故로今日석지獨立自營호야非常혼患難苦楚와奮鬪호여最美혼學業릉成就호여시니我學生社會에眞一大模範國호다이되고坐同氏가國家에對혼責任이重且大焉이로다同氏의前途를祝賀호노라

會員消息

本會總務員崔光玉氏눈創會以來로會務를擴張호기爲호야日夜焦心호더니病患이發生홈으로去七月十六日에本會員金相殷朴永魯金鴻亮三氏와同伴歸國호다

本會員鄭寅濩氏눈夏期休學中에歸觀次로去六月二十六日에新橋發列車로歸國호다

本會員申相鎬徐榮淳兩氏눈去七月十八日夜에觀親次로歸國호다

本會員吳錫裕氏눈本報發刊을贊成호야今十五日에本會에送函호엿더라

本會員姜麟祐氏눈多年米國에셔留學호다가月前에東京에來學호더니今日二日에歸國호다

本會員孫榮國氏눈觀親次로去七月二十八日에新橋發列車로歸國호다

本會員楊致中氏는 夏期休學中에 觀親次로
今月十二日에 歸國호다

本會員洪正求氏는 今月二日에 夏期修學旅
行次로 茨城縣地方으로 下去호다

本會員徐榮淳氏는 本報發刊을 贊成호야 金
五圓을 出捐혼다고 今月十六日에 本會에 致
函호엿더라

本會員金載汶氏는 去七月二十六日에 觀親
次로 歸國호다

本會々員名錄

評議員　張膺震　　崔錫夏　　金志侃
　　　　全永爵　　金鎭初　　李潤柱

事務員　表振模　　朴濟鳳　　金洛沫
　　　　金昌臺　　張志台　　蔡奎丙

會計員　金淵穆　書記員　朴相洛　司察員　李道熙
　　　　金琮基　　　　　柳東秀　會員　金志倜

太極學報義捐人氏名

朴仁植　　金瀅穆　　白成鳳
尙允植　　文一平　　金永哉
鄭雨植　　張啓澤　　洪正求
鄭潤僑　　柳容鐸　　崔光玉
申相鎬　　徐榮裕　　吳錫裕
孫榮國　　金鴻亮　　金載汶
李珍河　　韓淳琪　　朴永魯
金相殷　　劉　睦　　林永基
金東元　　金槙周　　金光鎭
鄭寅濠　　金嶺壽　　姜麟祐
楊致中

韓致愈氏　五拾圓　　張志台氏　五拾圓
李潤柱氏　參拾圓　　文一平氏　參拾圓
蔡奎丙氏　廿壹圓五拾錢　金瀅穆氏　貳拾圓
金淵穆氏　拾圓　　　柳東秀氏　拾圓

金志侃氏　五圓
崔錫夏氏　五圓
表振模氏　五圓
朴仁植氏　五圓
姜麟祐氏　五圓
申成鎬氏　五圓
徐榮淳氏　五圓
金昌臺氏　參圓
金洛泳氏　參圓
朴濟鳳氏　參圓
楊致中氏　參圓
洪正求氏　壹圓
鄭雨植氏　五拾錢

金志侃氏　五圓
朴相洛氏　五圓
一永爵氏　五圓
金載汝氏　拾圓
李道熙氏　五圓
白成鳳氏　五圓
金淙基氏　五圓
金鎭初氏　參圓
金英哉氏　參圓
張膺震氏　參圓
孫榮國氏　參圓
金昌壽氏　參圓
尙允植氏　壹圓
姜成基氏　五拾錢

歸省ᄒ얏던本會員金載汝氏ᄂ今月二十八日에東京에再來ᄒ다

光武十年八月廿四日發行

明治卅九年八月廿四日發行

●代金郵稅並新貨拾貳錢

東京市本鄉區元町二丁目六十六番地太極學會內

編輯兼

發行人　　張　膺　震

東京市本鄉區元町二丁目六十六番地太極學會內

印刷人　　金　志　侃

東京市本鄉區元町二丁目六十六番地

發行所　　太　極　學　會

東京市京橋區銀座四丁目一番地

印刷所　　敎文館印刷所

63

第三種郵便物許可　明治卅九年八月廿四日
　　　　　　　　武十年八月二十四日

太極學報

光武十年九月二十四日發行

每月一回發行

第二號

太極學報目次

一

二

太極學會總說中

留學生監督　韓致愈

我學生之說此會果何爲也官私費來學日本
者盍千餘人而所食之區域遠近不一所就之
庠塾等級不齊星散碁落不相管攝無以通親
愛之意而資麗澤之益是以有志者若爾人起
議以每月指日一會所講者同胞之義所論者
學術之妙而掇拾其講論之餘登梓而廣布之
此所以有此學會之設也會員崔錫夏全永爵
也此會發起者張膺震崔錫夏全永爵金志侃
有贊成此會之責生等不可不枚舉而詳陳之
等嘗來言於余曰先生既在學生監督之位實
崔先玉金東元金鴻亮安甲金淵穆蔡奎丙金
鎮初張志台李潤柱柳東秀等五十餘人其人
也會務所則東京本鄉區元町二丁目其地也
會定期則每月上旬日曜日其日也會員則我

十三道學生凡來留日本者皆所許也由會中
立一校名曰太極學校所以收我學生新來者
使之習日語而進普通也學報發刊則每月一
回而政治得失之談國際利病之論則在所禁
也雖然使我士家塾鄉庠州序國學參酌歐米
比古通今使後生少年足以循階進級以期卒
業則顧身等何庸離親戚捨墳墓遠費學粮爲
客異地黑年積祀備嘗辛苦而致使生等如此
者果誰之故歟竊惟　皇上帝降衷于下民古
今一致東西同道是知堯舜非聖賢而生等非
獨愚也歐米非獨智而東洋非獨蔽也所爭只
是覺與不覺教與不教而己矣未知先生以爲
何如余應之曰子之言是矣政治得失之論本
中人使余論政治得失則是乃自暴其短自諭
其非而應不當以此爲學生過也天之生人元
無二道而纔有是人便是同理是以體天之心

而推人之理則四海兆民盡非天之赤子而
吾之兄弟也其不當分畦立畛設等制限以侵
兄弟共有之權也明矣如我土倡優庖丁輿儓
僕隸雖其所執之業有殊而至其所受於天而
比肩於人者則公侯將相一致也乃者卑之
賤之壓之制之呫辱之侵侮之如犬家牛羊然
者是可曰兄弟之所忍爲者乎況所謂曰奴曰
婢者則論值而買賣之立券而證質之傳之苗
裔以及傍枝抑何不思之甚也況所謂曰嫡曰
庶者則乃於氣脉相貫之地分畦畛於一門之
內而甄清濁於朝廷之上是何背天心秉人理
之深耶然則將何術而救之日教之而已矣至
於司憲之吏執法之官所聞者只是拳漢之
陋所習者只是宋明之苟而日牢日朴日斬日
裂見血於建而暴尸於原是何殘忍之甚而喪
心之極耶天地之大德曰生聖人之大寶曰位
是知位者所以行其德也使斯人不知生民之

理而至於作惡犯法之地者已是官吏之不德
而乃以殘忍苛酷之刑而從之是可曰天之赤
子而民之兄弟耶況復牢獄之穢如溷舍司監
之卒如餓鬼而甚者惟賄賂之是視以行法
斷律之權衡自天視之當復如何然則將何術
而救之日教之而已矣夫分郡立縣設府置都
所以治吾兄弟也雖使立政制治之官皆賢皆
智皆勤勵其於國土之廣人眾之多事或有未
周而冤或有所蔽況智愚千慮之間互有得失
則宜其詢于野採于眾議于僚屬如古所謂謗
謗之木敢諫之皷者所不容不叛法而乃者在
位者以專權爲能臨事者以獨斷爲主而使平
民立論則日出位論事以僚屬敢言則日侵侮
上官是則立政制治之位乃爲行權施威之資
而赤子之計兄弟之生反屬箝籠是尚可以言
語盡耶是宜參諸殷周詢野之舊取諸歐米議
會之新而變我樞院尸素之制以效日本貴眾

之式也嗚呼立政制治豈非所以財成輔相順天地生物之心者耶今者醫道不廣衛生未備門戶之內糞壤溢目溝瀆之際穢氣奪鼻使天行癘疫因以蔓延非時惡疾互相傳染使斯民不死於命而死於治況復賄賂之習行於官吏之科陷赤子於牢狴之中呼號顛連致損生物之心是則使斯民不死於命而死於治產業之不遂賊窓行山野之間民不安堵以致警察之不明盜而填壑之相聞是則使斯民不死於命而死於治々田之法不周開荒之具未備水旱所至飢饉爲災始以流焉終以餓莩是則使斯民不死於命而死於治此非所以俯仰天地盡兄弟惻怛之心也然則將何術而救之曰敎之而已矣噫此時果何時耶歐米交通之秋日露干戈之餘昏昧者我民也萎靡者我俗也無工而爲之器械無商而爲之遠交金銀銅鐵之富魚鹽

耕墾之利舉皆委之於近隣遠邦者是尚可而怨天而尤人耶外人之發達非公法之所禁我衆之銷鑠無良藥之可救而歲換星移浸々出入今古之變講究天人之妙而深有得於哲學之體者盍多矣然只有天花亂墜之徒徒以無寸鐵可爭之拳至於逐臭之類執拗之見蔽固之論若將制挺以撻泰西而雖有虛想之體終無實施之用且曰舊服背不可變也長髮不可短也守此者爲孔孟之嫡傳論之者爲夷狄之前驅是亦不思而已矣爲臣必忠爲子必孝爲夫婦當有別爲朋友當有信者固也天降生民莫不與之以仁義禮智者固也亘古亘今東貫西天無二道人無二致有違於此則人類化爲禽獸天地淪爲長夜者也然至於衣服飲食之具宮室起居之用則由質就華由煩就簡自有古今變遷之理此不當膠其柱而求爲瑟也羲農之前茹毛飲血此

以皮爲服者一變爲布再變爲繡而各由身體
之肥瘠以爲制度之濶狹者亦何爲者耶是知
縶袖短髮亦今天下一變之會也西海聖人生
同此心同此理東海聖人生同此心同此理安
知短髮之中不有成聖之學而縶袖之中不有
通天之行耶且我政府數十年來縶袖非不大髮
非不長而政治之弊法律之壞有如上所陳
者則此所謂五穀之未熟不如稊稗之未況
徒守大袖只存長髮未必爲眞五穀考之野
人而如彼參諸士類而如此則我三千里國土
二千萬生靈其何以並驅垂盡則雖無兵馬之
侵砲丸之威而敗於不戰之戰者我民也死於
不殺之殺者我衆也思之及此寧不寒心然則
將何術而救之曰敎之而已矣夫有人則人各
有團滿具足之權是以人不可使爲奴婢有國
則國各有團體統治之權是以國不可使爲屬
邦此乃今日天下所通行之公法足以建天地

而質鬼神矣　我土自檀箕以來非無團體統治
之權而顧以強弱之勢勝敗之數間　或爲唐宋
明清所節制　是其何故也無公法以爲之裁而
惟腕力以爲之主也　造此萬國相交公法益暢
之會以堂堂獨立之體顧何患於自治　自強而
乃所以爲良籌碩畫者此則曰北隣之強足
以恍而爲安彼則曰西交之睦可以賴而爲固
見利則勇於傾憂臨事則慣於恬嬉積以數十
年委靡腐敗　竟至於萬々不獲己之勢遂擧外
交委托東隣而如人大病宛轉床席頂踵毛髮
無處不痛是其爲獘之源則　一言而蔽之曰太
極哲學之敎不明之過也　政治法律之敎不明
之過也　醫農工商之敎不明之過也曰軍曰警
曰憲法曰議院之敎不明之過也　然則將何術
而救之曰　知得如此是病便如此是藥其亦
曰敎之而已　然試就我土而觀之如深山荒野
黃童白叟徒知糞壤苧窟　爲青氊之舊至於颿

四

謹賀太極學報創始

東京　長澤啓佶

併祈　永久的　隆盛

切祝會員諸氏之成功

風之作於外而鯨濤之迫於門者則屬之黑甜
而不知懼如此輩姑置之勿復道可也至如雅
冠博帶之倫長袖大袍之士列强以號令於天
下耶嗚呼請就太極而推之萬木皆凋百虫俱
伏此固大冬風雪之候也然而靡角解於寒霜
之中蓼苗動於堅氷之下而藹然一陽之生已
驗於不知不覺之際矣由此而爲二三轉此而
爲五六終至有萬花俱發綠葉競秀者不易之
理而暗爲明之始衰爲盛之機也我後生少年
或由內地或就外海方且連袂比肩以從學而
趨時義者盍無慮幾萬人則此固爲明之始盛
之機而哲學之敎惟此人等爲可恃政治法律
之敎惟此人等爲可恃醫農工商之敎惟此人
等爲可恃曰軍曰警曰議院曰憲法之敎惟此
人等爲可恃而並駕歐米長驅天下者其可指
日而計翹足而竢矣諸公其勉之哉吾雖老矣
尙庶幾及見之

五

講

壇

國際交際論

會員 崔 錫 夏

洋之東西를勿論호고一方을自國外에他國이 有홈을不知호던鎖國時代에는修交홀必要가無호여시느世運이變遷호고文化가發達호야 五洲列國이隣家와갓치相通호는今日에는 一國의消長이萬國均衡勢力에重大호影響이 有홀뿐더러吾人이此社會에서單獨生活을營호기不能홈과如호야宇內列國이各各自國의文明을啓發호야國步의發展을經營호랴면友邦의助力을不可不借라於此에國際上交際의必要가生호도다嗚呼라吾人이二十世紀競爭時代에處호야平心正氣호고天下大局을觀察호니一國의盛衰興亡이外交手段의優劣에在호도다假令國家의 生産이巨大호고人民의財力이豐

富호야 强大列國과可히貿易을競爭홀實力이有호더라도國家의外交機關이完備호지못호면假令敵國과 開戰호야幾億萬軍費를用호야大勝利를得호더라도最後媾和談判에 不利호條約을締結호면戰勝의功果가何有호리오此는今日之理勢만謂홈이아니라萬國興亡史에도其實例가昭然호도다近世에法國拿破崙이歐洲를併呑코져호야侵略主義를恣行호더니列國이公敵으로認호야聯合軍을編成호야左攻右擊홈에法軍이勢孤호야巴里城下에서投降호고蓋世英雄拿破崙은孤島中에幽囚의恥辱을當호니一時歐洲에覇權을握호고世界를虎視호던法國의國威는一敗墮地라其狀을何言가此大亂을經혼後에列國이維也納에全權大使를派遣호야會議를開호고法

七

國이侵略ᄒ얏던 土地를處分코져ᄒᆞᆯ시 其中
에最大ᄒᆞᆫ利害關係가有ᄒᆞᆫ者ᄂᆞᆫ法國이라大
使타레ㅣ란을派遣ᄒᆞ니英俄普墺四强國은
이믜秘盟을締結ᄒᆞ야會議의全權을掌握코
져ᄒᆞ여시니眼中에엇지戰敗國使臣이有ᄒᆞ
리오타레ㅣ란은敏活ᄒᆞᆫ外交家라其機密을
探知ᄒᆞ고諸小國代表者를糾合ᄒᆞ야自己가
謀主가되고會中에聲明ᄒᆞ기를本會議에參
席ᄒᆞᆫ代表者ᄂᆞᆫ皆是平等이라國之大小로써
權利의差別이無ᄒᆞ고歐洲諸國은拿坡崙
과相戰ᄒᆞᆫ것이오法國과相敵ᄒᆞᆫ것이아니라
現王路易十八世ᄂᆞᆫ正當ᄒᆞᆫ國王이니正當ᄒᆞᆫ
國王을代表ᄒᆞᆫ他列强의全權大
使와갓치大小議件에參預ᄒᆞᆯ權利가有ᄒᆞ다
辯論ᄒᆞ고ᄯᅩ四强國이利害問題에關ᄒᆞ야各
ᄉᆞᄉᆞ異見을抱ᄒᆞᆷ을見ᄒᆞ고巧妙ᄒᆞᆫ手段을揮ᄒᆞ
야反間策을行ᄒᆞ야맛ᄎᆞᆷᄂᆡ法國으로ᄒᆞ여곰

此會議에重大ᄒᆞᆫ地位를占得ᄒᆞ게ᄒᆞ야法國
에有益ᄒᆞᆫ條件으로列國과條約을締結ᄒᆞ야
戰敗國이도리여國威를表彰ᄒᆞ야시니偉哉
라타레ㅣ런의殊功이여若非此人이면法國
이엇지今日에如許ᄒᆞᆫ地位를維持ᄒᆞ리오此
等實例ᄂᆞᆫ歐洲에만有ᄒᆞᆫ것이아니라隣邦淸
國에도可見ᄒᆞ리로다頃年에淸國이俄國과
條約을締結ᄒᆞ야遼東半島를租借地로讓與
ᄒᆞ엿더니俄國이前約을不守ᄒᆞᆷ으로東亞에
一大難問이되야맛ᄎᆞᆷᄂᆡ日露戰爭의慘禍를
釀出ᄒᆞ고今日ᄭᅡ지世界列强의注目處가되
야將來東洋平亂에分岐點이되ᄂᆞᆫ듯ᄒᆞ도다
由是觀之ᄒᆞ니外交ᄂᆞᆫ國家生命의關ᄒᆞᆫ大
技術이라一步를進ᄒᆞ면其國을可興이오一
寸을誤ᄒᆞ면其國을可亡이로다西哲의言에
外交思想이無ᄒᆞᆫ民族은其國을保存기不能
ᄒᆞ다ᄒᆞ여시니至哉라此言이여ᄎᆞᆷ服膺ᄒᆞᆯ箴

言이라ᄒᆞ노라

嗚呼라 東洋大勢를 靜言思之컨딕 世界列强의 逐鹿塲이되엿스니 强者가아니면 其國을 發展ᄒᆞᆷ슈無ᄒᆞ고 能者가아니면 其國을維持ᄒᆞᆷ슈無ᄒᆞ도다 强者ᄂᆞᆫ何謂也오 實力을養成ᄒᆞ야 外侮를能禦ᄒᆞᄂᆞᆫ者오 能者ᄂᆞᆫ何謂也오 外交에敏捷ᄒᆞ야 自國의利益을能圖ᄒᆞᄂᆞᆫ者一라 然則東洋民族이되야 國家의獨立權을 保全코져ᄒᆞ면 內로政治를革新ᄒᆞ야 國力을 鞏固케ᄒᆞ며 外로多數友邦을作成ᄒᆞ여야 其 目的을 庶幾可達이라ᄒᆞ노라 我韓民族은 開 國以來로 對外關係가僅少ᄒᆞ야 外交思想이 缺乏ᄒᆞᆷ으로 外人을對ᄒᆞ면或은 畏縮之心을 生ᄒᆞ야 惟命聽從ᄒᆞ며 或은無端히排斥之心 을生ᄒᆞ야 惡感을自招ᄒᆞ니 慨歎莫甚이로다 此ᄂᆞᆫ非他라 我韓이近古以來로 國民敎育이 保守的主義를崇尙ᄒᆞᆷ으로써 國民의精神이

消極的으로向ᄒᆞ야 如此ᄒᆞᆫ結果를致ᄒᆞᆫ듯ᄒᆞ 도다 往事ᄂᆞᆫ勿論이어니와 來事ᄂᆞᆫ不可不圖 라 吾人이競爭塲에處ᄒᆞ야 國際上淘汰가外 交의巧拙이在ᄒᆞᆷ을知ᄒᆞ여시니 造次顚沛之 間이라도 其理則을勿忘ᄒᆞ고 外交思想을養 成ᄒᆞ되爲先外交界의 歐米諸國의 言語를學習ᄒᆞ야其國人의 宗敎文學理想氣 風習慣等을覺得ᄒᆞ며 萬國外交史를熟讀ᄒᆞ 야其興亡盛衰의原因을攻究ᄒᆞ며 國際法을 精考ᄒᆞ야列國의 先例를記臆ᄒᆞ며 宇大的頭 腦를生長케ᄒᆞ면 外人으로더부러 交際ᄒᆞᆷ에 感情이共通ᄒᆞ며 思想이自同ᄒᆞ야 自然히四 海兄弟主義를貫徹ᄒᆞᆯ것이오 如此而後에 恒 常注意ᄒᆞᆯ것은 外人은個人的으로ᄂᆞᆫ 同胞와 갓치觀密ᄒᆞᆯ슈有ᄒᆞ나 國家的으로ᄂᆞᆫ利害가 相反ᄒᆞ야 强食弱肉ᄒᆞ며 競爭을免기難ᄒᆞᆷ으 로써外交上一言이 國家를能히顚覆ᄒᆞ며

九

條約上一句가能히民族을殄滅ᄒᆞᄂᆞᆫ理則을覺悟ᄒᆞ면瀕死ᄒᆞᆫ國家를可以回生케ᄒᆞ리라ᄒᆞ노라

家庭敎育

會員 張啓澤

夫一人의父兄된者ㅣ其子弟를敎育ᄒᆞᄂᆞᆫ것은當然ᄒᆞᆫ義務라故로敎育ᄒᆞ기를不怠ᄒᆞ되或說諭로써ᄒᆞ며或勸進ᄒᆞ며或强行ᄒᆞᆯᆺ지도有ᄒᆞ야可成的力을竭盡치아니ᄒᆞ면此ᄂᆞᆫ其子弟에게對ᄒᆞ야父兄된職分을失ᄒᆞᆯᄲᆞᆫ아니라實로吾人社會上에對ᄒᆞ야重大ᄒᆞᆫ義務를不行ᄒᆞᆫ者ㅣ라稱ᄒᆞ리로다

智力이發達치못ᄒᆞ고聞見이博達치못ᄒᆞᆫ幼年子女를家庭內에셔薰陶養育ᄒᆞᆷ은其父母에過ᄒᆞᆯ者ㅣ無ᄒᆞ리니何則고情愛의親密ᄒᆞᆷ과恩愛의深厚ᄒᆞᆷ이父母와如ᄒᆞᆫ者ㅣ無ᄒᆞᆫ故

로三四歲幼兒에一端觀念이此世에ᄂᆞᆫ吾의父兄보다善良ᄒᆞ고愛情이多ᄒᆞ며吾의母親보다親切仁慈ᄒᆞᆫ이가更無ᄒᆞᆫ줄노知ᄒᆞ고ᄯᅩ

父母의所念은此世에ᄂᆞᆫ吾의子女보다愛重ᄒᆞᆫ者ㅣ가無ᄒᆞ야子가父母에게遺傳ᄒᆞᄂᆞᆫ物은平生에所惜ᄒᆞᄂᆞᆫ바無ᄒᆞ며ᄯᅩ子가父母에게受取ᄒᆞᄂᆞᆫ物은半點도疑懼ᄒᆞᄂᆞᆫ者ㅣ無ᄒᆞ니如此ᄒᆞᆫ幼年을訓陶敎育ᄒᆞᄂᆞᆫ데對ᄒᆞ야서ᄂᆞᆫ父母兄妹가實로好地位에處ᄒᆞ엿다ᄒᆞᆯ만ᄒᆞ깃고ᄯᅩ其父兄된者ㅣ一生注意ᄒᆞᆯ것은其子弟를爲ᄒᆞ여ᄂᆞᆫ비록如何ᄒᆞᆫ勞苦가有ᄒᆞᆯ지라도口外에不出ᄒᆞᆷ이可ᄒᆞ며其目的을達ᄒᆞᆯ方法을能力手段과善言良談으로써諄々敎喩ᄒᆞᆯ

次進步케ᄒᆞᆷ이必要ᄒᆞ고ᄯᅩ家庭內ᄂᆞᆫ恒常和平快樂을主ᄒᆞ야缺義沒德의禍端이無케ᄒᆞ며潔白지못ᄒᆞᆫ俗談과善良치못ᄒᆞᆫ言行은一切家內에勿入ᄒᆞ야單純ᄒᆞᆫ幼年子弟의腦로

ᄒᆞ야 곰 感化模範이 되게 할지니라

特別히 母된者ᄂᆞᆫ 小兒敎育에 一層重要ᄒᆞᆫ 地
位에 處ᄒᆞ얏다 謂할지니 人이 此世에 生ᄒᆞ며
母로ᄡᅥᆺ 初始ᄒᆞ여스며 初見ᄒᆞᄂᆞᆫ 者ᅵ 母의 行爲
며 始聞ᄒᆞᄂᆞᆫ 者ᅵ 母의 言語며 始感ᄒᆞᄂᆞᆫ 者ᅵ
母의 愛情이며 始知ᄒᆞᄂᆞᆫ 者ᅵ 母의 容貌라 故
로 母의 正邪와 善惡으로ᄡᅥ 自然히 其子에 性
質을 助成ᄒᆞᄂᆞ니 假令人의 天與ᄒᆞᆫ 禀性이 各
有所定이라 稱ᄒᆞ나 其特質은 母親養育에 關
ᄒᆞ엿ᄂᆞ며 其特性은 家庭敎育間에 形成ᄒᆞᄂᆞᆫ
者니 此ᄂᆞᆫ 人의 母親된者 第一注意ᄒᆞᆯ者니라
古來에 所謂偉人傑士가 多有ᄒᆞ나 其原因을
研究ᄒᆞᆯ진된 或天性의 特出ᄒᆞᆫ者도 有ᄒᆞ나
其十分之九ᄂᆞᆫ 母親養育間에 如何ᄒᆞᆫ거스로
좃차 成ᄒᆞᆫ者니 西國에 有名ᄒᆞᆫ 傑士나 파묜이
當日一小兒의 將來運命은 其母의 行爲에 在
ᄒᆞ며 一國民의 富强도 其國民의 母에 在ᄒᆞ다

ᄒᆞ며 又曰國民의 精神과 習慣과 偏僻과 特質
과 德性이 各其母一身에 在ᄒᆞ다ᄒᆞ니 此ᄂᆞᆫ 吾
人도 經驗自覺ᄒᆞᆯ者라 我東方에 偉聖孟子도
其母의 三遷之敎 가아니면엇지 其名이 至今
ᄭᅡ지 赫赫不滅ᄒᆞᆯ줄을 期ᄒᆞ엿스리요 然則自
古及今ᄃᆞ록 偉人賢士의 盛名은ᄃᆞ다 其母親
의 善良ᄒᆞᆫ 指導와 家庭敎育의 起因造成ᄒᆞᆫ者
ᅵ 實노 不少ᄒᆞ도다

嬰兒의 思想은 極히 狹淺ᄒᆞ야 家內든지 或門
外에 出ᄒᆞ야 遊戲活動ᄒᆞᆯ時라도 善惡과 眞僞
와 美醜와 危險等을 一切未別ᄒᆞᄂᆞ니 時々로
父母가 隨行ᄒᆞ야 看察ᄒᆞ되 兒가 或危險과 暴
行을 犯ᄒᆞ거든 順言으로ᄡᅥ 曉喩ᄒᆞ고 壓迫悖
言은 勿用ᄒᆞᆷ이 可ᄒᆞ며 或範圍以外에 出ᄒᆞ거
든此ᄂᆞᆫ 特別히 家庭內에 遊戲場을 設置ᄒᆞ고
此內에 飮食等과 兒童에 極히 嗜好ᄒᆞᄂᆞᆫ 物을

設置호야 時々로 活潑遊戲케 호지니라

吾人이 此 新世界에 生호야 新學問과 新智識은 不可不 硏究홀거시나 就中 最要혼者는 道德의 觀念이 是라 人이 此 二字를 不解호면 學問이 有餘호나 社會上事業의 經營과 個人의 家庭의 幸福을 十分期必호기 難홀지니 水를 飮고져호는 者ㅣ엇지 井을 豫備치아니호리오

現今 文明列國에 敎育이 普及홈으로 學問이 發達되고 學校를 益々廣設호나 槪觀호건딕 此等學校는 智育를 高尙히 養成혼다홈은 可할지나 德育의 點에 至호여는아즉도 幼穉혼可歎을 不免호깃도다 嬰兒의 單純潔白혼 性質에서 不良不美의 行動과 朋輩親族의 悖理卑賤혼 誘導模範으로 漸々養成호면 兒童의 良質이 此에 傳染되야 後日良材의 基礎를 失홀지니 如此혼後 學校에 入호야비록 經天緯地

의 智略을 習得호나 엇지 此世에 健全혼人物됨을 期望호리오 然則家庭敎育의 重要혼것은 多論을 不待호고 明瞭혼者ㅣ 此家庭에 敎育을 完美코져 호면 不可不此에 主務 되는 女子의 敎育을 急히 發達호야 賢母良妻를 造成홈에 在호도다

廣潤혼이 世上에　　最樂혼우리家庭　萬
金갓든貴혼몸을　　保護호는우리家庭
親愛로壁을삼고
仁情으로席을삼아　　父母姉妹相樂호니
和氣春風우리家庭

獻身的精神 (寄書) 前號續

崔　南　善

嗟홉다 赫々昭々혼 東西古今興亡史는 如斯혼古蹟으로 吾輩를 警醒호며 如斯혼活證으로 吾輩의게 提示호ᄂ니 吾輩엇지 觀感興起

ᄒᆞᄂᆞᆫ情이 無ᄒᆞ리오 余ᄂᆞᆫ於此에 有價値ᄒᆞᆫ犧
牲은畢竟有價値ᄒᆞᆫ 結果를 生ᄒᆞᄂᆞᆫ줄 確信無
疑ᄒᆞᄂᆞᆫ바요 兼ᄒᆞ야 諸君과同히 獻身的精神
으로凡百事ᄅᆞᆯ爲ᄒᆞᆷ에 從事ᄒᆞ기를血盟코쟈ᄒᆞ노니
古人이 有言ᄒᆞ되 精神所到에 金石可透라ᄒᆞᆷ
도亦是這間消息을 若干漏洩ᄒᆞᆷ에 不外ᄒᆞ도
다

아々獻身的精神!

그勢力이如何히 多大ᄒᆞ며 그影響이 如何히
廣遠ᄒᆞ뇨ㅣ三界를 通ᄒᆞ고六合에 彌ᄒᆞ고도
오히려 有餘ᄒᆞ者ㅣ此外에 更無ᄒᆞᄂᆞ니 吾人
一身으로도 言ᄒᆞ면立身處世ᄒᆞᄂᆞᆫ 道ㅣ如斯ᄒᆞ
ᄲᅮᆫ이며 學問事業ᄒᆞᄂᆞᆫ道ㅣ如斯ᄒᆞᆯᄲᅮᆫ이며 更
進ᄒᆞ야 修齊治平之道ㅣ此에셔 生ᄒᆞᆯ것이며
更一層廣義上으로 觀察ᄒᆞ진ᄃᆡ宇宙間 森羅
萬象이亦莫非此로 因ᄒᆞ야維持ᄅᆞᆯ得ᄒᆞ고進
化를遂ᄒᆞᄂᆞᆫ바니 況吾輩의所期를達ᄒᆞ민更

有何別이리오
敬愛ᄒᆞᄂᆞᆫ諸君이여 銘心鏤骨ᄒᆞ야 記而勿忘
ᄒᆞᆯ지여다 吾人이 呱々啼聲을此世에 揚ᄒᆞᆫ後
론반다시 自然으로더부러 敵對行動을開始
ᄒᆞ야千種萬色의 惡魔와奮戰力鬪ᄒᆞᆫ 餘에야
身體와精神兩者의 自由를乃得ᄒᆞᄂᆞ니 際此
時也ᄒᆞ야 一軍의原動力도 犧牲的觀念ㅣ獻
身的精神이오 先鋒이나後援이 都是獻身的
精神ㅣ犧牲的觀念인然後에 비로소 榮譽赫
々ᄒᆞ고 光輝燦々ᄒᆞᆫ最後의勝利를 得占ᄒᆞ지
라嗚呼 獻身的精神은足히 吾輩의一貫主義
가되야 信念과希望이此로 因ᄒᆞ야成就ᄒᆞᆷ을
得ᄒᆞᆯ것이오 險峻ᄒᆞᆫ前路를 無碍通過ᄒᆞ야重
大ᄒᆞᆫ任荷를 不難脫却ᄒᆞ리니 而況大翼을張
ᄒᆞ야霄漢을 冲ᄒᆞ며 捷足을動ᄒᆞ야洞壑에入
ᄒᆞᆷ이리오 諸君이여 吾輩의將來事가永遠悠
久ᄒᆞᆯ쭐諒會ᄒᆞ거든 獻身的精神 犧牲的觀念

이란捷徑이 有이흔줄 一體了解홀지여다 萬一
此精神此觀念으로 唯進無退ᄒ고 邁往不息
홀진딩 我

神樂흔 太極旗章이 八域에 顯耀ᄒ고
高貴흔 太極旗風이 四表에 吹動ᄒ야 五洲萬
國이 其威下에 慴伏ᄒ며 三界兆生이 其澤下
에 沐浴ᄒ야 幾多時日를 經ᄒ야 吾輩가 目睹

흐겟ᄂ뇨
勉哉여다 吾輩靑年

宗敎維持方針이 在經學家速先
開化 　(寄書) 　前號續

柳承欽

物豐ᄒ야 几於人民生活에 不必更加營爲故
로乃以前生後生之理로 設爲修心之法ᄒ니
此所以有天堂地獄之說者也라

於是乎人 爭慕而爲敎ᄒ니 曰儒敎曰耶蘇敎
曰佛敎ㅣ是也요 民相尙而爲俗ᄒ니 曰尙古
俗曰好新俗曰厭世俗이 是也라 然而尙古者
ㅣ漸衰ᄒ며 好新者ㅣ進明ᄒ며 厭世者ㅣ就

廢ᄂᄂ 理所當然而觀諸我韓淸之不振과 歐米
之强盛과 印度之已廢에 可知矣라就中廢者

ᄂ己矣勿論이어니와 以其强盛者言之라도
考彼歐米之史컨딩 雖其功盖一世ᄒ고 敎勢掀當
時者라도 其權位가只止於自身하며 國從而
無百年之治安ᄒ야 曰英米戰爭이니 曰普法
戰爭이니 曰聖彼得時代이니 曰拿巴倫時代
이니ᄒ야 兵革이式日 未息ᄒ야시니 此果生
活事業上 何等殘念耶아 嗚呼라 此豈當初
三聖之本意也哉리오 盖俗流之弊가 至于此

曰釋氏는卽世所云生佛也라 其道가無虛ᄒ
야非余黨所講究者也故로 未詳其實이나 盖
生於西域ᄒ야 當印度正盛之時代ᄒ니 國殷

境者也라 假使三聖으로 易地易時而當이런
딜 誰知耶蘇氏가 不爲釋氏之敎而釋氏가 不
爲孔氏之敎며 抑孔氏가 亦不爲耶蘇氏之敎
歟아 然則爲我後學者는 但知其爲獎之所在
而救其偏與短而已라
論我宗敎者가 或有曰名分이 太過ᄒ고 壓制
가 太甚ᄒ야 所以로 人才가 不得需用ᄒ고 新
智가 不能發達이라ᄒ니 似或其然이나 此亦
流獘之所自也요 決非孔氏之本意也라ᄒ노
라 現今我邦이 雖曰宗敎儒道나 幾百年 泰平
濡習으로 滔々浮沉ᄒ야 喪失於名利之累慾

而猶或可謂宗敎家者는 只是山林經學之士
而亦病於慕華之主義하며 偏於黨色之評論
하야 當此外勢之漸盛하며 國權之日削하되
猶博帶廣袖로 拱手斂膝하고 不日未聞用夷
變夏也니 則輒曰天地運否하야 吾道衰矣라하
고 甚者則不止於此라 弄了筆舌하며 誘諸民

心하야 少有意於扶斯道者난 討之以師門亂
賊하며 有欲於存斯國者는 斥之以先王逆臣
하고 且或憂時者로 槩然於敎育目的하야 欲
設學校於校宮書院等近地則 乃曰先聖重地
를 於此見奪이라하야 先賢享祀를 從玆必絶
이라하야 百般設方에 期使不施하나니 以若
不已면 從今十年後則 雖欲敎之子孫이나 無
賢師可聘之人이오 無書籍可購之處而民族
이 從化爲野蠻이오 國步가 漸退於無位하리
니 其在國無民之之時하야 有誰奉先聖之祀
하며 與誰明斯道之本乎아

其中에 有剛氣丈夫가 如宋淵齊之抗節과崔
勉庵之擧義가 聲播內外하며 名傳竹帛者ㅣ
非不無之나 其國獘民困에는 終無一助하야
不免以干羽之舞로 欲解平城圍之嘲하니 可
勝歎哉아 遂使我幾千年祖國精神之靈善盡
美者斯道로 必达之於若習俗之胥溺이 可乎

十五

아於此에 抑有一言하야 勸告我經學家諸先
生하노니

夫經學家諸先生은 即吾士庶之領袖요 人民
之標準이라 其淵源也ㅣ深하고 其本根也ㅣ
久하야 能使斯民으로 右則右하고 能使民으
로 左則左하리니 誠一主唱하야 先斯國之存
而後斯道之扶가 不亦易乎아 其效應이 必事
半功倍於我 個人之千呼萬喚하리니 主唱之
道는 無他라 一發文於全國之士庶하야 家喻之
而戶說하고 次將國內之士하야 力可及處校
宮書院詩社約所等財與土하야 廣設學校하
고接來賓之餘에 參究外國事情하며 鄉飲禮
之暇에 講明內地省俗하고 略除婚姻喪葬之
禮하야 富社會上團合하고 且使青年弟子로
議하야 痛除周比朋黨之
不須拘束於區々禮節而齎而送之하야 使之
遊學於疆外而 吸收鮮明之新空氣하야면 其各

歸之日에 非我宗教之是尊而執尊之리오 且
民庶之從而自新者가 其應이 果何如哉아 至
若出疆變服些少之關碍는 不必爲念矣
니孔子之轍環天下와 程子之參佛十年이 不
其先輩之有懲者乎아 愚는 以爲斯道之扶
가 其在經學家之速先開化라하노라 繼而祝
之曰

歲八月丙午秋에　　　太極學報 爲始로다
太極이 無極이라　　　會名부터 無窮無極
生兩儀劃八卦는　　　太極象 分明호네
仰觀天俯察地는　　　太極演數ㅣ아닌가
太極玄妙無窮理로　　우리學識發達호세
無極이 太極이라　　　報名곳차 얼사조타
太極殿놉흔곳에　　　우리皇上그 게신데
太極勳章斗大印은　　報舘門에 두렷걸고
太極旗빗 난늘노　　　우리同胞同樂호세
太極無極無 極太極　　우리學報 始終일세

評曰夫社會는勢力으로維持하는者라
今宗教도亦一社會니假令外勢로不爲
侵逼하고雖我自國而自强이라도若非
吾徒者로先開而占有勢力이면亦未知
斯道之持久니其經學家는詳察於此哉
어다孔子曰行夏之時하며乘殷之輅하
며服周之冕이라하삿시니此其時宜를
從흠이아닌가今에도古今을參考하며
東西를斟酌흠이何難이有하리오

告我二千萬同胞 (寄書)

前號續

工學士　尙　灝

夫國家者는不可不有人民及土地也ㅣ라然이
나雖有人民及土地나人民則士無氣하며農
不勤하며商不繁하며工不究하야不能成善
良國民하고土地則山不潤하며林不茂하며
川不淸하며澤不深하야不能作膏腴土地하
면國家ㅣ不可得以爲富强之國也라悲哉痛
哉라當今大勢危急하야岌岌迫頭이어날千
事萬業이一無完全하니思之慮之컨딕不覺
腦裂腦破也로다然이나數至億萬이로딕自
一而始하고理滿天地라도由陽而生이니天
下雖亂이나求之有方이라我國은自古로稱
爲東方禮義之國하니人種則分明是世界優
等이며又稱爲錦繡江山하니土地則丁寧是
天下好地로되久安於泰平하고自逸於閒靜
하야以致今日之衰運하니此豈不憤痛哉아
願我大韓同胞아勤儉節約하야忠實事業하
며熱心教育則不出數十年에養成一代善良
國民하야可以爲天下事業이니何特以悲憤
之說로徒哀呼獨立々々而已哉아教育則有
曰高等教育하니此는養成國家棟梁之材及
專問學術家이며有曰中等教育하니此는養

十七

成一般健全之國民이며 有曰初等教育 니 普通事物上知識이며 又有曰嬰兒教育이니 高等中等初等之教育은 教之於學校者오 嬰兒教育은 全賴於家庭이라 然而此嬰兒教育이 爲教育之基礎 니 教育之中에 最緊重而且最難者라 是故朱子ㅣ 輯小學 시 以妊子之事로 始焉 며 故西諺에 曰嬰兒 長者之父也라 니 其重難 爲嬰兒之思想을 足可以得知로다 然則教育之中에 嬰兒可以爲善則爲最先急務也而嬰兒 無知 야 見善則爲善 고 見惡則爲惡이라 是故以孟子之賢으ㅣ로도 受三遷之教이온 況凡人乎아 然則爲父母者ㅣ 可不愼哉며 可不愼哉아 然而現今我國則何如오 嬰兒自三四歲로 諸般惡習을 無所不學타가 自七八歲로 始學五倫行實이나 然이나 徒學其書而已오 不知其所以學이어늘 奚望行其學가 父母而不行 며 長者而不

行 니 嬰兒從何而得學其行고 又其所見所聞則酒色雜技之娛樂而已니 豈有不學之理오 故로 學而爲之則父母叱責之 며 甚則至於笞杖 니 有何肯服之理哉아 然故로 父子無親 고 父母之教子也에 豈有一當之威嚴 며 噫哉라 父母之教子也에 豈有正威嚴之用而已哉아 且又叱之打之가 不爲正當之威嚴也라 若長者이 正已而教之 딘 十次打之가 不如一次責之 고 十次責之가 不如一次曉諭 고 十次行善而示之가 不如一次行善而示之 고 十次行善而示之가 不如一次揚善而而養氣也로다 故로 余曰教子어든 必先正已 라 노라 若不能改自已之惡習인딘 雖欲以我大韓國家로 爲世界之强國 야 上雪祖先之恥辱 고 下爲子孫萬世之計나 不可得也며 祖先之罪人과 子孫之罪人을 安可得免고 然이나 若我二千萬同胞勵精神而興起 야 同心戮力 야 雖毫末이라도 惡習은 去之

하고 善事를 爲之하야 以敎育子弟로 爲始하
야 以正々當々之心으로 行正々當々之事則
天下에 有何難事며 四千餘年文明之國이 豈
有永滅之理哉아

嗚呼靑邱人士아 可勵精神而興起어다

人生의 義務

編輯人 張 膺 震

人이 世間에 生하면반닷시 身體를 此世에 寄
寓하야 多少年限의 生命을 此世에 保有하느
니凡人類는 世外에 孤立하야 單獨의 生活로
各其定數의 命脉을 宛絡홈으로써 能事라 謂
치못홀것이오 相合相結하고 相助相依하야
善美호 社會를 編成호然後에 야可히 個人
의 生活을 安樂하며 人類社會全般의 幸福을
向上增進하야 人類生活의 大目的을 庶達홀
지라 만일 吾人人類가 世間에 相合相依하는

精神이 無하고 相愛相救하는 道理가 缺하면
人類의 退步衰滅을 招至홀者 必然호 結果니
赤兒가 呱々의 聲을 發하고 地上에 墮生홀時
에 其慈愛하신 父母의 保護撫養이 無하면엇
지 軟弱호 身體를 發達完成하야 强健홈에 至
하며 또 家庭의 團欒과 國家의 保護가 無하면
엇지 身命을 保養하며 財産을 安保키 能하리
오 假使一人이 此에 有하야 人類社會를 遠別
하고 雲香々水漠々에 無人絶域에 孤棲하야
耳目所觸이 獸類鳥群에 是限하고 衣食所營
이 樹皮草根에 不過하고 嚴穴土窟에셔 子々
起臥호다 思到하면 此時此人의 感想이 如何
호境域에 達하고 生活의 趣味가 果然淸快를
感發홀는지 余로하여곰直言하면 不過數月
間에 社會生活의 眞味를 自覺하야 無量의 感
謝를 表호다 하리로다 然則人々이 此社會의
恩澤을 多少不被호者無하리니 此世에 對하

十九

야엇지 相當호 義務가 無호고 可호리오 故로 吾人이 人子의 道를 盡호며 家族의 情誼를 親密히 호고 異日家主父兄의 職分을 完遂호야 一家로 호야곰 霱々然 和平의 氣象을 充滿케 호며 幸福隆盛의 基礎를 增進케 홈은 一家에 對호 義務오 國家에서 制定호 法律에 服從호며 粗稅를 納호고 壯年에 達호 者면 兵役에 服호야 公務에 供献호며 一朝事變이 起호면 一身을 挺호야 公務에 供献호며 一朝事變이 起호면 一身을 挺호의 責任을 黽勉호야 國家로 호여금 富强發達의 域에 進케 홈은 國家에 對호 義務며 同類를 서로 사랑호며 我利만 偏執치 말고 公德을 尊重호야 人我의 福利를 共計호며 社會一分子의 職分을 盡호야 今日의 不完全호 社會狀態로 호여금 漸次進化호야 完美의 域에 進케 홈은 社會에 對호 義務로다

吾人의 義務는 母의 胎內에 出호는 時로부터 墓下에 入호는 日에야 其終末을 告홀지니 高尙호 思想과 明確호 精神으로 世俗의 區々호 毁譽에 不拘호고 良心의 指揮를 順從호야 吾人이 每生의 當行홀 義務를 自覺履行호면 吾人이 每於日常大小事爲에 自心에 是認호바 業務를 完全히 成就호야씨 갓치 快感을 發홈이 無호則 如此호 然後에야 可히 써 人生々活의 眞正호 快味를 感得호며 献身的 事業을 期成호리로다 此義務의 眞義를 不解호고 다못 虛飾的 道德과 廣告的 言行으로 一時의 名利만 是釣호며 富貴榮達的 唯一物質的 欲望만 充足홈에 汲々호야 一生을 醉生夢死에 終호는 者여 其 慇憐홈이니 此에 執大호리有호리오 華麗를 極호 高樓巨閣이라도 此를 個々이 分解호면 礎石柱梁의 屬이 各々奇怪의 狀態를 呈홈에 不過홀지니 此를 組立호면 華麗의 壯觀을 呈홈과 갓치 人生도 또호 個人個人으로

눈다―完全無缺을 期기難ㅎㄴ 社會를 組成
ㅎ 然後에야 可히써 完全한 社會生活를 期成
홈이로다 然則 吾人이 社會에 處ㅎㄴ 業務ㄴ
士農工商 如何의 種類를 不論ㅎ고 業務上에
貴賤尊卑의 差別이 有ㅎㄹ 理由가 無ㅎ며 人生
의 當然한 天職과 義務를 自解ㅎ야 數畝의 田
을 力耕自食ㅎ야 淸寒의 生活을 營ㅎㄴ 一貧
農의 心身이 罪惡을 天人에 共曝ㅎ고 懺懺然
無覽ㅎ야 糞蠅의 生活을 是營ㅎㄴ 朱門貴族
의 身勢에 比ㅎ면 多大의 安樂과 幸福의 生活
을 可享홀지로다

政治家의 品位

會員 金 志 侃

我邦갓치 政治中心의 國으로 國民具瞻의 地
位에 在ㅎ야ㄴ 政治家의 品位ㄴ 곳 政治界의
健不健에 關ㅎ고 政治界의 健不健은 곳 國風

의 淸不淸에 關ㅎ고 國風의 淸不淸은 곳 一國
의 隆替에 關ㅎㄴㄴ 一國의 品位를 高尙케 ㅎ
고져 ㅎ면 만져 政治家의 品位를 高尙케 ㅎ미
可할줄노 싱각ㅎ노라 假令 今日 一重要한 問
題가 有ㅎ야 政府會議에 上ㅎ면 其問題가 實
行되기싯지ㄴ 반다시 幾許 醜聞이 有ㅎ야 世
人의게 謳歌ㅎ야 갓치 傳播ㅎ야 曰 賄賂라 曰 報酬
라 ㅎ야 此를 傳ㅎㄴ 者ㄴ 怪異홈이 업시 傳ㅎ고
聞ㅎㄴ 者ㄴ 驚駭치 안코 聞ㅎ야 尋常當然
호 事로 知ㅎ니 吾人은 世上에 傳播ㅎㄴ 것을
다 事實로 信ㅎㄴ바ㄴ아니ㄴ 如此한 醜聞이
決코 政治家 品位의 高尙홈所以라 稱홀슈업
고 또 그것을 怪異홈이 업시 傳ㅎ며 聞ㅎㄴ 者
當然한 事로 知홈이 決코 社會의 淸健한 所以
라 홀수업ㄴ바라 吾人은 政治家의 品位를 爲
홀뿐아니라 實로 一國의 品位를 爲ㅎㄴ바라
夫政治ㄴ 名譽事業이거늘 此를 넛고 一種의

二十一

商賣로視ᄒᆞ니엇지慨歎치아니리오嗟呼라政治ᄂᆞᆫ商賣事業이아니오名譽事業이라其勞를盡ᄒᆞ야도報酬를取치아니ᄒᆞᄂᆞᆫ事業이오其功이有ᄒᆞ야도誇矜치아니ᄒᆞᄂᆞᆫ事業이라天이斯民을生ᄒᆞ야先進으로ᄒᆞ야곰後進을薰陶ᄒᆞ며先覺으로ᄒᆞ야곰後覺을引導ᄒᆞᄂᆞ니自己가斯民의先覺이되야스면장차此道로써此民을세닷게ᄒᆞ며그것을實施로行ᄒᆞᄂᆞᆫ것이實로政治家經世家의心事이라一日이라도世에處ᄒᆞ면一日의紀綱을立ᄒᆞ게ᄒᆞ고百年을世에處ᄒᆞ면百年의紀綱을立ᄒᆞ게ᄂᆞᆫ것은實로自己가國民의先覺된義務로싱각ᄒᆞᆯ바라如此ᄒᆞᆫ心事로天下의廣居에處ᄒᆞ며天下의正位에立ᄒᆞ며天下의大道를行ᄒᆞ야志를得ᄒᆞ면國民의게行ᄒᆞ며志를不得ᄒᆞ면獨히其道를行ᄒᆞᄂᆞ니然故로富貴ᄒᆞ되能히淫치아니ᄒᆞ며貧賤ᄒᆞ야도能히移치아니ᄒᆞ며威武라도能히屈치아니ᄒᆞᄂᆞ니라政治家에求ᄒᆞᆯ바ᄂᆞᆫ名譽에在ᄒᆞ고勢利에不在ᄒᆞ며ᄯᅩ期ᄒᆞᆯ바ᄂᆞᆫ勳業을一世에立ᄒᆞ며聲名을竹帛에垂ᄒᆞ야百世에流芳ᄒᆞ며百世에立ᄒᆞ며其品行에在ᄒᆞ며ᄯᅩ도然則政治家ᄂᆞᆫ自己一個人의品行이社會上標準됨을知ᄒᆞ며ᄯᅩ政治ᄂᆞᆫ名譽事業이오商賣事業이아닌것을留心ᄒᆞ야그品位를恒常高尙케ᄒᆞᆯ지니라

學術上觀察로商業經濟의恐慌狀態를論홈

會員 金永爵

恐慌이라云ᄒᆞᆷ은經濟上急激ᄒᆞᆫ變態를謂ᄒᆞᆷ이라生産分配交換의機關或其一部가卒然히活動力을失ᄒᆞᆫ狀態를指ᄒᆞᆷ이니一미루氏ᄂᆞᆫ云ᄒᆞ되商人의多數가同時에支撥을約束을

履行키困難호時와困難을當호깃다고恐縮을抱호時라云호얏더라 特別히經濟上各種의機關이完美호國에논其影響이甚홈을感知호느니譬컨뒤汽船汽車가盛行호논國人이未開國에入호야不利不便의感을惹起홈과同一호도다恐慌이起호논것은大槪信用經濟時代에在호흔各國民인데凡一家를成호者各々스스로其需用品을生産호논域에至호면消費호논離隔的生活을營홀것곳ㅎ면恐慌이起홀理由가無호깃스느 他人의需要를充備호기爲호야 物品을生産호느니라恐慌의患을難免호느니라開明進步가遂日進步홈을從호야各種의患病이人體를侵害호논거와ヌ치 經濟機關이完美혼데로趨向호논時期를當호면各國經濟社會의遭遇호논一大患病이니라恐慌의狀態라

大抵恐慌이破裂호랴면此前에만쳠 物價논騰貴호고信用은膨脹호야事業의利益은漸次로增加호느니만일商業이一般히 時勢가無호야商人은自己營業의範圍를守호고濫히此를擴張코저아니홀時를當호면資本은漸々貯蓄이되고銀行業者논 任置金의增加貸付抽除의減少를見홀것이오利子논下落호논資金使用의無路홈을因호야巨額의遊資를藏호논데至호지라資本의供給은增加호논需要논此에不伴호야利子논益漸低下호지라如斯히利子利率이低廉홈을當호야事業家의起業心을鼓舞호고低廉혼資本을利用코저홈으로新事業의企圖와新版路의擴張等을見홀時에논市場은漸々活氣를帶호고投機商人은此機會를利用호야或風說로或流言으로써有價證券及商品市價의高騰을勉力호논것이라玆에着實혼商人도如

二十三

比高騰호 時를 利用호야 利益을 得코저호는
念이 生홈으로 事業을 一時에 擴張호미
의 利潤은 增加호라는 狀態를 顯호고 資本
者는 貸付抽除等의 方法을 依호야 資金을 市
場에 放出호야 商工業者를 獎勵홈으로써
혹 活氣를 添호고 工業家는 雇人의 不足을 苦
호야 工錢을 增給호여 其缺乏을 補홈으로써
一般의 消費力이 日々上進호고 起業은 相次
지라 物價는 騰貴호고 供給은 此에 치못호는
去來所는 隆盛을 極호고 僅々數圓의 證據金
을 拂給혼 領受證은 拾圓貳拾圓의 呼價를 呈
흠이 至호느니 何人이라도 狂奔호야 此를 得
코저흠으로 其所有者는 賣흠을 惜흘지라 兹
에 全社會는 恰然히 醉人과 如호야 着實혼 商
人도 亦此를 爲호야 不知不識之間에 確實치
못혼 事業에 着手기 易호느니라 此際를 當호야

投機者類는 더욱 其奸策을 呈호고 無實혼 事
實을 捏造호야 新聞或電信으로 自己의 所有
혼 有價證券과 商品市價를 騰貴케호고 資本
은 不當히 營業을 擴張호야 僅히 數千圓의 資
本을 持호고 融通手形의 借入資本으로 數萬
圓의 貨物을 運轉賣買호는데 至호는것은 屢
々實例를 徵호야 見호는바라 至此에 全社會
는 相當혼 形便도 업시 但世上流言訛說에 迷
호야 過當혼 資本의 營業을 始호는데 至호야
만첨自醒호는 者는 銀行業者라 銀行業務는
恒常金融市場에 先導者가 되야 他人의 資本
을 使用호야 利益을 收홈으로 貨債主信用에
깁피注目호고 貸金回收에 勉力호고 利子利
率을 高騰케호며 或貸付金延期의 請求를 拒
絶치아니치못홀지라 然則借主는 旣爲資本
을 事業에 投入호야슴으로 銀行者의 請求를 應
코저호면 其勢不得已 所有商品或有價證券

을賣却ᄒ거ᄂ不然ᄒ면事業을中止치아니
치못ᄒ지라然則商品及有價證券의市價ᄂ
一時暴落ᄒ야商人은益々失敗를加ᄒ고事
業은中止되야基礎脆弱ᄒ會社ᄂ解散ᄒ고
職工은其業을失ᄒ고家族은糊口에苦ᄒ며
商品의需要ᄂ漸減ᄒ고資産이有ᄒ商人이
라도一時貸債ᄒ야辦債에苦ᄒ고手形支給
ᄒᄂ方法에困窮ᄒ야破産의不幸을當ᄒ지
니此際에만참閉戶者ᄂ投機者類라其發行
되ᄂ融通手形은市場에充滿ᄒ야世人이비로
소信用의濫用을一驚ᄒ야疑心暗鬼를抱ᄒ
고確實銀行이라도任置金還推請求가一時
에輻輳ᄒ야信用은地에落ᄒ고證券類ᄂ其
流通力을失ᄒ고正貨의需要ᄂ逐日貯藏ᄒ
切ᄒ야正貨의需要를感ᄒ이更爲緊
ᄂ着々倒産이連綿ᄒᄂ慘狀을難免ᄒ리니
然則融資의狀況은亂麻와如ᄒ야資産의多

寡를鑑別ᄒ暇遑이無ᄒ지라於此에不信은
不信을加ᄒ고恐慌은恐慌을生ᄒᄂ데至ᄒ
ᄂ니라

恐慌의 定期性이라

恐慌은既往의經驗을依ᄒ야一定ᄒ時期에
規律的으로起ᄒᄂ것이라英國에서起ᄒ얏
ᄃᄂ年次를舉ᄒ면現世紀에一千八百十五年
二十五年三十六年乃至三十九年四十七年
五十七年六十三年七十八年九十年이라十
年을相隔ᄒ야其發生ᄒ을見ᄒ얏ᄂᄂ니此를
恐慌의定期性이라稱ᄒᄂ니라恐慌이發生
ᄒ에要ᄒᄂ期間은國民信用機關에狀態及經
濟制度의如何홈을由ᄒ야差異가有ᄒ나라
企業은恐慌을爲ᄒ야挫折ᄒ고資本은貯蓄
이되야再度企業心이勃興ᄒᄂ데要ᄒ歲月
은大略國民及其制度에由ᄒ야一定ᄒ年限
을要ᄒᄂ故로其順序ᄂ市場의狀況이恒常

一定호圍內를輪轉호고市塲이오릭沈靜호
면信用이盛行호야繁榮의狀을呈호다가恐
慌의原因으로마춤닉激動호야過度의商業
이擴張되고一轉호야金融必迫이되고再轉
호야失敗가되고三轉호야困難이되야다시
沈靜호市塲이되는것이順序니라

恐慌의種類라

恐慌一般호狀態는右에大略을說明호야스
나恐慌에就호야一々細微케觀察호면其狀
態도不一호도다此를大別호야次三種에分
호면

第一販賣恐慌이니商品及有價證券의市價
가暴騰暴落호는結果로商人의破産이相
續호고信用이落地홀時

第二銀行恐慌이니銀行營業上不當호貸付
抽除等으로顧客의信用을失호고任置金
還推가輻輳홈이應기難호야破産에至호

는데其影響이他銀行業者에及홀時

第三紙幣恐慌이니一國政府或銀行에셔紙
幣를濫發호야其價格이暴落에市價를激
變케홈으로信用이墜地홀時니라（未完）

學

火山說

編輯人 張膺震

地中에熱이有홈은吾人이經驗으로도多少知得ᄒᆞᄂᆞᆫ바니冬天冰雪이凍冱홀時에라도地下를幾尺穿入ᄒᆞ면漸次温暖홈을感홀지라今日一般學說을從ᄒᆞᆫ則地下의熱은地中에深入홈을從ᄒᆞ야漸々增加홈을見ᄒᆞ면二三百里地下에ᄂᆞᆫ非常ᄒᆞᆫ高熱에達ᄒᆞ야含有ᄒᆞᆫ萬物이다ㅣ熔解ᄒᆞ야地球의內部ᄂᆞᆫ完然히一火液體의球를形成ᄒᆞ여스리니此ᄂᆞᆫ即我의地球가太初에赤熱ᄒᆞᆫ瓦斯體(氣體)로漸次冷却ᄒᆞ야液體가되고此液體의表面이다시冷却ᄒᆞ야今日吾人々類의住居ᄒᆞᄂᆞᆫ地殼即地面을生成ᄒᆞ엿스ᄂᆞ其內部ᄂᆞᆫ아즉冷却치아니ᄒᆞ여非常高熱의液體를保有홈이라

火山은地球內部의火力으로因ᄒᆞ야其內部에包含ᄒᆞᆫ水蒸氣瓦斯熔岩等物을地球表面으로噴出ᄒᆞ미其熔岩塵灰等이堆積ᄒᆞ야山岳을成ᄒᆞᄂᆞᆫ者와또ᄂᆞᆫ曾前에噴出ᄒᆞᆫ形迹이有ᄒᆞᆫ山岳을火山이라總稱홈이니現時에此等山頂或山側으로火烟을吹上ᄒᆞ며灰石을飛揚ᄒᆞ고熔岩을噴出ᄒᆞᄂᆞᆫ者를活火山이라稱ᄒᆞ고有史以來에아즉一次도噴出홈이無ᄒᆞᆫ者를死火山이라稱ᄒᆞᄂᆞ니라또活火山中에ᄂᆞᆫ晝夜間斷이無ᄒᆞ고噴出ᄒᆞᄂᆞᆫ者有ᄒᆞ며數年或數百年間噴出을休止ᄒᆞ엿다가活動을再始ᄒᆞᄂᆞᆫ者有ᄒᆞ니日本信濃의淺間山岩代의盤梯山等은前者에屬ᄒᆞ고日本駿河의富士山伊太利國비스뷔아山等은後者에屬ᄒᆞ도다火山이地球上에配布ᄒᆞᆫ것은一定ᄒᆞᆫ規則이無ᄒᆞ야廣大ᄒᆞᆫ平地이며大陸沙漠等地에ᄂᆞᆫ別無ᄒᆞ고海岸과島嶼等地에多有홈은著明ᄒᆞᆫ事實이라

火山의 起因을 攷究ᄒᆞ면 種々의 原因이 有ᄒᆞ

니스ᄂᆞᆫ 太初地球가 冷却ᄒᆞᆯ時에 收縮凝結의

度가 不同ᄒᆞ고ᄯᅩ는 地中의 攪動ᄒᆞᆷ으로 因ᄒᆞ

야地殼의 厚薄이 不一ᄒᆞ고며 巨大ᄒᆞᆫ 洞穴과 隙

裂을 生ᄒᆞᄆᆡ 地上의 水가 此隙裂을 透入ᄒᆞ야

地球內部에 達ᄒᆞ면 其內部炎熱의 作用으로

蒸氣와 數多의 氣體를 變成ᄒᆞᄆᆡ 容積이 膨脹

ᄒᆞ고 張力이 甚히 强大ᄒᆞ야 地震攪動을 發ᄒᆞᆷ

도 有ᄒᆞ고 或隙裂洞穴을 通過ᄒᆞ야 地外에 噴

出ᄒᆞᆷ도 有ᄒᆞ며 熱泉或溫泉이 되야 地上으로

湧出ᄒᆞᆷ도 有ᄒᆞ고 地殼의 薄弱ᄒᆞᆫ 處를 遇ᄒᆞ면

此를 破裂ᄒᆞ고 可驚의 勢力으로ᄡᅥ 蒸氣와 熔

岩等物을 噴出ᄒᆞᆷ이니 地質學者의 說을 從ᄒᆞ

면海岸과 島嶼等地ᄂᆞᆫ 大陸에 比ᄒᆞ면 地盤이

薄弱ᄒᆞ고 隙裂이 多ᄒᆞ야 火山破裂의 原因을

造成ᄒᆞᆷ이라더라

火山이 噴火ᄒᆞᆯ時에 或熔岩만 噴出ᄒᆞᆷ도 有ᄒᆞ

ᄂᆞᆫ 大槪ᄂᆞᆫ 熔岩과 輕石、火山砂、火山灰、水

蒸氣、瓦斯等物을 混合噴出ᄒᆞᄂᆞ니 大火山

이破裂ᄒᆞᆯ時에ᄂᆞᆫ 地盤이 震動轟鳴ᄒᆞ야 附近

地方數百里內外에 地震도 發ᄒᆞᆷ이 有ᄒᆞ고ᄯᅩ

其噴出ᄒᆞᄂᆞᆫ 赤熱ᄒᆞᆫ 岩礫塵灰等은 空間非常

ᄒᆞᆫ高際에 上昇ᄒᆞ야 白晝를 黑夜로 變ᄒᆞ고 四

面으로 傘狀갓치 降下ᄒᆞ야 火雨를 注下ᄒᆞᄂᆞᆷ

此內에 包圍ᄒᆞᆫ 地面은 焦土를 變成ᄒᆞ야 數多

生命과 華麗宏大ᄒᆞᆫ 市街村落이 一朝熱灰中

에 埋葬ᄒᆞᆷ은 古今에 其例證이 甚多ᄒᆞᄂᆞ니 日本

에도 明治以後로 만 盤梯山淺間山等의 破裂

로村落과 人命의 破喪이 甚히 不少ᄒᆞ엿고 伊

太利國에 有名ᄒᆞᆫ 비스뷔아 火山은 自今으로

一千九百餘年前에 大破裂이 되여 壯麗를 極

ᄒᆞ엿든 폼베이全市가 一朝火灰中에 埋葬된

것은 迄今ᄭᅡ지 歷史上著名ᄒᆞᆫ 事實이오 今年

四月頃에도 此火山이ᄯᅩ 大破裂을 生ᄒᆞ야 數

多人命의 死傷과 巨大의 損害를 被호얏슴은
當時에 內外新紙의 喧傳호바로다 또 火山이 噴
出홀時에 灰石等과 갓치 混出호는 水蒸氣는
其量이 非常히 多호야 風을 喚호며 雨를 起호
고 電光雷鳴을 誘發호느니라

空氣說 (續前號)

編輯人 張 膺 震

世界火山脉의 大部分은 日本諸島를 經호야
東으로 布哇群島를 經호야 南北兩美西岸附
近에 至호者와 西으로 臺灣을 經호야 韮律賓
群島馬來半島伊太利半島에 至호者 니 火山
이 往々海中에셔 破裂호야 其噴出物이 次第
로 積堆호여 海面上에 露出호면 島新 山形成
現出홈이 有호고 此爆發호는 作用으로 或島
嶼가 崩壞호면 海底에 沈沒消滅홈도 有호니
라

一邊으로 思호면 地球上의 空氣는 定限이 有
호것이라 如此히 動物의 呼吸과 物軆의 燃燒
等으로 因호야 幾千百年間空氣中의 酸素는
盡取호고 또 炭氣만 積堆호면 動物은 다ー死滅
홀境遇에 至홀 疑慮가 不無호깃스나 此는 無
用의 憂에 歸호도다 何則고 此에 一種天然的
妙用이 有호나니 即植物의 作用이라 總軆植物
은 生長홀時에 其枝葉의 作用으로 空氣中에
在호 炭氣를 吸取호고 根幹으로 水分을 吸上
호야 全身에 滋養을 供給호고 酸素를 吐出호
나니 由此로 酸素와 炭氣는 動物과 植物間에 循
環不息호고 空氣는 恒常大約一定호 酸素를
含有호야 人類는 곰 地球上에 永久히 生
命을 保全호게홈이니엇지 造物의 妙用이아니
라謂호리요 故로 衛生에 注意호랴면 몬져 樹
木을 多數히 培植호는것이 第一의 良策이요
또 室內에셔도 時々로 窓門을 開放호야 室外

二十九

의 新鮮흔 空氣를 交代케흐흘것이요 또 做藥之

餘에라도 暇隙이 有흐야 可及的 淸新흔 林園之

에 散策흐는것이 身軆健强에 適合흠도다

風의 起因

物軆는 熱을 受흐흔 多少 膨脹흐야 其 容積을

增大흐나니 就中 液軆와 氣軆는 膨脹의 度가

甚大흔지라 玻璃瓶中에 水를 入흐고 底部를

火로써 漸次 熱흐흔 水의 最底層이 몬져 熱을

受흐야 容積이 膨脹되야 比重이 輕減흐고

部分은 다ー 上層으로 浮上흐고 上層에 在흔

엿든 寒冷흔 部分은 前者보다 比重이 大흠이

底層으로 交代 沈下흐야 經時後에 上層보다

高溫에 達흐면 此部分이 또 上層으로 上昇흐

고 上層의 部分이 다시 底層으로 降下흐야 如

此흔 作用이 連續不絕흐는 故로 經時後에 瓶

中의 水는 大槪 同一흔 溫度에 達흐나 其 上層

即 表面의 部分이 恒常 下層보다 高熱됨을 感

知흐지라 釜中의 水가 高熱을 受흐야 沸騰흔

時에 甚히 動搖흐는것은 即 上層과 底層의 水

가 迅速히 交替昇降흠으로 因흠이라 空氣도

또흔 流動軆니 水와 如흐야 其 底層 即 地球表

面의 一部에서 如何흔 作用으로 熱이 生흐면

此에 包圍흔 空氣는 容積이 膨脹되고 比重이

輕減흐야 上層으로 浮上흐고 此에 稀疎흔 層

을 生흐면 他處 濃密흔 空氣는 此를 向흐야 流

來 交代흐나니 此는 即 風의 起因이라 吾人이

容易히 驗知흘 者는 海邊에 往흐면 通常 晝間

은 風이 海로부터 陸을 向흐고 夜間은 陸으로

붓터 海를 向흐야 吹흠이라 此理는 太陽의 光

線이 地球에 照흠이 陸地의 部는 海上보다 其

熱을 一層 迅速히 受흐야 此 反射熱이 空氣를

熱흐면 空氣는 迅速히 膨脹 上昇흐고 此에 稀疎흔 層

을 生흐면 海面上에 在흔 寒冷緻密흔 空氣는

此部와 平均을 失흐야 此 地로 向흐야 流動흐

102

나니 此는 即風이 海로붓터 陸을 向흠이요뜨

陸地는 海面보다 太陽의 熱을 速히 受흥고速

히 放却홈으로 太陽이 沒흥야면 直時冷却흥나

海面은 此에 反흥야 陸地보다 太陽熱을 늣게

受흥고 또 늣게 放却흥나 故로 夜間에는 海面

로 海上의 空氣가 陸上 보다 稀踈흥야 陸上의

緻密흔 空氣가 此 海面을 向흥야 流動흥나니

此는 即 夜間에 風이 陸으로붓터 海를 向흥는

原因이로다 地球의 南北兩極과 熱帶「赤道

地方」여 寒熱의 差가 甚大흥니 赤道附近의

空氣는 恒常膨脹上昇흥야 兩極을 向흥야 流

흥면 兩極의 寒冷緻密흔空氣는 此 稀薄層을

向흥야 流入 흥나니 此는 即所謂貿易風이라

될것이요 此外에또 海陸의 配布와 山嶽의

位置와 水蒸氣其他種々의 原因으로 種々의

風이 有흥나 概言흥면其要는다―空氣流動

에 起因흥도다 終

水蒸氣의 變化 (前號續)

會員 金志侃

雨, 雨는空中에셔 水蒸氣가 冷却흥야三十

二度低溫度에 達흥면水蒸氣는 漸々其體가

重흥며 前과 곳치安全히空中에 浮揚치못흥

고 不得已水滴이되야 降흥는者를即雨라云

흥나니 雨가空中을通過흘時에 途中에 有흥

든水蒸氣와 相合이되여 降下흥는 故로地上

에接近할사록雨粒이次第로大케되느니라

水蒸氣는最初地上의水가種々흔熱의作用

으로 蒸發흥야空中에上昇흔것인즉此水蒸

氣가凝結降下흥는 雨水는極히純粹의水가

될것이나空中에浮遊

흥든細菌과塵埃等을混合흥야降흥는故로

始初에 降흥는雨水는極히汚穢흥나漸々時

三十一

間을 經하야 空中에 穢物이 全然洗盡하고 地上에 落了하야면 畢竟에는 淸潔한 雨水가 降하나니 此는 即 純粹한 水蒸氣의 凝結한 것이니라

雨는 世界中何處를 不問하고 同一히 降하는 것이 아니라 寒帶地方 보다 熱帶地方에 雨量이 多하나 其理由는 熱帶地方에는 蒸發作用이 多홈으로 因홈이오 또 平地보다 山谷에 雨量이 多홈은 樹木의 茂盛홈과 山嶽의 高峯이 風便에 載來하는 水蒸氣를 遮止하야 空際에 上昇케하야면 寒冷한 高處에 達하야 凝結降下홈으로 因홈이라

霜, 冬日曉天에 嚴霜이 皎々하야 吾人의 履를 侵하나니 草木葉과 石橋等에는 水蒸氣가 冷却하기 容易하미 凝結한 水滴이 留滯하야 冷却點보다 一層冷하게되여 畢竟氷點에 降下하면 露가 凍結하야 白粉과 갓치되나니 此는 即 霜이니라 水蒸氣가 氷點에 未達한 者를 露라 云하나니 晩秋에는 或露或霜으로 一定한 形體가업시 吾人의 眼目에 映하나니 此皆同一의 水蒸氣가 冷却點의 高低로 因하야 如此히 形態가 變하고 名稱이 異홈에 不過하니라

霰, 霰은 大空中에셔 水蒸氣가 冷却하야 雨가 되야 降下하나 途中에 此間에셔 非常한 冷氣를 遇하면 其雨滴이 結晶하야 白色凍結物이 되나니 空中에셔 寒冷의 度數가 雨滴을 霰으로 變化시길만한 寒氣가 有한季候에는 雨가 降할는지 預測기難하나 秋節에는 雨滴를 結晶시길만한 寒氣가 無한故로 決코 霰이 降하는事가 無하니 霰은 冬節에만 降하나니라

雹, 雹은 霰보다 一層强하게 凍結한 物이라 大空中의 水蒸氣가 非常히 急劇한 大寒氣를 遇할時에 凍結降下홈이니 雹의 降下홈은 極

히 稀有하나라

雹을 割하야 其裏面을 見하면 中部에 는 氷이오 表面에 는 雪이라 雹은 全然히 氷體로 되여스나 降하는 途中에 水蒸氣가 附着하야 外皮눈 雪의 形狀이되나니라

雪, 雪은 空中에셔 水蒸氣가 冷氣를 遇하면 冷却하야 雨滴이 되고 其雨滴이 一層猛烈한 寒氣를 遇하면 雪이되나니 雪은 種々奇異한 形體를 呈하나니 此中에 六角形體를 形成한者는 實로 奇妙하다 謂할지라 雪이六角形으로 凍結하야셔 綿片를 天으로부터 倦散함과 갓치地上에 降下함은 天然의 一美觀이로다또 雪은 地方을 從하야 多少의 差가 有하나니라 此히 水蒸氣의 變化 는千變萬化로 或冥朦한 雲霧도되고 或霏々한六花로도化하며 或은 盆을 覆함과 如한 雨도되는 此等事 를一々히 研究하야보면 非常한 趣味가 有할것이나 研究에 從事하는 學者들도아직 研究未達한 處가 不少하고 또 十分 說明치못할處가 有하니 以上에 記載한바는 다못 水蒸氣變化의 片言에 不過하리니 其詳細한 說과 精奧한 理는 專門書籍과 實地研究에 從事치아니하면 不能할줄노 싱각하노라

徽菌 論

會員 金鎭初

今에 若吾人의 視力을 數百倍로 强大히 하면 實로 此世界가 異常한 觀을 呈할지라 何者오 吾人의 通常視力으로可히 得見치못하 는 微生物이 吾人의 周圍에 充滿한 故라 吾人이 恒常 呼吸하 는 空氣中에 는 此微生物을 含有치 아니한 處所가 無하되 但空氣의 濕乾과 人口 의 密疎를 從하야 多少의 差가 有하 느니 此를 平均하 면平地一立方米突 (萬國通用尺) 空

氣中에百乃至五百箇가有ᄒᆞ며其他土中과
水中에도此微生物의多存홈을可驚홀지로
다欲試事實ᄒᆞ야腐敗ᄒᆞᄂᆞᆫ汚水의一小滴을
取ᄒᆞ야顯微鏡(視力을强大히ᄒᆞᄂᆞᆫ鏡)下에
照ᄒᆞ면無數ᄒᆞᆫ微生物의活潑運動홈을目擊
홀지니此等微生物이吾人의生活上에非常
ᄒᆞᆫ影響을及ᄒᆞᄂᆞ야利害의關係됨이甚히重
大ᄒᆞ도다比喩ᄒᆞ면吾人이日常恐怖ᄒᆞᄂᆞᆫ傳
染病等도實로此微生物의所爲오吾人이日
常嗜好ᄒᆞᄂᆞᆫ醋와酒等도ᄯᅩᄒᆞᆫ此微生物의所
作이라ᄯᅩ其他動植物이生活을失ᄒᆞ면微生
物이忽然이其有機物質에寄生ᄒᆞ야非常히
迅速기繁殖ᄒᆞ야腐敗와醱酵를起ᄒᆞ야化學
的變化를發ᄒᆞᄂᆞ니此ᄂᆞᆫ即吾人의日常目擊ᄒᆞ
ᄂᆞᆫ바라凡植物은空氣及土地에셔養分을取
ᄒᆞ야發育ᄒᆞ며成長ᄒᆞ고其枯死홈에及ᄒᆞ면

微生物이忽然寄生ᄒᆞ야腐敗케ᄒᆞ니其結果
로生ᄒᆞᄂᆞᆫ分解物이ᄯᅩᄒᆞᆫ植物의養分이되며
ᄒᆞ야發育ᄒᆞ며成長ᄒᆞ고其死홈에及ᄒᆞ면ᄯᅩ
動物은直接或間接으로養分을植物에셔取
홈植物과ᄀᆞᆺ치腐敗ᄒᆞ야分解되여ᄯᅩ植物의
養分이되ᄂᆞ니如此히宇宙間有機物이微生
物의媒介를因ᄒᆞ야間斷업시物質의循環이
되ᄂᆞᆫ지라如此히吾人의周圍에充滿ᄒᆞᄂᆞ大
關係를及ᄒᆞᄂᆞᆫ此微生物은吾人이不可不研
究ᄒᆞᆯ者라近者學者의考說을據ᄒᆞ즉此微生
物을分類ᄒᆞ야左와ᄀᆞᆺ치三種에區別ᄒᆞ니

一分裂菌或稱細菌(박테리아)
二芽生菌或稱酵母(이-스트)
三絲狀菌(모올도홍기)

分裂菌은通常細菌이라稱ᄒᆞ니ᄒᆞᆫ이人體及
動物體를侵襲ᄒᆞ야傳染病原이되ᄂᆞᆫ種類인
ᄃᆡ現今醫學上에重要ᄒᆞᆫ것이오芽生菌은이

ㅣ스트] 라 稱ᄒᆞ니 糖分을含ᄒᆞᆫ液中에셔酒
精、醱酵를營ᄒᆞᄂᆞᆫ것인데造酒上에必要ᄒᆞᆫ
것이오(時々로此菌類도病原되ᄂᆞᆫ것이有ᄒᆞ
다) 絲狀菌은「모올도ᄒᆞᆼ기」라 稱ᄒᆞᄂᆞᆫ것이有ᄒᆞ
生ᄒᆞᄂᆞᆫ徵等인데 數多히 植物을害ᄒᆞ야農業
上에 大關係가 有ᄒᆞᆫ지라以上三種에徵菌를
總稱ᄒᆞ야徵菌이라ᄒᆞᄂᆞ니라

ᄋᆞ히기르ᄂᆞᆫ방법

會員 金 洛 泳

ᄋᆞ히기르ᄂᆞᆫ딕、셰가지、요긴ᄒᆞᆫ、거시잇ᄉᆞ니
(一)몸을、건장ᄒᆞ게、기를것、대뎌、ᄋᆞ히들은、
것라는、도수가、심히、셜나、졍신과、몸이、
항샹、활동ᄒᆞᄂᆞᆫ고로、비록、조고바ᄒᆞᆫ、거리
ᄭᅵᆷ이、잇슬지라도、압흔줄을、아지못ᄒᆞ고 자
조、뛰놀기를、됴화ᄒᆞ며、무슴、물건이던지
손으로、움키기와、입으로、쓰으러、너흐랴、

ᄒᆞᄂᆞ니、그나히、만일、륙칠셰된ᄋᆞ히면、우
리나라、풍속에、어려셔、번잡ᄒᆞᆫ쟈ᄂᆞᆫ、쟝셩
ᄒᆞ여도、역시、훈가지라、이ᄂᆞᆫ、량반의、집안
을、그릇되게ᄒᆞ고、졈지안은、부모로、욕보
일놈이라、ᄒᆞ여、부친된이ᄂᆞᆫ、눈을부릅쓰고、
쵸달을、쳔다、머리를、싸리고、모친된이도、
혹칙망과、모진욕셜을、굿치지、아니ᄒᆞ여

미로、울녀놋코、다시믜로、굿치게ᄒᆞ니、가
이업ᄂᆞᆫ、일이로다、사름의、평성활동되ᄂᆞᆫ
시、젼혀、어려셔、활동ᄒᆞ고、못ᄒᆞᆫ딕、달녓거
늘、압졔의、위엄과、형벌의、교훈으로、훈도
룰、밧으니、그당시엔、완피ᄒᆞᆷ이、업고、공슌
ᄒᆞᆫ、것은、됴ᄒᆞ나、그셩질에、활동력이젹어져
셔、쟝셩ᄒᆞᆫ、후에라도、다、죽어가ᄂᆞᆫ、형샹으
로、병신일홈을、면ᄒᆞ지못ᄒᆞ고、어쳔만ᄉᆞ에
담긔가、업ᄂᆞᆫ거슨、엇지ᄒᆞ리오、또무슴일이
나、물건을、그릇되게ᄒᆞᆯ씨ᄂᆞᆫ、슌々히、일녀、구

르 치는, 일은업고, 즈긔게로, 도로가는, 욕
셜과, 괴악훈, 손버릇으로, 독々싸리니, 그
후에, 셜혹, 잘못훈일이, 잇슬지라도, 부모
룰, 속이고, 거즛말노, 모면ᄒ기룰, 빈홀터
힌즉, 이눈즈식의게, 방탕훈것과, 악훈거술,
가르쳐, 줌이라. 그런고로, 만일잘못훈일이,
잇거든, 준졀이, ᄭᅮ르쳐, 스스로, 붓그러음
을, 씨둣고, 다시ᄒᆡ치, 아니ᄒ게, ᄒ눈거시,
됴ᄒ며, ᄯᅩ음식먹이눈, 거술, 보면, 측가소
러온, 일이잇스니, 난지, 멧둘이, 되지, 못훈
ᄋ히의게, 졋은, 잇셔도, 먹이지, 아니ᄒ고,
밥과, 고기, ᄀᆞ훈, 기름진, 음식을먹이되,어
룬의, 음식본으로, ᄭᆞᆷ직훈, 술에가득히ᄯᅥ셔,
밋쳐삼키기도, 젼에, ᄯᅩ녀허먹이ᄂ니, 엇지
어리셕음이, 이ᄀᆞᆺ훈고, 대뎌ᄋ히들은, 그몸
에모든긔관이, 연약훈고로, 기름진음식은,
삭이지, 못ᄒ고, 만히먹ᄂ도록, 빈눈졈々커가

며, 살은졈々말나셔, 필경은죽눈일도, 잇ᄂ
니. 그런고로, 음식은, 샹샹ᄒ게먹이고, 어린
ᄋ히면, 가만히ᄒ한, 반시동안, 뉘워셔, 먹은음
식이, 자리를잡은후에, 안아도주고, 드러도
주디, 엽흘ᄯᅥ는, 됴심ᄒ여훌거시니, 우리나
라사람은, 어려셔브터, 엽눈것을, 데일됴흔
것으로, 알아, 약훈다리를엽 눈사람의허리
에, 다이고, ᄯᅵ로단々히, 미여, 기르미, 그
다리가, 활모양과, ᄀᆞᆺ치굽어지니, 그관졀이,
어그러지고, 힘술도온젼치못ᄒ엿슬지라,
그몸이엇지든々ᄒ리오. 그런고로, 엽눈, 것
은주의ᄒ시고, 방안에쟈난가음을, 만ᄯᅳ러,
ᄯᅢ々로, 동모를모호아, 졔임의ᄯᅵ로, 놀게ᄒ
면, 그몸이졈々건쟝훌거시라

(二)음과, 의긔룰, 발달식혀줄것 ᄋ히들
의, 심신은, 본릭연약ᄒ니, 부모된이눈, 그즈
식의, 나에샹당훈, 디혜와, 감졍과, 의ᄉ이,

셰가지를, 잘, 붓드러, 인도ᄒᆞ고, 달닉여, ᄀ
르칠거시니, 그, 나히, 륙칠셰되 기션지ᄂᆞᆫ힝
용, 알기쉬온것, 밉고, 고흔것과, 달고, 쓴것
과, 션ᄒᆞᆫ것, 악ᄒᆞᆫ것, 굿흔, 것들을, 분별ᄒᆞ기
와, 놀마다, 그, 몸에, 닷치ᄂᆞᆫ것으로, ᄀ르치
며, 산슐과, 글ᄌᆞᆺ갓흔것들을, 학당에다니기
젼에, ᄀ르치ᄂᆞᆫ거시, 예비가, 될가ᄒᆞ여, ᄀ
르치ᄂᆞᆫ, 이도잇ᄉᆞ나, 이ᄂᆞᆫ, 리롭이, 업슬ᄲ
ᄯᅮᆫ만, 아니라, 이것으로, 인ᄒᆞ여, 다른소리를,빗앗아,청
신치, 아니흘터히니, 효용이, 업슬것이오,됴
흔괴회를, 타셔, 디식을, ᄀ르칠ᄲᅵ라도, 지
루ᄒᆞ게, ᄒᆞ지말며, 쳔밀ᄒᆞ고, ᄉᆞ랑의, 말노,
교에, 다닐ᄯᅢ에ᄂᆞᆫ, 그비호아오ᄂᆞᆫ, 공부를,뎡
녕ᄒᆞ게, ᄀ르치며, 항샹, 잘흔다고, 칭챤ᄒᆞ
여, ᄆᆞᄋᆞᆷ과, 졍신이, ᄌᆞ연활발ᄒᆞᆫ것으로, 습

관이, 되게ᄒᆞᆯ거시며, 감졍은, 몬져, 션ᄒᆞᆫ일
에ᄂᆞᆫ, 됴화ᄒᆞᄂᆞᆫ, 감동이, 되게ᄒᆞ고, 악ᄒᆞᆫ일
에ᄂᆞᆫ, 슬혀ᄒᆞᄂᆞᆫ, 감동이, 되게ᄒᆞ며, 그즁에,
동졍의, 감졍과, ᄉᆞ모의, 감졍을, 기를것이
오, 의ᄉᆞᄂᆞᆫ, 무ᄉᆞᆷ일에든지, 말만ᄒᆞ지말고, 뜻
셕지힝ᄒᆞᄂᆞᆫ, 습관을, 기르시ᄃᆡ, 쓸ᄃᆡ업ᄂᆞᆫ,셩
각과, 시긔와, 원망과, 무셔온것, 들에ᄂᆞᆫ, 감
졍이, 닐지안케, ᄒᆞᄂᆞᆫ거시, 됴흔ᄃᆡ, 더욱쥬
의흘거슨, 거즛말과, ᄒᆞᄂᆞᆫ것시, 무셔워, ᄒᆞ게
흠이니, 우리나라풍속에, ᄋᆞ히가, 울ᄯᅢ에ᄂᆞᆫ,
우름긋치ᄂᆞᆫ것과, 공연히, 무셔워,숨기랴ᄒᆞ
ᄂᆞᆫ것을, 한쟈미로알아, 둣갑이, 호랑이, 굿
흔말을ᄒᆞ여, ᄋᆞ히의, 셩졍을,약ᄒᆞ게ᄒᆞ고,긔
운을, 셕겨지게ᄒᆞ니, 이ᄂᆞᆫ, 뎨일, 급히, 곳쳐
야, 흘지라

(三)쟝셩ᄒᆞᆫ후에, 스스로, 셔셔, 지낼거슬, 준
비흘것, 여긔, 티ᄒᆞ여ᄂᆞᆫ, 두가지, 필요가, 잇

스니, (一)은학 교휵이오, (二)는긔예(저됴)교
흉이라, 학교교휵은, 이셰샹사는동안에, 보
통사름이, 되여, 몸을세우고, 일홈을날니는
딕, 가히업지못흘것이오, 긔예교휵은, 몸
에, 루거만금, 지산이, 잇스나, 저물은, 잇다
가도, 업셔지기, 쉬오니, 족히, 밋을것이, 못
되노것이라, 긔예를, 빅호앗스면, 여간파산
을, 당흘지라도, 한, 항산으로, 삼아, 그항심
을, 회복흐면, 아모걱정이, 업슬터히니, 즈
녀를, 스랑흐거든, 교휵을, 잘식히오, 이우헤,
긔록흔, 셰가지를, 만일, 발달식혀, 주지못
흐여, 그즈녀로, 쟝릭샤회에, 한병인이, 되
게흐면, 이는, 텬셩의, 친분을, 어그러침이
오, 그즈손을, 나아기르는, 본의가, 아니니,
어린으히로, 둔부모와, 아즉두지못흔, 부모
들이여, 넷, 습관을, 속히 바리시고, 문명샹
에, 진보흐시오

본국계형계미의게(寄書)

女史　尹貞媛(윤뎡원)

대뎌, 우리나라녀즈는, 즈긔의, 감화지력이,
얼마즘, 샤회샹의, 관계잇는줄을, 아지못흠
다흐여도, 됴흐리로다, 녀즈라흐는것은, 국
민지모요, 샤회지화요, 인류지틱양이니, 국
민지모라흠은, 불비다언이라도, 가디흘거
시오, 샤회지화라흠은, 만일, 인간샤회로브
터, 녀즈를, 진취무디케흘디경이면, 이는, 실
노, 무미무석흔, 암흑텬디가, 될지라, 그런고
로, 금일, 소위문명졔국에셔는, 아모됴록지
덕이, 겸비흔, 녀즈를, 교졔샤회에, 느셔게 흐
흐고, 그즁에라도, 지식슉덕의, 츌듕흔녀즈
로, 교졔샤회의, 굇슬삼고, 초인의, 언힝동
졍과, 범빅만스로, 모범을, 삼아, 흠모존딕
흐고, 일편으로는, 샤회샹에, 굇과등심이, 된
쟈는, 추호만치라도, 교만지심을, 두지아니

호고, (실샹은, 몽듕에라도, 교만지심이, 잇
슬듯ᄒᆞᆫᄌᆞᄂᆞᆫ, 당초에, 이위ᄎᆞ에, 셰우지아니
ᄒᆞᆯ듯) 아모됴록, ᄌᆞ긔의, 품ᄒᆡᆼ직덕을, 더욱

샤, 놉히닷가셔, ᄌᆞ긔감화를, 인연ᄒᆞ여, 만
분지일이라도, 샤회샹에, 유익ᄒᆞᆫ바ㅣ잇도
록, 진심갈력ᄒᆞᄂᆞᆫ뎨디오, 인류지태양이라

흠은, 가령, 일긔가뎡을, 화원으로, 칠지경
이면, 미일아츰에, 묘양이, 동출ᄒᆞ여, 그찬
란무쌍ᄒᆞᆫ광치로, 화원을, 빗최면, 화ᄉᆞ초ᄉᆞ

가, 일층션명번화ᄒᆞ고, 혹시, 이, 반듸록, 류
운슙우가, 텬디에, 가득ᄒᆞ면, 화원이, 암연
무쇠ᄒᆞ여, 조곰도, 싱기가, 업슴은, 미일누

구던지. 목도ᄒᆞᄂᆞᆫ바ㅣ나, 이와굿치, 일가지
쥬모의, 안셕의, 하여ᄒᆞᆷ이, 조곰도, 화원지
태양과. 다르지아니흠은, 혹쥬모의, 안셕이

팔면령롱ᄒᆞ여, 조곰도, 불평ᄒᆞᆫ빗치, 업ᄉᆞ면,
반듸시, 그가듕ᄒᆞᆫ솔이, 회ᄉᆞ락ᄉᆞ히, 셰월을,

보닐터ᄒᆞ이오, 혹불연ᄒᆞᆯ, 디경이면, 일가의, 평
화안녕을, 보젼치못ᄒᆞᆷ은, ᄯᆞᄉᆞ목도ᄒᆞᄂᆞᆫ일
일듯ᄒᆞ도다

지금, 가뎡으로, 말을ᄒᆞ엿ᄉᆞ나, 샤회샹에도,
역연이오, 국가샹에도, 역연이라, 그묘흠듕
거가, 황연히, 잇ᄉᆞᆫ즉, 이ᄂᆞᆫ, ᄯᆞᄉᆞ본국을, 시

찰ᄒᆞᆫ, 동셔양외국인의게, 맛나면, 반듸서문
왈, 묘션계신동안에, 무엇을ᄯᆡ일부톡히, 싱
각ᄒᆞ엿ᄂᆞᆫ뇨, ᄒᆞ면십샹팔구ᄂᆞᆫ, 다, 이구동언

히「뎨일, 부독ᄒᆞᆫ계, 싱각ᄒᆞᆫ, 바ᄂᆞᆫ, 어ᄂᆞ집을,
가셔, 엇더케, 쳔밀히, 교졔를, ᄒᆞ더딈도, 그
쥬모던지, 령녀가, 다만일초라도, 친히나와

셔인ᄉᆞ슈쟉, ᄒᆞᄂᆞᆫ일이, 업슴으로, 이거시, 뎨
일, 불패셥ᄉᆞᄒᆞ더라」ᄒᆞ니, 이ᄂᆞᆫ실노, 지당
ᄒᆞᆫ언인거ᄉᆞ. 초인들의, 흉중에, 박힌한국은,

즉, 잡쵸송빅만, 울ᄉᆞ창ᄉᆞ히, 번셩ᄒᆞ고, 가령
흔, ᄭᅩᆺᄒᆞᆫ송이가, 픠지아니ᄒᆞ고, 낫시되여도,

三十九

111

히가, 쓰, 지어아니ᄒᆞ고, 밤에는, 달도업고, 쵹
불도, 언는, 나라와, ᄀᆞᆺᄒᆞ니, 엇지셥ᄉᆞᄒᆞ고,
불패치, 아니리오
연즉, 일가를, 화긔, 만실케ᄒᆞ고, 못ᄒᆞ
못ᄒᆞᆼ기도, 잇고, 지어국가를,
번화챵셩케, ᄒᆞ고, 못ᄒᆞᆼ기도, 졀반이샹은, 녀
즈의, 힘이잇셔야, 될터힌즉, 엇지, 녀즈의
칙임이, 젹고, 가바엽다, ᄒᆞ리오, 여, 츄히, 즁
대ᄒᆞᆫ, 칙임이, 녀즈의게, 잇눈줄을, 실노, 깁
히, 쎼드를디경이면, 엇지, 금일ᄀᆞᆺ치, 쌀닉
와, 다딤이를, 텬명지직분으로, 싱각ᄒᆞ거나,
혹은, 담비룰, 피우고, 슐을먹고, 쓸딕업는,
잡담으로, 귀즁한, 셰월을, 보닐수가, 잇스리
오, 일시라도, 밧비, 즈금지페룰, 곳치고, 엇
지ᄒᆞ면, 실노, 녀즈의, 칙임을, 헛되게, 아니
ᄒᆞ고, 즈긔의, 텬명을, 완연히, 득달ᄒᆞᆯ가, ᄒᆞ

눈, 문뎨를, 긔셜ᄒᆞ여야, 될듯ᄒᆞ나, 이닾답
에눈, 다만, 교휵이쏫, 밧게눈, 업스니, 대뎌
교휵을, 밧기만ᄒᆞ면, 특별ᄒᆞ, 민족과, 고딜
이잇눈사람이외에눈, 년긔의, 조만과, 유지
무지룰, 불문ᄒᆞ고, 보통디식을, 엇기눈, 그
다지, 어려온, 일이아닌즉, 반드시, 빅만ᄉᆞ
룰, 졔ᄒᆞ고라도, 이, 크고즁ᄒᆞᆫ, 교휵을, 밧어
야, 흘러인딕, 아즉도, 본국녀즈가위눈, 여
츄히, 싱각지, 아니실듯, ᄒᆞᆫ거슨, 일젼에, 드
룬즉, 금번, 엄대비씌옵셔, 셜립ᄒᆞᆷ신, 녀학
교의, 학셩수가, 불과, 십칠인이라ᄒᆞ니, 이
룰듯고, 엇지, 대경챠탄치, 아니ᄒᆞ랴, 잇스
리오, 이학교의, 교ᄉᆞ의, 인물과, 셜비의, 완
불완은, 듯고보지, 못ᄒᆞᆫ빅니, 말ᄒᆞᆯ수, 업스
나, 티뎌, 엇지ᄒᆞᆫ지, 엄대비씌옵셔, 셜
립ᄒᆞ셧다눈, 학교인즉, 본국, 뎨일등녀학교
로, 싱각지, 아니치, 못ᄒᆞ겟고, 셜혹, 불셩지

연이나, 이학교가, 창립지효가, 되여, 범빅셜비가, 전션진미치, 못호더릭도, 엇지, 호엿든지, 교휵을, 목뎍호고, 교소가, 민일, 혈심으로, 교양훌터인즉, 본국녀즈의, 방금형셰로, 말홈면, 션후를, 닷토아, 입학, 호는거시, 엇지, 당연지스가, 아니리오, 연이나, 지금, 위터를, 밧고아, 싱각호면, 령믹, 되신이던지, 부형, 되신이는, 즈릭지구습과, 허다홈, 소졍으로, 학교에, 보닉는, 거시, 됴홀지, 아니보닉는거시, 됴홀지, 혹, 보닉엿다가, 셩공이, 여의치, 못홈면, 엇지호고, 호는, 싱각도, 업지, 아니홀터히오, 쏘는, 즈긔의, 무음인즉, 가고십흐나, 부형이, 엄금호심으로, 입학지, 못호는이도, 엽지아닐듯호나, 혹 파연, 여 츠호 소졍으로, 방황호시는, 이들이, 계시거든, 즉시, 부형, 되신이는, 단졍코, 령의령믹를, 학교에, 보닉시고, 령의, 령믹, 되신

이는, 하로밧비, 부형씌, 간쳥호여, 입학호는거시, 됴훌듯호고, 지어, 유익무익호여부문뎨에, 당호여는, 다연훌것, 엽시, 동셔양졔국의, 모범잇는일이오, 연이나, 일편으로는, 동셔양졔국에셔, 녀즈교휵을, 너무홈으로, 인연호야, 난, 폐단이, 업지아니호나, 이는, 교휵을, 호는쟈의, 연구훌, 문뎨요, 지금, 당댱시급히, 교휵을, 밧아야, 훌졍셰의잇는, 본국녀즈샤회에는, 아죽의론홀씩가, 아닌듯

飮料水 (寄書)

劉 銓

本人이 暑中休暇에 還國호야 一朔間京城에
滯在호야 人生의 生活中에 飮料水를 觀察호미 危險홈이 數多
호도다 飮料水가 第一必要
호니 其完全호것과 不完全호것을 區別호야

四十一

使用치아니면 影響이甚大호미 普通智識으로 區別홀것을 論호나 仔細호것은 普通智識 以上 智識即 化學專門家 가아니면論 호야도 必要가無호기玆에略陳호노라

天然으로 水中에在호 汚物瓦斯躰溶解호固體及溷濁호固體三種에分호야 飲用에 供給호時에는 多少間衛生에 影響이有호나 其結果는 極히微少호며 多年間以上三種을 混合호水를 飲用치안으면其害를 認識홈이 少하니라

天然으로 存在호것은 大抵無機界에 屬호것이少호고 其害毒이되는 食物의 消化上에 微少호 影響이有홀뿐이라 假令 硫酸石灰를 含有호 水을 常用호면漸々 胃의 消化力을減호며岩層에셔 湧호는 水를常用호면 瘰癧其他 疾病의原因이되나 此等水는 有機界에 屬호急劇害毒을含有호지아는 利益이有호나라 것

河水雨水泉水深井水等의 不純物의 比較을 記호면

		百分中不純物
一雨水	○○二九五	百分中不純物
二河水	○○九六七	百分中不純物
三泉水	○二八二○	同
四深井水	○四三七八	同

大略以上은 皆無機界에對호야 論홈이오 身體에同一 害毒되는 有機界에含有物은 其量을測量홈이 難호며 本邦都會處는 深井水가 皆有機物을含有호며 其危險이甚호도다假令井戶附近에 在호大小便이 浸入호야井水가肉眼으로 生雜色을可知라 概略區別호면左와如호니

一 飲用에適當호것

(天)泉水 鑛脈으로 從호야鑛水과갓치湧호미 其含有鑛量이百分中에 ○三以下되는

（地）深井水　地下에在혼巖은水로洗혼미
此層을水平이라稱혼며地下에
에水平과不同홈이라假令地上에水平은甲
地와乙地에水平이同혼나地上에水平은甲
地와乙地의水平이不同홈乾濕의度로從혼
야同一地라도水平層이異혼니라深井은大
處所에至혼야셔눈슈平層의昇降도甚혼며
抵슈평층以下싸지堀혼나乾濕의度가甚혼
夏季에至혼야有機物의含有量도甚히增加
혼미水面上에昇혼야地面에近혼야含有量
在혼有機物을洗혼야含有홈으로深井은乾
濕의度가少혼處所에在혼야安全혼井이라
稱홈이라

（玄）川水及湖水　川水도其流界에注意치
아ᄂ면無機物의含有홈이甚혼故로健康에
有害되ᄂ것이多혼나試驗혼야容易히知홈
을得혼ᄂ니第一은透明혼며石鹹을溶解홈

이多혼며其沈澱의量이少혼면飲用에適當
혼것이라又湖水도山中에在혼야셔流혼
ᄂ小川이耕作附地近에流홈이少혼면川水
와갓치試驗혼야知혼ᄂ니라以上天地玄三
者은不完全홀지라도飲用에大害ᄂ無홈이
라

二、飲料에不完全혼것

（黃）貯藏水　은一般雨水를貯혼야飲用홈
이라然혼나其含有홈이二酸化炭素의量을固
形體와有機物의分量을調查치아ᄂ면飲用
에適當치못홈이라此等方法은大都會에셔
使用혼미工塲煙筒에셔昇혼有害化合物과
人家가稠密혼야써질스를多量으로含혼
空氣와混合혼야降혼것이多혼니라
（宇）地上水　山野에셔平野畊作地를經혼
야河川이됨이라故로有機界에含有量이前
者에比혼면一層甚혼니라

三, 飲用ᄒ야危險ᄒᆫ것

(虫) 都會處에 不潔物附近에 在ᄒᆫ井及畊作地附近에 在ᄒᆫ淺井이라以上은槪略區別ᄒ야슨즉勿論以外에도屬ᄒᆫ者가有ᄒᆯ지라(未完) 原因과結果ᄂᆫ以下記載ᄒ겟노라

衞 生　前號續 (寄書)

康 秉 鈺

牛乳와鷄卵은 滋養分이多ᄒ야消化키易ᄒ良好ᄒᆫ食物이ᄂ病牛의乳汁과腐敗ᄒᆫ鷄卵은病毒이有ᄒ야人身에傳染ᄒᆯ慮가有ᄒᄂ決코飮啖치말것이오一般牛乳도一次煎湯飮用ᄒᄂᆫ것이可ᄒ고 鳥獸의肉은蛋白質이多ᄒ고纖維가柔軟ᄒ야良好ᄒᆫ食料가되고牛豚肉은寸虫의囊虫이或有ᄒ니煎煮ᄒ야食料에供ᄒᆷ이可 ᄒ고蛤類ᄂ蛋白質이多有ᄒᄂ消化에不良ᄒ고穀物의主成分은澱粉

이오多少의蛋白質을含有ᄒ도다米ᄂ含水炭素가最多ᄒ며其餘滋養分도不少ᄒ고麥은蛋白質이堅固ᄒᆫ細胞膜中에包在ᄒᄉ니粉末을作ᄒ야食品에供ᄒᆷ이可ᄒ고菽類ᄂ蛋白質이多ᄒᄂ其體가堅固ᄒ니豆腐를製ᄒ야食科이供ᄒᆷ이可ᄒ도다

生虫의卵子等이含有ᄒ야病源을釀成ᄒᄂ水ᄂ吾人生活에必要不無ᄒᆯ者ᄂ細菌과寄樊가有ᄒ니一次沸煮ᄒ야飮料에供ᄒᆷ이可ᄒ고 아루고루(酒精)性飲料ᄂ胃의作用을妨害ᄒ고精神을濁亂케ᄒᄂ性質이有ᄒ니飲料에適當치아니ᄒ고茶、珈琲等은適當히飲ᄒ면良好ᄒ나量에過ᄒ면消化作用을妨害ᄒ고冷氷은胃의温熱을奪ᄒ야消化를妨害ᄒ며齒牙를傷害ᄒᄂ니直飲ᄒᆷ이不可ᄒ도다

銅、眞鍮、青銅、鉛等으로製造ᄒ食器ᄂ毒

이有ᄒ고 色染器에도 有毒色素를含ᄒᄂ獎
가有ᄒ니 陶器磁器等이食器에가장適合ᄒ
고一日三次食時를一定ᄒ고 間食을禁ᄒ며
飽食을警誡ᄒ지라

循環作用의 衛生은新鮮ᄒ空氣를呼吸ᄒ며
滋養分이豊富ᄒ食料를攝取ᄒ야 純良ᄒ血
液을培成홈에在ᄒ도다

身體의 柔軟ᄒ局部를緊束ᄒ며 堅薄ᄒ席上
에長坐不動ᄒ면血管의 通行을妨碍ᄒ미身
體에害를及ᄒ지니恒常適當ᄒ運動을作ᄒ
야四肢를活潑케홈이可ᄒ고一身의血液은
定量이有ᄒ者라精神을使用ᄒ時에ᄂ頭腦
에聚ᄒ고 飮食을消化ᄒ時에ᄂ胃에聚ᄒ며
身體를運動ᄒ時에ᄂ筋肉에聚ᄒᄂ니食後
에곳身體를運動ᄒ거ᄂ 精神을過度이作用
홈은不可ᄒ니라 （未完）

救急治療法

會員　朴濟鳳

人工呼吸法

人工呼吸法이라ᄒᄂ것은人이或急病을發
ᄒ든지或不良ᄒ空氣를吸入ᄒ야窒息되든
지或中毒溺死縊死等으로因ᄒ야一時呼吸
이中絶되고 人事不省에至ᄒ者를蘇生케ᄒ
ᄂ法이니此ᄂ患者의呼吸器即肺의運動을
人工으로發ᄒ게ᄒ야呼吸을回復ᄒᄂ것이
라常人이라도容易이施行ᄒ바輕便ᄒ二法
을左에紹介ᄒ노니

第一法　몬저患者의 衣帶를緩解ᄒ야空氣
清新ᄒ곳에仰臥ᄒ고 枕屬으로써其身體의
上部를조곰놉게괴운後에患者의口를開ᄒ
야舌을下唇便으로써여退縮치못ᄒ게ᄒ고
施術ᄒᄂ人이患者의面部를向ᄒ야 患者의

頭邊이던지 或腹上에 患者를 壓迫치아니ᄒ

게半跪ᄒ야 膝로坐ᄒ고 兩手로써患者의兩

腕(두팔)을잡아 一時에 靜穩히兩便으로버

려患者의 兩肩直上을向ᄒ야頭上서지드러

올니고 約二秒「通常健強人의一次呼吸ᄒᄂ

時間보다조곰速히」後에그들엇든팔을다시

靜穩히兩腹側 서지나리워兩腹側을조곰壓

ᄒ後에ᄯ前과갓치靜穩히 上下ᄒ야 如此ᄒ

動作을幾次繼續ᄒ고면팔을들썩마다空氣가

肺에流入ᄒ고나리울썩마다呼出ᄒ야漸次

呼吸을回復홈에至ᄒ리라

第二法　第一法과갓치患者의衣帶를緩解

ᄒ야平穩히仰臥ᄒ後에舌을썌고患者의兩

手를患者의背下에쌀고施術ᄒᄂ人이患者

의下腹上에壓迫치아니ᄒ게半跨ᄒ야膝로

써坐ᄒ고兩股로患者의臀部를진後에兩拇

指(엄지손고락)로써患者의脅部(젓가슴)를

強壓ᄒ엿다가 約二秒後에急히썌고다시強

壓ᄒ엿다가ᄯ 急히썌여如此ᄒ作用을幾回

續行ᄒ면強壓ᄒ 時마다肺가縮小ᄒ고썰썩마

含有ᄒ엿든空氣가口外로逃出ᄒ고썰썩마

다肺가急히膨脹增大ᄒ고空氣가流入ᄒ야

漸次呼吸을回復홈에至ᄒ리라

溺死蘇生法

溺死ᄂ水로써氣道(숨쉬ᄂ器管)가閉塞되

믜呼吸이不通ᄒ야氣絕홈에至ᄒ者니迅速

히濕ᄒ衣服을베셔고마른手巾으로身體의

水分을잘-시츤後에患者를俯臥ᄒ고腹部

에ᄂ枕等屬으로써괴와頭部보다놉게ᄒ며

手指로써患者의舌을쌔여水의吐出홈을便

利케ᄒ고背를輕打ᄒ야水를盡吐ᄒ거든紙

捻子(紙片을손으로부빈것)로鼻中을輕히

攪回ᄒ야噴嚔「ᄌ치기」를催發ᄒ며即時人

工呼吸法을行ᄒ야呼吸이回復되거든溫突

上에 安臥호온後에 軟호 毛布 或 紬屬으로 摩擦

(부븨는것)을 飲服호라

凍死蘇生法

凍死라홈은 人이 嚴寒冬天에 野外 或 山路 等
地에 旅行호다가 人家를 失호든지 醉人이 或
雪路上에 昏倒호엿다가 身體가 冷固호고 精
神이 昏睡호야 人事不省 호여 드디여 生
命을 失호는 者니 此時에 눈 문저 患者를 人家
處로 運來호되 即時에 눈 溫暖호 處所로 運入치
말고 冷冷處에서 衣服을 脫호고 雪片으로써 全身
을 摩擦호며 冷水에 浸濕호 手巾 等屬으로 全
身의 皮膚가 赤色을 呈호도록 摩拭호라이갓
치호야 全身을 柔軟히호 後에 寒冷호 寢床이
던지 或 草席上에 仰臥호고 全身에 摩拭 홈을
不止호며 一邊으로는 人工呼吸法을 施行호
야 少時後에 漸次呼吸을 通호거든 暖室로 移

臥호고 微溫湯이 든지 或 微溫호 米飲을 適當
히 給與호고 治療養生홈을 不怠호라 (未完)

塩

會員 洪 正 求

吾人이 生活上日常需要호는 諸般物品中에
一日이라도 可히 缺치못홀者는 食鹽이니 此
눈 油炭보다 最要호며 紫糧에 次호 重要호 者
니라 此로써 各般食物의 腐敗를 豫防호고 或
製藥에 用호며 或 소다도 製造호야 洗濯用에
供호느니라
塩은 其色이 白호며 其味가 鹹호야 海水中에
多量히 含有호느니 海水의 鹹홈이 實로 此로
因호로다 我韓과 日本淸國等地에셔눈鹽을
海水로 製호느니 其法은 海濱多砂호處에
塩田을 設置호고 海水를 多汲호야 此를 日光
에 撒布호며 其水分을 蒸發호야 濃厚호 塩水

를得흔後에此를다시釜中에注入흐야二蒸흥흐면溫度의高흠을從흐야水分은漸次蒸發흐고食塩은粒形으로結晶흐야釜底에殘留흐느니라

西洋에德國괴墺太利等地에는食塩이多量히地中으로出흐느니其塊形은岩石과恰如흐고數種雜塩을混有흐도다德國소닷스후ー루도地方에有흔岩塩은其層塩의厚가五百尺으로부터三千尺에達흔다흐니其塩量의豐富를可想흘지라

岩塩의不純흔者는赤褐靑三色이有흐고純粹흔者는無色透明흐야冰과갓치淸潔흐며此를打破흐면一定흔方向으로割흐야四角形이되고其性質은硬固치아니흐니라

東洋에는岩塩의出흐는處所가別無흐느니本信濃岩代等地에塩水가泉水갓치地中으로湧出흐며此를塩井이라稱흐고村民等은此를汲取흐야食用에供흐느니라

岩塩層上에는흔이石膏層이有흐니其色이白흐며或黃褐色을帶흐고或硝子와갓치無色透明흔者도有흐니其質은岩塩과갓치不硬흐고鹹味가無흐며燒흘時에는白色의粉末을生흐며此를水와混合흐야乾흐면다시强固흔形體를成흐느니라

成功說과失敗主義 (寄書)

友古生　崔　麟

近時我韓에可畏可懼흔 傳染의惡疾과 如흔大流行毒이有흐니成功說이是라此毒이一入靑年腦裡흐면神醉魂夢하야石火갓치如하고流波갓치逝하는此生一代를蹤跡업시涉盡하니 國民의前途와國家의大業에엇지이에서더多大흔害毒이有하리오

彼成功이라云하는者는小成主義의 奴兒輩로

ラ幾千金의富와奏判任의貴로成功이라認
하야曰銅峴之某主簿曰茶洞之某議官曰前
家之某叅領曰後宅之某郡守顧祿々 幸運々
하는者를公眼으로見할진딘 無學問、無理
想、無定見、혼奴籍이라其所
謂事業과其所謂行樂은蜂이蜜를釀함과如
하고蠅이血을爭함과如함에不過하니男兒
의天賦로彈冠振纓이엇지 可愧可笑치아니
리오實노成功이라云함은完全을得함을指
함이라天下에完全을得코져할진딘엇지難
혼者ㅣ아니리오 嗚呼라成功의名이엇지
可羨치아니리오마는 現今流行의成功說은
右에過함이無혼즉吾人은 寧히失敗主義를
唱하야彼卑劣한奴流에不伍함을名譽라할
지라
事無大小하고成功이一分이면失敗가九分
됨은賢愚의共知하는비라 古來로大聖人과

英雄豪傑의士一失敗無혼者少하도다
孔子는天縱之聖으로도 陳蔡間에 餓하시고
轍々 如喪家狗라하야시니이럿타시困窮하
시사道不行而死하시고
耶蘇도上帝之子로도狐도穴이有하고 鳥도
巢가有한딘 人子는 枕할빈 無타하야시니이
럿타시困窮호시사 맛춤니十字架에 死하셧
고
歐洲英雄拿破崙은孤島의流魂되고
漢土英雄楚覇王은烏江의孤魂되여스니彼
成功說者의標準으로論할진딘엇지大々的
失敗가아니라謂하리오
噫라高尙雄偉의理想은世界의進步。人情의
美化。國家의光榮。에在하거날彼成功說者
의目的은區々碌々한小富小貴로吾輩靑年
의精神을醉케하고理想을迷히하고德義心
을弱히하며卑陋혼願望을求케하니彼엇지

青年의 惡魔가아니리오願我青年同胞는銘
肺하라孟子曰富貴도不能淫하며貧賤도不
能移하며 威武도不能屈이라하서시니此ー
엇지大丈夫의事ー아니리오吾輩青年은寧
히失敗主義로高飛할지언정決코小成에安
처勿함을切望하노라

我國의實業觀 (寄書)

張 弘 植

余가此邦에留學함이於焉間에六年을經過
하엿도다光武五年九月에祖國을辭別하고
仁川港을發하야東京에到한지三個月에資
身이無路기로日本文學士某氏家에學僕으
로中學郁文舘에入學하야晝以勞働하며夜
以勉學하야同九年四月에右校를卒業하고
因以官費에推薦이되여同年九月에高等商
業學校에入學하야翌年七月(今年七月)에
豫科試驗을終하고今次歸省하는道上에我
國實業界에對하야觀察한바所感을玆에略
記하노라

旅舘의緊要와商業의機關

巳往에完備한旅舘이無함은吾人의熟知하
든바ー라馬關으로釜山港에到하미滿五年
間不見하엿든故國山川이一瞥見을呈하도
다汽笛一聲에棧橋에下하야祖國地域을更
蹈하니一喜一悲에所止를不覺이라表面上
商業의發達됨은前日에比하면多少의活氣
를呈한다可謂하겟스나余의第一遺憾한者
는我國旅舘의制度가極히完備치못하야內
外國旅客과商人의止宿할處이無함이로다
商業上觀察로言하면엇지物品賣買만營業
이라云하리오日俄戰爭이東洋에破裂하야
日本이得勝한以後로歐米紳士의東洋을觀
光코져하야來遊하는者ー年復益增하야每

年에 幾千萬人으로 可計ᄒ리로다 故로 日本
셔도 近來 호텔(旅舘) 建設에 熱注計劃ᄒᄂᆞᆫ
바ㅣᄂᆞᆫ 吾人의 熟知ᄒᄂᆞᆫ바라 東京으로 觀ᄒ
면 帝國호텔 精養軒其他數多의 洋式旅舘이
不少ᄒ나 아즉 陜隘의 歎을 不免ᄒᆞ야 來遊外
客의 便宜를 滿足케 못ᄒᄂᆞ니 然則 旅舘의 制
度를 完備케 ᄒᆞᆷ은 다못 外人의 便利만 爲ᄒᆞᆯᄲᅮᆫ
아니라 實로 國家의 經濟上機關과 外交上手
段을 爲ᄒᆞᆷ이로다 我國旅舘制度의 不備ᄒᆞᆷ이
여 暫時歸省ᄒ 學生이 困難을 感ᄒ거든 況 觀
光次 渡來ᄒᄂᆞᆫ 外國紳士紳商에 至ᄒ리오 我
國의 旅舘은 旅閣客主酒店三種類에 不過ᄒ
나 此ᄂᆞᆫ 商業上機關에 不過ᄒ고 旅舘이아니
라 其商業上機關되ᄂᆞᆫ 理由ᄂᆞᆫ 左와 如ᄒ니

一 旅閣此ᄂᆞᆫ 駄商을 爲ᄒᆞ야 馬廐와 밋 顧
  客을 要ᄒᆞᆯ事
二 客主此ᄂᆞᆫ 去來商을 爲ᄒᆞ야 仲商과 顧

客을 要ᄒᆞᆯ事
三 酒店此ᄂᆞᆫ 行商人을 爲ᄒᆞ야 賣酒ᄒ기
  를 要ᄒᆞᆯ事

如此ᄒᆫ者ᄂᆞᆫ 假令 幼稚ᄒᆫ 我國商業의 機關이
라 云ᄒᆞᆯ지라도 決코 今日 進步된 商業의 機關
이 되지 못ᄒᆞᄀᆞᆺ고 ᄯᅩ 游覽紳士의 止宿ᄒᆞᆯ 處이
아니로다

交通機關과 消費地에 居ᄒᆫ 商業
夫國의 實業은 交通機關을 因ᄒᆫ 後에 繁盛ᄒ
고 消費地에 據ᄒᆫ 後에 擴張되ᄂᆞ니 我國의 交
通機關은 幾年前에 外人의 手로 因ᄒ야 今日
의 便利를 得ᄒᆞᆷ이라 大抵 此機關은 北으로 義
州를 經ᄒ야 東淸鐵道와 及歐洲各國에 通ᄒ
고 南으로 釜山을 接ᄒ야 日本太平洋米英에
通ᄒ도다 如此ᄒᆫ 機關에 隨ᄒ야 我國消費ᄂᆞᆫ
龍山을 中心ᄒ며 南으로 水原大邱釜山等地
오 北으로 京城平壤義州等地라 本國商人等

은如此혼機關을因호며如此혼消費地를據
호야 營業通商호는物品의主要혼者를擧호
면外國産은日本製木綿綿絲烟草及英國製
白木烟草等이오本國産은麻布、米、大豆、
北魚,等에不過호도다坮商業上慣習을觀호
니外國人田舍農民의게는高價로賣호는弊
와坮冷待호는는弊가不少호고商人의緊要혼
手段은一도實行홈이無호니

一物品을陳列호고店頭를淸潔케호야
衆人의目을惹起치못호고
二物品賣買時에顧客을善待호야其歡
心을買치못호고
三物品賣買時의興成法을未知홈이오顧
客으로호여곰疑心을喚起케홈이라

田野에荒蕪와農業의好望
夫我國은氣候와位置에因호면東洋에一大
農業國이라然이나 農業이未開호야 荒蕪地

가多호고開拓地가少호도다余는農業者가
아니라農理에確言기難호나農業은他와
異호야時가有호고分業호야營業호는者가
아님은知호노라我國에는氣候가不調호고
山林이稀少호야山禿澤涸홈이天然의經濟
로마는農業의完成을期望기難호리니 然則
堤築法을用호야土地가不虞의雨水에陷落
됨을預防호고雨量이稀少호나貯築法을用
호야不虞의旱魃을備홀지로다

工業과製造物

我國은工業에第一緊要혼石炭이稀少호야
工業의發達을期기難호도다然이나我國은
三面이水라此를應用호면電氣도可起홀者
ㅣ오山은靑石花崗石盤石으로組織된者
라此를應用호면土木을可期호겟도다現今
에行호는化學上工業으로觀호면陶器石灰
煉瓦坮業等이有호나其燃料의供給은다못

材木에 不過호니엇지 發達을 能期호며 坐製
造品이 絶無호니엇지 外國에 輸出홀 商品이
有호리오 大抵 我國實業의 不振이 此極에 至
호니 嗚呼噫噫로다 我二千萬同胞아 四千餘
年 桃花源裡에 太平을 安樂호든 酣夢을 速醒
호고 歐米各國의 文明을 照호야 敎育에 熱心
호고 實業에 從事호야 我國文明을 更起호고
生存競爭의 場에 疾足호기를 期望호노라

海水浴의 一日

白岳生

八月十九日(晴)

早朝五點에이러느 簡短히 遠足準備를 畢호
고 朝餐을 喫호後에 同居三人이伴行호야昨
日 預期와갓치六點頃에 太極學校에 往到호
니先着호會員이발서 十餘名이오 後로追到
호는 會員이 七時頃에 及호미 合二十七名에

達호더라 一同이 同道호면 到底히 一電車에
搭乘기 難호니 各自 隨便發往호야 品川을
經由호여 大森停車場에서 相待會合호야 菓子
約호고 各自의 點心이며 預備로 貿來호 幾
牛乳等物을 齊々分擔호 後에 三々五々로 幾
隊를 編成호야 海水浴遠征地로 發向호니라
崔友錫夏君과 余ᄂ 太極學報發刊事로 印刷
所에 交涉호 事末이有 호야直行치못호고 銀
座街該活版所에 暫寄호엿다가다시 電車를
乘호고 新橋驛을 經호야 品川 (東京電車의
終點)에 至호니 紅日은 朝霧를 披脫호고 海
面上에 놉히걸녀 嚴酷 혼光線을 直射호더라
余 눈身體도 少困호고 炎熱이太甚호며京濱
鐵道를 乘호고 直往호자 主張호며崔友는 遠
足을 兼호야 徒步로 試往호자 主張호고 五相不下호
야 停車塲附近에서 蹰躇彷徨혼際에 先發호
엿든 一隊가 電車의 遲延홈으로 晩到追及홈

을相遇ᄒᆞ야徙步로目的地를向ᄒᆞ나라

或吟或歌ᄒᆞ며前呼後應ᄒᆞ야左로ᄂᆞᆫ一望無

際ᄒᆞ고水面이如鏡ᄒᆞᆫ東京灣內에林立ᄒᆞᆫ漁

船과來往ᄒᆞᄂᆞᆫ輪船의活畵를望觀ᄒᆞ고右로

ᄂᆞᆫ大野平地에稻苗黍菽等穀物의靑々ᄒᆞᆫ快

景을望ᄒᆞ면서三里四里五里許를進行ᄒᆞ니

路傍一村店에서梨子桃子水菓等을山갓치

積置ᄒᆞ고來往人을誘入ᄒᆞᄂᆞᆫ處가有ᄒᆞ더

라此店에入ᄒᆞ야水菓二個를七十錢에買得

ᄒᆞ니此ᄂᆞᆫ西國種이라其大와重量이我國것

에比ᄒᆞ면實로想像外에出ᄒᆞ도다此를輪次

로肩上에擔荷ᄒᆞ고汗顏을頻拭ᄒᆞ면서大森

停車場에到達ᄒᆞ니先着隊ᄂᆞᆫ一軒氷水店을

占領ᄒᆞ고後隊의到着을苦待ᄒᆞᄂᆞᆫ모양이더

라店內에爭先突入ᄒᆞ야各冰水一杯로窮渴

을繞醫ᄒᆞ고小憩後에一齊海水浴塲에다々

르니各店頭에서迎賓送客ᄒᆞᄂᆞᆫ소ᄅᆡ處々에

들리더라

元來此處ᄂᆞᆫ東京市內에서限二十韓里隔地

라海水가汚濁ᄒᆞ야沐浴에ᄂᆞᆫ適當치아니ᄒᆞ

ᄂᆞᆫ營業者等이處々에浴塲을區劃ᄒᆞ고邊岸

으로ᄂᆞᆫ料理店과露幕을配設ᄒᆞ야東都士女

의一日煩襟을洗淸ᄏᆡᄒᆞᆷ이니浴塲費ᄂᆞᆫ一名

에一日下等五錢上等十錢假量이더라

從容ᄒᆞᆫ處所를ᄎᆞᆯ라고이곳저곳단이다가

最後에一露店에ᄃᆞ러가니男女老少浴客이

欄干에充滿ᄒᆞ얏ᄂᆞᆫ데下女의引導로一隅에

占座ᄒᆞ야一獨立國을宛成ᄒᆞ고浴衣를換着

後에層階를下ᄒᆞ야爭先水中에投入ᄒᆞ니此

時ᄂᆞᆫ方今退潮ᄒᆞᆯᄯᆡ라處々에游泳ᄒᆞᄂᆞᆫ士女

ᄂᆞᆫ如雲ᄒᆞᆫ데水際限三里許周圍에ᄂᆞᆫ旗竿을

樹立ᄒᆞ야此外에ᄂᆞᆫ出泳ᄒᆞᆷ을禁止ᄒᆞ고ᄯᅩ萬

一의危險을計ᄒᆞ야四面에다救助船을配置

ᄒᆞ고外海에ᄂᆞᆫ水上警察署에서派遣ᄒᆞᆫ巡廻

船이 上下ᄒᆞ야 浴客의 保護를 注意不息ᄒᆞ니 國家의 人民을 保護ᄒᆞᆷ이 如此周到ᄒᆞᆷ은 實로 驚歎ᄒᆞᆯ만ᄒᆞ더라 我隊 도先進後驅ᄒᆞ야 游泳水戰或採蛤等 으로 快樂을相極ᄒᆞ니 此中에 가장 興味를 助長ᄒᆞ는 者는 海底에 介蛤이 遍滿ᄒᆞ야 此를 採集ᄒᆞ는 快味드라 如此히 半日을 消盡ᄒᆞ고 正午頃에 本陣에 撤還ᄒᆞ야 點心을 喫ᄒᆞᆫ後에 一部隊는 卽時乘勢再入ᄒᆞ야 游躍이 倍前ᄒᆞᄂᆞ 余는 四肢가 疲困ᄒᆞ야 風欄에 暫依터니 忽然萬斛의 悲感이 消々湧出 回憶ᄒᆞ면 六年昔此季節에 余의 가장 敬愛ᄒᆞ든 金友와 某々親友로 肝膽을相披ᄒᆞ고 欝懷를相慰ᄒᆞ며 且飲且浴ᄒᆞ야 淸快의 一日을 消遣ᄒᆞ도 坯ᄒᆞ이一곳이로다 風景은 依々ᄒᆞ야 舊容을 不改ᄒᆞᆫ데 人事는 蹉跎ᄒᆞ야 昔日이 幻이라 嗚呼라 余의 親愛ᄒᆞ든 金友여 其時懷 照ᄒᆞ든 徹天의 抱負를 一分의 發現도 果홈이 無ᄒᆞ고 速결업시 不歸의 旅路를……

切々喚起ᄒᆞ야 此에 至ᄒᆞᆯᄆᆡ 無量의 慨懷가 胷間을 迫壓ᄒᆞ야 熱淚의 潛下를 不覺ᄒᆞ깃더라 午後二點頃에 다시 浴塲에 드러가 餘興을 更盡ᄒᆞ니 千兵萬馬의 勢로 미러드든 다白鷗는 翻々ᄒᆞ고 火鳥는 西飛레라 菓子水菓等物의 餘分을 喫盡ᄒᆞ고 採集ᄒᆞᆫ 介蛤을 一包식 녁려든 後乘車歸路에 就ᄒᆞ니 樹稍의 걸인 烟氣는 暝色을 助生ᄒᆞ고 먼―山에 도라가는 가마귀 석옥々々

太極學會創立紀念會

九月十五日은 本會創立 第一回紀念日이라 數日以來로 陰雨가 淋漓不絶ᄒᆞ더니 是日에 西風이 蕭然ᄒᆞ고 陰雲이 飛揚ᄒᆞ야 候然히 天平氣淸ᄒᆞ더라 下午一點에 來賓과 會員合七十餘人이 一齊團會ᄒᆞ니 本會長 張膺震氏가

辭를 陳述호니略에 日本日은本會創立

念日인디 夏期休暇에 諸會員이 歸國호엿

다가 近日에 無事渡來호엿기로 歡迎會를 兼

開호엿스니 참愉快혼 日이라 永世의 紀念이

되리니 諸氏 눈 歡心誠意로 是日을 經過흠을

望호다호고 其次에 本會를 血誠으로 贊助호

눈 監督韓致愈氏가 團軆의 秘訣 은愛字에 有

호다고 演述호며 滿堂會員이 無不敬聽호고

其次에 太極學校 敎師 藤井孝吉氏가 演說호

니 其略에 日古今을 勿論호고 大事業을 成就

호눈人은 皆是信念二字로 秘訣을삼앗스니

諸君도此를 勿忘호라云호고 其次에 來賓劉

銓尙灝李昌煥三氏가 勸勉之意로 連次演說

호고 其次에 副會長崔錫夏氏가 徐起登壇호

야 來賓諸氏 의게 其盛意를 感謝호고 坐本會

가 今日 漸次旺盛 호는域에 進흠은 其秘訣이

全혀 我會員全軆 가和字와 愚字로 雙輪을삼

아一致並進흠에 在호다고 滔滔히 說去호야拍
手喝采中에 演壇을 下호고 因호여閉會式을
行혼後에 立食의 宴을 畢 호니時己六點이더

라

○東京留學生會成立

我東京留學生全軆 가多年經營호던 留學生
會눈去初二日에 完成이되얏눈디 會長은尙
灝氏가 被撰되엿더라

○萬壽聖節慶祝

九月十三日은卽我 聖上의萬壽聖節이라
東京에 留學 호눈我同胞가 午前八時에 監督
廳에 齊會호야 太極旗를半空에 高掛호고 丹
忱血誠으로 慶祝 호엿더라

○太極學校눈 九月一日부터 新學期를 開始
호고 原敎員外에 劉銓、張弘植、韓相琦、三氏
가名譽敎師로 敎鞭을執 호는디 學員은 現今
二十名許에 達호더라

○牧師平巖恒保氏의慈善

同氏는日本宗敎社會에 名望이素著혼人士
라現今東京中央會堂에主務牧師가되야傳
道事業에熱中호는디本來性格이公明正大
호며寬厚慈愛호야我韓同胞에게屢次同情
을表혼事件도有호거니와今番에本會員金
英哉氏의學資困難홈을見호고甚히矜恤호
야神田區東洋內科醫院長高田耕安氏에게
誠心懇求호야該院에實地硏習生으로採用
이되야시니춤慈愛活佛이라謂홀만히더라

李甲氏寄函

軍部副官李甲氏가本報發刊에對호야滿腔
血誠으로同情을表호야金五拾圓을義捐호
고至意厚情으로써本會에寄函홈이如左호

춤者는忠於君國호며愛其同胞는無論貴賤
老幼호고人孰不知리오마는各盡其國民之
義務然後에야可以扶世敎振國力이거늘凡
在內地者는多有曖昧於時務호며膠守於舊
謬호야春夢中譫語로指今日而謂以昇平安
樂之世라호야擾之不搖호고呼之不起호니
不知何時에猛打警鐘호야醒其黑洞中懵昏
哉아且仕窘路出入之人은醉於紫陌上紅塵
호야苟々營々호야只以糊口保家爲第一責
任호야不遑於他事호며其外如干遊學於外
國者는設欲勉力於事業이나同志者幾希호
고資金이窮艱호야能達其志者鮮矣라爲念
國計호면不覺痛哭流涕處也偉哉라儉君子
는遠涉瀛外호야吸取文明之空氣호며奮發
獨立之精神호야不憚勞苦호며不念財政호
고以忠愛之目的으로刱設太極學校호고使
在外學生으로得進就之路호고使在內兄弟
로爲警惕之模範호니一是感賀오一是愧忸

、雖良範美擧라도每因財力之不贍ᄒ야
未免中途癈撤ᄒᄂᆫ니窃念貴會가遠在外
邦ᄒ야寄附之金額이必難保零瑣ᄒᆯ지니將
何以撑乎아感其初而慮其終也로다謹將
伍拾圓金貨ᄒ야略表同情ᄒ오니幸補其萬
一之地千萬統希愛亮草々不戩(八月二十四日)

會員消息

○本會員楊致中氏ᄂᆫ歸觀ᄒ얏더니九月七
日에東京에歸ᄒ다
○本會員洪正求氏ᄂᆫ磐城縣地方에避暑ᄒ
엿더니七月卄六日에東京에歸ᄒ다
○本會員李寅彰氏ᄂᆫ輕井澤地方에避暑ᄒ
얏더니九月一日에歸京ᄒ다
○本會員吳錫裕氏ᄂᆫ觀親次로還國ᄒ얏더
니九月七日에東京에歸ᄒ다
○本會員申相鎬氏ᄂᆫ觀親次로夏期休暇中

에還國ᄒ얏더니九月七日에歸京ᄒ다
○本會員鄭潤僑氏ᄂᆫ偶然得病ᄒ야輕井澤
地方에轉居靜養ᄒ더니於焉快差ᄒ야九月
五日에歸京ᄒ다
○本會員徐榮淳氏ᄂᆫ觀親次로歸國ᄒ얏더
니九月六日에醫學硏究次로熊本에往ᄒ얏
다더라
○本會員李珍河氏ᄂᆫ觀親次로還國ᄒ얏더
니九月一日에東京에歸ᄒ다
○本會員成川人朴相洛氏ᄂᆫ今年五月에日
本에渡來ᄒ야現今本會에셔留宿ᄒᄂᆫ데才
質이聰明ᄒ며品行이端正ᄒ고또熱心이有
ᄒ야晝夜로修學에勤々孜々ᄒᄂᆫ데不幸學
資가窮乏ᄒ야非常ᄒᆫ困難을當ᄒ노니춤可惜
ᄒ도다同氏의父兄의게請告만不如ᄒ다ᄒ
云ᄒ되黃金萬箱이敎子一書만不如ᄒ다ᄒ
여시니如此ᄒᆫ良子를善히敎育ᄒ면於家於

國에 幸莫過此라ㅎ노라

○本會員金英哉氏ㄴ中央會堂牧師 神學博
士平嚴恒保氏의 周旋으로써 茅崎 南湖醫院
에醫術 研究生에되야 去十五日午前八時半
에新橋發列車로該處에 向往ㅎ다

○歸國ㅎ여던 本會員金鴻亮朴永魯郭龍周
三氏ㄴ京釜鐵道가 不通함으로勢不得已ㅎ
야仁川港에셔 輪船을搭乘ㅎ고馬關ㅅ지航
來ㅎ야馬關發列車로去九日에 東京에歸來
ㅎ다

○歸觀ㅎ맛던孫榮國氏ㄴ去十四日에 東京
에歸來ㅎ야明治大學에依前就學ㅎ다、

本年九月學期에各學校會員入學

會員朴容喜氏ㄴ第一高等學校에入學ㅎ다

會員金志侃氏ㄴ 駒場農 科大學校에入學ㅎ
나

眞鄭寅濠氏 ㄴ長崎醫學專門學校 에入學

ㅎ다

會員朴仁植氏와 申成鎬氏ㄴ明治學院에入
學ㅎ다

會員張啓澤氏와 蔡奎丙氏ㄴ 經緯學堂內警
務學科에入學ㅎ다

會員柳容鐸氏ㄴ曉星高等小學校에入學ㅎ다

雜俎

○本會員崔錫夏氏ㄴ明治大學一年生으로
本年夏期試驗에優等으로登級ㅎ엿고朴勝
彬氏ㄴ中央大學二年生으로夏期試驗에優
等生이되엿스니다못本人等의光譽뿐아니
라實로我留學生全體의榮光이더라

○全州人李英漢氏ㄴ年前에日本에來ㅎ야
現今麻布中學校에셔 做工ㅎ는데每學期試
驗에 優等生이되야特待를受ㅎ다ㅎ니同氏
ㄴ춤留學生의模範이라ㅎ더라

寶鏡。姜敬燁。徐允京。金致鍊。呂奎鴻
九燦。諸氏는皆是幼年。으로才勤이具備
ᄒ야去番大成中學校夏期試驗에優等生이
되엿다ᄒ니층欽慕홀만ᄒ더라

○慶尙道人禪師金太垠氏는年前에日本에
渡來ᄒ야現今曹洞宗大學에서佛敎를硏修
ᄒ는데玄義를通解ᄒ며哲理를貫徹ᄒ니층
斯界의達人이라ᄒ더라

○博川人邊鳳現氏는年才十五에海外留學
에決志ᄒ야頃日에本會員金載汶氏와同到
東京ᄒ야太極學校에入學ᄒ야熱心做工ᄒ
니諸人이欽慕不己ᄒ더라

○平壤人裴永淑氏는海外留學에決志ᄒ야
九月六日에東京에來ᄒ야太極學校에入學
ᄒ다

○本會員方元根氏와平北義州居鄭錫迺兩
氏는去六月中旬에長野縣東筑摩郡으로下
去ᄒ야養蠶實習에從事ᄒ다가今月九日에
東京으로上ᄒ엿는데장ᄎ王子養蠶學校에
入學ᄒ야其學理를硏究홀터이라더라

金晩奎。姜荃。元勛常。高宜煥。四氏는本年
九月學期에駒塲農科大學校에入學ᄒ엿고
池成沇姜元永兩氏는岡山縣醫學專門學校
李亨雨。崔南善。兩氏는牛込區早稻田專門
學校南宮營氏는第一高等學校韓相愚氏는
專修學校康秉鈺徐相鸞兩氏는千葉縣醫學
專門學校에各々入學ᄒ엿다더라

本會々員名錄

會　長　張膺震	李潤柱	張啓澤
副會長　崔錫夏	金洛泳	洪正求
評議員　金志侃	朴容喜	蔡奎丙
全永爵	事務員　表振模	會計員　金淵穆
金鎭初		書記員　朴相洛

太極學報義捐金氏名

朴濟鳳　李珍河　（司察員）李道熙　金琮基　張志台　（會員）金昌玧　柳東秀　朴仁植　申相鎬　申成鎬　吳錫裕　李寅彰　盧聖鶴　勞致中

朴永魯　尙允植　文一平　金英哉　鄭雨植　孫榮國　金潤僑　鄭潤션　白成鳳　金澄穆　方元根　裴永淑　張世奎　邊鳳現　柳容鐸　立億運　李恒烈

金中植　崔光玉　姜麟祐　徐榮淳　金光鎭　金槇周　劉殷睦　金衡壽　鄭寅濠　林永基　金東元　韓淳琪　全台憲　金道成　洪性郁　李正煥

郭龍周　秋永淳　金鎭植

太極學報義捐金氏名

氏名	金額
李甲氏	五拾圓
金鴻亮氏	参拾圓
申相鎬氏	拾圓
李台彰氏	伍圓
朴容喜氏	伍圓
李珍河氏	伍圓
金鎭션氏	参圓
裴永淑氏	参圓
朴永魯氏	貳圓
吳錫裕氏	貳圓
郭龍周氏	貳圓
金太垠氏	壹圓

鶴氏　壹圓

爕氏　貳圓

憲氏　伍圓

金相殷氏　壹圓

ᄂ規則上에는會長副會長이有하나今日
지는會의規模도未完하고事務도不煩하
야評議員이臨時로會長의事務를代辦하더
니漸次規模가確立되고會務가增多함으로
規則을依하야本月初二日總會에會長副會
長을投票撰舉하니會長에는張震膺氏가被
撰되고副會長에는崔錫夏氏가被撰되엿더
라

光武十年九月廿四日發行

明治卅九年九月廿四日發行

●代金郵稅並新貨拾貳錢

東京市本鄉區元町二丁目六十六番地太極學會內

編輯兼發行人　張膺震

東京市本鄉區元町二丁目六十六番地太極學會內

印刷人　金志侃

東京市本鄉區元町二丁目六十六番地

發行所　太極學會

東京市京橋區銀座四丁目一番地

印刷所　教文館印刷所

明治卅九年九月廿四日 第三種郵便物許可
光武十年九月二十四日

光武十年十月二十四日發行

太極學報

每月一回發行

第三號

138

太極學報目次

139

太極學會總說

留學生監督　韓致愈

此我帝國光武十年九月十五日也學會諸公爲本會紀念及會員歡迎有此相邀余於此會實有贊成之責所以及時叅席不敢以有辭而兼欲獻一字符奉本會赤幟也所謂一字符者何也曰愛也大抵理無二致渾然一體即所謂太極是也是以在天之理即在地之理即在人物之理也在我者在於張三在地之理即在人物之理也在我者在於張三百世以竢有怵惕之動於心而不惑者也由此渾然之理自百世以竢聖人而不惑者也由此渾然之理自然便有怵惕之動於心而藹然而發油然而生者所謂慈愛之情是也顧其範圍之大區域之廣初無限量初無邊際盖擧天地萬物莫不在吾所愛之內也但其所推有先後之序所施有緩急之分而其說甚長此則容他日可也今只

就目下一部分而言之本學會幾百人聚成一體互相親愛爲最急最先之事何也當試論之人惟其不知愛之理也故不知愚者之不可食不知愛之理也故不知弱者之不可食之理也故不知吾人之均爲平等不知愛之理也故不知吾人之各有自由而或以所執之業而爲之貴賤或以所家之地而爲之抵昂或以所生之系而爲之清濁或以貧富之勢而爲之輕重或以官吏之位而爲之倚勢驕奢之私得以勝壓制之權得以重侵侮之威得以張殘忍之暴得以行也諸公其或疑此說於東洋陳腐之舊乎吾之少也學公車之文者盖十餘年也既而旣而捨公車而入山間學性理之說者亦十餘年也旣而出山門而習吏事重洋而遊西洲者並計亦十餘年也盖嘗夜渡西洲而廢食叅酌東西研究異同而彼此優劣之辨畧有得於心下者此非一席所可盡今只就敎會政界而

一

言之其本領基礎之一出於以人愛人者則古
今東西無二致也待諸公英語長進之日宜就
英宇本文而參考英米立法之本及國際公法
研覈之論則必知　此言之可以質鬼神也　今且
以東洋之弊言之漢高之如亭長也見卷二世
出駕黃屋儀仗之盛而曰大丈夫當如此也叱至
叔孫制禮之日而今日乃知皇帝之貴嗚呼
其爭帝圖王之初所以艷慕起意攘臂掀鬚者
曰萬乘之尊也儀仗之盛也警蹕之嚴也其
瞻仰之榮而耀也及其既帝既王之日所以怡
然自樂快然自足者曰文武之屈首也百官之
趨走也黃墀丹陛九級之高而遠也嗚呼天之
所以生萬民民之所以有元后者其絕對之的
窮源之理果出於此耶曰一聚一落之間智愚
不齊則宜司其政所謂村長是也　衆區所
合生民之事　益繁而賢不肖之等相懸則賢者
宜司其治所謂郡長是也　縣之所聚州之所會

不得不有所謂中央政府而宣聰明作元后所
以統百官而治一國也然則君之所以作官之
所以立絕非所以制生民之命以資一人之貴
也唐宋以降所蹈者一出於秦漢之轍而君益
尊而臣益卑官益高而民益賤試究爲弊之源
則曰不知皇天生物之心以人愛人之道也其
曰政治其曰　法律宜其爲歐美之所笑而雖欲
免野蠻之目不可得也如我土曰郡守曰吏使
者巍然坐於高堂之上而曰傭曰僅曰吏曰卒
列於左右羅於右苟有詞訟之至裁斷之事則
使人民伏於下俯於庭舉首者爲不敬盡言者
爲無嚴官吏之尊且貴乃至於是耶又從以爲
之辭曰官不尊則民不畏民不畏則政不可行
甚矣　是言也墮落之廣人衆之交不能無愚蔽
之過暴戾之爭　而醫工農商百家技藝顧不可
家自教而戶自學也是以受長吏而贍其俸使
之養其身而奉其役者是果民之賤而官之貴

耶無乃爲官吏者或因父兄之勢或籍權貴之
路或以私徑或以賄賂以釣行政之位智不足
以辨人之誣明不足以燭人之奸而忘作威福
之權以制生民之命也耶至若皇天生物之理
以人愛人之道則民衆無獨賤之理而官吏無
獨尊之義也至於長吏大官之出於門而馳於
道也從者塞道武夫前呵並行者逢其怒當前
者受其罪官之可貴民之可賤果如是耶至於
生物之源人道之始惟嫁娶爲大而司法之吏
一任流俗不加節制男女十二三歲而不行冠
笄者益鮮矣是其所以爲弊者先儒論之已盡
今不必架疊而學術各科之不能發達亦此之
蘖也嗚呼諸公今日學之於此爲他日行之於
國也其尙可不深思皇天生物之心而以求同
胞親愛之義耶本學會幾百人必成一體而愛
之自本會始牢結不解如漆斯粘至堅不壞如
鑽斯强則他日共歸胥訓胥助愛生靈如吾身

愛國土如吾家而使萬億年 宗社永保獨立
之尊使二千萬人口長在極樂之園者惟此學
會爲之基礎也諸公其勉之哉吾雖老無力尙
有以助其萬一也

恭祝太極學報

春睡子具滋旭

近頃에東京에遊學ᄒᆞᄂᆞᆫ一友人을從ᄒᆞ야當
地에遊學ᄒᆞ시ᄂᆞᆫ同志諸君子가太極學會를
組織ᄒᆞᆷ심을聞ᄒᆞ고學會의機關되ᄂᆞᆫ一種雜
誌의刊刊됨을繼開ᄒᆞ얏ᅀᆞᆸ더니日前에又同
氏에게太極學報第一回의一部를見贈ᄒᆞᆫ와
反覆玩賞ᄒᆞᄂᆞᆫ中에數日의光陰을送ᄒᆞᆨ고
貴學會의所由設ᄒᆞᆷ과學報의所以創ᄒᆞᆫ根因
을始知ᄒᆞ얏노라　諸君子ㅣ靑邱憩鄉의大
夢을先覺ᄒᆞ고女海重溟의怒濤를旣濟ᄒᆞ야
刻苦勵精ᄒᆞ야新學新術을攻究ᄒᆞᄂᆞᆫ其際에

三

現世界社會的進步의 新主義大精神이 腦膸
에 包括한지라 이에 海外의 萍蹤羈跡을 作한
兄弟를 結合한야 親睦의 情誼를 講進한며 兼한
한야 其智識을 交換한고 患難을 相救할 必要
의 觀念이 生한니 此ㅣ 哭學會의 所由設함이
오 一代英俊偉傑한 國士結合體의 無形한 光
彩를 發輝한야 學會의 固有한品格을 高尙히
한고 文明域에 携手同進고 져한는必要의 經
營이 有한니 此ㅣ 哭學報의 所以創함이라
諸君子ㅣ 如斯히 綱領이 美良한 團體를 組成
한고 如斯히 經營이 恢弘한 事業을 施爲한니
實로 强隣雄國에 對한야는 大韓帝國國民六
大字의 至重至貴한 公名의 眞價值를 表顯함
이 優한고 在國同胞에게 對한야는 昏衢秉燭
의 職任을 自許한니 會와 報의 眞體實用이 於

噫乎猗歟盛哉라 生과 如한 礎々의 者流는 寧
欲愧死나 然한나 維驥尾에 附한야 千里에 涉
遠코져한는 蠅이 됨이 充分한 榮光이 될지라
諸君子의 行動을 熱心으로 歡迎한며 欽仰한
야 茲에 說荒詞蕪함을 不揆한고 數句의 賀辭
로써 忱微을 敢表한노라
夫太極의 理는 高玄한야 泛論키 不可한 者나
其意義로 定코져할진디 無極에 始한야 無極
에 達한다함이 始可할지라 混沌을 劈開한고
宇宙를 幻出한며 又萬物이 創生되야 造化翁
恩德의 一部를 被한야 地球上에 化育되는 我人
類로 한야금 日月星辰의 光明을 與하는 福을
享케한고 動植、 鑛物의 豐富를 産하는 利를
用케한야 此를 依賴함으로써 吾人이 世에 生
存한고 又 發達한야 今日은 卽 世人이 假定한
눈바 極度或 長足에 達한 二十世紀文化 라한
눈 日이라 然이나 過去를 溯한고 現在를 鑑한

면人世文化의 發達ㅎ눈 制限은 決코 二十世
紀가 極度아니오 億世紀兆世紀乃至 無極世
紀씨지 極ㅎ믈이 應無ㅎ지라 此理의 源이 太極
에 在ㅎ다ㅎ나니 果然 太極의 理눈 如何히 宏
ㅎ며 如何히 大ㅎ가 惟我 二千萬 大衆民族의
生命이되고 呼吸이되고 腦膸가되고 家屋이
되눈 我大韓帝國旗章의 表記가 如彼宏大ㅎ
太極이아닌가 太極의 形을 取ㅎ으로 써 太極
의 義를 徹ㅎ야 邦家의 命運을 與隆之而垂於
無極ㅎ고 民族의 幸福을 增進之而 達於 無極
코져ㅎ미라 抑帝國旗章의 意義눈 世界萬國
을 凌駕ㅎ눈 氣勢가 不有ㅎ가 此義에 對ㅎ야
泛觀에 流ㅎ고 空想에 馳ㅎ야 自恃自負ㅎ눈
信天翁을 作ㅎ면但虛榮에 不過ㅎ려니와
즉實際的事業者가 有ㅎ야 勤勞를 積ㅎ고勤
績을著ㅎ後에야 其真義에 擬合ㅎ을 得ㅎ지
라今日 太極學會를 組織ㅎ고 太極學報를 發

刊ㅎ시눈 諸君子가 此等事業者의 先驅가
아닌가 此真義를 精透ㅎ신 惟我 諸君子 始
終을 不渝ㅎ시고 此義를 實行伸張ㅎ야 我邦
家命運의 興隆과 民族幸福의 增進이 無極에
同歸케ㅎ며
貴學會와 學報를 無極ㅎ後學에게 傳授ㅎ야
無極ㅎ程度와 無極ㅎ未來에 發達 ㅎ기를 顧
祝且禱ㅎ노라

五

講

壇

我國々民敎育의振興策

編輯人 張膺震

今日我國의 急務를論ᄒᆞᄂᆞᆫ者輒曰敎育敎育이니此敎育二字가時勢를稍進ᄒᆞᄂᆞᆫ人士의常言갓치流行ᄒᆞ나 其振興의方策에 對ᄒᆞ여ᄂᆞᆫ一人도 研究論及ᄒᆞᆷ을 末聞ᄒᆞ니엇지此世界의一大遺憾이아니리오 玆에鄙見을 陳述ᄒᆞ야同胞人士의注意를喚起코져ᄒᆞ노라

(一) 一般國民에게 義務敎育制度를 施行ᄒᆞᆯ 事

今日地球上에셔 一個完全ᄒᆞᆫ獨立國ᄂᆞᆫ形成自存ᄒᆞ라면不可不今日世界에 相應ᄒᆞᆫ普通智識을一般國民의腦中에注入ᄒᆞ야 其實力을養成치아니치못ᄒᆞ지니 此를督勵勸奬ᄒᆞ야開發進就케ᄒᆞᆷ은 國家의 大任務오國民된者의 大義務라此重大ᄒᆞᆫ業務를國民의私營에 一任ᄒᆞ고國家에셔干涉慫慂力ᄒᆞᆷ이無ᄒᆞ면其敎育의精神이 一般國民에게平均히普及치못ᄒᆞᆯ뿐아니라 此間에種々의階級이有ᄒᆞ고色々의弊端이生ᄒᆞ야 目的의順達을期기不能ᄒᆞ리니 此ᄂᆞᆫ今日開明列國에셔 義務敎育制度를一般國民에게施行ᄒᆞᄂᆞᆫ바로다夫義務敎育이라ᄒᆞᄂᆞᆫ것은 國民된者로ᄒᆞ여금男女貴賤을不論ᄒᆞ고兒童이學齡에達ᄒᆞ者면國家가 一種强制的手段으로 一是다ᄀᆞ小學에入ᄒᆞ야ᄂᆞᆫ 一定年間에必要ᄒᆞᆫ 常識을修養ᄒᆞᆫ然後에ᄂᆞᆫ 其進退를個人의自由에一任ᄒᆞ되 萬一或 專門 或高等業門에 進코져ᄒᆞᄂᆞᆫ者에對ᄒᆞ여ᄂᆞᆫ國家가ᄯᅩ可及의專力으로援助奬勵ᄒᆞ야 其發達을完成케ᄒᆞᆷ이라此小學의制와 義務敎育年限의制에至ᄒᆞ여ᄂᆞᆫ列國이各其國情에應ᄒᆞ야多少의差別이有ᄒᆞ나日本에셔 今日施行ᄒᆞᄂᆞᆫ制度를觀ᄒᆞ면

七

學校는大槪官立公立私立의三種으로設立
호고 義務敎育의年限은六年으로定호되貧
民과及特別호事情이有호者에게는月謝金
(訓料)을免除호며百方으로便利호方法을
講究호야四民一軆로호여금敎育의雨露를
般免除호며或年限의長短을加減호야各其
國情에適合호方策을是究홈에汲々호도다
今日我國의情形은海外列國에比호면種々
의關係로種々의差異가有호야千百年傳來
의舊制를一朝一夕間에快變一新키는難호
나內國의情形을詳察호고外國의制度를參
酌호야我國에最適合호制度로義務敎育의
制를施行호 然後에야可히써四民一軆로
여금善良호子弟를培成호며健全호國民을
養出호리로다

(二) 校院의制를廢호고新式의學校를廣設

義務敎育制度의施行과兼호야敎育의機關
되는完全호學校를設備치아니호면學齡에
達호國民子女로호여금無漏容受호야敎化
普及의實을遂行키不能호리로다 然이나今
日我國의情勢를回顧호면人民은塗炭에久
苦호고全國이濱死에處호야上下擧措의餘
力이更無호 則如此호重大호急務는人民의
設에放任호든지 或其費用을强行으로人民
에게收斂호야 經營設施호다홈은吾人의同
意치못홀者 오쪼 到底成기不能홀바로다
況且牧民의位에居호者는貪饕를惟營호야
少許의事痕이有호면種々의口實로써法外
의收斂을民間에濫討호야私腹을充홈에未
遑호리니 如此則一分의實效를未擧홀뿐아
니라千瘡萬瘼이層々이發生호고害毒이殘
民에流及호야 暴虐으로호여금暴虐을益呈

호고 窮民으로 호여곰 窮巷에 益陷케 호면엇
지可憂可驚홀 結果 가아니리오 故로吾人으
로호여곰 今日臨時救急의 方策을 略擧호면

(甲)各都會處와 其他適當한 處所에는 各種
　　學校를 官營公營으로 專力創立홀 事

(乙)各道各郡에 숌在한바 形式的無用의 鄉
　　校書院等制를 一切廢止호고 此에附屬
　　한財源으로 基金을 삼아 新式學校를 郡
　　營으로 設立케 홀事

(丙)民間有志의 設立호는바 學校를 別般方
　　策으로 援助獎勵호며 改良就完케 홀事

(丁)地方各坊村에 遺在한 舊式齋塾의 制를
　　適當한 方法으로 漸次改良호야 數村或
　　幾村에 一校를 適宜히 設置호고 其組織
　　制度와 敎授方法等에 至호여는 干涉指
　　導호되 一切經營은 該村坊에 一任自治
　　케 홀 事

以上列擧한바 幾條의 實行으로써 敎育의 機
關이 畢備호리라 謂홈이아니라 如此則種々
의 生弊를 庶杜호고 時急의 要用을 可充홀가
호노라

(三) 師範學校를 廣設호고 善良한 敎師를 養
　　成홀 事

學校를 如何히 廣設호나 敎育事務의 主腦되
는 善良한 敎師를 不得호면엇지 敎育의 實을
擧기能호리오 實을 不擧홀뿐아니라 其創設
의 本義가 虛名에 徒終호리니 敎育에 留意호
는 者는 炬眼을 一擧호야 此에 注視치아니치 못
호리로다 近來我國이 敎育의 一大革新時代
를 當호야 公營私營으로 各處에 設立호는바
學校數가 非常한 趨勢로 增加호니 國家의 前
途와 國民의 發達을 爲호야 可讚可喜한 現象
이나 一次其實地敎育의 情形을 觀察호면 人
으로호여곰 憂懼嘆惜의 情을 不禁홀者有호

九

도다 其組織의 完全과 制度의 善不善은 姑置不問ᄒᆞ고 所謂敎授ᄒᆞᄂᆞᆫ 課目이 惟一外國語에 專力을 注ᄒᆞ고 其餘數三學科ᄂᆞᆫ 名義에 是此ᄒᆞᆯ 뿐이오 ᄯᅩ學科에 依ᄒᆞ여ᄂᆞᆫ 外國敎師가 通譯으로 敎授ᄒᆞᆫ다 ᄒᆞ니 夫科學의 奧義ᄂᆞᆫ 自國語로 直接敎授ᄒᆞᆯ지라 其眞義의 所在를 十分說明ᄒᆞ기 難ᄒᆞ고 素養업시 學問上言語를 外語에 稍通ᄒᆞᆫ다고 理解ᄒᆞ기 難ᄒᆞ거ᄂᆞᆯ 엇지 解細이 通譯ᄒᆞ기 能ᄒᆞ며 初學者에게 如此ᄒᆞᆫ 敎授法을 施ᄒᆞ야 엇지 完全ᄒᆞᆫ 效果를 收得ᄒᆞ기 期ᄒᆞ리오 況小學時代 兒童은 年齡이 尙淺ᄒᆞ고 思想이 未定ᄒᆞ야 周圍의 感化를 染受키 易ᄒᆞᆫ 者라 如此ᄒᆞᆫ 幼年의 基礎敎育이 一步를 若誤ᄒᆞ면 國民의 精神을 失墮ᄒᆞ고 國家의 基礎를 危케 ᄒᆞ리니 엇지 憂懼치 아니ᄒᆞ며 浮華奢侈의 惡風만 漸盛ᄒᆞ야 不美의 病風을 社會에 蔓及ᄒᆞ며 守舊的 父兄으로 ᄒᆞ여금 新學問의 無

値를 主張ᄒᆞ야 其子弟로 ᄒᆞ여금 學校에 入學을 禁遏不許에 至케 ᄒᆞ면 엇지 嘆惜ᄒᆞᆯ 者이 아니리오 且我國傳來의 敎育主義ᄂᆞᆫ 唯一漢文에 專力ᄒᆞ야 兒童이 學齡에 達ᄒᆞ면 思想이 稍達ᄒᆞᆫ 者라도 理解ᄒᆞ기 難ᄒᆞᆫ 千字文을 贅地에 注入ᄒᆞ야 機械的으로 暗誦케 ᄒᆞ고 逐次史畧拘束ᄒᆞ야 兒童의 純一ᄒᆞᆫ 頭腦를 暗誦作書에 耗盡ᄒᆞ고 養氣의 風이 絶無ᄒᆞ야 其所謂 成就에 達ᄒᆞᆫ 者를 觀ᄒᆞ면 一分의 活氣가 無ᄒᆞ고 身躰가 虛弱에 陷ᄒᆞ야 一勞力에 勘當키 不能ᄒᆞ며 陳腐ᄒᆞᆫ 思想이 頭腦에 印濕ᄒᆞ고 世情이 全昧ᄒᆞ야 國家와 社會上에ᄂᆞᆫ 一毫의 供獻이 無ᄒᆞ고 畢竟 無氣力無精神의 國民을 作成ᄒᆞᆷ에 不過ᄒᆞᄂᆞ니 今日 如此 不完全ᄒᆞᆫ 敎育의 制를 一新ᄒᆞ고 國民의 思想을 廓淸코져 ᄒᆞ면 몬져 新時代의 活精神으로ᄡᅥ 善良ᄒᆞᆫ 敎師를 多數養出

홈에 在ᄒᆞ도다 然이나 我國民의 思想에ᄂᆞᆫ 一種特殊ᄒᆞᆫ 病根이 骨髓에 潜入ᄒᆞ야 容易히 根治키難ᄒᆞᆫ者 有ᄒᆞ니 即仕宦崇尊의 觀念이 是라 一代의 榮華로 一世를 安樂中에 經過ᄒᆞᆯ고 大成功도 仕宦을 捕捉ᄒᆞᆷ에 在ᄒᆞ며 人生大行樂이 靑年의 一端思想이 仕宦을 圖得ᄒᆞᆷ으로ᄡᅥ 終極의 目的을 向ᄒᆞ나니 國家에서 特別ᄒᆞᆫ 方法을 硏究使用치 아니ᄒᆞ면 敎師培養의 實은 到底成功의 望이 決無ᄒᆞ리니 然則不可不外國制에 模倣ᄒᆞ야 師範學校를 官立으로 廣設ᄒᆞ고 各地方에서 聰俊子弟를 公撰ᄒᆞ야 各其附屬ᄒᆞᆫ 宿舍에 收容케ᄒᆞ고 一切官費公費로 制에 養成ᄒᆞ야 卒業ᄒᆞᄂᆞᆫ日에ᄂᆞᆫ 隨器採用ᄒᆞ야 敎育事務에 盡力從事케ᄒᆞ되 相當ᄒᆞᆫ 待遇와 相當ᄒᆞᆫ 酬을 給與ᄒᆞ야 社會上에 相當ᄒᆞᆫ品位를保有케ᄒᆞ고 規定ᄒᆞᆫ年間 (日本에서ᄂᆞᆫ十年) 에ᄂᆞᆫ 特히 義務的으로 敎務에 服事케ᄒᆞ면 庶幾乎 開發의 曙光이 不遠照臨ᄒᆞ리로다

(四) 外國語學校를 合倂統一ᄒᆞᆯ事

今日各國이 文明諸國言語를 學校 一課目中에 添入ᄒᆞ야 學術上 文學上 實用上으로 硏究ᄒᆞᆷ은 此로 因ᄒᆞ야 先進國의 精華를 透來ᄒᆞ며 世界文化의 盛衰移動을 推究ᄒᆞ고 商業上交際上 種種의 方面에 活用ᄒᆞ야 自國의 文化를 增進ᄒᆞ며 自國의 經營을 發展코져ᄒᆞᄂᆞᆫ 目的에 出ᄒᆞᆷ이라 我國도 此에 鑑ᄒᆞᆫ바 有ᄒᆞ야 巨歐의 費用을 投ᄒᆞ고 各種語學校를 設立ᄒᆞᆷ이 于今十餘載라 此間에 如何ᄒᆞᆫ 人材를 養出ᄒᆞ야 國民智識開發上에 幾何의 效力이 有ᄒᆞ엿고 國勢發展上에 如何ᄒᆞᆫ 影響이 及ᄒᆞ엿ᄉᆞ며今日의 制를 維持繼續ᄒᆞ면 將來如何ᄒᆞᆫ程度의 發達을 見ᄒᆞᆯ는지ᄂᆞᆫ 吾人이 此에 論究ᄒᆞᆯ餘暇

를不有ᄒᄂ나 槪觀ᄒ면 我國의 語學校ᄂ 一定의 主義가 無타 謂ᄒᆞ깃도다 今日ᄭ지의 實行ᄒᆞᆫ바로ᄡᅥ 論ᄒ면 果然 如何ᄒᆞᆫ 目的으로 如何ᄒᆞᆫ 方面에 投合ᄒᆞᆫ 人物을 培養ᄒᆞᆷ인지 或外國의 普通學校와 類似ᄒᆞᆫ 性質이 不無ᄒᆞ나 普通科의 敎授ᄂ 絕無ᄒᆞᆫ 狀態오 語學을 學習코져 ᄒᆞᄂ者ᄂ 畢其一時的 勢力의 消長으로ᄡᅥ 優劣을 判ᄒᆞ며 ᄯᅩ 各校學徒間에ᄂ 一種 難言의 觀念이 有ᄒᆞ야 同校同學의 生徒가 아니면 一是 外人觀ᄒᆞ며 世人이 ᄯᅩᄒᆞᆫ 語學徒를 視ᄒ되 各其外國勢力의 多少로ᄡᅥ 區分ᄒᆞ야 兄弟相閱ᄒᆞ며 同胞相裂ᄒᆞᆫ 傾向이 不無ᄒ고 半生半熟의 開化에 沈醉ᄒᆞ야 自國의 精神을 消失ᄒᆞ며 自國을 自侮ᄒ고 自害ᄒᄂ 發作이라 今日 如此히 種々의 病痛이 生ᄒᆞᆷ은 第一語學校에 統一이 缺ᄒᆞ고 第二語學徒 資格의

制限이 嚴正치 못ᄒᆞ고 第三語學徒의 常識素養이 不足ᄒᆞᆷ에 基因ᄒᆞᆷ인則 今日救治의 方策은 一大語學校를 設立ᄒᆞᆫ 後에 各語學校를 合倂統一ᄒ고 語學課에ᄂ 必要ᄒᆞᆫ 普通을 添加ᄒ야 多少外國中學校의 制와 如ᄭ히ᄒᆞ며 學徒ᄂ 丁年以上에 達ᄒᆞᆫ者로 多少本國學問에 素養이 有ᄒ고 品行이 方正ᄒᆞᆫ者로 撰拔入學게ᄒ면 幾分의 經費도 節減ᄒ고 國民培養의 一重要ᄒ 機關이 되리로다

(五) 外國에 留學生을 多數派遣ᄒᆞᆯ事

我國이 留學生을 外國에 派出ᄒᆞᆷ이 以來十有餘年이라 此間에 外洋에 遊覽ᄒᆞᆫ 人士도 多有ᄒ엿고 外國에 遊學歸國ᄒᆞᆫ 人士도 不少ᄒ깃스나 今日ᄭ지 如何新面의 活動을 未見ᄒᆞᆯᄲᅵ 아니라 外國留學生의 信用이 墮地無餘ᄒᆞ야 內地人士의 指目을 反受ᄒᆞᆷ에 至ᄒᆞ니 此實留學生의 無實에 因ᄒᆞᆷ인지 抑或內地人士의 觀

察이 不達홈으로 緣홈인지 엇지 慨嘆홀 現象

이아니리오 必也其由來의 原因이 不無 리

로다 以來 日本留學生의 形便을 擧 지라

도 學資를 自辦渡來 이가 絕無 야 혼 十分의

目的을 達혼 者稀有 야엿고 官費로 派送혼 事

도 有 야엿스나 此亦方策이 不完 고 經綸이

未及 야 如許의 好結果를 未收 야엿고 쏘 若

干卒業의 端이 不無타 謂치못 깃스며 쏘 此中

道가 未開 고 試手의 餘地가 不有 야 自暴

에 往々 浮浪挾雜의 類가 飄風轉來 여 슬지라

身만 誤落홀뿐아니라 新來의 學生을 誘詔

며 祖國의 名譽를 毀傷 고 悖理非行으로 專

業을 營 다가 本國에 도라가셔 는 鍍金的外

式과 大言誇談詔言醜行으로 世人을 瞞着

며 挾雜을 恣行 야 玉石俱焚의 嘆을 招發

는바며 多少新舊思想의 衝突로 因 야 幾分

의 影響은 難免 홀 것이 오 쏘 內地人士 는 外國

留學生을 過度이 信 엿든 結果로 如此 倾

向을 生 듯 도다 學識은 學識이오 人物은

人物이라 如何히 學識에 博達혼들 一 有爲

善良의 士되기를 期 기 能 며 少許의 文

明空氣를 呼吸 야엿다 고 本國에셔 生成혼 天

質이아엿지 脫變 기 能 리오 況思想이 固定

치못 고 本國事情에 慣通치못혼 青年 이외

國에 久留 면 自國精神이 漸踈 고 外國觀

念이 感入 야 不健의 思想을 養致기易 거

는 自然의 理勢라 然則 今日如此혼 情勢에 處

야 救治進就의 方策을 不究 고 單其弊點

만 指摘 야 越視蔿瘠으로 凡々過之 야 將

次 如何혼 結果를 生 깃나 뇨 今日 學問이 發

達 야 彼我의 長短을 較究 며 各國의 情形

을 調查 야 政治上 學術上 其他種々 方面에

一定훈 平衡狀態를 保持幷進ᄒ거늘 我國이
今日의 地位에 處ᄒ야 自盡自滅코져ᄒ면已
어니와 自存自活코져ᄒᄂᆫ 精神이 小有ᄒ면
智識을 世界에 廣求ᄒ며 兼且各國의 情形을
詳通ᄒ야 外交思想을 養成ᄒᆞᆷ은 世界의 趨勢
오 時勢의 要求ᄒ니 急히 良好훈 方策을 講究ᄒ
야 官費私費로 留學生을 各國에 派遣케ᄒ되
漢文의 素養이 有ᄒ고 丁年以上에 達훈 聰俊
子弟를 各地方에서 公撰ᄒ고 또 官私立各學
校에서 優等卒業生으로 品行이 方正훈 者를
特拔派送ᄒ야 一層의 精蘊을 究來케ᄒ면엿
지 發達의 端緖가 아니리오
以上 說來의 五條가 本是 振興方策의 要領을
蠡擧ᄒᆞᆷ도 아니오 ᄯᅩ 所論이 다一正鵠을 得ᄒ
다 謂ᄒᆞᆷ도 아니라 다못 所懷의 一分을 感筆에
任ᄒ야 大畧記述ᄒᆞᆷ인則 有志人士에 硏究를
待ᄒ노라

政府論

會員 崔錫夏

夫國家가 政治를 行ᄒᄂᆫ 것은 人民의 福利를
圖謀코져ᄒᆞᆷ인데 其機關이 無ᄒ면 活動ᄒ기
不能ᄒᆞᆷ으로 政府를 組織ᄒ야 凡般政務를 掌
理ᄒ야 其目的을 達ᄒᄂᆫᄂᆫ者ᅳ라 然훈데
니오 人民으로 爲ᄒ야 設立된 者ᅳ라 然훈데
면 政府ᄂᆫ 政府自體로 爲ᄒ야 存在혼 것이아
洋之東西와 時之古今을 勿論ᄒ고 專制政治
下에 生長혼 人民은 此本義를 忘却ᄒ고 有혼
人民은 政府에 對ᄒ야 服從ᄒᄂᆫ 義務만 有ᄒ
을 知ᄒ고 個人의 自由權이 有ᄒᆞᆷ을 不知ᄒ도
다 實例로 言之컨딕 歐米人은 言必稱人民이
政府를 監督ᄒ다云ᄒ고 東洋人은 大槪政府가
人民을 監督ᄒ다云ᄒ니 此言이 雖曰簡單이
ᄂᆫ 無限혼 意味가 包含ᄒᆞᆷ얏도다

世界列國의 文明이 大有差等은 吾人이 熟知
ᄒᆞᆫ바라 其原因을 硏究컨디 數多ᄒᆞᆫ 原因이
有ᄒᆞ야 一言으로써 解明ᄒᆞ기 難ᄒᆞ나 政治上으
로 觀察ᄒᆞ야 其原因을 論ᄒᆞ면 未開國人은 政
治上 自由思想이 不足ᄒᆞ야 個
人의 能力을 發揮치못ᄒᆞ고 文明國人은 反是
ᄒᆞ야 人權의 觀念이 發達되야 國法을 遵守ᄒᆞ
ᄂᆞᆫ以外에ᄂᆞᆫ 政府의 干涉을 不受ᄒᆞᆯᄲᅮᆫ더러 政
治上大問題가 起ᄒᆞ야 國民의 利害에 關ᄒᆞᄂᆞᆫ
事件이 有ᄒᆞᆯ 時에ᄂᆞᆫ 一心協力으로 公平ᄒᆞ興
論을 喚起ᄒᆞ야 政府當局者에게 對ᄒᆞ야 或忠
告도ᄒᆞ며 或建議도ᄒᆞ며 或請願도ᄒᆞ며 或抗
議도ᄒᆞ야 國家百年計에 誤失이 無케 ᄒᆞ기爲
ᄒᆞ야 政府를 協助監督ᄒᆞᄂᆞ니 此를 立憲政治
라謂ᄒᆞᄂᆞ니라 玆에 立憲國文明과 專制國文
明을 比較ᄒᆞᄂᆞ니 相距가 天壤之間에 在ᄒᆞ도다
何者오 立憲國政府ᄂᆞᆫ 天下의 聰明으로 自己

의 聰明을 合고 天下의 智識으로 自己의 智識
을合아 人民의 公論으로 政治標本을 定ᄒᆞ니
國家가人民을 愛ᄒᆞᆷ과 人民이 國家를 愛ᄒᆞ어
自然히 膠漆과 갓치 凝合ᄒᆞ야 官民이 一體로
國事에 盡瘁ᄒᆞ고 ᄯᅩ 一般人民의 意見을 採用
ᄒᆞᄂᆞ故로 政治上에 失錯이 無ᄒᆞ야 政府의 一
動一靜이 國家目的에 投合ᄒᆞᆷ으로써 其國의
文運이더옥 發展ᄒᆞᄂᆞ니라
專制國政府ᄂᆞᆫ 不然ᄒᆞ야 少數者의 意見으로
萬機를 斷行ᄒᆞᆷ에 人民의 公論은 秋毫도 價値
가 無ᄒᆞᆯᄲᅮᆫ더러 箇中에 憂國ᄒᆞᄂᆞᆫ 志士가 有ᄒᆞ
야 國政을 評論ᄒᆞ면 猛毒ᄒᆞᆫ 手段으로 其志士
를 壓迫ᄒᆞ야 社會上公論을 一切禁止ᄒᆞᄂᆞ니
如此ᄒᆞᆫ 政治下에셔 生長ᄒᆞᆫ 人民의 愛國性은
自然히 立憲政治下에셔 自由活動ᄒᆞᄂᆞᆫ 國民
에게 不及ᄒᆞᆯ것은其理昭然ᄒᆞ도다 何者오
大盖國民이 其國家를 愛ᄒᆞᄂᆞᆫ 本性은 其國家

가 自己를 保護호기爲호야 存在호것은 確信호는 故ㅣ라 今者에 專制國政治를 觀察호니 國家는人民의 權利를 度外로 置홀뿐아니라 도리여 人民의 生命財産을 任意로 侵害호야 少無忌憚호다호야 國家의 觀念에 國家와 人民을 別物로 關係가 全無호다호야 國家와人民을 別物로 認識호느니 故로 西哲의 言에 專制國에는 君主一人外에는 愛國者ㅣ 無호다云호니 至哉라 此言이여 춤金石之論이라호리로다 譬컨되 吾人이 他人에게 愛를 受호고져호면 自己가 몬져 博愛主義를 行호여야 畢竟他人의 愛를 受홀것이라 此理와 갓치 政府가 人民에게 愛國主義를 敎訓코져호건되 몬져 政府가 人民을 愛護호야 人々마다 國家는 卽自己와 同一物이라고 確信혼然後에 其主義를 貫徹홀 것이어늘 專制國政府는 此를 不爲호고 人民에게 愛國을 要求호니 是는 他人을 不愛호고

他人에게 愛를 受코져호는者와 何異호리오 坯專制國에는 獨斷主義로 國政을 斷行호니 往々히 失策을 免기難호도다 假令專制國에 도 明主가 出호야 仁道로써 人民을 善治혼 先例가 歷史上에 不無호느니 此는 其明主라도 一人의 器量은 各々 局限이 有호니 每事를 何能盡善호리오 况且無道혼 政府가 在上호야 人民에게 暴虐혼 政治를 恣行호는者乎아 要컨되 文明國政府는 人民의 福利를 圖謀홈으로 惟一目的을 合아 其人民을 愛護홈에 惟恐不及호느니 人民의 愛國心이 日益熱重호야 政治事에 官民이 一體로 同心恊力호니 其國의 文明富强은 不期自達홀것이라 然혼데 專制國政府는 私心私利로 臨民施政에 人民의 怨聲은 是日曷喪의 歌句를 唱導호야 官吏를 蛇蝎갓치 惡호며 政府를 仇讐갓치 視호니

嗚呼라國家는人民으로組成호것이라民力으로維持호며民心으로活動호는者어느人民이如斯히塗炭을哀타호되政府가視若尋常호니然호고其國이衰亡치아니홀理則이何有호리오故로余는世界中何國을勿論호고專制를行호는國家는日益腐敗호야國際上陶汰를難免이라斷言호노라

自由論

會員 文一平

自由는天下의公理오人生의要具니毋論何如호事物과何如호境遇에適用치못홀바無호지라然호는眞自由와僞自由와全自由와偏自由와文明自由와野蠻自由等이有호디今日에自由라自由라호는說이一般靑年輩의口頭로常云호는바는實로其自由의爲物이果何如홈을先究치아니면完全호文明의

幸福을永享키難호도다故로僕의譾陋를不顧호고其大旨를左에略論건디 一은政治上의自由오二는宗教上의自由오三은民族上의自由오四는生計上의自由니大盖政治上의自由라謂홈은人民이政府에對호야其自由를保存홈이오宗教上의自由라謂홈은教徒가教會에對호야其自由를保存홈이오民族上의自由라謂홈은本國이外邦에對호야其自由를保存홈이오生計上의自由라謂홈은資本家와勞力家가서로其自由를保存홈이라坯政治上의自由를三으로分호니一은平民이貴族에對호야其自由를保存홈이오二는國民全體가政府에對호야其自由를保存홈이오三은殖民地가母國에對호야其自由를保存홈이니라然호故로此에서所出호結果가凡六端이니 一은四民平等問題오 一國中에勿論何人호고特權을不許호는

十七

니 是는 平民이 貴族의게 所爭ㅎ는 自由오 二는 參政問題니 一國中에 公民資格이 有호 者는 一國政事에 參與ㅎㄴ니 是는 國民全體가 政府의게 所爭ㅎㄴ 自由오 三은 屬地自治問題니 人民이 他土에 自殖ㅎㄴ 者任意로 政府를 建設ㅎ야 其本國에 居在훌時와 相等훈 權利를 享ㅎㄴㄴ니 是는 殖民地가 母國의 所爭ㅎㄴ 自由오 四는 信仰問題니 人民이 何敎를 崇仰ㅎ던지다— 自擇自從ㅎ고 政府ㄴ 國敎로써 敢히 束縛치못ㅎㄴ니 是는 敎徒가 敎會의게 所爭ㅎㄴ 自由오 五는 民族建國問題니 一國人이다— 自治自立ㅎ야 外邦이ㄴ 或他族으로ㅎ여금 其內治의 主權을 毫末이라도 干涉치못ㅎ게ㅎㄴ니 是는 本國이 外國의게 所爭ㅎㄴ 自由오 六은 勞働問題니 勞力ㅎ야 其力을 自食ㅎㄴ 者를 地主ㄴ 資本家가 敢히 奴隷로 畜지못ㅎㄴ니 是는 貧民이 素封者의

게 所爭ㅎㄴ 自由니라 大抵 幾千年來로부터 史記를 溯覽컨ㄷ 其智者는 口舌을 廟堂에 敢ㅎ며 其勇士는 肝腦를 原野에 塗ㅎ야 屢敗ㅎㄷ 不悔ㅎ며 百挫ㅎㄷ 不屈ㅎ는 其所爭이 此數端에 不外ㅎ며 其熙々然所得이 亦 此數端에 不外ㅎ도다 昔에 羅馬帝國에 宗敎專制政治가 大起ㅎ야 中世에 蠻族이 猖獗ㅎ며 文化가 蹂躪되고 其末에 及ㅎ야는 羅馬皇帝와 羅馬敎皇이 全歐人民을 兩界로 分司홈의 全歐가 其肘下에 生息ㅎ야 能히 自拔치못ㅎ더니 十四五世에 至ㅎ야 비로소 馬丁路得이 興ㅎ야 舊敎의 藩籬를 一挟ㅎ고 自由의 門戶를 一開ㅎㄴ니 於是에 新天地가 始現出훈지라 爾後 二三百年中에 列國이 或內爭도ㅎ며 或爭伐도ㅎ야 原野에 肉을 鑿ㅎ며 谿谷에 血을 塡ㅎ야 天日이 慘憺ㅎ며 鬼神이 蒼黃훈다— 此一事를 爲ㅎ쌰

람이니 此는 宗敎의 自由를 爭ㅎ는 時代오 十七世紀에 至ㅎ야는 英國의 格林威爾와 美國의 華盛頓이 興ㅎ며 未幾에 法國의 大革命이 起ㅎ야 狂風怒潮가 全歐를 震撼ㅎ이 繼ㅎ야 列國도 雲湧水湧ㅎ듯ㅎ야 드듸여 地中海以西로 太平洋東에 亘ㅎ기싸지 擧皆立憲의 國이되며 또 加拿大澳洲諸殖民地도 擧皆自治의 政이되여 今日에 直至ㅎ도록 其機가 未息ㅎ얏스니 此는 政治의 自由를 爭ㅎ는 時代오 十六世紀에 和蘭이 西班牙의 軛을 求脫ㅎ後에 諸國이 踵起ㅎ야 十九世紀에 轉至ㅎ이 民族主義가 大地를 磅礴ㅎ니 卽奧太利의게 伊太利、匈加利와 英倫의게 愛爾蘭과 俄、普、奧、의게 波蘭과 土耳其의게 巴幹半島와 現今에 馴至ㅎ야는 英國의게 波亞와 美國의게 比律賓이 戰爭이 相烈ㅎ야 死亡이 相踵ㅎ딕 不悔不惜ㅎ믄 皆曰我種族이아니면決코我

主權을 不許ㅎ리라ㅎ이 出ㅎ거시니비록其所向의 目的은或達ㅎ며 或不達ㅎㄴ 其精神은一般이니 此는 民族의 自由를 爭ㅎㄴ 時代오前十九世以來로 美國이禁奴의 令을 頒布ㅎ며 俄國이農雇의 制를廢止ㅎ믄으로부터生計界의 一大影響을 受ㅎ야 廿世以來로 同盟罷工의 事件이粉起ㅎ며 工廠의 條例가陸續發布되어 此問題가今地球上에 一大案을 成ㅎ야스니 此는 生計의 自由를 爭ㅎ는 時代니라

右項의 諸端은 皆泰西四百年來 自由發達의 大端이어니와 更히 個人的 自由에就ㅎ야其 意를 贅述코저ㅎ노라

大抵人의게 依賴치아니ㅎ고 各ᄃ自立自營的精神이 有ㅎ이 眞自由ㄴ加之此를 統一ㅎ야 個體를 構成ㅎ이 最貴ㅎ 全自由가될거시 其補助의 利力이 無窮ㅎ며 活動의 勇氣가益

大호리니 其功이 旣而如是혼則何事에 有礙
리오만은 또 常々注意힐바는 法律範圍以內
에 在호야 其一擧一動을 機器의 節腠와 一進
一退를 軍隊의 步武와 갓치호야 機器의 自由
호는者라 故로 世界民族中에 服從性質에 最
니 所謂法律은 我의 制定혼바로써 我를 保護
富혼 英人이 其自由幸福을 獨占홈을 可見호
겟도다 所謂服從은 法律에 服從홈이라 然호
ㄴ以上諸條를 違反호야 自立自營的意義를
皮相으로 主張홈이 僞自由니 此로因호야 結
合力이 缺乏호며 共同心이 衰弱호리니 이는
偏自由오 甚至口를 妄任호야 人을 侵害호며
行을 濫用호야 法을 蔑視홈이 野蠻의 自由니
此는自由二字를 誤解혼者아니리오

學術上觀察 노商業經濟의 恐慌 (前號續)

會員 全 永 爵

前號中恐慌의 種類는三種에 分호야스나 通
常其原因과 現像이 相略錯雜호야 容易히決
定기難호도다 今次에는 其三種의 原因을列
擧코저호노라

(甲) 販賣恐慌에 原因

現世紀始에 주무스, 왓트 諸氏의 蒸氣力及
汽車에 關혼大發明은 經濟社會의 革命을促
호고 工場組織이 起혼후로 此에 伴혼分業法
은 其精密을 極호야 一箇靴를 製造코저호면
六十二人의 手를 經호는데 至혼지라 生産力
의 進步와 生産社會의 稱益이 多大호는 此
를爲호여 弊害가 起호物難免호도다 工場內
의 勞働호는 雇人으로 資本家의 奴隷를삼고

主宰者되는 資本家도 亦其製造物品의 販路
及需要供給의 關係를 詳知키 難홈에 至훈다
라 盖分業法이 社會에 起홈으로부터 次二原
則은 最重要훈 地位를 占케 된다라 (一) 財의
生産은 交換치아니치못홀디라 (二) 各生産者
눈自己의 需要物을 生産티안코 他人의 消費
品을 生産호는 故로 生産物需要者를 迅速히
發見홀 必要가 有호니라 此를 實行호는데 當호야 一困難을
難免홀디라 何也오 假令甲은 乙의 需要호리
고 想像호야 製造훈 物品이 乙의 需要호는
비되지못호고 何人도 此를 需要티안을 時有
호면 是卽 商業의 活發과 沈靜을 生호는 所以
라 各人의 生産훈 貨物이 卽時에 需要者를
發見홈을 得호면 生産의 效果多훈 故로 資本
主와 勞働者는 不少훈 利益을 亨홀디니 社會

全般의 商業이 繁盛케 되는 것이라 現今經濟
社會는 分業이 盛行홈을 因호야 彼此서로 關
聯호고 密接훈 關係가 有홈으로 一大産業의
無時勢는 卽他에 波及홈을 難免호느니 況數
多産業의 無時勢리오 假令甲이라호는 産業
이 無時勢에 陷홀時의 乙丙 又티平常甲의
購買力을 目的호고 製造호든 貨物은 卽時로
販路를 失호야 乙丙도 損失을 見홀것이오 其
結果로 丁戊에 及호고 遂全國全世界를 擧호
야 不振의 狀에 陷케 호느니라 쏘 分業의 弊害
는 往往 需要와 供給이 不適當홈을 因호야 恐
慌을 起홀時有호니 恐慌之際에 常々生産超
過의 說을 聞홈이니 此를 由홈이라 生産超
原因이 二호니 一은 消費ㄱ 急激히 減少됨
이오 一은 生産이 急激히 增加됨이라 消費ㄱ
急激히 減少홈은 世人이 貨物에 對호야 其嗜
好를 變홈과 又튼것假令海關稅의 影響或競

爭者의 成功等을 因호야 엇던 種類의 貨物은 消費力이 甚히 減少호는 等例가 不少호도다 或饑饉戰亂時疫等의 流行홈을 因호야 國民의 消費力이 積極消極으로 減殺되는 例도 有호고또ㅣ 生產이 急激히 增加되는것은 物價라

一二의 原因으로 高騰홀時는 忽然히 貨物의 市價的 需要를 惹起호는 故로 市價는 漸益上進호고 生產機關은 擴張이되믹 雇人의 工錢은 此에 伴호야 上進티못호고 資本家의 利益은 不當히 增加홈으로써 資本家는 此機를 不失코져호야 工場을 新築호고 舊工場의 規模를 擴張홈으로 生產은 急激혼 變態를 呈호고 極端은 生產超過가되고 販賣恐慌을 生호는데至호느니라 歐美諸國에서 從來屢屢히 起혼恐慌은 大槪資本家가 有利혼 事業을 發見호면 其機會를 不失코져호야 狂奔호는 結果로 社會의 需要供給이 平衡을 失호고 夢想호

든 利益은 不得홈으로 俄然히 大恐慌을 生호는지라 一千八百二十五年에 英國의 恐慌은 鑛山業의 熱中호얏든 結果오 一千八百三十七年에는 鐵道業이 無理의 擴張을 被혼 等事라

(乙) 銀行의 恐慌(卽銀行不信用)

現今社會는 其關係가 織홈과 如호야 複雜혼 것은 名狀키難호도다 其金融의 中樞가 될것은 銀行業者라 所謂銀行業務는 信用을 基礎로홈는 故로 銀行業者의 信用을 動搖케호는 原因이 發生時에는 其影響이 全社會의 波及호느니 例를 引호야 言호면 英國의서 英蘭銀行準備金이 減少홀時는 世人이 疑懼의 念을 抱호는것과 곳고ㅣ또 銀行의 顧客이 破產時는 世人은 銀行을 信用홈이 從前과 不同호야 任置金을 還推코져홈이 常例라 此時를 當호야 若準備金이 薄弱혼 銀行이면 卽破產의 不幸

를 被ᄒᆞ고 銀行이 破産ᄒᆞ면 此에 依賴ᄒᆞ얏든

商業者의 信用을 動搖ᄒᆞ야 金融의 途를 絶ᄒᆞᆷ

으로 大銀行 信用의 動搖ᄒᆞᄂᆞᆫ 恐慌을 惹起ᄒᆞᄂᆞᆫ

導火線이 되고 銀行의 大小ᄂᆞᆫ 恐慌範圍에 關

係가 되ᄂᆞ니라

(丙) 紙幣恐慌(即紙幣濫發)

紙幣發行의 方法을 一次 誤錯ᄒᆞ면 往往 恐慌

을 起ᄒᆞᄂᆞᆫ 例不少ᄒᆞ도다 紙幣兌換이 不自由

ᄒᆞ야 其下落을 惹起ᄒᆞᆯ時ᄂᆞᆫ 正貨ᄂᆞᆫ 國外에 驅

出이 되고 內國에ᄂᆞᆫ 其跡을 絶ᄒᆞ야 從來契約

을 基ᄒᆞᆫ 收入과 財産의 關係를 轉覆ᄒᆞ고 負債

者ᄂᆞᆫ 不正ᄒᆞᆫ 利益을 得ᄒᆞ며 物價ᄂᆞᆫ 騰貴ᄒᆞ고

投機業者ᄂᆞᆫ 勃興ᄒᆞ야 世人이 紙幣에 對ᄒᆞᆫ 誤

錯의 觀念을 利用ᄒᆞ야 數多의 事業을 計畫ᄒᆞ

며 資本을 聚集ᄒᆞ야 前途의 收益이 確實與否

를 不問ᄒᆞ고 猥濫히 事業의 規模를 廣大케ᄒᆞ

ᄂᆞᆫ 故로 紙幣에 對ᄒᆞᄂᆞᆫ 信用이 墜地ᄒᆞᄂᆞᆫ 變事

를 生ᄒᆞᆯ時에ᄂᆞᆫ 前日의 得ᄒᆞ얏든 巨額의 利益

은 忽然히 消散ᄒᆞ고 眞正ᄒᆞᆫ 實業家로ᄒᆞ야곰

起業心만 挫折케ᄒᆞᆷ으로 信用이 破壞ᄒᆞ야 恐

慌이 顯出ᄒᆞᄂᆞᆫ데 至ᄒᆞᄂᆞ니 紙幣의 濫發이 恐

慌의 大原因됨은 不思ᄒᆞ고 世人은 紙幣를 增

發ᄒᆞ야스면 國民經濟가 依然히 前日의 狀態

를 回復ᄒᆞ리라고 思惟ᄒᆞ고 國家도 財政上의

困難을 救濟코저ᄒᆞ야 오히려 紙幣를 增發ᄒᆞᆷ

으로 通貨缺乏의 聲은 喧高ᄒᆞ고 已生ᄒᆞᆫ 害毒

으로ᄒᆞ야곰 一層 激烈케ᄒᆞ야 終是 信用壞亂

의 度를 結局時機에 求濟方法이 無ᄒᆞᄂᆞᆫ데 至

케ᄒᆞᄂᆞ니 如斯히 紙幣의 價格이 動搖不已ᄒᆞᆯ

時ᄂᆞᆫ 一般商業去來ᄂᆞᆫ 射倖的 性質을 帶ᄒᆞ고

投機業者의 跋扈ᄂᆞᆫ 其所得ᄒᆞᆫ 空利ᄂᆞᆫ 多少眞

正ᄒᆞᆫ 實業家라도 渦中에 誘ᄒᆞ고 恐慌暴發의

機마至ᄒᆞ면 所得ᄒᆞᆫ 利益은 本來下落紙幣로

計算ᄒᆞᄂᆞᆫ 故로 正貨로 較計ᄒᆞ면 忽然히 利益

의空虛함을 覺知하며 此是全社會의 破産이
라

恐慌의 影響

經濟社會에 及하는 恐慌의 影響은 大略如左
하니라

(ㄱ)勞働者의 困難、(ㄴ)資本家의 破産、
右ㄱㄴ二者則已包含於前說明中故今
不必重復也

(ㄷ)貧富의 隔絶

恐慌의 起함을 因하야 勞働者는 解雇가되야
糊口의 策이 無하고 少額의 貯蓄도 暫時間에
費盡하야 救貧院에 入하거나 不然하면 資本
家命令下에 如何한 低廉의 工錢을 受하고라
도 勞働하거나 二途에 一을 取치아니치못할
디라 此에 反한 資本家는 恐慌을 因하야 一時
不幸을 當하야서도 倒産을 免한 者는 暫時后
土地有價證券의 價가 恢復함을 依하야 復舊

할뿐아이라 前說과 又히 小資本家의 破産이
多하고 大資本家는 도리어 利益을 得하는 機
會도 或有하야 彼此間에 貧富는 終乃 資本家의 綠屬이
되지아니치못할지라 以此로暗暗裏에 革命
等의 危險을 誘起하나니 그일도 有
하도다ㅡ미라보氏云하되 嘗合衆國獨立戰
爭後에 起하얏든 恐慌은 佛國革命의 原因이
되얏다 稱하얏더라

(ㄹ)奢侈의 弊害

社會人心의 狀態로 一次過度한 奢侈에 耽하
면容易히 此를 脫기難하도다 恐慌이 生하기
先하야 商業社會는 浮華繁榮으로 一時增加
하얏든 收入은 即時消費가되고 殘餘한바 無
할뿐외라 未來의 利得싯지 豫想하야 生計들
經營하는데 至하민 奢侈風이 盛行에 恐慌이
起하야 曩者에 想像하얏든 空中樓閣은 雲消

霧散ᄒᆞ고 惟奢侈의 弊風은 依舊不減ᄒᆞᄂᆞ니라

(ㅁ)産業機關의 停止

恐慌이 起ᄒᆞ야 經濟社會各種機關이 停止됨으로부터 生ᄒᆞᄂᆞᆫ 物質的 損害ᄂᆞᆫ 一々枚擧키 無違ᄒᆞ도다 各種機關의 運用은 日과月에 複雜을 極ᄒᆞ고 關係ᄂᆞᆫ 愈益密接ᄒᆞᆷ을 從ᄒᆞ야 其 一部에 起ᄒᆞᆫ 障害ᄂᆞᆫ 忽地에 全部에 波及ᄒᆞᆷ으로써 近年恐慌의 性質은 世界的 恐慌이 된다라 地의 遠近을 勿論ᄒᆞ고 電信이 相通ᄒᆞᄂᆞᆫ 處와 鐵道가 繋續된 所ᄂᆞᆫ 即時 其影響을 受ᄒᆞᆷ으로 物質的 損害益大ᄒᆞᆫ다라 더욱히 金融機關의 運轉이 停止되야 一地方의 經濟界ᄂᆞᆫ 暗黑 洞裏에 投入ᄒᆞᆸ되 至ᄒᆞ면 其及ᄒᆞᄂᆞᆫ비 損害ᄂᆞᆫ言을 停止ᄒᆞᄂᆞᆫ데 生産分配交換이 暫時 不待ᄒᆞ리로다

(ㅂ)旣成資本의 減耗

經濟上各種의 機關이 其運用을 失ᄒᆞ고 生産이 停止됨으로 國民의 資本은 消極的으로 減少될뿐만아니믄 旣成資本을 不確實ᄒᆞᆫ事業에 投入케됨으로써 ᄯᅩ積極的의 減少를 見ᄒᆞᆯ지라 恐慌이 起ᄒᆞ기前企業心이 勃興時ᄂᆞᆫ到底히 成功키 難ᄒᆞᆫ各種計畫에 投ᄒᆞᆫ資本은 當時에已、耗消ᄆᆞ되야스ᄂᆞᆫ世人은비로소 此를覺知ᄒᆞᆷ으로 恐慌後라야 世人은 英國人民이千八百九十年에南米諸國에投入ᄒᆞᆫ資本ᄀᆞᆺᄐᆞᆫ것은 世上好況의誘惑이無ᄒᆞ고放銀ᄒᆞᆫ것이라以此로巨額의過去貯蓄은全然히泡沫과ᄀᆞᆺ치消散ᄒᆞ얏더라

(ᄉ)營業方法의改良進步

恐慌의恐ᄒᆞᆫ影響은已盡ᄒᆞ야合으로最後에其利益을擧ᄒᆞ려ᄒᆞ노라俚諺에降雨ᄒᆞᆫ地믄야堅固ᄒᆞᆷᄀᆞᆺ치恐慌이生ᄒᆞ얏든後에야

世人은 다 失敗에 驚호야 各種機關의 整理를 務홈으로 營業方法은 改良이되고 諸般事業會社의 基礎는 輩固혼데 로 趨向호며 貯蓄의 念이 生호는데 至홈은 恐慌後起호는 現像이라 恐慌前에 濫히 放資호야든 事業이라도 整頓호며 其方法을 得호야 國民의 利益됨을 得호리니 一國富榮의 基礎를 開호는 例亦不少호니라 (未完)

人格의 發達 (寄書)

劉 銓

人格의 觀念은 가장 森嚴혼 表象을 有호며 人格의 意義은 極히 威烈혼 內容을 有홈이라 社會에 朝野가 有호며 貧富에 上下가 有호고 上으로는 王公貴紳의 位를 占領호며 下으로는 勞働困窮의 苦을 嘆息호는 者에 至호야셔도 人格의 定義에 는 富貴貧賤이 無홈이라 故로

高潔혼 情操가 此로셔 湧호며 肅淨혼 性格 도 此內에 生홈이오 善心으로 善道에 入홀不啻라 惡心으로 惡道에 入호기에 至호야 도 堅固혼 不拔혼 氣와 牢乎不撓혼 志로 人格에 依賴호 면 無上絶大혼 助力을 受호며 不陷不落혼 堅砦을 得호야 獨立斷行호는 能力이 人格의 觀念外에는 無혼지라 如此혼 氣가 起호면 山谷이 鳴應호며 鬱森이 振撓호며 鰐魚가 躍호며 蛇蝎이 飛혼中이라 도 片袖를 翻호야 卓々혼 安命을 得홈이여

我海外留學者亦是 淋雨가 寂々혼 夕에 破窓孤燭을 明友로 合고 勉勵의 大意와 四隣寞々호中에셔 靜肅혼 道義의 燈을 發揮호야 篤學호야 諸君의 人格은 內國人보덤 重홀지라 自己의 人格을 認識호야 發揮홈과 갓치 他人平等의 人格을 尊重호야 萬民一般에 人格을 尊重케 홈이라

實踐世界에 安心立命할 境을 求하라하면人

格觀念에 對하야 堅固不動한 自信을 保持하야 客觀

야思考情量한 後에 施行하는디에 在하며人

生의 本領內容은 實로 人格觀念의 自覺과 發

達에 依賴함이라

人格觀念의 發源은 自他一切의 平等的 關係

를 明白히 知하여야此觀念이 發達함이라可

想的自由로 論한카트氏의 道德觀에 曰道德

은自己個體의 人格을 尊重하야 生한 自律의

法則이요 自治의 律이라云하시니 然則人

格의 堅固는 自己를 重하게하며 自己의 威嚴

을顧한後에야 基礎가 確定함이라

人格의 發達은 精神界絕對的 圓滿에 在함이

요該觀念의 發源은 心靈的生命의 基礎가 될

만한 威嚴의 價値을 承認自覺하야비로소湧

하야自律的의 法則에 在하니 客觀的 根抵에 基

함이아니라故로 彼精神的圓滿을 標的으로

自覺함이 可함

個體의 生存은 生理的情態을 持續하야 客觀

的自然界에 適應함이아니요 不完全한 感官

의 媒介로하야곰 內外兩作用의 適應을 化合

지못하는故로 客觀的圓滿을 確立함을 得지

못하나니 故로 赫灼不濁의 神惠的靈核을 包

宿하는 幸福을 有함이요上으로는 天에 合하

고下으로는 地를 呑하야宇宙萬物을 包하며

乾坤의 大氣를 總括하야 所謂 미크로코스무

스의 生命이라 然則人間의 個體는 客觀世界

에制限한 一個粒에 不過하며 主觀界에 至하

야서는 無限한絕對的圓滿에 不過함이라 然

則人間文化의 開拓하는 事業의 意的되는것

과갓치或은 智的或은 情的으로 義務를 盡하

나其功勳에 至하야서는 同等이라故로 人間

에名譽나 光榮이엇지 意的의 事業에만 有하리

요意志의 根抵를 堅固하게하며 人情을 顧하

며道德을重ᄒ고게ᄒ後에야心靈的의功이되
며人道開發의 本領은人格發達의 思想이玆
에存在ᄒ이로다

韓 國 樂 觀

會員 全 志 侃

苦楚를見ᄒ고悲觀ᄒ며安樂을見ᄒ고樂觀
ᄒ은世人의 常情이라然이나安樂의背後에
苦楚가生長ᄒ며 苦楚의背後에安樂이隱伏
ᄒ을不知ᄒ고한갓感情의命令을從ᄒ야其
眞相의如何ᄒ을硏究치아니ᄒ고忽然悲觀
ᄒ며忽然樂觀ᄒ는者ㅣ는理想的人物이라
稱할슈無ᄒ도다 現今我韓의前途에對ᄒ야
評論ᄒ는者ㅣ皆是悲觀的眼目으로欷歔落
淚ᄒ을ᄲ이오欣悅舞蹈ᄒ는者ㅣ一人도無ᄒ
니豈不歎哉아世人言必稱我國을指ᄒ야貪
國이라言ᄒ니 我國이果是貪國耶아三千里

江山을回顧ᄒ니沃野舊田이羅列東西ᄒ며
山林川澤이縱橫左右ᄒ며金銀銅鐵이連鑛
散在ᄒ며海産陸産이連綿不絕ᄒ니耕作ᄒ
면可히農業國이되깃고製造ᄒ면可히工業
國이되깃고運轉賣買ᄒ면可히商業國이되
야世界列强과實力을競爭할만ᄒ富源이在
ᄒ도다 然則世人이所謂貧國이라云ᄒ은目
前에在ᄒ韓國을見ᄒ고背後에在ᄒ韓國을
見치못ᄒ얏도다 世人이必言稱我韓은弱國
이라稱ᄒ니 我韓이果是弱國耶아現今我韓
軍制를見ᄒ에 軍兵의數가萬餘人에不過ᄒ
나請컨딕 我韓國民의人口를見ᄒ라二千萬
同胞가아닌가 我韓이自今以后로世界文明
國의軍制를模範ᄒ야 軍備를擴張ᄒ면二千
萬人의軍兵을配置할수有ᄒ니英國을엇지
畏ᄒ며 德國을엇기憚ᄒ리오 然則世人의所
謂弱國이라ᄒ은 眼前의韓國을見ᄒ고背後

에隱伏호 韓國을 見치못호얏도다 世人이言
必稱我韓은衰亡國이라호니 我韓이果是衰
亡國耶아此論을唱호는者ㅣ非但外人이라
本邦有志人士中에도往々有之호니嗚呼라
世間에엇지如此호誤說이有호리오眞
誠으로自國을愛호는者ㅣ는自國에對호야
恒常尊重호는信念을有호고決코侮蔑호는
言을發치아니호나니라大槪一國의興亡이
其國民의自國精神이有無에在호고外部의
壓力이如何에在호지아니호도다彼歷史를
見할지어다希臘國이土耳其의屬邦이되야
慘毒호壓制와非常호虐待을受호야시되希
臘人이恒常言호기를希臘人은何處에在호
던지希臘人이오土耳其人이아니라고호더
니此思想을實行호야國中靑年諸士
가歐洲各文明國에留學호야諸般學問을硏
究호고本國에歸호야學友會를組織호고希

臘人의게愛國思想을喚起호야一朝에義旗
를擧호야數百年來로土耳其의羈絆에在호
던希臘國이世界上에堂々호一獨立國이되
지아니호얏는가今日我韓의國勢를外面으
로觀察호면立法權이有호다謂할슈無호고
司法權이有호다謂할슈無호고行政權이有
호다謂할슈無호고國際交際權이有호다謂
할슈無하고實業權이有호다謂할슈無호도
다然이나社會上凡般事物을形式上으로만
觀察호는實質上으로硏究치아니호면엇지
其事物의眞相을知할슈有호리오試問호노
니我韓同胞中에一人이라도眞心으로他人
의奴隸됨을希望호는者ㅣ有耶아余自答曰
無也라호노라然則眞心으로我國의政治權
을他人의게讓與코져호는者ㅣ有耶아余自
答曰無也라호노라然則眞心으로我國의修
交權을他人의게委任코져호는者ㅣ有耶아

二十九

171

余自答曰無也라ᄒᆞ노라 然則眞心으로 實業

權을他人의게讓與코져ᄒᆞ노눈者ㅣ有耶아 余自

答曰無也라ᄒᆞ노라 余도二千萬同胞中一分

子라余의心으로他의心을推ᄒᆞ니 我韓國民

中에自國精神을不抱ᄒᆞ者ㅣ一人도無ᄒᆞ니

由是觀之컨딕 我韓은一物도他人의게見失

國도即韓國이오現在ᄒᆞ韓國도即韓人의自

國精神이야엇지 秋毫라도變化ᄒᆞᆯ道理가有

人의韓國이오未來의韓國도即韓人의韓國

이라天崩地坼ᄒᆞ고 山礪河帶ᄒᆞ야 韓人의自

ᄒᆞ리오此精神은千兵萬馬의威力으로도奪

去할슈無ᄒᆞ고經天緯地의術略으로도奪去

할슈無ᄒᆞ니即我開國始祖檀君의遺訓이라

我國同胞가萬一此精神으로國家前途에對

ᄒᆞ야血心經營ᄒᆞ면世界中莫富ᄒᆞ國이即

韓國이오世界中莫强ᄒᆞ國이即韓國이라謂

치아니차못ᄒᆞ리로다 然則世人의所謂衰亡

國이라ᄒᆞ노눈者눈現今不自由ᄒᆞ韓國을見ᄒᆞ

고二千萬同胞의心中에셔로生長ᄒᆞ눈富

强自由ᄒᆞ韓國을見치못ᄒᆞᆷ이로다 要ᄒᆞ건딕

余의所見으로韓國의前途를觀察ᄒᆞ니二十

世紀에莫大莫遠ᄒᆞ希望을有ᄒᆞ國家눈韓國

外에更無ᄒᆞ고 十六億人口中에最偉最大ᄒᆞ

者오現今所謂列强은過去的文明國이라와

信念을有ᄒᆞ人類눈韓人外에更無ᄒᆞ도다何

進步程度가五十步百步間에不過ᄒᆞ려니其

我韓은未來에屬ᄒᆞ文明國이라其進取할計

程과其活動할範圍가世人의智識으로測量

기難ᄒᆞ고世界文明國人은其國家의文明이

極度에達ᄒᆞ故로國家事業에對ᄒᆞ야눈熱中

할必要가無ᄒᆞ야各々個人生活에營々不己

ᄒᆞ거눌我韓人은不然ᄒᆞ야人々마다腦中에

國家事業을經營ᄒᆞ눈思想이暫時不休ᄒᆞ니

他文明國人의 思想에 比컨딕 一層高尚ᄒ고
深遠ᄒ야 夢中에 華感頓을 尋訪ᄒ며 讀史에
比斯麥을 謳歌ᄒ도다 是故로 余는 我韓前途
에 對ᄒ야 樂觀的으로 觀察ᄒ고 ᄯᅩ 二千萬同
胞에게 此樂觀으로 勸告ᄒ노라 大盖吾人이
事物에 對ᄒ야 悲沈的으로 觀察ᄒ면 自信力
이 減少ᄒ고 自信力이 減少ᄒ면 勇氣가 減少
ᄒ고 勇氣가 減少ᄒ면 萬事가 不成ᄒᄂ니 故
로(盖世英雄拿坡崙은 平生에 不能二字를 言
치아니ᄒ얏도다 我韓國民이 若以無不能主
義로 國家前途를 經營ᄒ면 藤閣好風의 時節
이 必至ᄒ리라ᄒ노라

性情論 (寄書)

禪師 一愚 金太垠

性은 是本具者也요 情은 是對生者也니 性則一
而常ᄒ야 在聖不增ᄒ며 處犯無減이오 情則
七而變ᄒ야 接物生解ᄒ며 依境取名ᄒᄂ니
라 孟子曰 性이 善이라ᄒ시고 荀子曰 性이 惡
이라ᄒ고 楊子曰 人之性이 善惡이 混이라ᄒ
고 老子는 以自然爲性體ᄒ고 韓公以不移로
分性之品ᄒ고 其餘耶蘇氏와 與神道敎之說
性도 亦不出於上五家之意則 煩不總引而略
陳管見ᄒ노라 楊食我는 纔出胎而有滅宗之
聲ᄒ고 阿闍世는 方在懷而含害父之心ᄒ니
性果善乎아 仲尼는 生而知ᄒ시고 文王은 幼
而睿ᄒ시니 性果惡乎아 以帝堯로 爲父而丹
朱不肖ᄒ고 於瞽瞍에 爲子而大舜이 以孝ᄒ
시니 人之性이 果善惡이 混乎아 橫渠는 早脫
孫吳라가 晚至斯道ᄒ고 陽明은 初毀瞿雲이
라가 返入其學ᄒ니 性果自然乎아 以王莽之
至恭으로도 翻成篡祚之大姦ᄒ고 以鄭莊之
孝로도 遷致事母之純誠ᄒ니 性果不移乎아
余於幼時에 嘗以此質問于數三碩儒而疑竟

不釋호야 乃奮然自思曰人之於世에 俱曰余
知라호야 於他家門中之事則 無不能縱橫호
야 稱孔子도余知호며 釋尊도余知호며老子
도余知호며 荀楊도余知호며 今古之史와東
西之學을余悉能知라호딕 及乎問自己屋裏
事호야는 便罔然無據호야 問東荅西호고認
奴作主호다가 臨於小怖畏小利害之際則七
顚八倒호야 曩所謂余知者ㅣ 一無所補호고
空費好箇光陰于尋數糟粕中호니 此所謂捨
近而務遠호며 遺已而逭人者也라 於生에何
益이리오호야 遂乃韜隱호야 抛却閒談妄勞
호고 尋師潜究者己經十有一年于玆矣라 豈
曰自了리오마는 敢道此性이微妙圓明호야
其動也엔 統含萬德이오 其靜也엔 不留一物
호느니 實非語言文字之所可形喩也라호노
라 易에 曰無思也호며 無爲也호야 寂然不動
이라가感而 遂通天下之故라호며 書曰惟精

惟一호야사 允執厥中이라호며 仲尼但曰吾
道는 一以貫之라호야늘 曾子亦以唯之一字
로 對之호시고 更無餘言호시며 維摩는掛口
호고 顏淵은 如愚호니 試看此二經之遺訓과
諸聖之彜範호라 還有如上突露的圭角處否
아 朱夫子之於六經之訓釋에 無不欲詳且盡
焉而 至於言性處호야는 亦只曰虛靈不昧라
호시고 別無餘說也호니라 或者從傍而起曰
荀楊諸氏之說은 吾未知其精粗어니와 孟子
之說이 亦未得其中乎아 余笑曰善哉라問也
여 坐호라 吾語汝호리라 孟子之時에는 列國
이 爭雄호고 上下征利호야 俗日趨下 而不知
自止故로 亞聖이 悲之호샤 言必稱堯舜而道
其性上之一善호샤 以防其源也언정 安知其
擧其全體而言之也라 荀楊諸氏之說 도
亦不無其理호니 據其性用中 一分而言之則
可커니와 曰據其性之全體而云也則吾決不

以順口로 爲作人情也호라 請滌去矛盾之膠

習호고 虛懷自量看호라 久久用工호면必有

首肯吾言之日矣리라 昔人이云從門入者는

不是家珍이라호니 愼莫向人口頭取辦호고

須及自己胸中點檢이어다 實參精究호야사

一朝貫通호리니 其於安身利物之方과 事君

養親之道에 常綽綽然有餘矣리라 或者唯々

而退而時에 樓烟이一空호고 海月이方生커

늘呼童點茶歇호고 幷題一韻

萬里無雲玉宇平　一輪孤月照人明

世間多少丹青手　像外淸光畫不成

月及銀河

會員蒼岡生　金台鎭

月은地球를中心으로ᄒᆞ여其周圍를運行ᄒᆞᄂᆞᆫ天體인데ᄯᅩ한地球와갓치太陽의周圍로運行ᄒᆞᄂᆞᆫ者라吾大의眼目에ᄂᆞᆫ太陽과太陰에大가始同ᄒᆞᆫ樣으로뵈이ᄂᆞ其實은非常ᄒᆞ差異가有ᄒᆞ야太陰은太陽의數百億分之一에도不及ᄒᆞᄂᆞᆫ者인데其大가始同ᄒᆞᆫ樣으로뵈이ᄂᆞᆫ바ᄂᆞᆫ太陽의地球를相距ᄒᆞᆷ이니라고月의相距ᄂᆞᆫ頗近ᄒᆞᆷ으로由ᄒᆞᆷ이니라

月은元來光彩가無有ᄒᆞᆫ것신데其光輝가有ᄒᆞᆷ은太陽의光線을受ᄒᆞ야地球에反射ᄒᆞᆷ이라一例証을擧ᄒᆞ야譬ᄒᆞ면鏡面이光線을受ᄒᆞᆯ時에ᄂᆞᆫ반다시反射ᄒᆞ야면暗ᄒᆞᆫ處를照明케ᄒᆞᆷ과如ᄒᆞ다云ᄒᆞᆯ지라然ᄒᆞᆫ즉月의太陽에對ᄒᆞᆫ半面은明ᄒᆞ고其反對에半面은暗ᄒᆞᆫ故로

太陰이太陽에對ᄒᆞᆫ位置를從ᄒᆞ야或三日月(新月)或弓張月로뵈이다가其位置가正當히相對ᄒᆞᆯ時에ᄂᆞᆫ滿月(望月)을成ᄒᆞᄂᆞ니라

吾人이月明ᄒᆞᆫ夜에月에表面을仰觀ᄒᆞᆯ時에ᄂᆞᆫ多少의薄ᄒᆞ고黑ᄒᆞᆫ班點이뵈이ᄂᆞ니此ᄂᆞᆫ即高山深谷及噴火口等의形蹟이大氣外에隱暎ᄒᆞᄂᆞᆫ바ᅵ니라

蓋宇宙間의萬物이다引力을備存ᄒᆞᆫ故로太陰도ᄯᅩᄒᆞᆫ引力이有ᄒᆞ야其力을地球의及케ᄒᆞᄂᆞ니此引力은即地球海洋의潮汐滿干을生케ᄒᆞᄂᆞᆫ原因이되ᄂᆞᆫ지라海洋이月에對ᄒᆞᆫ部分은月의引力을從ᄒᆞ야滿潮를起ᄒᆞ고對치아니ᄒᆞᆫ部分은月의引力을未得ᄒᆞᆷ으로因ᄒᆞ야干潮를成ᄒᆞᄂᆞ니라

地球가太陰과太陽의間에在ᄒᆞ야太陽으로부터太陰에暎射ᄒᆞᄂᆞᆫ光線을遮할時에當ᄒᆞ면月의全部가地球上에서ᄂᆞᆫ뵈이지아니

三十五

ᄒᆞ느니 此는即吾人의謂ᄒᆞ는바ᅵ 月蝕이요

月蝕ᄒᆞ는 時間은最長ᄒᆞᆫ者凡二時間에達ᄒᆞ

ᄂᆞ니라

銀河 (一名은河漢) 눈蒼穹에橫線을成ᄒᆞᆫ

白帶有ᄒᆞ야 中天을兩分ᄒᆞᆫ者를云ᄒᆞᆷ이라此

를望遠鏡ᄋᆞ로써 觀察ᄒᆞ면無數ᄒᆞᆫ 小星ᄋᆞ로

成形ᄒᆞᆷ을 可辨이로ᄃᆡ 極微極小ᄒᆞᆫ 衆星이簇

集稠密ᄒᆞᆫ 者인故로吾人의肉眼에는다만一

帶의白色을 볼ᄒᆞᆷ을見ᄒᆞᆯ뿐이요 吾人의熟知

ᄒᆞ는 星은太陽及太陰인데 太陽의光輝赫灼

ᄒᆞᆫ은太陰에比ᄒᆞᆯ수입ᄂᆞ니라

如此ᄒᆞᆫ 種類의星은恒星이라云ᄒᆞ고周圍를

回轉ᄒᆞ는 者는或星이라稱ᄒᆞᄂᆞ니卽吾輩에

棲息ᄒᆞ여잇는바ᅵ 地球가是也요ᄯᅩ惑星의

周圍를回轉ᄒᆞᆫ者를衛星이라稱ᄒᆞᄂᆞ니此

눈即地球의屬ᄒᆞᆫ星太陰이是也라

太陰과 太陽의大小에非常ᄒᆞᆫ差異가有ᄒᆞᆫ은

前頭에己記ᄒᆞ얏거이와太陽은百二十萬箇

에地球를合ᄒᆞᆫ者와相等ᄒᆞ고太陰은地球의

四十分에一에不過ᄒᆞ느ᄂᆞ大凡物體가其遠ᄒᆞ

을從ᄒᆞ야漸々微小ᄒᆞᆫ理由가有ᄒᆞᆫ故로太陽

距離의甚遠과太陰距離의甚近ᄋᆞ로써同

大ᄒᆞᆫ形體로現ᄒᆞ느니太陽과蒼穹의在ᄒᆞᆫ恒星中

에도太陽보다甚大ᄒᆞ고光輝赫列ᄒᆞᆫ者許多

ᄒᆞ느太陽에比ᄒᆞ면其距離甚遠ᄒᆞᆷᄋᆞ로써一

小星과恰似ᄒᆞ게뵈이ᄂᆞ니라

河漢은即恒星의第一만히輻集ᄒᆞ여잇는處

인ᄃᆡ其數가大約二千萬이라云ᄒᆞ며其天體

의形勢를譬ᄒᆞ야言ᄒᆞ면大樹下에立ᄒᆞ야其

踈ᄒᆞ며密ᄒᆞᆷ을窺ᄂᆞᆫ데枝葉이互相重疊ᄒᆞᆫ處

ᄂᆞᆫ稠密ᄒᆞ야蒼穹이뵈이지아니ᄒᆞ야稍暗ᄒᆞᆷ

을成ᄒᆞ고 其踈薄ᄒᆞᆫ處ᄂᆞᆫ蒼穹이穿見ᄒᆞ야稍

明ᄒᆞᆷ을成ᄒᆞ느니 天體闇夜의形勢ᄂᆞᆫ此의反

對的現象이有ᄒᆞ다云ᄒᆞ리로다

衆星이 稠密히 輻輳호여 잇다 할지라도 互相
히 接近호 者는 아니요 다만 同호 方向에 許多
호 星이 뵈일쑨이라 同호 方向에 在호 者는 비
록 遠히 相隔호여 잇다 云할지라도 吾人에 所
見에 눈 衆星이 相接호듯 호게 뵈이누니라
然則 月의 大小遠近及作用이라 銀河의 構造와
天體의 形勢가 非常호 現象이 有호다 稱호리
로다

造林上立地의 關係

會員 金 鎭 初

造林上立地의 關係라 눈 것은 土地 及 位置
의 性質과 林木과 相關되눈 關係를 論호눈 것
이니 此를 詳細히 論호랴면 所謂 立地學이라
稱호눈 것는 一學科를 形成홈에 至호눌 玆에 略述
호눈 것은 다뭇 造林上 最必要호 部分에 不過
호도다

第一 土地의 關係

林業上에 處호 土地의 關係는 其化學的 性質
보다 차라리 其理學的 性質 特히 土地의 濕氣
와 土地의 深淺과 土地의 粗密로써 必要타 호
면
니 此等 理學的 性質은 其度에 過호면
同時 林木의 成長에 害가 有호누니 即 過度의 濕
氣와 過度의 乾燥와 過度의 密着과 過度의 輕
鬆等이 是也 然而 中庸의 性質을 有호 土地
눈 何樹種에도 一般 有益호누니 假令 某樹種
은 一偏호 性質이 잇눈 土地에야 成長이 最良
호눈 中庸의 性質을 有호 土地눈 廣히 造林上
에 恒常便益이 多호누니라 盖一方에 偏호 土
性에 눈 其土地에 適當호 樹種 이아니면
造林호기 不能호누 中庸性質의 土地에눈 造
林호는데 所有主의 隨意로 其樹種을 可擇홀지
니라
植物質의 腐敗로써 成호 朽土는 土地理學的

三十七

性質을改良ᄒᆞ며 其性質이 一方에 偏依ᄒᆞᆷ을
防備ᄒᆞᄂᆞ니 故로 枌土를 多造ᄒᆞ야 置ᄒᆞᆷ은 造
林上에 가즁 貴重ᄒᆞᆫ 要件이니라

樹木의 要ᄒᆞᄂᆞᆫ 土地의 性質은 各樹種을 依ᄒᆞ
야 不一ᄒᆞᄂᆞᆫ 某樹種은 其成長上에 必然 其一
定不變의 性質을 可缺치못ᄒᆞ리라 云ᄒᆞᆯ것이
아니오 도로혀 位置와 氣候等을 依ᄒᆞ야 其性
質의 差가 有ᄒᆞ다 謂ᄒᆞᆷ이 可ᄒᆞ니 比喻ᄒᆞ면 山
之北方에셔 乾燥ᄒᆞᆫ 地에 가즁 能히 成長ᄒᆞᄂᆞᆫ
樹種도 南腹에셔ᄂᆞᆫ 도로혀 濕潤ᄒᆞᆫ 地에야 完
全ᄒᆞ 成長을 得ᄒᆞᄂᆞᆫ 事가 有ᄒᆞᄂᆞ니라

土壤의 種類及特性

土壤의 必要ᄒᆞᆫ 成分은
砂와 粘土와 石灰等이라 砂ᄂᆞᆫ 石英을 含有ᄒᆞᆫ
岩石이 分解된것이오 粘土ᄂᆞᆫ 長石及雲母、
角閃石、輝石等이 分解된것이오 石灰ᄂᆞᆫ
石灰岩이 分解된것이니 特히 林木의 必要
ᄒᆞᆫ 鑛物質養分의 多數ᄂᆞᆫ 輝石角閃石等으로

ᄒᆞᆫ者ㅣ라 山岳地方의 土壤은 其地下에在
ᄒᆞᆫ母岩(分解되기前稱)의 分解로 成ᄒᆞᄂᆞᆫ谷
底와 平地의 土壤은 其上方으로 流下ᄒᆞᆫ 堆積
土로 成ᄒᆞᄂᆞ니 學者의 考說를 據ᄒᆞᆫ 則 林業上
에 土壤의 種類를 區別ᄒᆞ야 壇土와 壤土와
石灰土와 泥灰土와 砂土와 壚土와 礫土의七
種으로 分ᄒᆞ니

一 壇土ᄂᆞᆫ 其中에 五分乃至七分의 粘土를含
有ᄒᆞ야 粘着性이 强ᄒᆞ며 地中에 空氣侵入
이少ᄒᆞ고 ᄯᅩ 水를 多量히 吸收ᄒᆞ야 泥沼地
가되기易ᄒᆞ고 濕潤ᄒᆞᆯ時ᄂᆞᆫ 甚히 粘着ᄒᆞ며
乾燥ᄒᆞᆯ時ᄂᆞᆫ 甚히 硬凝ᄒᆞ고 日光에 觸ᄒᆞ면
其上面에 硬皮를 生ᄒᆞ야 造林事業을 困難
케ᄒᆞᄂᆞ니 此地에 砂와 石灰와 枌土等을 混ᄒᆞ
면 肥沃ᄒᆞᆫ 地가 되ᄂᆞ니라

二 壤土ᄂᆞᆫ 三分乃至四分의 粘土와 六分의砂
를含有ᄒᆞᆫ者ㅣ니 此를 耕起ᄒᆞ면 高低를久

保호야過度히濕潤치아니호고乾燥치도 아니호며粗에過치도아니호고密에過홈 도無호야植物栽培上에極히適當혼土地 니라此地에石灰와朽土를混호면가증肥

沃혼地가될지니라

三 石灰土는三分以上의炭酸「갈시움」(石 灰) 과粘土와砂等을含有혼것이니石灰 눈或粒狀或粉狀으로混호느니라若石灰 가大粒으로된土地는砂地와갓치劣等이 되느粉狀으로粘土及朽土를混호야成혼 土地는甚히肥沃혼지라凡石灰는地中鑛 物質及有機質의分解를促成호야樹木의 成長에必要혼養分으로호야곰植物이攝 取기易혼性質을助成호느니故로石灰를 壤土及粘土에加入호면多大히其土地를 改良호느니效가有호느니라

四 泥灰土는粉狀의炭酸「갈시움」과多少

의粘土가細密히混和成立혼者ㅣ니非常 히肥沃호야자못壤土와性質이同一혼지

라

歷史譚 (第一回)

會員 朴 容 喜

序

自十五世紀頃으로世界文明이日進月長에 生存競爭이無處不起라顧其原因건된有二 大重要導大線호니米國發見이爲其經濟的 遠因호고佛國革命이爲其政治的近因矣라 何故오一自米土發見後로西班牙人이陸續 渡米호야發掘新世界 (新世界라云홈은東 半球에對호야西半球을名稱홈이라) 天貯 之金銀銅鐵호야輸送歐洲에貨幣는日賤호 고物價는日貴라是故로貧益貧富益富호야 惹起生活之懸殊에競爭이隨而愈迫호느니是

其經濟的遠因也요繼又有佛國革命ㅎ야數
千年間壓制下之人民이猝唱共和에影響이
播傳에全歐가聳動ㅎ야專制에不平을唱道
者四起ㅎ니此乃政治的近因也라故로余가
欲叙發見米土ㅎ야以催近世文明之泰斗者
클럼버스傳ㅎ야以報我同胞ㅎ노라

클럼버스傳

클럼버스는伊太利人인디西曆一千四百三
十七年에同國北方쩨노바灣頭쩨노바港에
生ㅎ얏는디其爲人이體格이適中에風采가
凜然ㅎ고面如冠玉에眼光이閃々ㅎ고精神
이齡如에沈着果敢ㅎ고臨事應機에快活磊
落ㅎ고深信耶蘇에敬虔不動ㅎ더라自少時
로性好理學ㅎ야早入파바아大學ㅎ야熱通
天文地理及幾何航海等學ㅎ고又好讀書及
研究러라當此時ㅎ야歐洲全般思想이尙不
免乳嗅ㅎ야風靡於訛談虛說而頑冥偏執ㅎ

야只以是古非今으로爲事ㅎ되而獨葡萄牙
王헨리는先從父王ㅎ야遠征무야於亞弗利
加라가聞見風土之同異與氣候之不同及動
植物之異樣ㅎ고暗想以爲若航探亞弗利加
西岸이면土地를可發見ㅎ줄노自信矣러니
及其登位ㅎ야嘗閱古書ㅎ실 見其書中에有
云古有유ㅡ드기사스者가解纜紅海（間於
亞弗利加、亞剌比亞之海ㅣ其海中에아미
바라稱ㅎ는極微ㅎ昆蟲이多樓ㅎ야燦然發
光에海水爲紅故로遂有此稱ㅎ니라）ㅎ야
航繞亞弗利加에得達디불랄달이라ㅎ엿고
又昔有카ㅡ세ㅡ디人한노者曾率六隻ㅎ고
沿航亞弗利加海岸ㅎ야逐達於亞剌比亞海
岸이란等說ㅎ고宿念이日切ㅎ야關閉深宮
에多招名士ㅎ야日究航海天文等學에意在
欲奪伊太利人之商權ㅎ야以圖自國之繁盛
矣러니未久에葡王헨리가興航海學校於리

스본(葡萄牙首都也라)ᄒ고 또 設觀測所於

사구레스ᄒ고 聘雇四方名士達客ᄒ야 使執

敎務케ᄒ더라 由是로 葡人이 裝勵於葡王헨

리 熱心雄略之下ᄒ야 應用羅針盤而出沒海

洋ᄒ며 遠航亞弗利加에 發見其大部分ᄒ고

探險於熱帶地境ᄒ며 來往於아소아群島(在

於太西洋中西經二十度北緯三十八度ᄒ디

即今之아소레스群島是也라)之間에 歐人髓

腦가 得以一變ᄒ고 四方好奇冒險者蝟集葡

京之時也而 클럼버스도 亦其一人也러라 클

럼버스가 住葡京之間이 常詣總聖寺院ᄒ야

祈禱禮拜라가 得一佽儷ᄒ니 名曰도나、휘

리파니 即葡王헨리下에 養成된 拔群航海客

스로러ᅳ로之女也라 由是로 클럼버스가 得

故伊太利騎士바ᅳ、드로시오、모이스、페레

其舅氏航海遠征時之日記地圖ᄒ야 以助後

日發見一臂之力矣러라 클럼버스之留葡京

也에 家素貧寒ᄒ야 製地圖及海圖而販賣求

生ᄒ야 其製圖之精確과 智識之博通이 巍然

秀出에 名聲이 噴噴於當代上等社會之間ᄒ

더라 有幾에 與其妻휘리파로 移住于포ᅳ도、

산토ᅳ島ᄒ니 此島ᄂ 即昔者에 其舅氏之統

治處也요 現又其同婿클레오 留守之地也요

四方航客聚散之處也라 故로 클럼버스가 訪

於來往ᄒ기니아 (在於亞弗利加西端西經十度

로至二十度間之地也라)之航家則發見致富

之說을 無日不聞矣라 是故로 클럼버스之熱

情이 如燃에 欲棲海洋之心이 己達極點矣러

라클럼버스之留此島也에 得聞有二三可信

之報告ᄒ야 益助其欲發見之動機ᄒ니

第一 가나리아群島 (在於亞弗利加北西

方太西洋中西經十五度北緯三十度之

處라) 及산토배等島之新發見이요

第二골레오云西風이連日大吹之時에 疑

四十一

似異人種의製造 한一彫刻物과歐人未

曾見之大木과銅色面皮에赦褐裸體之

二屍軀가漂着同島 횟다云云 한이더라

클럼버스가雖留葡邦이나知終不能成功 한

且其糟糠之妻 횔리파가己死矣라遂決意而

去葡之西 한야行乞於파로스 (西班牙南

方之一港名也라) 홀서라,라비다 寺院僧正

(僧正者 눈 基督教徒를統割 指揮 한 者也라)

뎌안,페레쓰스 (女王이사베라를洗禮시킨

神父也라) 가見其容貌가非凡에行動이異常

호고遂收容於教會內라가稍知其天才가超

衆에鴻謀遠觀이라終非池中之物이라 한고

遂薦于女王이사베라 (이사베라 눈 가스틸國

王也라雖嫁於아라곤國王 한더니然이

나尚各自處理其國政故로有此女王之名稱

矣라) 而使向골도바 (골도바 눈 古西班牙首

都러니今則遷都于마도리一드 한니라) 한니

라當是時 한야西班牙가欲併이헤리아半島

而方與무아民族으로大起爭鬪之時也라何

假에掛念於如許虛荒之說이리요且到골도

바之時也에非但無人有薦者라到處에故斥

矣러나然이나脫穎이未遠에熱心이益堅 한

고舌如懸河에逢者 輒驚矣러라以故로클럼

버스之名聲이漸知於上等社會之間 한야終

得謁見於女王에女王이知其人才 한고上客

之禮로相待 한더라然이나女王이每以클럼

버스之企圖로下問於牧師會議則輒被彈劾

에進退維谷이非但二三次나每得女王之厚

意與디一뎐、데、大僧正之同情而終免逐

客令 한니라歲月이如流에무아가己退 한고

西國이靖難에上下가稍安 한고和局이己結

에클럼버스遠征之企圖가閣議에再演이되나

斷然이拒絕 한비되니라클럼버스之抱此雄圖

가已經十八歲載之星霜에嘆吁其行路之難

四十二

호고 再欲決心而去西就法호야 將發골도바
而欲向巴里호스시 女王이사베라가 些少金錢
之故로 惜失如此抱負之大豪傑호야 遂於西
班牙南方子라나다에서 悉以가스틸國之歲
入으로 其航海의 費用을 支辨홈을 誓約호니
時는即西曆一千四百九十二年이더라(未完)

商業의 意義 (寄書)

張 弘 植

夫吾人의 商業意義의 解釋은아즉 一定혼 說
이無호야 余亦確知치못호나 或說과余의信
호는所說을分論호 노라或은商業意義를分
호야廣義及狹義로論홈이有호니其廣義에
曰運輸、保管、金融、等은補助商業又는機關
商業이라 名호고其狹義에曰賣買等은狹義
商業又는 固有商等이라名호며 或은此二意
를混用호야曰所謂商業은狹義의 商業이아

니라호나니 然즉此는商業의 區別이오所謂
商業의 意義가아니로다 何者오夫吾人은高
等의動物이라複雜혼欲望이有호니其欲望
은即精神的欲望假令愚者欲賢호고暗者欲
明홈이此ㅣ라또肉體的欲望假令渴者欲飲
호고飢者欲飽홈이此ㅣ라其次는物質的欲
望假令醜者欲精호고 樊者欲飾이此ㅣ라此
等欲望이有홈으로 時勢進步와 文化發達에
從호야競爭이生홈이니故로商業의 意義를
論호기先호야吾人欲望의進步를論호노라
一, 天然生産物을採集홈에從事혼事니假
令古代漁獵時代가此ㅣ라故로一餌를
投호야百魚를得호며 一矢를戈호야十
鳥를得홀지라도此時代에當호야否라吾
人은百魚十鳥로滿足홀者ㅣ아니라然
이나此時代에當호야團体的이無혼境
遇에其狩獵者ㅣ即賣者買者됨이로

다

二、天然的生產物採集者에加工ᄒᆞ事ㅣ假令綿花等事ㅣ가此ㅣ라天然의物을人그에依ᄒᆞ야纔得衣服ᄒᆞᆷ에不過ᄒᆞᆷ이라然즉農業時代를云ᄒᆞᆷ이니엇지一物을得ᄒᆞ야別物을造成ᄒᆞᆷ에滿足ᄒᆞ리오此에至ᄒᆞ야分業이無ᄒᆞᆷ을可히察ᄒᆞᆯ지라

三、天然生產物도아니오ᄯᅩ天然生產物에加工ᄒᆞᆫ者ㅣ도아니라一都會의셔他都會에運輸ᄒᆞ야有無相通ᄒᆞᄂᆞᆫ事ㅣ니即商人의需用供給에應ᄏᆡᄒᆞᆯ事ㅣ라此ᄂᆞᆫ商業時代를云ᄒᆞᆷ이니假令吾의有ᄒᆞᆫ者를他에與ᄒᆞ고他의有ᄒᆞᆫ者를吾가要ᄒᆞᆷ이니라

以上三者를觀ᄒᆞ니時代의進不進과嗜好의有否에從ᄒᆞ야異ᄒᆞᆷ이나前記廣、狹義로解ᄒᆞᆫ者와比較ᄒᆞ면其意反對됨을可知라故로余

ᄂᆞᆫ云ᄒᆞ되商業은時期、距離、分量、處所、의不適合ᄒᆞᆫ者로부터效力이少ᄒᆞᆫ狀態에在ᄒᆞᆫ者ᄂᆞᆫ를其狀態를變ᄒᆞ야效力이多ᄒᆞᆫᄃᆡ至ᄏᆡᄒᆞᄂᆞᆫ生業이라ᄒᆞᆷ이라何者오第一第二에天然生產物及此에加工ᄒᆞᆫ者ᄂᆞᆫ다만得ᄒᆞ야一時의滿供給ᄒᆞ고需要ᄒᆞᆯ지나비로소第三有無相通에至ᄒᆞ야其要求키難ᄒᆞᆫ者와有餘에不堪의歎을免ᄒᆞᆯ지라然而時期가不適ᄒᆞ면其果不實ᄒᆞ고處所가不適ᄒᆞ면其達이不迅이오距離가不適ᄒᆞ면其通이不便ᄒᆞ고分量이不適ᄒᆞ면其換이不適ᄒᆞᆷ은尙矣勿論이라假令佛國의葡萄로써時期、場處、分量、距離、가不適ᄒᆞ면豈可得發達이며英國의石炭과日本의生絲가豈可得利名가故로商業이從此로轉賣를目的ᄒᆞ고營利를目的ᄒᆞ다ᄒᆞᆷ이니라

추풍일단 (寄書)

女史 尹貞媛

눈을들어, 우듀만물을, 보면 그, 크기는, 무극ᄒᆞ고, 공간에, 동ᄒᆞ고, 멀기는, 북두셩신에, 달ᄒᆞ며, 젹기는 현미경이, 아니면 볼수업고, 갓갑기는, 안젼목엽, 곤듕에, 니르도록, 샹합됴화ᄒᆞ야 찬연ᄒᆞᆫ, 광치를, 소시를, 좃차, 던디에, 가득케ᄒᆞ니, 고금을, 불문ᄒᆞ고, 시스가인은, 이를위ᄒᆞ며, 영가ᄒᆞ며, 문인화공은, 이를위ᄒᆞ여, 그리고, 악슈령인은, 이를위ᄒᆞ여, 노릭ᄒᆞ여, 한번이라도, 이, 됴화지력을, 쇠ᄒᆞ거나, 파ᄒᆞ일이업스나, 다만, 여 추히, 완연히조화ᄒᆞ고, 미묘낭ᄉᆞᄒᆞᆫ, 류악즁에셔져, 불쾌ᄒᆞᆫ, 얼골과, 불평ᄒᆞᆫ, 므음으로, 듀야방황ᄒᆞᆫ거손, 엇지사ᄅᆞᆷ뿐이, 아니리오

즛고로, 추월츈화가, 스스로, 한탄ᄒᆞᆯ일은, 업스나, 한탄ᄒᆞᆫ는쟈는, 다만, 이를보ᄂᆞᆫ사ᄅᆞᆷ뿐이오, 추풍락엽이, 스스로, 슬퍼ᄒᆞᆯ일은, 업스나, 이를보고, 청삼을, 젹시ᄂᆞᆫ쟈는, ᄯᅩᄒᆞᆫ사ᄅᆞᆷ뿐이라, 연즉, 던디만물은, 즐거워, 노릭ᄒᆞᆫ눈듸, 무ᄉᆞᆷ연고로, 사ᄅᆞᆷ은, 혼ᄌᆞ초탄ᄒᆞ며, 던디ᄉᆞ방은, 안연ᄌᆞ약ᄒᆞᆫ눈듸, 하고로, 다만사ᄅᆞᆷ은, 방황부지ᄒᆞᄂᆞ뇨

이는, 다름아니라, 사ᄅᆞᆷ마다, 심즁에, 량인(션악) 지쥬가 일슴이라, 착ᄒᆞᆫ쥬인이, ᄒᆞᆼ져, ᄒᆞᄂᆞᆫ바ᅵᄂᆞᆫ, 악ᄒᆞᆫ지ᅵ, 못ᄒᆞ게ᄒᆞ고, 악ᄒᆞ쟈ᅵ, ᄒᆞ고져ᄒᆞᄂᆞᆫ바ᅵᄂᆞᆫ, 착ᄒᆞᆫ쟈ᅵ, 허락지아니ᄒᆞ여ᄒᆞ고도, 일인의, 심즁이, 션악량인의, 젼댱이, 되여, 몽미즁에라도, 쉬지아니ᄒᆞ니, 엇지그사ᄅᆞᆷ이, 일시라도, 평화를, 엇을길이 잇스리오, 이럼으로, 일가도, 평화를, 부득ᄒᆞ고, 일국도, 평화를, 부득ᄒᆞ고, 지어텬하

도, 평화를, 부득ᄒᆞ여, 스스로, 텬상명월이,
참담ᄒᆞᆫ것ᄀᆞᆺ치, 뵈이고, 텬하추풍이, 소실ᄒᆞᆫ,
것ᄀᆞᆺᄒᆞ나, 연이나, 텬상텬하에, 쟈연셰계ᄂᆞᆫ,
태극지초브터, 한번도, 그, 룰려됴화를, 변
ᄒᆞᆫ일이업고, 오죽, 인간셰계만, 이, 참담ᄒᆞᆫ
형셰를, 현츌ᄒᆞᆫ는도다. 나라와, 나라와ᄂᆞᆫ,
항상, 호표ᄀᆞᆺ치ᄡᅩ호고, 붕우천ᄌᆞ, 형뎨ᄂᆞᆫ,
어름ᄀᆞᆺ치, 링ᄉᆞᄒᆞ여, 졍히, 인셩셰계ᄂᆞᆫ, 불평
곤궁의, 뎐댱이됨을, 면치못ᄒᆞᆫ는도다
이럼으로, ᄌᆞ코로, 허다ᄒᆞᆫ, 셩인군ᄌᆞ와, 학
쟈가, 이, 곤궁을, 졔츌방법을, 연구ᄒᆞ여왈,
죵교, 도뎍, 미슐, 급, 텰학이라, ᄒᆞ나, 죵교
의셰력은, 미약불셩ᄒᆞ고, 도뎍의광치ᄂᆞᆫ, 암
유치부독ᄒᆞᆷ을, 엇지ᄒᆞ리오, 연고로, 죵교가
ᄂᆞᆫ, 열심으로, 젼도ᄒᆞ고, 셩현은, 열심으로,
가르치며, 학쟈ᄂᆞᆫ, 열심으로, 연구ᄒᆞ나, 오

즉, 이가온디셔, 몸으로, 실ᄒᆡᆼᄒᆞᆫ쟈ᅵᄂᆞᆫ,
다만, 녀ᄌᆞ뿐이라, 쟈션, 교휵, 간병, 젼도,
위셕, 면려, 등ᄉᆞ업은, 녀ᄌᆞ의본분이라, ᄎᆞ
등ᄉᆞ업의목뎍을, 십분득달케, ᄒᆞᆫ쟈ᄂᆞᆫ,
엇지녀ᄌᆞ가, 아니리오, 녀ᄌᆞᄂᆞᆫ, 무리히, 힘
쓰지, 아니ᄒᆞ드린도, 텬싱으로, 여ᄎᆞᄒᆞᆫ, 아
름다온, 셩질을, 가진쟈ᅵ라, 예수ᅵ가, 쟝
ᄎᆞ, 이셰샹을, 바리시지, 아니치못ᄒᆞ실림시
에, 그, 뎨일귀즁ᄒᆞᆫ, 머리털노, 그발을, 씻슨
ᄌᆞ와, 십이인졔ᄌᆞᄂᆞᆫ, 다, 각ᄉᆞ, 그셩명을, 보
젼코져ᄒᆞ여, 동셔남북에, 몸을감초고, 다만,
일인도, 그뒤를, ᄯᅡ르지, 아니ᄒᆞᆫ는씨를, 당
ᄒᆞ여셔도, 십ᄌᆞ가하에, 업디여, 락누요ᄉᆞᄒᆞᆫ
쟈ᄂᆞᆫ, 엇지녀ᄌᆞ가, 아니리오, 만국사막(沙
漠)에, 물을주고, 가ᄂᆞᆫ곳마다, 황홀ᄒᆞᆫ, 향긔
로, 텬하를, 빗ᄂᆞᆫ게ᄒᆞᆫ는쟈ᄂᆞᆫ, 엇지녀ᄌᆞ가,
아니리오, 렬학쟈의, 만권셔가, 추호무공ᄒᆞ

四十六

190

고, 궁리의론이, 조곰도, 인심을, 위로치못
ᄒᆞᆫ셕, 급훈동졍의한마디말노, 능히, 우려
를, 훗터지게ᄒᆞ고, 가련의원ᄒᆞᄂᆞᆫ눈물노, 능
히, 환란졍투를, 화합게ᄒᆞᆷ도, 엇지녀ᄌᆞᆨ가,
아니리오, 이를, 비컨딩, 남ᄌᆞᄂᆞᆫ, 젼심진력
ᄒᆞ여, 발연명구ᄒᆞᄂᆞᆫ쟈ᅵ오, 녀ᄌᆞᄂᆞᆫ, 직각실
힝ᄒᆞᄂᆞᆫ쟈ᅵ라, 연고로, 뎨일, 덕당착실케, 그
본분을, 셔닷고, 바르게, 직히ᄂᆞᆫ쟈ᅵᄂᆞᆫ, 녀ᄌᆞ라, ᄒᆞ
고, 뎨일, 바르게, 그길을밝게ᄒᆞᄂᆞᆫ것슬, 녀
학이라ᄒᆞ고, 이길을좃ᄎᆞ, ᄆᆞ르치ᄂᆞᆫ것을, 녀
ᄌᆞ교휵이라, ᄒᆞᆫ다더라

旅窓秋感

會員 張啓澤

◎秋天이崢嶸ᄒᆞ고　　秋月이凉朗ᄒᆞ니　　豪
氣揚々霄襟快라　　欄干을의지ᄒᆞ여　　故國
山川바라보니　　葉未落ᅵ淚先落이라　　人

跡이쓴어지고　　四野ᄂᆞᆫ寂寞ᄒᆞᆯ딩　　寺鍾聲
은挑客愁라　　隨聞隨見이皆慘慄　　强執一
嘯戲一曲　　虫喞々ᄒᆞ고　　露瀼々ᄒᆞ니　　愁
中甦愁難禁이오　　數行熱淚自下ᄒᆞ니　　雙
袖龍鍾이아닌가　　風吹梧桐ᄒᆞ니　　其聲이
搖落ᄒᆞ고　　月照東窓ᄒᆞ니　　光輝玲瓏이라
夢中駕九天風ᄒᆞ고　　周遨遊東西洲라　　眉
碧樓四望開ᄒᆞ니　　天地潤秋氣淸이라　　歲
月은東流水오　　光陰은一擲梭라　　昨秋風
更逢ᄒᆞ니　　其聲이瑟々ᄒᆞ고　　我懷怵々이
라　　雲捲天高ᄒᆞ니　　卵色이頻呈ᄒᆞ고　　暑
退凉生ᄒᆞ니　　癠瘦를欲蘇로다　　西遠望太平灣ᄒᆞ니
堪ᄒᆞ야　　中庭에緩步ᄒᆞ니　　月色은如氷ᄒᆞ
데　　樹影이彫地로다　　身雖寄於異域ᄒᆞ나
氣吐成萬丈虹이라　　畫思夜夢歸國ᄒᆞ니
心常在于鄕國이라　　黍離之感難禁토다
奮起어다우리靑年

焦思彈慮勤孜ᄒ오　弱肉强食不見ᄒ며

勤者得之不知ᄒ오　　山崩頹ᄒ고　水沽渴

ᄒ니　山窮水盡이아니며　　鞭笞之屛當頭

ᄒ니　雲耕月釣할수업지　　卓傑之才우리

靑年　姑息之風革棄ᄒ오　安於不爲樂於

不爲　悠々歲月虛送마오　一去ᄒ면不再

來오　時違ᄒ면後悔莫及　新鮮灑落이바

람에　暗膓昏夢어々셔오　一思不發十指

不動　塔上菩薩一體로다　頑固ᄒ前日耳

目　聾聾之歎難免이며　陳腐ᄒ荒唐之說

啞人之形답々ᄒ다　　而巳요　詩成月落ᄒ

데　起看北斗氣森々

隨感錄

會員　孫榮國

達ᄒ니吾輩靑年의學問을攻究ᄒ고精神을

鍊磨ᄒᆞ好季節이到來

○米國桑港이今次震災를經ᄒ야華麗宏壯

ᄒ던全市가熱灰焦土를化成ᄒ後로秩序가

壞亂ᄒ고强盜가橫行ᄒ야白晝大街上에서

人命을殺傷ᄒ며財物을橫奪ᄒ되警察力이

不及ᄒ야此를鎭定키不能ᄒ고特히東洋人

種에對ᄒ白人의暴行이日復益甚ᄒ야危險

莫甚이라ᄒ는데我同胞兄妹의消息이杳然

久潤ᄒ니健在耶否

○我國에는蓄妾의風이盛行ᄒ야中流以上

男子는此를男子의例事로知行ᄒ나니一家

和平을壞亂ᄒ는原因

○蓄妾의弊風은先代의遺習에도多因ᄒ려

니와今日我國婚姻制度의弊害가分明이其

一因이라我國經世의士는此에注意ᄒᆞ는지

○我國實力의微弱이今日非常ᄒ慘境에至

○冷風이瑟々ᄒ고雨聲이蕭々ᄒᆫ데窓外에

梧桐닙은一葉二葉뚝々떠러져서暮意를傳

ᄒᆞ엿ᄂᆞᆫ디 奢侈의 風은 漸盛ᄒᆞ야 全國人民의 衣服器具로 至於日用小品이라도 都是外國物만 競爭仰用ᄒᆞᄂᆞ엿지 容易히 看過ᄒᆞᆯ現象이리오 此等惡風을 百方으로 救治ᄒᆞ되 衣服等節에 對ᄒᆞ여ᄂᆞᆫ 特히 法令으로 上下貴賤을 莫論ᄒᆞ고 內國産品綿布屬以外에ᄂᆞᆫ 一切着用ᄒᆞᆷ을 禁止ᄒᆞ엿스면

○外國에서ᄂᆞᆫ 富者가아 모조록 自己의 實力을 誇張ᄒᆞ야 信用을 廣得ᄒᆞ야 是務ᄒᆞ며 商廛에셔ᄂᆞᆫ 華麗ᄒᆞᆫ 物品을 廛頭에 陳列ᄒᆞ야아모조록 華客의 注目을 惹起ᄒᆞ거ᄂᆞᆯ我國은 此에 反ᄒᆞ야 富者ᄂᆞᆫ아 모조록 實力을 隱匿ᄒᆞ고商廛에셔ᄂᆞᆫ 物品을아 모됴록 倉庫에 隱置ᄒᆞ야 鐘路大街上에도 寂寞의 歎을 不禁ᄒᆞ니어ᄃᆡ 써지保守主義

○我國이以來漢文만崇尙ᄒᆞᆫ 結果로今日精神의 腐敗를 招致ᄒᆞ엿ᄂᆞᆫ데 近來에ᄂᆞᆫ此의反動으로 漢文思想은全廢ᄒᆞᆫ 境에至ᄒᆞ고新文學은 發興치못ᄒᆞ야今後靑年은 如何ᄒᆞᆫ學識을修得ᄒᆞᆯ지라도 自己의思想을 十分文章으로表示키 不能ᄒᆞᆯ뿐아니라 通常書信을自書치못ᄒᆞ게되리니엇지寒心치아니리오

○如此腐敗를招致ᄒᆞᆫ것은漢文自身의罪가아니라 訓育이其宜를 不得ᄒᆞᆷ에 出ᄒᆞᆷ인則今後 新式學校에셔ᄂᆞᆫ 新方法으로 漢文思想을 培養ᄒᆞ여야만

思潮滴々

會員 申 相 鎬

物費上文明이 漸次進步함으로 精神上文明即倫理道德은 反比例로退步ᄒᆞ야 一國家가되야난 强食弱肉으로慣例를삼고 一個人이되야난曰金錢曰名譽로平生事業을삼으니 可惜ᄒᆞ다現今世上

四十九

193

○世界文明이 進步토록 世人은 學問萬能主
義를 主唱ᄒ나 誤哉라 此思想이여 學問이 非
不貴重이나 人格이 有한 然後之事라 評問하
노니 昔者에 楊雄王安石等 一派가 學問이 不
足하야 天下에 害毒을 遺하얏난가
○世間에 放蕩子 一派난 言必稱英雄은 好色
이라ᄒ야 酒色界에 沈落ᄒ야 平生事를 誤ᄒ
나니 愚哉哀哉라 英雄이 英雄됨이엇지 好色에
在하리오 好色은 英雄에 短處를 謂함이어날
英雄의 長處를 不效ᄒ고 短處를 模範코져ᄒ
니ᄒ슈엽난 下等人物
○自己의 心思로만 他人의 心思를 推測지말
지어다 人々마다 人思가 다르도다
○世間에 엇던 人物은 陰行不法ᄒ고 陽保名
譽코져하나 이것은 自己를 欺함이로다 大盖
名譽난 事後에 生ᄒ난 結果니 譬컨딩 物體에
影子가 其物體에 形狀을 從하야 或方或圓하

며 或長 或短 함과 如ᄒ야 善事를 行하면 善影
이 生ᄒ고 惡事를 行하면 人力
으로 其眞相을 掩蔽할 슈無하나니
○大丈夫世에 立하야 磊落한 大事業을 行할
씩에 世人의 毀譽로써 心頭에 掛하지말지어
다 毀我者난 我를 嫉妬함이오 譽我者난 我에
게 阿諂하난것이니 自己에 毀譽난 自己에 良
心에게 問할지어다

奮起ᄒ라 靑年諸子 (寄書)

大 夢 生

試看ᄒ라
灼々호 大火난 棟梁을 方燃ᄒ고 濚々ᄒ激
湶은 門庭에 將侵ᄒ난딩 爾等의 父母난 老而
無用이오 爾等의 妻眷은 弱而不堪ᄒ난니 萬
一 爾等이 水龍을 因ᄒ야 連燒를 防ᄒ며 水口
를 開ᄒ야 流勢를 導 타아니ᄒ면 追頭ᄒ禍厄

을 何人이 替防호깃ᄂ뇨

試思호라

高軒은 業巳焦土되고 閭閻은 將次坎沒호리니 猛惡호 祝融이 其威를 方誇홀시 엇지 爾等의 父母를 顧慮호야 寢室에 不入호며 凶獰혼 海若이 其力을 方伸홀시 엇지 爾等의 妻子를 編愛호야 便房을 不犯호리오

猛省호라 猛省호라!

遊仙枕上에 行樂이 無窮호고 華胥國中에 探勝이 未盡호 至於爐邊 黃粱이 十分己熟에 奈何奈何오 外曉樹에 杜鵑은 泣血호고 塒上曙色에 黃鷄ᄂ 報晨이라 此時不起호고 更待何時오!

奮起호ᄅ 奮起호ᄅ!

廳堂에 火已及호고 庭園에 水已侵호야 萬一瞬時라도 遲緩호면 爾等의 舊居ᄂ 阿房宮 舊觀을 作홀것이오 爾等의 田圃ᄂ 龍王府版

圖에 隸屬될디니 爾等은 將次 兩親의 焦頭爛額호고 叫苦呼痛호ᄂ 樣子를 見코져호ᄂ냐 一眷屬의 逐波追派호야 乍浮旋沉호ᄂ 樣子를 見코져호ᄂ냐 此實天地間圓顧方趾者의 忍道터도 못홀비어든 而況爾等과 如히 奉親誠孝호여 率眷仁愛호ᄂ者의 엇지 忍行호 비리오

力行호며 勇進호고 勇進호며 力行호ᄅ!

慈悲天女ᄂ 許多혼 水龍을 備置호고 爾等의 來求호기만 苦待호고 福德地神은 無數혼 溝洫을 掘成호고 爾等의 回水호기만 懇望호ᄂ니 唯患不爲라 何憂難處리오 攀巴를 莫待호ᄅ 오즉 力行호면 滅之何難이며 大禹를 自期호라 오즉 力行호면 退之不難호리니 須叟ᄅ도 遲延티 勿호고 斯速히 起動호라 爲復不爲호고 進進復進호야 自衛不疎호고 自强不息혼 然後에야 惡魔ᄂ 後門으로 退出호고 福

神은前戶로셔趨入ᄒ리니,

大哉라爾等의擔責

遠哉라爾等의成功

夕日은已暮ᄒᆫ데前路ᄂᆞᆫ尙遙ᄒ니及今不
始ᄒ면後將奈何오嗚呼諸子여將交爾等의
園林家屋으로洪水의게凶焰의게出付ᄒ며父母妻眷
으로洪水의게駄送ᄒ랴ᄂᆞ냐。如或果然이
면疊々甲窓閉鎖ᄒᆫ中。 重々綉衾舖陳ᄒᆫ裏
에安臥勿起ᄒ고深睡勿醒ᄒ리로디又或不
然ᄒ야一毫라도危懼ᄒᆫ줄知ᄒ거든秒分을
勿留ᄒ고防止기를努力ᄒᆯ디어다
爾等은父母의深息을念ᄒᆞ냐
爾等은妻子의愛情을有ᄒ얏ᄂᆞ냐。 不然
ᄒ면爾等一身이르도、自愛自惜ᄒᆯ줄知ᄒᆫ
냐!

看一看ᄒ라、
戶闥엔水淥々

門楣엔火灼々
瓦飛! 棟摧! 前門倒! 後垣崩- 우
루루룰!

植物界

會員 洪 正 求

吾人의住居ᄒᄂᆞᆫ地球表面에繁生茂殖ᄒᄂᆞᆫ
各種植物은土地氣候를隨ᄒ야種類에異同
을生ᄒᄂᆞ니日本에ᄂᆞᆫ温帶産의種類가가장
豊富ᄒ도다自生植物에ᄂᆞᆫ美麗ᄒᆫ香花가多
ᄒ니第一花中王은春에櫻花等各種이多ᄒ
며培養植物에ᄂᆞᆫ梅花、桃花、海棠花、牧丹、
菊花、等各種이甚多ᄒ여四季의諸花가항상
絶치아니ᄒ며、山林에ᄂᆞᆫ松、杉、檜木、欅木、
樫木、椎木、等이甚多ᄒ고原野에ᄂᆞᆫ菫花、葡
公英花、蓮花、等春飾의草花로부터、萩、桔
梗、女郞花、藤蕎、薄、等秋草에至ᄒ여時를

得ᄒ야 自生ᄒ、면恰然히 五色의 毛氈으로방
셕을 製造ᄒ옴과 如ᄒ고 田畓에ᄂᆞᆫ 稻麥、옥슈
슈、采種、菁根、等의 培養이 多有ᄒᆞ며 其他 楠
木、鴨脚樹、等에 大樹가 日本과 淸國等地에
셔ᄂᆞᆫ 自生繁茂하되 印度갓튼 熱帶地方에셔
ᄂᆞᆫ 此를 培養珍重ᄒᆞᄂᆞ니라 海中産物에ᄂᆞᆫ 黑
菜、裙帶菜、苔等이잇스며、亞細亞歐羅巴北
部에 到ᄒᆞ면 苔桃、巖梅의 等이 有ᄒ고 熱帶地
方에ᄂᆞᆫ 覇王樹、龍舌蘭의 種類가잇스니 土地
의 異흠을 隨ᄒᆞ야 植物의 種類도 亦 大相違흠
이 分明ᄒ도다 凡百四十餘年前當時에ᄂᆞᆫ 學
者에 調査흔바 世界植物의 總數가 僅僅 一萬
餘種에 不過ᄒᆞ더니 其後로 學術이 進步ᄒᆞ고
學者의 發見이 增加ᄒᆞ야 現今에ᄂᆞᆫ 全世界에
産ᄒᆞᄂᆞᆫ 諸植物의 總數가 最近의 調査를 據ᄒᆞ
則凡十七萬五千種以上의 達ᄒᆞ니 此等種類
ᄂᆞᆫ 普通地球上에 分布繁殖ᄒᆞᄂᆞᆫ 植物界에 屬

ᄒ者니라

智育不如體育 (寄書)

晴笠 李 昌 煥

夫智育은 何謂也며 體育은 何謂也오 智育者
ᄂᆞᆫ 涵養天性ᄒᆞ야 開發人智也오 體育者ᄂᆞᆫ 修
練骨格ᄒᆞ야 健全人體者也ㅣ니 及其必要則
一也라 然이ᄂᆞ 人生幸福上으로 論之ᄒᆞ면 各其
固有흔 生質이 有ᄒᆞ야 其所望이 各異ᄒᆞ니 或
得金錢ᄒᆞ야 榮華生活者로 爲幸者도 有ᄒᆞ며
或得名譽ᄒᆞ야 立於世間으로 爲幸者도 有ᄒᆞ며
或高登官位로 爲幸者도 有ᄒᆞ며 或磨智修
德ᄒᆞ야 安心樂道者로 爲幸者도 有ᄒᆞ니 以上
幸福云者ᄂᆞᆫ 從其性質ᄒᆞ야 各自不同이나 然
이ᄂᆞ 吾人一般爲幸者ᄂᆞᆫ 即不外乎健全身體
者也라 若人人이 勤於智育ᄒᆞ고 怠於體育ᄒᆞ
가 疾病에 罹ᄒᆞ면 金錢과 官位와 名譽와 智德

을保全치못홀뿐不會라一日에忽然히世를
去호도有호고此에反호야身體康健호人은
精神이活潑호야如何호困難이라도能히堪
耐홈을得홀지라然則體育이吾人一般幸福
에基礎됨은不待明言確知矣니豈不勉哉며
豈不勉哉아吾人이世에處호야活動홀時에
如何호境遇에至호던지如何호幸福이有홀
지라도身體가不健호면能히志를遂호며業
을成호야一生幸福을享치못호리니엇지懼
치안이호리요만져體育을심쓴後에智育을
開發호여야비로소完全事業을成호리니幸
望諸公은此에硏究호심을伏望

雜錄

○尙灝氏歸國
工學士尙灝氏는客夏에學業을卒了호고其
間에東京留學生會々長이되야熱心으로會
務에從事호더니今月七日에新橋發列車로
歸國호얏는데送別人數百名이新橋驛에齊
會호야萬歲를齊唱호고同氏를送別호야시
니如此히盛大호餞送은我留學生中에稀罕
호다고讚誦不己호더라

○崔廷德氏의血誠教育
東京에留호는崔廷德氏는元來我國에有志
호名士로聲聞이素著호것은世人이夙知호
는바ー라現今天道教學生을監督호는데其
間에天道教에셔該學生等의學資를逐月計
送치아니홈으로該學生等이千辛萬苦를當
호고忍耐做工호는데同氏가滿腔血誠으로
써同情을表호야數月以來로東取西貸호야
該學資을周旋호다가前月에는萬計無策호
야自己의衣服時計履物等을一切典當호고
若干金을求得호야今日々지僅々支當호다
호니同氏의教育上血誠은참感服홀만호더

○尙灝氏留別辭

一空然的蒼穹之內 一塊然的地球上에 人生
이 稠雜ᄒᆞᄂᆞ 僕이 諸君으로더부러 生ᄒᆞᆷ에ᄯᅵ
가갓고 居ᄒᆞᆷ에 나라이갓고 出疆留學ᄒᆞᆷ에곳
이ᄯᅩᄒᆞᆫ갓ᄒᆞ여 逐日相從ᄒᆞᆷ에 於誼於情에 如
兄若弟ᄒᆞ고 和樂如春ᄒᆞ야 海外萬里 멀니와
셔 故國 갓치지낫더니어이야 오늘늘 諸君을
離別ᄒᆞ고 故國으로도ᄅᆞ가니 ᄌᆞᆽ기도ᄌᆞᆺ컨마
ᄂᆞᆫ슬푸기도ᄒᆞᄂᆞ도다 然이ᄂᆞᆫ無合不離ᄂᆞᆫ理
之常然이라 有何多言가다만 願ᄒᆞ고 願ᄒᆞ노
니

劎君子ᄂᆞᆫ 國民義務를銘心ᄒᆞ고身體를
健强히ᄒᆞ며 工夫를竣ᄒᆞ야어셔밧비 還國ᄒᆞ
시기를千萬千萬番이ᄂᆞ祝ᄒᆞᄂᆞ이다

○女史尹貞媛氏

本報에同情을表ᄒᆞ야屢次寄書ᄒᆞᆫ女史尹貞
媛氏ᄂᆞᆫ 本邦自强會副會長으로 國事에盡瘁
ᄒᆞᄂᆞ尹孝定氏의令孃인데光武二年九月에
鵬搏의志氣로日本에渡來ᄒᆞ야 東京明治女
學校에入學ᄒᆞ야同六年四月에優等으로普
通全科를卒業ᄒᆞ고ᄯᅩ該校高等科에入ᄒᆞ야
同九年四月에優等으로該全科를卒業ᄒᆞ고
同年十月에女子學院(英語專門)에入學ᄒᆞ
야現今英語及西洋音樂科를專修ᄒᆞᆫ다ᄒᆞ니
同氏ᄂᆞᆫ品性이高尙ᄒᆞ고學識이高明ᄒᆞ야ᄎᆞᆷ
本邦女子社會에큰模範이될만ᄒᆞ도다嗚呼
라如此ᄒᆞᆫ國民的良教師를有ᄒᆞ고女子敎育
을實行치못ᄒᆞ면我二千萬同胞가엇지其責
任을免ᄒᆞ리오

○嗚呼留學生扈根明氏永眠

京城人扈根明氏ᄂᆞᆫ年才十七에海外留學의
壯志를決ᄒᆞ고本年四月初에東京에渡來ᄒᆞ
야光武學校에셔 留宿ᄒᆞᄂᆞ中帶來ᄒᆞᆫ學資가
罄盡ᄒᆞ야 非常ᄒᆞᆫ困難을當ᄒᆞᆫ지라屢次書信

으로 其父兄에게 今日修學의 必要를 百方說
明ㅎ고 學費의 辨送을 懇請ㅎ되 學費는 姑捨
ㅎ고 回信이 頓無ㅎ야 憂愁度日타가 不幸一
朝病魔(肺炎)의 侵襲한바되야 勢甚危重이
며 一邊으로 魏東植氏를 本國으로 委送ㅎ여
其本第에 通知ㅎ고 李漢卿 李昌煥 安鐘九 諸
氏는 同胞救濟의 熱心으로 百般周旋ㅎ야 患
者를 麴町區回生病院에 入院治療ㅎ고 安
鐘九氏는 患者의 便利를 爲ㅎ야 該病院內에
同留ㅎ면져 或通辯도ㅎ며 或患者의 悲傷한
心懷를 慰勞홈에 盡力혼지라 該病院一同이
外國少年의 身勢를 哀恤ㅎ야 專心救護ㅎ는中
特히 看護婦 宮田ㅎ루樣은 義俠慈愛혼 婦人
이라料金을 一切固辭ㅎ고 一朔間을 晝宵不
撤로 盡心看護ㅎ되 藥石의 効는 更無ㅎ고 可

恐의病魔는 一步一步로步武를 進ㅎ더르此
時에 扈氏本第에셔는 其子弟의 危篤을 始知
ㅎ고 其父親이 遠路渡來ㅎ야 病榻落日에 父
子相面의 機會는 得ㅎ여스는 病忱에 久悶혼
哀此靑年의 顔色이 樵枯ㅎ고 精神이 惝々ㅎ
야 一言의 情話도 交應치못혼지라 其父親이
痛哭哀切ㅎ야 飮食을 全廢ㅎ며 留學生等은
父子俱沒의 患이 有홀가 憂慮ㅎ야 其父親을
勸喩歸國케ㅎ얏는데 其翌日即 九月二十九
日夜에 至ㅎ야 哀此有爲의 靑年이 無窮의 恨
懷를 머금고 絶海萬里에 不歸之客을 作ㅎ여
스니聞者로ㅎ여금 誰가 同情의 淚를 揮灑치
아니리오

其遺體는 火葬에 附ㅎ야 遺骨을 光武學校에
安奉ㅎ엿는데 本月七日에 大韓留學生會에
셔監督廳內에 追吊會를 開ㅎ고 追吊式을 行
ㅎ後에 遺骨回送의 方便을 議定ㅎ고 此時一

會事要錄

九月二十四日任員會를開호고太極學校規
則을改定호後에全永爵氏로校監朴容喜氏
로幹事를撰任호다○本月初七日總會에文
一平氏動議로總務員一人을新設호고評議
員六人을八人으로改定호다○同日에崔錫
夏氏動議로因호야警察員六人을新設호기
로可決되다○同日午後에任員會를開호고
警察員을撰定호엿는데崔錫夏、金志侃、金
鎭初、全永爵、張啓澤、吳錫裕、六氏가被撰
되다○本月十四日總會에셔欠缺任員을投
票撰定호엿는데總務員에金志侃氏評議員
에申相鎬、金淵穆、文一平三氏가被撰되다

新設任員의職務權限

總務員은會長의指揮를承호야會中一切事
務를掌理홈○警察員은會長의直接指揮를
從호야會員의一切行動을警察호되或學業
에隋怠호거나品行이不正호이가有호면忠
告勸勉호야改悔를督促호고만일改悔치아
니호야墮落홀境遇에至홀時에는總會에報
告호면非常호手段으로此를禁止호되若不
得已호時에는本國으로逐送홈도有홀事(但
會員以外라도可及홀範圍內에는警察홈을
得홈)

△文昌圭、尹敎重、文乃郁、閔弘基、金容根
諸氏는今十月에東京高等商業學校、에入
學호얏더라
△本會員金洛泳氏는本月에日本工藝學校
電氣科에入學호다
△本會員方元根氏는觀親次로本月五日上
午十點에新橋列車로出發歸國호다

△本會員洪正求氏는 學校修學旅行次로 本
月十四日曉에 新橋로 出發호야 箱根地方
에 往호얏다가 全十六日에 歸來호다

△京城居金溶重氏와 義州居金載健氏는 本
月十四日太極學校에 入學호다

△吳尙殷李尙根兩氏가 本月初七日에 入會
호다

太極學報義捐人氏名

韓致愈氏　五拾圓　　金淵穆氏　拾圓　　金載浹氏　拾圓　　鄭雨植氏　五拾錢
李甲氏　　五拾圓　　柳東秀氏　拾圓　　朴仁植氏　五圓　　徐榮淳氏　五圓
張志台氏　五拾圓　　金志侃氏　五圓　　李道熙氏　五圓　　金昌壽氏　五圓
李潤柱氏　參拾圓　　金志侃氏　五圓　　金昌壽氏　五圓　　姜聖基氏　參圓
文一平氏　叅拾圓　　朴相洛氏　五圓　　姜麟祐氏　五圓　　李寅彰氏　五拾錢
蔡奎丙氏　五拾錢　　崔錫夏氏　五圓　　白成鳳氏　五圓　　金台鎮氏　五圓
金瀅穆氏　貳拾圓　　全永爵氏　五圓　　申成鎬氏　五圓　　金太垠氏　壹圓
　　　　　　　　　　表振模氏　五圓　　金琮基氏　五圓　　盧聖鶴氏　壹圓
　　　　　　　　　　　　　　　　　　金洛泳氏　參圓　　金鴻亮氏　參拾圓
　　　　　　　　　　　　　　　　　　金鎮初氏　參圓　　申相鎬氏　拾圓
　　　　　　　　　　　　　　　　　　張膺震氏　參圓　　朴容喜氏　五圓
　　　　　　　　　　　　　　　　　　金英哉氏　參圓　　李珍河氏　參圓
　　　　　　　　　　　　　　　　　　金昌臺氏　參圓　　金鎮璿氏　參圓
　　　　　　　　　　　　　　　　　　朴濟鳳氏　參圓　　朴永魯氏　貳圓
　　　　　　　　　　　　　　　　　　孫榮國氏　參圓　　裴永淑氏　參圓
　　　　　　　　　　　　　　　　　　楊致中氏　參圓　　郭龍周氏　貳圓
　　　　　　　　　　　　　　　　　　洪正求氏　壹圓　　吳錫裕氏　貳圓
　　　　　　　　　　　　　　　　　　尙允植氏　壹圓

李春燮氏　　貳圓　　　　　姜基泰氏　　五拾錢

全台憲氏　　五圓　　　　　金泰鉉氏　　五拾錢

金相殷氏　　壹圓　　　　　方元根氏　　參拾圓

洪忠鉉氏　　拾圓　　　　　金炳夏氏　　壹圓

劉睦氏　　　參圓　　　　　金瑗氏　　　壹圓

金希行氏　　貳圓　　　　　申宗潤氏　　壹圓

光武十年十月廿四日發行

明治卅九年十月廿四日發行

●代金郵稅並新貨拾貳錢

東京市本鄉區元町二丁目六十六番地太極學會內

編輯兼　　張　膺　震
發行人

東京市本鄉區元町二丁目六十六番地太極學會內

印刷人　　金　志　侃

東京市本鄉區元町二丁目六十六番地

發行所　　太　極　學　會

東京市京橋區銀座四丁目一番地

印刷所　　教文館印刷所

第三種郵便物許可　明治卅九年九月廿四日
　　　　　　　　　光武十年九月二十四日

光武十年十一月廿四日發行

太極學報

每月一回發行

第四號

208

太極學報目次

雜　報

故閔忠正公泳煥氏及節竹

告學會說（一）

留學生監督　韓致愈

學生張膺震歷美洲轉學此邦閱星霜有慶而
從事師範以究教育之方此洵為異日必需之
器也嘗來言曰太極學校諸員近日復開學會
先生倘無一言而教之乎余曰余為諸公告者
既多而意重辭複少無警拔之力諸公猶不厭
其陳腐則當更疊一床以博一粲也噫惟
上帝降衷于吾人也即勿論五洲十六七億之
衆而所以賦與者無一人不圓滿即謂之處々
緣楊堪繫馬家々門外通長安可也盍由其所
得之理而求其自有之體則惟天在我惟帝在
心近日所謂自由人權之論其源實本於此而
為子者不待借於父而自足自足為妻者不待假於
夫而自强富貴者非有豐而貧賤者非有嗇是
盍通古今貫東西撐天柱地而不可易者也然

則有人則人宜從理而自由有國則國宜自
治而獨立此乃所受於天而為之分者然也
所謂獨立者何謂也以其不待他人之扶持擁
護而能以自心之智自身之力屹然定腳毅然
不撓也若夫嬰孩筋骨未充步趨不固左顛右
靡或顛或倒則其不能獨行也明矣若夫醉者
視聽迷亂手脚失措則其不能自立也明矣若
夫盲者之出于門跛者之趨於道苟無倚仗指
導之力則豈無溝瀆填墜之禍哉今以我土而
言之山野民俗久襲文治之弊柔弱為疲荼
為因循為怠惰為委靡昏沉無競爭之氣無節
狹之風無忿慨之心無向前之力愛生太過惡
死太甚而置國土於身分之外視政府於養癰
之地是其弊不可不革而是其習不可不振也
盍其習俗既如此則顧其勢不能不好倚賴婦
女而只知倚賴夫子僕從而只知倚賴主家臣
庶而只知倚賴君上人士而只知倚賴官憲子

而曰父兄可賴族而曰富宗可賴也賤而曰貴戚可賴也倚賴之心勝而自勵之氣益短倚賴之心勝而自立之力益敗惟此倚賴二字為亡身之本惟此倚賴二字為墜業之基惟此倚賴二字為下流為奴隸之始苟不革此弊振此俗而徒以獨立之虛名為榮則終不免為嬰孩之步醉者之行盲瞽跛躄之走而已也夫國土固君主所有之物然吾得以安生養命者是土也吾得以承先裕後者是土也歌於斯哭於斯之世則出謀發慮助君主保守是土者即吾之責也於斯宗族朋友姻戚助君主保守是土者兄弟合體盡力助君主保守是土即吾之義也

萬魚之力也況大心者之視眾生當以中國為一人者耶藉使無家無業之人萍轉梗流四海無絆顧其所系之源所籍之土則固父祖之舊而流入他邦猶有自守之名義各從本籍亦有首邱之死則樂其所與遊返其所由生者人物無異情也國土之不可不愛者盍如是也憶惟其民俗之好依賴則必有依托憑藉作威作福之心生焉為子孫者藉祖先之勳業而施其驕為食客者藉主家之權威而施其威焉妻焉互相依藉以行其力而壓制之習由此而長殘暴之行由此而進甚則曰露依仗東鄰之威可藉也佛之力可借也今則又一轉依仗東鄰之威以圖私分之利是其謀暗流於鄉黨傾憂之機潛伏於仕路是其源則曰倚賴二字實為之禍也民俗之柔懦不振如彼人心之因循倚賴如此則國家雖擁獨立

之名而人民豈有獨立之力哉至於醫農工商
百工技藝無一事之可稱今只以商業言之則
如螳螂之輸丸蠛蠓之連市而牛馬擔貨備盡
辛苦雖天產之物尚不能薰其交易之利況製
造物品渡海出洋非所可議則考之世界商政
而我土為嬰孩也所謂工者歐米之遊學未至
而羅麗之踈鹵仍行宮室舟車器用之作殘劣
鄙樸為人所嗤而電馳火速凌雲駕海之具非
所可議則考之世界工業而我土為盲瞽也近
見趙特進疏本則曰大小施措巨細利益罔不
歸之於外人漸致呼吸不得之境是誠由我不
振取其自作而貨幣一直壅閼物價刁騰公私
俱困則國勢之岌嶪未有甚於此時也守宰之
割剝也兵弁之侵漁也飢饉之降喪也澤鴻難
集轍鮒易涸萬無資生之道而或稱義旅多般
恐脅掠而奪之不幾日又何無賴輩來謂與義
旅和應縛之打之殘產殆盡則民生之殿屎未

有甚於此時也彝性戕敗習俗傾頹致會名目
各自樹黨行為垂悖視聽駭瞠則四方之異聞
未有甚於此時也三五為黨十百成群夜而刧
攘晝而剽奪則盜賊之橫行未有甚於此時也
云云余久客於外雖未及目擊而趙持進告君
之辭如此則其言之不誣可知也由此而考諸
各國以人愛人之治人權發達之政則我土所
由政治法律軍警之類可謂盲於心而聾於智
也是則國家雖擁獨立之名而人民豈沾獨立
之效哉嗚呼四海兆民固莫非天之赤子而吾
之兄弟則同胞之義親愛之情固無遠近彼此
之殊然地區有分東西既張而黃白銅黑其類
罷色則在東洋而先愛黃色由東洋而推及西
洲者宜有先後之分緩急之序也是宜由我由
日以及清遐以來聯合同情齊肩並立不使西
洲兄弟獨富獨強獨貴獨樂而保四海平等之
權享天下均一之利則由天視之必曰吾子皆

賢也由祖視之必曰吾孫克肖也乃者西勢東漸亞洲瘦弊安南爲法香港爲英而威海膠洲之患滿北遼南之禍現有虎視蠶食之勢削其爲亞洲兄弟者顧不當自奮自勵思所以聯合並力免爲西洲所分裂者豈非理之所安而義之所當乎我土處在亞洲鼎足之勢而乃爲支那所節制久失自由之名義者非所以存兄弟並肩之情而保人權平等之體也何幸我皇帝聖德所隆神武所及不待勞我之兵血我之刃而東隣致睦西邦見擢以致獨立自主之榮則此上帝之所嘉悅而臣民之所慶幸也但臣庶之識見未遠人民之習俗成痼安於因循慣於倚賴而政法有膠鼓之失致育無更張之效醫農工商百家技藝雖有具體之名終無進步之益而乃由北隣乘其足益展則日本所以懷弁吞之心由滿由遼其足示親睦之意而內起而爭之殺數萬之命費幾億之財者非但折足是懼寒齒是患亦所以立兄弟平等之權而均天下共享之利也然則今日爲我之計一言而薇之無男無女無貴無賤呼朋挈儔齊肩並起因循之習不可不祛也倚賴之心不可不改也懦惰之氣不可不振也柔弱之勢不可不變也由哲學以究愛人之義由政學以求治人之妙至於法律之體也警察也海陸軍也醫農工商也胥勸胥戒胥進爭勵破昏夢於中夜開慧眼於清晨則人々斯々斯有自立之力矣人々自立而郡縣斯立矣郡縣皆立而國家獨立之實自由之效斯有辭於天下矣東聯日本西合支那使東西之大勢均一而不爲歐所屈不爲米所撓與四海並生之兄弟享天下共有之權利則豈不豈快哉豈不樂哉我學生自十三道者幾十百人旣此地日從事於各學校則應不待此言之觀縷而知所以自勉也吾雖老矣尙賴諸公成就之力而可圖他日披雲之快也諸公若曰倚

賴之習不可不袪而君反欲倚賴我輩 是渴也

云爾則謹當負荊而謝之矣

賀太極學報發刊 (寄書)

李 甲

偉哉라太極學會之設立也며美哉라太極學
報之發刊也여 國內所發之新聞雜誌가不爲
不多이언만은貴第一号學報를奉接호온즉
始面之太極章旗가儼然橫父호야我太韓帝
國威權을代表호지라 披閱目次講壇學園等
總說講論則筆評이 剛勁호고事理가透徹호
야使一般同胞호고 爲興起忠愛之精神이
오奮發之機關이라讀之未牛에沸血이上腦
호고感淚가滿裳이라際生存競爭之會호야
人莫不愛其國家호며保其子孫으로爲自己
之擔任이거늘惟我韓은雖存帝國之名稱이
나政權이盡歸於他手호야一事一謀를不得

自由行動호니是可曰有國家有人民乎아以
譬論而言之則一家內에有數十食口而幾人
은在外호고幾人은在內호되千萬夢想之外
에有賊이自外而入호야爲先簷棟에有若無
야紅焰이漲天호고繼以搶奪財産을衡火호
自覺者도有之호며或纔罷踈夢호고猛省危
懷之事機호고裸其體而盡其力호야欲爲捍
其盜而滅其火도有之호지라 際此之時호야
在外之家眷은着見其家의釁孼之患과槍奪
之變호고亦爲急取萬斛之水호야攙其昏々之睡
호며一邊大聲疾呼호야延燒之熾焰을
撲滅호며在內之生命을拯濟코져호고勞燥
焦煎호야圖措遑々호야匍匐救之는勢所固
然이라我韓現狀이無異於此이것만은泥於
古者는不通古今호고坐談上
古時代호며自謂禮義之民호고使其子弟로

五

217

不得進於新學問케 호 는 者도 有之 호 며 鄕曲

野農은 只知日出作日入息 호 며 春以耕秋以

積 호 고 不知此日이 爲何等世界 호 다가 及到

軍用地牧畜場揷票之日에 撫膺噓唏曰此亦

天運이니 人力으로 莫可奈何라 호 야 自暴自

棄者도 有之 호 며 喬木世族의 簪纓閥華之家

는 醉心於榮貴 호 며 馳意於祿銀 호 야 雖處於

燒燼搶奪之中이라도 幸保我身으로 爲第一

良算이라 호 야 避此隅而隱彼區 호 며 苟々碌

々者도 有之 호 며 就中先覺大夢者는 燋頭爛

額 호 며 三臂六足으로 奔馳拮据 호 나 豈可得

乎아 惟願貴會 는 猛打警醒之水 호 야 攪起醉

昏之夢 호 며 汲取文明之水 호 야 撲滅漲天之

火 호 야 使一般在內同胞로 幸保 財産 케 호 라

在內在外者 가 一聲高喊曰火可滅盜可追命

可保産, 可全이라 호 고 振其氣盡其力 호 면

大韓國家는 乃復其初 홀거시오 獨立器具도

不至損失 홀거시니 戮力奮發 홀지어다 在內

兄弟와 在外兄弟여 東望扶桑에 心馳神逝이

라 臨楮寄語에 不禁怊悵이로다

講

壇

進化學上生存競爭의 法則

編輯人 張膺震

今日地球上에 生存 ㅎ 는 生物 (動物과 植物)의 種類는 無慮數十萬種에 達 ㅎ 는데 生物蕃殖의 度는 代代僅少의 增加에 不過 ㅎ 는 듯 ㅎ 나 實은 無限의 增殖을 生 ㅎ 야 其生生 ㅎ 는 子孫이 全部가 一軆生存 ㅎ 은 到底事情에 不許 ㅎ 는 바로다 假使此에 一個樹木이 初年에 겨우 二個種子를 結 ㅎ 고 其翌年에는 此二個種子에서 二個樹木이 生 ㅎ 야 다시 各二個種子를 結 ㅎ 야 如此히 等比級數의 度로 增殖 ㅎ 면 十年에는 予個以上二十年에는 十億萬個以上에 三十年에는 百萬個以上에 達 ㅎ 야 不過百年間에 一個의 樹木이 無限 ㅎ 게 多數에 達 ㅎ 리니 然則如何 ㅎ 廣 ㅎ 動植物이던지 生産 ㅎ 는 子孫이다 一生存 ㅎ 랴면 到底餘地

가 無 ㅎ 고 此中에 特히 動物은 生活上에 第一 必要 ㅎ 者가 食物이라 動物이 坐 ㅎ 者는 以上趨勢로 增殖 ㅎ 면 食物의 産出은 定限이 有 ㅎ 者라 문득 不足을 告 ㅎ 고 食物을 要 ㅎ 者는 多數 의 過剩을 生 ㅎ 야 此에 一部分은 自然의 勢라 然 ㅎ 면 全部가 生存기 不能 ㅎ 은 自然의 勢라 然 ㅎ 나 一般生物의 好生厭死 ㅎ 는 天定의 性分이 如何 ㅎ 部分이 他의 生存을 爲 ㅎ 야 自己의 生命을 自肯死滅 ㅎ 理가 決無 ㅎ 則此에 不得 不各自의 生存을 爲 ㅎ 는 競爭이 起 ㅎ 야 勝者 는 生存 ㅎ 야 其子孫을 後世에 遺傳 ㅎ 고 敗者 는 死滅 ㅎ 야 蹤跡을 絶 ㅎ 리니 此時에 勝地를 占 ㅎ 者는 無論周圍情態에 適合 ㅎ 者即生存 에 適合 ㅎ 性質을 具備 ㅎ 者가 遺存 ㅎ 고 不適 ㅎ 者가 敗滅 ㅎ 은 天然의 理勢 니라 然則優勝 劣敗 ㅎ 야 適者生存 ㅎ 고 不適者滅亡 ㅎ 는 自然淘汰는 生物進化의 一大原因이니 만일如

此호 自然淘汰의 法則이 無호야 優者와 劣者가 一軆로 生存蕃殖호면 其結果는 반다시 進化의 反對로 退化를 生홀지라 人類間에도 身軆가 虛弱호고 精神이 愚鈍호며 忌惡호 疾病이 有호 者를 人工으로 保護호야 健全호 者와 一軆로 生存蕃殖케 호면 其結果가 人種을 全에 退化를 生홀것은 無疑호 事實이라 然이는 如此호 理由로써 엇던 學者는 人類의 狀態를 全혀 自然淘汰에 一任호야 進化의 實을 益達케 호자홈은 一見 多少의 眞理가 有호듯호는 今日 程度에 在호 吾人의 口頭로는 唱發치 못홀者로다

凡 動植物이 在호 蕃殖호는 者는 一時 라도 優劣競爭의 法則은 不免호야 其時競爭의 單位는 生物의 種類를 從호야 各異호니 動物中에는 一個軆로 生存競爭의 單位가 되야 優勝호는 個軆는 生存호고 劣敗호는 個軆는 滅亡호야 各個軆가 獨立의 生活을 營호는 者도 有호야는 若干의 個軆가 集合團軆를 組成호야 恒常 共同 協力으로 團軆의 維持繁榮을 計호는 者有호니 如此호 種類는 團軆가 生存競爭의 單位가 되야 優勝劣敗도 團軆團軆間에 行호고 個軆로 强호 者도 團軆로는 强壯홈이 有호니 蜂과 蟻의 屬은 個軆로 觀호면 微弱호는 團軆로는 優勢를 有호야 昆虫衆에 覇權을 執홈이라

人類는 元來 團軆生活을 營호는 動物이라 生存競爭도 또호 互相團軆間에 行호느니만일 其團軆의 分子되는 各個人이다一强壯호야면 此個人으로 組織된 團軆는 隨爲强壯호야 生存競爭에 優勝호 地位를 占得홀것시니 各個人이 衛生에 注意호야 身軆의 健强을 保全호고 精神의 活潑을 促發홈은 一個自身의 幸福

뿐아니라其國家와團軆의幸福이되느니個人이衛生에不注意한結果로生하는惡疾或傳染病等에關한衛生上規則이國家와團軆에必要重大함은論을不俟하고自明하리로다然이느人間社會의實象을觀하면强壯한團軆中에라도其分子되는個軆로分離하면到底弱하고精神이愚劣하야個人은身體가虛底生存競爭의場에立키不能한者甚히不少하니如此한者를人工으로保護하야生存蕃殖케하면後日其子孫과團體上에는或不幸의結果를遺傳치아니키難保할지니團體全軆의利害로論하면自然淘汰에一任하야不適者로蹤跡을滅케하고適者로하여금生存蕃殖케함이得策일듯하느吾人人類는他動物과異하야高尙한精神이有한者라만일如此히人道를蹂躪하고人權을蔑視하며博愛의精神을失墮하면禽獸草木과何等의差異

有가하리오故로國家와社會의文明이進步할수록智力의發達과兼하야道德과衛生의觀念이進步하고醫學의精蘊을硏鑽하야弱者와病者라도一體人工으로扶護하야一般人類의幸福을求得함으로目向하느니此는今日文明國의個人이未開國個人에比하면比較的肉體의發達이劣弱하는一原因이로다

人類의婦人은一代에產하는子孫이一人에對하야大略平均四人或五人에達하느니만일此出産하는子孫이一體生存하면世界의人口는第一代에는二倍二代에는四倍三代에는八倍逐次로十六倍三十二倍六十四倍如此히等比級數로增殖하면百代를不過하야地球上에는立錐의餘地가無하깃도다然이느實際를觀察하면産出한子孫中에多數는死滅하고其一部分이生殘하야如許한

九

激增이 無흠으로 觀호면 人類社會의 進化호
ᄂᆞᆫ 狀態도또호 優勝劣敗의 大法則은 免치못
흠이로다 然이ᄂᆞᆫ 進化의 程度 가稍達호 今日
에ᄂᆞᆫ 其競爭 의 單位ᄂᆞᆫ 團體即國家ᅵ此單位
가生存에 適合호 性質이有호면優勝의 地位
로生存自保 흠것시오適合호 性質이無호 團
體ᄂᆞᆫ 敗亡衰滅흠은古今歷史上에昭明호 事
實이라 一國으로써今日世界上에 生存호 기
에必要호 性質은即國民이社會道德을 實行
호고今日 程度에適當호人生々活에必要호
凡百事 爲即政治法律道德軍事教育農工商
等一切을 研究發達호야他國家와 相對競爭
홀實力이有호然後에야生存自立호리니弱
者를扶護호며 愚者를誘發호고自働的精力
으로强壯호國體를科合호야生存의必要호
性質을研究自得호야自己生存의活路를自
開自進흠이 吾人々類가受働的으로다只自

然淘汰에 律從호ᄂᆞᆫ 動物社會에 比호면高尚
호思想과 特殊호 精神이有호 證據로다

公債論

第一節 總論

崔 錫 夏

今日世界列强의 政策中에 第一樞要호 部分
은外交와 經濟에 在호니라 何者오外交가아
니면自國의 勢力을海外에 發展홀介無호고
經濟가아니면 內로國民의 生活을 完全히
며外로列强과 實力으로 競爭홀介無호지라
故로現今 何國政府를勿論호고 日夜에 苦心
焦思호ᄂᆞᆫ 政策이此二者에 不出흠뿐더러 其
國의內閣運命이 또호此에 關係가有호야外
交經濟에 成功호면國民이血誠으로協助贊
成호야어딕ᄯᅥ지라도其內閣이 永遠히 繼續
흠을希望호고 萬一外交經濟에 失策을 演흠

면아무리善政이有ᄒᆞ더라도國民이其內閣을反對ᄒᆞᄂᆞ니由是觀之컨ᄃᆡ此二者가今日文明國에政治中心點이되얏도다

現今我韓現勢를平心으로觀察ᄒᆞ고무合問題가第一緊急ᄒᆞ냐고問ᄒᆞ면各各自己의觀察點으로標準을合아或은政治라ᄒᆞ며或은法律이라ᄒᆞ며或은敎育이라ᄒᆞ야반다시쏩案이不同ᄒᆞ리로다然이ᄂᆞ凡般事業이無非必要ᄂᆞ其事業의繼續與否와成敗의分岐點은財政에歸着ᄒᆞᆫ다謂ᄒᆞ리니我韓人民은第一經濟政策에着眼ᄒᆞ야日々進行ᄒᆞᆷ이國之元氣를蘇生케ᄒᆞᄂᆞᆫ順序라ᄒᆞ노라大盖個人生活에獨立ᄒᆞ지못ᄒᆞᄂᆞᆫ國民은其國의獨立을維持ᄒᆞ지못ᄒᆞᄂᆞ니라何者오國家ᄂᆞᆫ個人으로成立ᄒᆞᆫ者ㅣ라其分子가獨立自營ᄒᆞᄂᆞᆫ精神이無ᄒᆞ면其分子로組成ᄒᆞᆫ團體가엇지獨立을期ᄒᆞ리오故로國家의獨立을經營ᄒᆞ

ᄅᆞ면爲先國民의個人生活을獨立케ᄒᆞ고個人의生活을獨立케ᄒᆞᄅᆞ면爲先國家經濟政策을講究ᄒᆞᆷ만不如ᄒᆞ도다

以愚思之컨ᄃᆡ今日我韓政策에第一緊急ᄒᆞᆫ것이經濟에在ᄒᆞ다ᄒᆞ야自今以後로實用經濟에關ᄒᆞᆫ各國制度와學者의說을我同胞에게紹介코져ᄒᆞ야爲先公債論을譯述ᄒᆞ노라

第二節　確定公債

確定公債ᄂᆞᆫ法規로써債額募集額及償還金數를確定ᄒᆞᆷ을得ᄒᆞᄂᆞᆫ公債를謂ᄒᆞᆷ인ᄃᆡ整理公債及事業公債等이卽是也라其種類의名稱을在에列擧ᄒᆞ니

第一　一時償還公債
第二　有期定額償還公債
第三　有期隨時償還公債
第四　永遠公債

等이라其公債의特質異同과長短有無를左

十一

　第一款　一時償還公債

一時償還公債눈가쟝單純훈性質을有훈것인대其期限에至ㅎ야一時에其元金을償還ㅎ눈것을謂ㅎ이라ㅎ나라元來一時償還法은巨款을募集ㅎ이에不當ㅎ나라何者오大盖財政은當屈伸ㅎ눈餘地가無ㅎ야면困難을免키難홈은當然훈理則이라今에一時償還法을觀ㅎ이에巨大훈金額을一時에償還ㅎ여야債務者의義務를免홀것인대金融은時々刻々으로變動ㅎ눈者ㅣ라其償還時를當ㅎ야財政이卒地에逼迫ㅎ야債務를履行키不能훌憂慮도有훌뿐더러假令此弊端이無ㅎ더라도債權者도多少不便을感ㅎ리니此償還法은各當事者에게不便ㅎ야小額에눈適用ㅎ을得ㅎ눈巨額에눈到底히適用훌슈無ㅎ나라

　第二款　有期定額償還公債

有期定額償還法도亦是財政上에屈伸훌餘地가無훈대其方法을例로써言ㅎ면若干公債를募集ㅎ야幾個年을經過훈後(據置)에其翌年에若干額其再翌年에若干額으로ㅎ되以下順次눈此計算法에依ㅎ야其償還ㅎ눈方法을募集當時에約定ㅎ눈것이라故로此方法에依據ㅎ면假令財政에餘裕力이有ㅎ야도償還훌슈無ㅎ고餘裕力이無ㅎ야도償還ㅎ지아니훌슈無ㅎ으로써엇던씩에눈高利公債를募ㅎ야萬債를返還ㅎ여야될窮境에陷훌을免키難ㅎ나라그러고此方法은大槪償還期第一年에返還훈元金의利息을次年度元金償還額에添加ㅎ야滿期에至ㅎ도록此方法으로써實行ㅎ눈것인대財政의緩急을不問ㅎ고此規約을施行치아니치못ㅎ느니라若不然이면國家의信用이墜地ㅎ리니不可不元金償還으로ㅎ야不良

혼租稅를人民에게徵收ᄒᆞ거ᄂᆞᆫ或은新債를募集ᄒᆞᄂᆞᆫ手段을要ᄒᆞᄂᆞ니如此ᄒᆞᆫ境遇에ᄂᆞᆫ新債의利息이舊債의利息보담高越ᄒᆞᄂᆞᆫ事況이有ᄒᆞᆯᄂᆞ지測量ᄒᆞ기難ᄒᆞᆯᄲᅮᆫ아니라財政當局者가手足을措ᄒᆞᆯ餘地가無ᄒᆞ니라도此方法은借換의便利를得ᄒᆞ기難ᄒᆞ도다借換法은何謂也오例言컨ᄃᆡ舊債를起ᄒᆞᆯ時에ᄂᆞᆫ年六分의利息으로定ᄒᆞ얏ᄂᆞᆫᄃᆡ其後에金融이融通ᄒᆞ야五分의利息으로新債를募集ᄒᆞᆯᄉᆔ有ᄒᆞ면低利ᄒᆞᆫ債金을起ᄒᆞ야高利ᄒᆞᆫ債金을報還ᄒᆞᄂᆞᆫ것이國家經濟에利益이有ᄒᆞᆫᄃᆡ此定額償還法은約定時에이미確定이된故로其後에ᄂᆞᆫ秋毫라도變更ᄒᆞᆯᄉᆔ無ᄒᆞᆫ즉此方法에依據ᄒᆞᆯ時에ᄂᆞᆫ借換기不能ᄒᆞ니라

要컨ᄃᆡ此償還法은國家財政上에大端히危險이有ᄒᆞ야一步를誤ᄒᆞ면經濟界에秩序를索亂ᄒᆞᆯ憂慮가有ᄒᆞ나니라一大注意ᄒᆞᆯ것이有ᄒᆞ니財政信用이無ᄒᆞᆫ邦國에셔一時의困難을彌縫ᄒᆞ기為ᄒᆞ야此方法이오外債를募集ᄒᆞ얏다가其定期를當ᄒᆞ야其約定을履行치못ᄒᆞ면國家信用에關ᄒᆞᆯᄲᅮᆫ아니라不虞之大禍를免치못ᄒᆞᄂᆞ니라

第三欵　有期隨時償還公債

有期隨時償還公債ᄂᆞᆫ例言컨ᄃᆡ幾個年을經過(据置)에其翌年부터其滿期ᄭᅡ지隨時로其債金을償還ᄒᆞᆷ을謂ᄒᆞᆷ인ᄃᆡ政府의便宜를從ᄒᆞ야何時던지其滿期ᄭᅡ지ᄂᆞᆫ幾次로分ᄒᆞ야償還ᄒᆞ야도無妨ᄒᆞ고其滿期에至ᄒᆞ야一時에償還ᄒᆞ야도約定에違反이無ᄒᆞ니라此方法은一時償還及有期定額償還에比ᄒᆞ면財政에屈伸ᄒᆞᆯ餘地가在ᄒᆞ도다滿期ᄭᅡ지償還令國家財政이困難ᄒᆞ더라도何者오假ᄒᆞ면其債務를可히免ᄒᆞᆯ것이라도一時에金融이逼迫ᄒᆞ더라도多少年月을經ᄒᆞ면融通

호機會가不無ᄒᆞ리니此方法ᄋᆞᆫ債務者에게
不少ᄒᆞᆫ便宜가有ᄒᆞ도다現今日本에서採用
ᄒᆞᄂᆞᆫ公債募集法ᄋᆞᆫ大槪此方法에依據ᄒᆞ야
內外公債를起ᄒᆞᄂᆞ니라然이나此方法도ᄯᅩ
호多少缺點이有ᄒᆞ니此ᄂᆞᆫ非他라滿期ᄭᅥ지
ᄂᆞᆫ債務者가任意로償還法을定ᄒᆞᄂᆞ其期限
에至ᄒᆞ야萬一不幸ᄒᆞ야財政當局者가償還
홈을怠漫ᄒᆞ다가疫病飢饉戰爭等不慮의事
變이其期限에卒起ᄒᆞ면一層困難을當ᄒᆞ리
니엇지注意치아니ᄒᆞ리오

第四欵　求遠公債

確定公債中에第一發達된것을永遠公債라
ᄒᆞᄂᆞ니此方法ᄋᆞᆫ例言건ᄃᆡ幾個年을經過(据
置)後에其翌年부터隨意로償還ᄒᆞ되一定
ᄒᆞᆫ滿期가無ᄒᆞ니라故로此法ᄋᆞᆫ債權者에게
期限의利益을不與ᄒᆞ니一見홈에甚히疑訝
가有ᄒᆞᄂᆞ詳思건ᄃᆡ其不然ᄒᆞᆫ理法을發見ᄒᆞ

리로다元來公債ᄂᆞᆫ公衆이國債募集에應ᄒᆞᄂᆞᆫ것ᄋᆞᆫ
其目的이元金償還에不在ᄒᆞ고其利息을取
得홈에在ᄒᆞ니라故로公債證書所有者ᄂᆞᆫ元
金償還을必要로知ᄒᆞ지아니ᄒᆞᄂᆞ니若其所
有者가事業을企圖ᄒᆞ야金融을需要ᄒᆞ
건ᄃᆡ其公債로擔保를合아債金을得ᄒᆞ거ᄂᆞ
或賣却ᄒᆞ거ᄂᆞᄒᆞ야其資金을融通홀方略이
不難ᄒᆞ고ᄯᅩ公債를儲藏ᄒᆞ면現金을貯蓄ᄒᆞᆫ
것보담完全ᄒᆞᆫ故로信用을尊重ᄒᆞᄂᆞᆫ文明諸
國에셔ᄂᆞᆫ此方法을多用ᄒᆞᄂᆞ니라東洋諸國
에ᄂᆞᆫ아직財政信用이發達ᄒᆞ지못ᄒᆞᆫ此方
法을採用ᄒᆞᄂᆞᆫ邦國이無ᄒᆞᄂᆞ他日多額의公
債를募集ᄒᆞ야國家財政을善理ᄒᆞ고ᄯᅩ借換
法을實行코져ᄒᆞ면此方法에出ᄒᆞᄂᆞᆫ者一無
ᄒᆞ니라大盖公債ᄂᆞᆫ國家의負債라其何種類
에屬홈을不問ᄒᆞ고畢竟은償還ᄒᆞ여야其義
務를免ᄒᆞ리니政府가此方法에對ᄒᆞ야定期

가無ᄒᆞᆷ을僥倖으로知ᄒᆞ고其償還을怠ᄒᆞ면ᄂᆞᆫ盛ᄒᆞᆯ原因이有ᄒᆞ고敗ᄒᆞᆷ에至ᄒᆞ야ᄂᆞᆫ必有

此亦弊端을免기難ᄒᆞ도다敗之原因이라故로天下之事에注目ᄒᆞᄂᆞ

公債中에第一良好ᄒᆞᆫ것은永遠公債라若此者ᄂᆞᆫ善因을作ᄒᆞ야能히善果를得ᄒᆞᆯ것이로

方法으로公債를募集ᄒᆞ면國家經濟上에安다

全ᄒᆞᆯᄲᅮᆫ아니라ᄯᅩ金融이非常ᄒᆞᆫ變動을不受

ᄒᆞ야兩者가서로密着ᄒᆞ야屈伸自由之道를方今我國之振興을期ᄒᆞ고民福을增進케ᄒᆞᆷ

得ᄒᆞ리로다我韓財政界를觀察ᄒᆞᆷ에心寒膽에至ᄒᆞ야最先務者ᄂᆞᆫ此國家를組成ᄒᆞᄂᆞᆫᄃᆡ

裂ᄒᆞ야所道를不知로다往年에不少ᄒᆞᆫ外債要素되ᄂᆞᆫ我靑年을敎養成ᄒᆞᆷ에在ᄒᆞ도다

를募入ᄒᆞ얏ᄂᆞᆫ데其詳細ᄒᆞᆫ條件은不知ᄒᆞᄂ然則如何之風으로吾人을敎育ᄒᆞ여야善타

傳說을聞ᄒᆞᆫ즉有期定額償還法으로定約ᄒᆞᄒᆞ리오於是乎節物이憂慮에及ᄒᆞ야淺見을

얏다ᄒᆞ니是係果然이면我邦財政當局者ᄂᆞᆫ略述ᄒᆞ노라

맛당히小心細氣ᄒᆞ야相當ᄒᆞᆫ方法을豫講ᄒᆞ

야國家百年計를勿誤ᄒᆞᆷ을血心是視ᄒᆞ노라古之支那文中子言에詩書盛ᄒᆞ야秦國亡ᄒᆞ

觀國家之現象ᄒᆞ고余의所感(寄書)

非孔子罪요淸談이長ᄒᆞ야晉國亡ᄒᆞᆫ非老莊

梁 大 卿

之罪요佛敎盛ᄒᆞ야梁國亡은非釋迦之罪라

云ᄒᆞ여스나大抵物者ᄂᆞᆫ利害가相伴而興起

夫物者ᄂᆞᆫ盛敗가非偶然者而盛ᄒᆞᆷ에至ᄒᆞ야者여날佛道의安心之敎도高遠ᄒᆞᆫ人生觀을

攻究ᄒᆞᄂᆞᆫ活動的宗敎라도後續이蹂遠에陷

於弊ᄒᆞ고枯木死灰되야一切活動을中止ᄒᆞᆷ

이뫼얏교 詩書도 亦是 思想的 文學이는 此亦

陷於弊호야 侃弄於詩文호고 不務人生緊要

之事業而多有等閒者로다 嗟呼라 支那周之

時代文明은 當時에 誇할만혼 文明이나 畢竟

周之亡을 救치못호엿고 希臘의 文明도또혼

有名호야 其哲學의 人道를 敎導혼 學藝가卓

出其時이연만 不得救於希臘之亡호고 羅馬

는 希臘의 文明으로 國을 經營치못하리라호

야 專尙武力與法律호고 其末年에 基督敎가

起호야 一層燦然羅馬之文明호여스나 武

力과 法律宗敎라도 羅馬의 滅亡을 救치못호엿

도다 於是에 若假文中子之言호야 評論홀진

딘 希臘이 學藝盛호야 希臘의 亡은 非學之罪也

요 羅馬가 武法宗敎가 盛호야 羅馬亡은 武와

法과 宗敎의 罪가아니라 言할지로다 此를要

건딘 國家의 興亡과 永續은 其國에 行호는宗

敎存續의 爲不爲를 不問 호고 其敎의 眞精神

을存續호며 못호는디 在호도다 故로 經世之

士는 注目 此點할지어다 以上法律이며 宗敎

며 文學 이決非亡國之性質者也오 促其時代

를 經호야 其形骸만 存續호고 其眞精神眞思

想을 失혼 故라 호노라 故로 國民中使先覺

者로 急先務者는 其時代時代之思想中最良

혼 思想을 國民에 注入호야 其良分子의 眞精

神을 不失케 홈을 深以留意 호갓도다

昔者에 羅馬哲學者 는 人을 社會的動物이라

云혼것은 羅馬時代에 國家의 觀念이今日

치 國民腦襄에 充滿치못호야 如斯히云호얏

거니와 當今日之現象 호야는人을 社會的動

物이라 云호기보담國家的動物이라호는것

이適當호도다

噫라 今日에 我國之現象은 如何혼 地位에立

호여스며 如何혼 狀態耶아 當今環與혼列國

이宇內에 雄峙호야 國際上外面으로 交隣에

誼가 有ㅎ은듯ㅎ는 釁隙을 伺ㅎ야 隣國의 不幸
을 奇貨로 知ㅎ야 自國의 利益만 取ㅎ음은 可謂
野心的 時代라 云할지여다

凡 優勝劣敗는 古今之定理온지 不知ㅎ거니
와 我國民之腦裏에 國家的精神이 孰有ㅎ며 敎
育을 孰張이며 法律을 孰明이며 內政을 孰治
며 外交을 孰善이며 軍備가 孰優ㅎ며 實業을 孰
昌이며 經濟를 孰行가 如此ㅎ現象으로엇지
生存競爭에 勝利를 得ㅎ리요以此로 國家
의 勝負를 決ㅎ갓도다 然이ㄴ一滴千里에 必
成一大河ㅎ고一塵相合에 必成一泰山은 物
成之本理也로다 於此에 我輩青年社會에셔
銳氣를 奮勵ㅎ고犧牲的 精神을 熱誠勤恪ㅎ
야國家的 觀念과進化的思想을 注入於腦中
ㅎ야使先進者가 國家復興之
一大原因이라ㅎ노라

學術上觀察ㅎ노商業經濟의恐慌
狀態를論ㅎ (前號續)

全 永 爵

前號에는 經濟恐慌의 一般狀態를 論ㅎ야 것
이와今次는 恐慌의 救治策을 畧述코져ㅎ노
라

恐慌은 近代經濟社會의 ㄱ장 激烈ㅎ病患
의 一이라 其救治方針을 吾輩研究치아니치
못ㅎ지라 其救治策에는二箇條方이有ㅎ니
第一 一病을 艾除코져ㅎ면 其原因을 除치
아니치못ㅎ지라 其原因 紙幣濫發과 銀行
資金의 濫用等으로 從ㅎ야 生ㅎ恐慌은 紙
幣及 銀行制度의 整理ㅎ음을 由ㅎ야 恐慌을
未發에 防備ㅎ음을 得ㅎ더이ㄴ 販賣恐慌의
普通原因되ㄴ 生産消費의 不適合은 現今
經濟社會의 根底되ㄴ 資本主義와 分業法

十七

의 關호야 資本家와 勞働者間에 衝突을 生호는 一現象인데 其豫防方法에 至호야는 經濟學者間 定論이 無호도다 現今經濟社會에 實行될만호 方法은 左擧호 數者라 恐慌豫防策으로는 其效力이 不多호느마 장行기 易호 法이 될지라

(甲) 各生産者及商人의 需要供給의 量과 營業現況의 精細호 統計를 作호야 在外領事의 數를 增호고 其事業에 熟達者를 擇用호며 其他工業監査官을 設置호고 또 統計局 農業協會及商業會議所等을 確實이 設立홀事

(乙) 國家는 特種에 營業을 保護호야 濫히 誘導치몰지라此는國家가生産과消費를廣大히 觀察호야 保護策을 用코저호야도 到底히 不能홈을 爲홈이라

(丙) 國家는生産物需要호는最有力者中一이라故로 濫히 急激호 消費의 變動을 起홈은 勉호야 避홀事

第二 恐慌緩和策

恐慌을 全然히 除去호는 策이 不完全홈으로 現今經濟社會도 多少의 恐慌을 難免홈느지라 恐慌이 破裂호얏거느 쏘 破裂의 兆候가 現然홀時에는 其勢劇烈히기 前에 可成的 此를 緩和方法으로 求치 아니치 못홀지라 今其方策을 列擧호 次와 如호니라

(戊) 恐慌은 神經病과 如호야 其興奮홀時를 當호야는 後來에 無害호 緩和劑를 要홀지라 起業者가 裕足호 資産을 有홀지라도 其手裏에 流通力이 有호 支撥方便이 無홈으로 不得己 其商品 或有價證券을 投賣호야 非常호 損失을 被호고 破産의 不幸을 當홈으로써 恐慌의 波瀾을 爲호야 動搖를 蒙호느것이 不少호 國家或中央銀行은 其所有

財産과 信用으로 援助ᄒᆞ야 一時의 困難을 救濟ᄒᆞᆷ을 要ᄒᆞ고 需要供給의 不適을 因ᄒᆞ야 生産이 超過ᄒᆞᆫ時ᄂᆞᆫ 商人이 多少 實地의 損害를 當ᄒᆞ야도 資力이 裕足ᄒᆞᆫ 者ᅵ 此를 援助ᄒᆞ야 損失을 數年에 分ᄒᆞ야 其 負擔을 輕케ᄒᆞᆯ지니 引例ᄒᆞ야 言ᄒᆞ면 恐慌으로 爲ᄒᆞ야 社會의 購買力이 半減됨으로 商品은 倉庫에 積滯되야 販路가 無ᄒᆞᆯ時에 中央銀行은 一時維持ᄒᆞᆯ 資力을 給ᄒᆞ야 商人의 信用이 恢復되야 消費額이 通常과 同ᄒᆞᆯ時에 此를 發賣ᄒᆞ면 損失은 數年에 分配가 될것이오 苦痛의 感은 僅少ᄒᆞᆷ을 得ᄒᆞᆯ 지라 或 銀行業者가 同盟ᄒᆞ고 上述ᄒᆞᆫ 便宜 를 給與ᄒᆞ야도 無妨ᄒᆞ도다 十八百七十三 年 紐育恐慌에 銀行者ᅵ 서로 聯合ᄒᆞ야 同盟 을 組織ᄒᆞ고 信用을 恢復ᄒᆞᄂᆞᆫ데 大效를 奏 ᄒᆞ지라 英國서 英蘭銀行은 屢屢히 恐慌을

遭遇ᄒᆞ야스ᄂᆞᆫ 千八百五十七年ᄭᅥ지ᄂᆞᆫ 收縮主義를 用ᄒᆞ야 恐慌이 起ᄒᆞ면 貸出을 收縮ᄒᆞ고 準備를 强固케ᄒᆞᆷ을 勉力ᄒᆞ야스ᄂᆞᆫ 恒常失敗를 免치못ᄒᆞ얏도다 是ᄂᆞᆫ 恐慌이 己起ᄒᆞ랴ᄂᆞᆫ 兆가 有ᄒᆞᆯ時에 貸出을 收縮ᄒᆞᆷ 으로 더욱 이 預金還推을 激烈을 加ᄒᆞ야 銀行準備金은 漸漸 薄弱케되ᄂᆞᆫ 故로 비록 中央銀行이로도 支撥을 停止ᄐᆞ아니티못 ᄒᆞᄂᆞᆫ데 至ᄒᆞᆯ지라 大抵準備金을 鞏固케ᄒᆞ ᄂᆞᆫ 것은 平常時信用이 充分ᄒᆞᆯ際에 在ᄒᆞ고 만일信用이 懷乱ᄒᆞ랴ᄂᆞᆫ 兆가 有ᄒᆞᆯ時ᄂᆞᆫ 此 準備金으로 金融을 調理ᄒᆞᄂᆞᆫ 것이라 英蘭 銀行이 千八百六十六年 恐慌에ᄂᆞᆫ 專히 開 放主義로 緩和의 方策을 敏捷히 用ᄒᆞᆫ지라 同年 五月 十日에 倫敦諸銀行에서 任置金 還推請求가 輻輳ᄒᆞ야 六時間에 二百萬磅 을 支撥ᄒᆞᆫ等事ᄂᆞᆫ 其一斑을 知ᄒᆞᆯ지라 翌日

에는諸銀行이거의支撥을停止케되얏도다同夜英蘭銀行이政府에托ᄒ야千八百四十四年의條例를一時停止ᄒ고一割以上의割引料로制限의紙幣를發行ᄒᄂ許可를得ᄒ야爾后五日間에千二百二十五萬五千磅의巨額을貸出ᄒ니恐慌은劇烈을極지못ᄒ고欲跡ᄒᄂ데至ᄒ지라此英蘭銀行이開放主義로資産確實호商人을救濟ᄒ니世人은中央銀行이開放主義를로確實商人을救濟ᄒ다ᄂ風評을聞ᄒ고安心을得ᄒ으로信用의壞亂은容易히回復ᄒ지라그러ᄂ中央銀行이濫히貸出을ᄒ면其影響은反一層恐ᄒ狀態에陷ᄒ지니商人의資産確實與否를調査ᄒ야此를濫別ᄒ이ᄆ장重大호事라一次此를誤ᄒ면中央銀行도失信ᄒ고恐慌緩和의方法이無호대歸ᄒᄂ니라

(ᄇ) 恐慌이裂破ᄒ을當ᄒ야凶作과其他原因으로巨額의正貨를輸出ᄒ야紙幣의準備를薄弱케ᄒ고通貨의缺乏을爲ᄒ야信用이壞亂ᄒ時를當ᄒ야서適當히通貨를增加ᄒᄂ商略을用ᄒ지라英國서屢々히千八百四十四年의銀行條例를停止ᄒ고紙幣를增加ᄒ얏고獨逸과日本에서도制限屈伸法을依ᄒ야稅付兌換券을發行케ᄒᄂ方法이有ᄒ도다如斯等方法을依ᄒ야發行ᄒ通貨ᄂ可及的其額을少케ᄒ며도迅速히回收ᄒ을要ᄒ지라, 만일通貨를不當히膨脹케ᄒ고갑히此를回收티아니면再度正貨를驅逐ᄒ야 서恐慌을誘發할慮有ᄒ니라故로發行紙幣ᄂ短期割引或貸附에使用ᄒ야恐慌이鎭靜되면即時回收ᄒ야國家平日의常態를恢復케ᄒ지니라

(ᄉ) 國家ᄂᆫ 恐慌이 破裂ᄒᆞ거든 經濟上自由를 撿束ᄒᆞᄂᆫ 法律을 癈止或은 一時停止ᄒᆞᆯ지니라 利子制限法, 輸出入의 禁止, 妨害, 勞力移轉의 關ᄒᆞᆫ等制限法이라

(ㅇ) 恐慌의 因原이 紙幣下落에 在ᄒᆞᆫ야 信用이 紊亂ᄒᆞᆯ時ᄂᆫ 特히 紙幣를 整理ᄒᆞᆯ지라 其方法이 有三ᄒᆞ니 如次ᄒᆞ니라

(A) 紙幣를 回收ᄒᆞ고 流通力을 減少ᄒᆞᄂᆫ方法、 此法이 甚히 善良ᄒᆞᄂᆫ 回收의 速度ᄀ 遲緩ᄒᆞᆯ時에ᄂᆫ 其方策을 畵餅에 歸케ᄒᆞ고 쪼 急劇에 過ᄒᆞ면 去來財産의 關係를 動搖케ᄒᆞᆷ으로써 注意ᄒᆞᆷ이 可ᄒᆞ도다

(B) 下落紙幣를 益々 下落케ᄒᆞ야 自滅ᄒᆞᄂᆫ方法、 此法은 A法에 反ᄒᆞ야 紙幣의 信用을 益々 墜落케ᄒᆞ야 自滅에 歸케ᄒᆞᄂᆫ것인데 千八百六十三年에 北米合衆國에서 南部諸州ᄀ 發行ᄒᆞᆫ紙幣에 對ᄒᆞ야 此方法을 用ᄒᆞ얏더라

(C) 法律上紙幣의 下落을 認定ᄒᆞᄂᆫ方法 此法은 紙幣의 下落을 認定ᄒᆞ야 下落ᄒᆞᆫ紙幣ᄃᆡ로 流通케ᄒᆞᄂᆫ것이라 經濟上의 變動을 生케ᄒᆞᆯ慮無ᄒᆞᄂᆫ것이나 永久히此方法을 依ᄒᆞ야 表面에 價格以下로 流通케ᄒᆞ면國家信用의 關係 不少니라 (完)

右上에 經濟恐慌의 一部分을 擧ᄒᆞ야 大略愚見을 陳述ᄒᆞ얏것이와 現今我邦經濟上狀態ᄂᆫ 如何ᄒᆞᆫ地位에 在ᄒᆞᆫ지盖一國의 經濟ᄂᆫ其重要ᄒᆞᆷ이 譬건ᄃᆡ吾人의 血液과 魚類의 水와如ᄒᆞ야 暫時라도 相離 치못ᄒᆞᆯ密接ᄒᆞᆫ關係ᄀ有ᄒᆞ도다 以此로 經濟上에 注意ᄒᆞ시ᄂᆫ同胞를 爲ᄒᆞ야 一念의 資를 供ᄒᆞ노라

歷史譚第二回클럼버스傳續

朴容喜

클럼버스가女王이사베라에贊助를已得호고堪能不拔之士百二十八과遠征船三隻을具備호고西歷一千四百九十二年九月에파로스港을出發호니라當時에歐洲知名社會가클럼버스의夢想的企圖와이사베라의空想的野心을嘲罵치아니호는者읍더라클럼버스의遠征船이임이當時歐洲航海者의最極端으로認定호던가나리ㅡ諸島를經過호야데네리후岬도地平線下에低下되고船舶은渺茫훈海洋에人跡未抵호며或은疑懼호며或은憂欝호눈지라클럼버스가一一히彼地에金城沃野와名山大川이豊多호야一次到達호눈時에눈다汝輩에所有가되리라고慰勳이曉諭安靜케호더라遠征船이貿易風을順從호야赤道下에漸近훌서羅針盤의傾斜눈더욱甚호고至今가지歐人未見호던現象이百出호야赤疑懼호던者눈落膽호고憂欝호던者눈驚惶호야安慰호되此눈赤道를照暎호눈惑星에影響이라伴論호고또浮來호눈海草와飛去호눈禽鳥를指示호며想像國에到達이未遠훌을說敎호더라如此이클럼버스가世의雄圖에對호야無限훈空想을打破호손가十千辛萬苦의結果가엇지空想에歸홀손十月十一日에클럼버스가同行을甲板上에招集호고浮來호눈斧痕잇눈木片과彫刻훈木器를指示호니一行이欣喜를不勝호야아라곤國에月桂冠과가스틸國에天鵝絨衣服(此兩者눈非常훈功이有훈者에게國王이下賜호눈賞品이라)을期必치아니호눈者無

ᄒ고클럼버스도十八戴間에大懷와想像國
에眞現된嬉快를不勝ᄒ야終夜도록坐乘ᄒ
산다、마리아號船頭에起立ᄒ야셔最新에
報告만焦待ᄒ더니忽然이遠距離
滅明ᄒ눈지라所信ᄒ던구대레쓰스와산데
쓰스二人다려此報를陳述ᄒ미兩人이亦是
同意ᄒ더라十二日早朝에東天이欲曙ᄒ질刹
那에先進ᄒ던핀타號에셔砲聲이起ᄒ면셔
海洋에秘密과新世界에發見을轟然이宇宙
에發佈ᄒ더라於是에클럼버스가新發見地
에上陸ᄒ야西班牙國旗를高懸ᄒ고同行百
二十八人을旗下에招集ᄒ고上帝의天惠를拜
謝ᄒ後에同地를산살바돌이라命名ᄒ니라
同行等이蒼蒼ᄒ森林을經過ᄒ야中央에抵
ᄒ야銅面鉄膚에一羣土種이大驚小怪ᄒ며
左走右奔ᄒ고西班牙人을天使가降臨ᄒ줄
노迷信ᄒ더라土種은未開ᄒ野蠻이라西人

에燦爛ᄒ物品과閃々ᄒ釼戟을嗜好ᄒ야所
持한寶物을盡出ᄒ야西人과相換ᄒ눈딕就
中西人의着眼的野心을惹起ᄒ야後日紅人
種이殘虐ᄒ歐人에瓜牙에蹂躪한빌됨은土
種의所特物品이다銀器金飾이라一行이土
種에게其所自出을探問한즉土種이同島에
南方을指示ᄒ눈지라於是에一行이同島을
出發ᄒ야黃金國으로航向ᄒ야十月二十七
日에某地에來着ᄒ야(某地눈即今之큐바
島라)同地에셔黃金國에所年地을又問ᄒ
니土種이東方을指示ᄒ눈다람이라다시東航
ᄒ야一大島를探出ᄒ니土名은헤이디라클
럼버스가發見의名譽를無窮히傳코자ᄒ야
小西班牙라命名ᄒ니即今之셴드、도밍고
ᅵ島니라클럼버스가다시큐바에歸着ᄒ야
親切ᄒ고慈愛ᄒ고友誼한同島酋長강아낭
야라ᅵ와會見ᄒ고黃金國에所在地을探問

三十四

239

흔즉酋長이시바오國에黃金堀이有호다호

눈지라클럼버스가가강아낭아리一에請願

호야鎭守케호고一千四百九十三年一月四

호야큐바에木栅를建築호고四十八을留置

日에殘存호느니一號을坐乘호고西班牙을

向호야出發호느니라歸途에風波가大作호야

十死一生이非一非再쏜더러크럼버스도絕

新世界發見에對흔記錄을著述호야洋中에

對的파로스港에歸着치못호엿눌노自期호고

投入호야萬一沈沒호눈時에눈記錄이라도

歐洲에漂去호야自己에畢生大事業을永世

不朽케호랴호야如此이洋中에短要흔記錄

을投入홈이十餘次요또一行이想思호되크

럼버스가神祕을猥探홈으로天神이震怒홈

이라호고크럼버스를海中에捲投호랴호눈

者도不無호느크럼버스의威風과快活에敬

服호야着手호눈者업더라如此이크럼버스

가아소아羣島中의센트、메ー리島에纏着

흔시坐乘호느니라暴風巨濤에漂去되

니時눈三月四日이더라當時에葡萄牙國王

존二世가크럼버스에（샌타、데ー리에）到着

홈을傳聞호고面招호야其遠征에由來를細

聞흔後에快哉快哉라連呼호고船舶을準備

호야西國으로安送호느니라크럼버스가파로

스港에到着홈서歡迎에旗와喝采에聲이이

헤리牛島에轟然호고헬디난도王과이사베

라女王에欽待눈紙筆로難記홈느라

一千四百九十三年에크럼버스가다시西班

牙國王에命令을再奉호고新發見地에總督

이되야移住民千五百餘人과十七隻有許에

船舶을領率호고九月二十八日에新世界로

向호야파로스港을出發호얏눈딕亦是貿易

風에順從호야十一月上旬에큐바島에安抵

호야以前所築흔바木栅에往臨흔즉木栅눈

破壞ᄒ야고 柵內에 白骨만 累累ᄒᆫ지라 크럼버스가 同島酋長을 再次面會ᄒ고 其所由를 審問ᄒᆫ즉 留守ᄒ던 西人이 土種을 虐待가 太甚ᄒ야 於婦女을 掠奪ᄒ며 土人을 虐殺흠으로 土種이 一般激昻ᄒ야 西人을 襲殺ᄒ고 柵砦을 燒壞흠이라 詳說ᄒᆫ지라 크럼버스가 다시 砦柵을 建築ᄒ고 永住에 地境을 開拓ᄒ니라 當時에 크럼버스를 嫉視ᄒᄂᆫ者 西國에 遍滿ᄒ야 毀謗이 百出ᄒ고 크럼버스도 愁懼憂慮ᄒᆫ結果 重病에 罹悶ᄒ야 半死半生之境에 至ᄒᆫ다라 크럼버스가 其再渡에 目的을 得達치못ᄒ고 不得已ᄒ야 西國으로 回歸ᄒ니라 然이나 女王이사베라ᄂᆫ 其讒謗의 裡面을 覺破ᄒ고 크럼버스를 極力援助ᄒ야 是故로 크럼버스가 中傷을 免ᄒ니라 其後에 西王헬디난드 도크럼버스에 誣讒됨을 曉破ᄒᄂᆫ人心을 安頓ᄒ기爲ᄒ야 暫時遠航을 猶豫

케ᄒ니라 歲月이 如流ᄒ야 四五年을 經ᄒ미 크럼버스에 年齡이 六十餘歲에 已達ᄒ고 頭邊에 秋霜이 拔世ᄒ니 天才에 老壯ᄒᆫ襟懷를 難禁ᄒ니라 女王이사베라가 夫王헬디난드에次이 크럼버스에 被誣를 說明ᄒ고 三次遠征을 命令흠을 主張ᄒ야 一千四百九十八年四月에 크럼버스가 三次新世界로 發往ᄒ니라 크럼버스가 新世界에 抵ᄒ야 過半은 小西班ᅥ에 上陸ᄒ께ᄒ고 數隻은 親率ᄒ고 赤道直下로 驅往ᄒ니 炎熱은 如鑠ᄒ고 汗出成雨ᄒ더라 如此이 探索ᄒᆫ지 數月後에 南亞美利加北端 오리노고 河門에 至ᄒ야 南亞美利加方을 探出ᄒ니라

크럼버스에 爲人이 天才ᄂᆫ 拔羣ᄒᄂᆫ統御에 才略이 無흠으로 每每이 誣謗을 被ᄒᆯᄲᅮᆫ일가 殖民地에 寃恨이 尤盛ᄒ야 不意에 小西班牙島의 叛亂이 起ᄒᆫ지라 西王헬디난드가 此報

를聽聞ᄒᆞ고 有力ᄒᆞᆫ 보바딜라로 往治케ᄒᆞ니

보바딜라ᄂᆞᆫ 苛刻이 莫甚ᄒᆞ고 殘忍無比ᄒᆞᆫ者

라 新世界에至ᄒᆞ야 即時 크럼버스와 其弟발

소로뮤와 其子딍고를 捕縛ᄒᆞ야 이사베라城

에 幽囚ᄒᆞ니 噫라 蓋世에 天才가 風前孤燈에

慘ᄒᆞᆫ 運命을 難測ᄒᆞ너라 當時에 크럼버스에

裕이라 何時에 斷頭臺裡에 與露同消ᄒᆞᆯ지

救世主된 女王이사베라가 아니곤에 遠行ᄒᆞ

엿다가 此報을 得聞ᄒᆞ고 急急히 使節을 보바

딜라에 送致ᄒᆞ야 크럼버스를 赦免ᄒᆞ고 金二

千磅을 下賜ᄒᆞ야 歸國케ᄒᆞ고 面前에 招致ᄒᆞ

야 보바딜라에 情狀를 備聞ᄒᆞᆫ後에 其暴苛를

震怒ᄒᆞ야 即日에 召換令을 詔下ᄒᆞ니라 크럼

버스가 四次 女王이사베라에 援助를 得ᄒᆞ야

一千五百二年에 新世界로 發向ᄒᆞ니 時年이

六十六니더라 크럼버스가 新世界에 抵ᄒᆞ야

小西班牙島에ᄂᆞᆫ 逗留치아니ᄒᆞ고 即時 新世

界을 探索ᄒᆞ야 至今ᄭᅡ지 歐人에 野心을 煽動

ᄒᆞ고 虎視眈々 게ᄒᆞ던 墨西哥一部黃釜國神

秘를 發見케되얏더니 嗚呼라 天不助乎아 크

럼버스의 遠征船이 難破되야 新總督오반드

에 援助를 求請ᄒᆞ야되 不應 ᄒᆞᄂᆞᆫ지라 크럼버스

가 進退維谷ᄒᆞ야 一小舟를 搭乘ᄒᆞᄂᆞᆫ 魚龍의

目과 風浪에 隙을 窺ᄒᆞ야 單獨隻影으로 故國

江山에 再歸ᄒᆞ니 女王이사베라ᄂᆞᆫ 永久히 祖

落ᄒᆞ얏고 다시 自己을顧護ᄒᆞᄂᆞᆫ者 無ᄒᆞᆫ지라

於是에 크럼버스가 其權利 爵位 特權을 其子

딍고에 現世에 傳與ᄒᆞ고 自己ᄂᆞᆫ발데 도릿도에 退隱

ᄒᆞ야 現世에 女王이사베라에 恩德을 感泣ᄒᆞ

고 來世에 上帝膝下에 靜休를 祈禱타가 溘焉

長眠ᄒᆞ니 嗚呼天地여 蓋世天才가 今安在오

(完)

財政整理의 紊亂은 簿記法이 無홈을 證明홈이라

張 弘 植

經濟學者의 說을 因호야면夫財者는 一人格에 利益이될 貨物의 總体로吾人이 此를廢他的의 執意으로 自己目的의 物을合는外界有形物을 云호고 財政이라호는 者는此를處호기 爲호야行호는 行政을云호나余는此의 意味를云홈이아니라即 如何호 物件이라도一人 所有에屬호야 此를消費홈은尙矣勿論이오 此를賣却、贈與、其他一切의處分方法은此 人의權內의 在호者와及他人에對호此人의 貸金即債權을云호는者로써此를整理호는 方法을財政이라홈이라 然이財産의種類는 彩多홈으로써一々히今玆에列擧호기難호나 普通吾人의所有호者는動産으로는現

金、紙筆墨、飲食、油炭、等消耗品及日用品 이오不動産으로는山林、家屋、田畓等이此 一라此等을處分消費호는되何等日何 時에幾何가出호고入호며坯何等原因으로 出호고入호 者와如何 을未知호면從호야書記等의作奸과他人의 게權利義務ㅣ有홈을未知홀지라此와如호 境遇에至호면可히財政整理紊亂이라云호 지라· 夫簿記라호는者는何者오호면簿는 文簿를意味호고記호는記錄을意味홈이라 이簿記의定義는 敢히定言기難호나一口에 弊言호면財産政況精正明瞭히記載호야何 人이何時던지此를一目瞭然히知케호는者 라云홈이라此를詳言호면財産政況을精正 明瞭히記載홈은即何日何時에何等原 因으로出호고入호者를記載홈이오何人이 何時던지此를一目瞭然히知혼다홈은即手

二十七

243

下에幾何가在ᄒᆞ고無ᄒᆞᆫ者를云ᄒᆞᆷ이라然즉 此等原理ᄂᆞᆫ筆舌이許ᄒᆞ기ᄭᅡ지說明코자ᄒᆞ 나時間이不許ᄒᆞᆷ으로ᄡᅥ다만借方과貸方의 聯球字를用ᄒᆞᄂᆞᆫ複式簿記의原理에基礎되 논說을紹介ᄒᆞᆷ이라然이나此의原理를從ᄒᆞ야 計算ᄒᆞᆯ時ᄂᆞᆫ비록百難의中이라도決코書記 等의作奸과他人의게對ᄒᆞᆫ權利義務를明確 히知케ᄒᆞᆯ者ᅵ라云ᄒᆞᆷ이라

以上의論ᄒᆞᆫ者와가치財政이紊亂ᄒᆞ되此를 整理ᄒᆞᆷ을努力치아니ᄒᆞ면即吾人經濟上에 重大ᄒᆞᆫ關係를惹起ᄒᆞᆯ지라然이以上은單一 個人上事와一個學說에不過ᄒᆞ나此를廣義 로解釋ᄒᆞ면吾人經濟上影響은國家團体에 及ᄒᆞᆷ이라何者오個人的經濟ᄂᆞᆫ國家的經濟 와相離치못ᄒᆞᆯ關係가存在ᄒᆞᆫ緣由라然이此 를整理ᄒᆞᄂᆞᆫ機關即簿記의範圍ᄂᆞᆫ寧休언뎡 計算에基ᄒᆞᄂᆞᆫ處에ᄂᆞᆫ關치아니ᄒᆞᄂᆞᆫ者ᅵ無

ᄒᆞᆷ이라其種類를大畧列舉ᄒᆞ면官廳簿記、 商、工業簿記、鐵道簿記、農、銀行簿記 等이有ᄒᆞᆷ이라然즉個人團体를不問ᄒᆞ고社 會가有ᄒᆞ면반다시財産關係ᅵ自然히從起 ᄒᆞᄂᆞᆫ者ᄂᆞᆫ一言을不待ᄒᆞᆷ이라此等簿記ᄂᆞᆫ其 業務의性質에從ᄒᆞ야異ᄒᆞ나其原理ᄂᆞᆫ同一 ᄒᆞᆷ으로當事者ᄂᆞᆫ其業繁閒에應ᄒᆞ야隨意折 定ᄒᆞᆯ지라然이此에附起ᄒᆞᄂᆞᆫ者ᅵ元來多ᄒᆞᆷ 오로即經濟의概念、算術、度量衡、及習 字、等의練習이有ᄒᆞᆷ을要ᄒᆞᆷ이라萬若吾人 으로此의原理를應用치아니ᄒᆞ고財産에行 政을施ᄒᆞᆯ時ᄂᆞᆫ他等의素養이有ᄒᆞᆯ지라도整 理ᄒᆞ기能치못ᄒᆞ고從ᄒᆞ야素亂의境에至ᄒᆞ 면其當事者의簿記法素養이無ᄒᆞᆷ을知ᄒᆞᆯ者 ᅵ니라

警察之目的

張　啓　澤

第一章　行政警察之意義

航者는必定方針而後에不失其向호며射者
는必正準鵠而後에不虛其發호며學者는必
明大義而後에不誤其旨호나니今欲研究警
察之目的인디當先硏究警察之意義호라警
察者는國家行政之要素오保持社會之安寧
者오預防人民公共之危害者니其法은屬于
行政호며行政法은又屬于法學總部而卽公
法之一部分也라然故로其能力이有國家權
力之作用호며有命令強制之作用호며以直
接으로有維持一般臣民之安寧호나니此三者
는行政警察에相輔而不可缺一者요若缺一
이면不能達其目的矣라

第一節　國家權力之作用

國家權力者는何也오憲法에謂之統治權이
니卽君主權力之謂也라警察은本無權力而
借得國家之權力호야行政者니凡國家權力
所及之內에는警察之權力도亦能及之나至
于民호야는警察이不能禁之호니此는憲
法之所定而許給自由之故也러라(然이나
有顛覆政府之行爲호며有勇脅之事則警察
이亦能干涉이라) 然而觀之則警察之權力
이有限을可知요

國家權力은對于一般臣民호야는有獨立無
限之能格故로其性質이與私權으로有別호
니私權云者는出于私法上介人之私有權也
라擧數端以論之컨디爲父者有責子之權호
며爲主者有使用雇人之權이나其親子雇人
外則不能有其權호니此는私權之有限故也
오

國家權力은其性質이最高호며其能力이無

限ᄒᆞ야 國內一般臣民이 皆有服從之義務而
莫能出其範圍之外故로 警察이 亦有無限之
能格ᄒᆞ야 有種々取締之力ᄒᆞ며 有捕縛禁止
之權이니라

第二節　命令强制之作用

命令强制者ᄂᆞᆫ 何也오 勿論何行爲ᄒᆞ고 不良
不善之行爲也라 警察은 對于人民ᄒᆞ야 有安
寧保護之義務故로 人有不善之惡行ᄒᆞ며 又
有風俗之所拘者則當 以强制之手段으로 能
禁之能制之ᄒᆞ야 預防社會之秩序者니 是以
로 竊盜、强姦、賣淫、雜技、等事ᄂᆞᆫ 警察에 第
一注目嚴禁者니라

第三節　以直接으로 有維持一般臣民
之安寧作用

安寧秩序者ᄂᆞᆫ 社會生計之和平也요 社會維
持之方針也라 社會紊亂이면安寧을難可保
요安寧을不保면 人不生存이니 弱肉强食ᄒᆞ

며相競互爭ᄒᆞ야 危害必起而社會破壞矣라
於是乎警察이 盡心保人之自由ᄒᆞ며 竭力扶
社會之秩序ᄒᆞ니 此乃警察之要素也니라

直接者ᄂᆞᆫ 何也오 反對間接而言컨ᄃᆡ 君之于
民은上下間隔ᄒᆞ야 不相交接이나 警察은與
國民으로少無間隔而直接相通이니 若不然
이면不可濟事 而亦難防公共之危害故也니
라

此以上三說을合以論之컨ᄃᆡ行政警察之意
義가不外於預防危害一言이며 其目的이又
不外於維持公共之秩序安寧者也로다

（未　完）

農者ᄂᆞᆫ百業의根이오幸福의
原因이라

荷汀生　金　晩　圭

大抵人生의게飢渴寒暑의憂慮가有ᄒᆞ니

食住로써此를防禦할지로다, 衣食住가無
호면, 엇지飢를免호고寒을防호리요然함
으로衣食住三者난人生의湏更라도離치
못할者인고로此가無호면吾人의幸福을亭
有호기能치못호고生命을維持호기難호
다且夫吾人의生活上에職業의種類가數多
호나直接으로緊要호原料를供給호난것은
農業以外에난無호니진실로農業은此衣食
住三者로世界人類의게供給함의써人類의
幸福을增進호야一家를成호고一國을建호
난根本이되나니라

曚昧호時代에난農業이無호고漁獵時代
라稱호니라

上古曚昧時代에난人口가少호고土地가廣
호야草木이任意로繁茂호여自然호生産이
到處의穰々호여豊盛호엿스나人民이다만
飢를免호고寒을防함으로足히녀여다시嗜

好가無호고山野의果實을拾取호며草屋에
셔寢眠을滿足히호엿도다所以로身體를勞
호야生産에從事호난者無호얏스나以後난人
口가漸々增加호고時를隨호야霖雨와洪水
와旱魃이有호야草木枯死호고天災地變을
隨호여鳥獸가減少호니昔日갓치飢호면곳
自然호飲食이有호고寒호면自然호衣服이
有호든것이夢中에도見호기不能함의스사
로安樂을貪호며惰眠을足히함을能치못호
고植物을栽培호고動物을馴養호야天産의
不足을補호야써衣食住에資本을得호여엿도
다然호나此난前時代에比호면一步를進호
것이오아직農業이發達호地境에及지못호
도다經濟學者가前時代난漁業時代요此時
代난遊牧時代라云호도다

遊牧時代에農業

遊牧時代의民은아직後日의經營을謀할智

가無ᄒ야 短ᄒ 時間과 少ᄒ 勞力으로 衣食의

慾을 滿하라함으로 그 便利ᄒ 地를 擇ᄒ야 移

住ᄒ야 生産의 業을 營ᄒ되 그 物은 各히 一同

ᄒ야 彼의 物産과 此의 産物이 相換할 必要가

無ᄒ야 自己의 産物은 다一 自己家用을 供給

ᄒ얏스니 然함으로 絶然ᄒ 農業은 아즉 成立

지못ᄒ얏스니 農業에 가장 幼稚ᄒ 時代로다

然ᄒ나 此時를 當 ᄒ야 幼稚ᄒ 農業이라도 彼

等의 一職業에 屬ᄒ얏고 ᄯᅩ 其生存의 一必要

가됨은 贅論을 不要 ᄒ리로다

農耕時代의 農業

未來의 農業은 所謂農耕時 에 在ᄒ니 人民이

다一 漂泊生活을 止ᄒ고 一定ᄒ 場所에 住居

ᄒ야 牧畜을 繁盛히 ᄒ고 果穀을 種植ᄒ여 食

物이 增加함이 巡遊ᄒ난 必要가 無함을 隨ᄒ

야 人口가 聚集함이 國民團結을 成立ᄒ고 政

治團体를 組織ᄒ야 日益進步에 居人家宅이

美麗ᄒ 狀態를 呈ᄒ얏고 財産이 다一 私有에

屬ᄒ얏시니 此에 及ᄒ야 農業의 確立이 前代

에 比ᄒ야 面一段의 進步가 되얏시나 交通이 盛

치못ᄒ야 商業의 貿易이 不振ᄒ며 分業의 發

生이 不起ᄒ얏도다 그럼으로 此時代에 生産

者난 곳農業者에 在ᄒ고 農業者以外에난 生

産者가 無ᄒ도다

未 完

飲料水 (第二號續)

劉 鈴

下水의 汚物　飲料水에 汚物이 混入ᄒ는 原

因은 數多ᄒ니 第一은 井戶附近에 在ᄒ 汚物

溜로부터 漏洩ᄒ과 下水近傍의 土壤으로부

터給水管에 汚物透入과 下水로셔 發生ᄒᄂᆞ

瓦斯의 水溜에 入ᄒᄂᆞ 等事라 以上數多ᄒ 結

果는 下痢疾即赤痢病等을 得ᄒᆷ이요 河流等

에至ᄒ야셔는 如斯ᄒ 汚物의 三分의 二는 水

中에 溶解ᄒᆞᄂᆞᆫ 空氣로ᄒᆞ야 酸化ᄒᆞ야 二酸化
炭素及硝酸等으로 變ᄒᆞ야 無害홈이되나 然
이나 狹隘ᄒᆞᆫ 井戶나 水溜에 至ᄒᆞ야ᄂᆞᆫ 其容
積에 區界가 一定ᄒᆞ야 酸化作用이 微弱ᄒᆞᆫ故
로以上酸化ᄒᆞ야 病毒을 除치못ᄒᆞᄂᆞ니 此에 至
ᄒᆞ야셔ᄂᆞᆫ 淸淨法을 施行ᄒᆞ야 多少의 病毒을
除ᄒᆞᆯ지라

給水法은 大略二種에 分別ᄒᆞ야 一曰不斷給
水法 二曰斷續給水法이라　　不斷給水法은
水를 恒常 管內에 充滿ᄒᆞ게ᄒᆞ야 何時라도 水
口를 開ᄒᆞ면 逆出케ᄒᆞ홈으로 特別이 水溜를
設置ᄒᆞᆯ 必要가 無ᄒᆞ며 汚物의 混入이 少ᄒᆞ
고管內에 水가 充滿홈으로外氣及其他物質
과相合ᄒᆞ야 腐敗ᄒᆞᆯ時機가 無ᄒᆞᆷ으로其水性
이健全홈이요又漏洩ᄒᆞᄂᆞᆫ 管을 使用치아음
으로下水浸入의 機會가 少ᄒᆞ나 然이나 經濟
로ᄒᆞ야 鉛管을 使用홈은不可ᄒᆞ도다斷續給

水法은 一晝夜에 水를 汲ᄒᆞ야 特別이 水溜를
設置ᄒᆞ야 汚物混入과 塵埃微生物及毒瓦斯
等의 混入에 注意ᄒᆞ야 水溜를 完全이 設備홈
이요水를 淸淨ᄒᆞᄂᆞᆫ 方法은 水를 百度以上에
沸騰ᄒᆞ야 瓦斯體反微生物을 殺消홈이可ᄒᆞ
고其他細密ᄒᆞᆫ 試驗은 化學的 硏究와 顯微鏡
이아니면 試驗홈을 得치못홈이라

溷濁ᄒᆞᆫ 水와 汚物을 多量으로含有ᄒᆞᆫ水를 二
三種의 物質을 通ᄒᆞ게ᄒᆞ며 濾過淸澄ᄒᆞ게홈
을 得ᄒᆞᄂᆞ니 飮用에 使用ᄒᆞᄂᆞᆫ 水에 濾過裝置
의 大規模ᄂᆞᆫ 機械的의 反化學的의 二法이有ᄒᆞ
며機械的 濾水法은 巨大ᄒᆞᆫ 立積을 有ᄒᆞᆫ 沈澱
池라고 稱ᄒᆞᄂᆞᆫ 水溜에 水를 充滿ᄒᆞ야 體積이
巨大ᄒᆞᆫ 汚物은 沈澱ᄒᆞ고 其後에 粗礫及細砂
를積ᄒᆞ야 濾床數層을 透過ᄒᆞ고 濾床一段에
大略一時에 四百石乃至七百石의 速度로濾
過홈이라 濾過法을 施行ᄒᆞᆯ時에ᄂᆞᆫ 有機質污

物은酸化ᄒᆞᄂᆞᆫ 事가無ᄒᆞ고汚物은沈澱과砂礫에吸收ᄒᆞ나無機物이多量으로吸收沈澱ᄒᆞᆷ이라玆에使用ᄒᆞᄂᆞᆫ細砂ᄂᆞᆫ純粹ᄒᆞᆫ物品을使用ᄒᆞ고細少ᄒᆞᆫ砂礫이면濾床의水流를閉鎖ᄒᆞᄂᆞᆫ故로適當ᄒᆞᆫ砂粒을使用ᄒᆞᆷ이可ᄒᆞ니라

凡飲用水中의夾雜物을粗雜에檢定ᄒᆞᆷ은十分의四五ᄂᆞᆫ無功ᄒᆞ니同一의夾雜物도混入ᄒᆞᄂᆞᆫ根源의如何에在ᄒᆞᆫ즉或은有害者도有ᄒᆞ며或은無害者도有ᄒᆞᆫ즉其水의給水源經過의歷史及區域와夾雜物의性質等을明白히ᄒᆞᆫ後에야其水의良否를判定ᄒᆞᆷ이라

救急治療法 二號續

毒氣中毒　朴濟鳳

毒氣中毒은大槪炭酸中毒이多하도다不良한空氣가充滿한坑穴或廢棄ᄒᆞᆫ古井或醱酒場의酒室等處에注意치못하고入하든지或密開한室內의多數人이集會하야呼吸時에其呼出하ᄂᆞᆫ炭氣가室內에充滿하던지或은火爐炭火에셔發生하ᄂᆞᆫ炭氣가房內에充滿하든지或은如何ᄒᆞᆫ不注意도炭氣을多量이吸入하ᄂᆞᆫ等事로因하야窒息되ᄂᆞᆫ者니猝然人事不省이되야呼吸이中絕되고面色이靑白ᄒᆞ야坐享脹되고皮膚가冷却하야死에至하ᄂᆞᆫ者라此時에ᄂᆞᆫ몬져患者를即速히空氣流通잘ᄒᆞᄂᆞᆫ處所에移臥한後에衣帶을解하야全身의衣服을寬裕히하고冷水를幾次頭部에注하며一邊으로ᄂᆞᆫ人工呼吸法을行하며ᄯᅩᄂᆞᆫ四肢를毛布屬으로摩擦 (부비ᄂᆞᆫ것)ᄒᆞ고胸部와腹部에도冷水를灌하라如此히하야人事를省함이至ᄒᆞ거든 量의酒屬을飲服하야攝養을不怠하고此時에患者가身體가惱困하야睡眠코져하거든此를妨

害ㅎ야 睡眠치못하게ㅎ라

此毒氣中毒의 災害가 室內에셔 起힐時에ㄷ
即時窓戶를 開放ㅎ야 新鮮한空氣를 流通케
할것이오 廢井 或坑穴等處에셔 起할時에 눈
此를 救助하는者에게 도害가及ㅎ야 中毒할
憂慮가不無하니 몬져 該處에 冷水或石炭水
等을 散布하며空氣를 吹送하고 手巾을 冷水
에 浸濕하야 鼻口를 掩蔽한後에 迅速히 躍入
救出하야 上述한方法을 施行蘇生케하라

廢井坑穴或長時間閉鎖不通ㅎ엿든 室內에
炭氣의 有無를 檢査하랴면몬져 燭燭에 火를
點ㅎ야 此를 長竿或繩端에 附ㅎ야內部에 垂
入ㅎ면炭氣가多量이 有ㅎ時에 눈火焰이即
滅ㅎㄴ니此時에 눈冷水或石炭水等을몬져
散布ㅎ야 消毒ㅎ後에 入ㅎ면危險을可免힐
지라

縊 死

縊死ㄴ氣道가閉塞ㅎ미 呼吸이 中絶ㅎ야死
에至ㅎ눈者ㄴ極히迅速히 救助아니ㅎ면
生命을失ㅎㄴㄴ라 故로患者의身體를抱ㅎ
고縊繩을切斷ㅎ고 橫臥ㅎㄴ後에 衣服을弛緩
ㅎ고顔面에冷水를吹灑ㅎ며手足과腹部를
手巾으로써摩擦ㅎ고 紙捻子 (紙片을부뷘
것)로써鼻孔을攪拌ㅎ야噴嚔(자ᅕ기)를
發ㅎ게ㅎ며繩의壓痕을按摩ㅎ야其痕을消
滅ㅎ고一邊으로눈即時人工呼吸法을施
行ㅎ라

공겸의졍신

女史尹貞瑗

외인이, 왈, 죠션부인은, 실노,
여, 남을, 안ㅎ무인케, 싱각ㅎ눈곳이, 잇다
눈, 말을, 써ᄉᆞ로드른일이, 잇눈즁에, 겸ㅎ여

三十畫

군일, 퇴극혹보에, 냥차괴록한바를, 잠간
불지경이면, 실노, 녀즈가, 안니면, 사람이
안니요, 녀자가, 안니면일시라도, 싱활홀슈
가, 업는드시, 싱각ᄒᆞ시는이도, 업지아니할
듯ᄒᆞ나, 이는, 깁히싱각ᄒᆞ여야, 홀바는, 비
록, 녀즈는, 샤회의, ᄯᅩᆺ치라는, 말을, 쳔호만
호, ᄒᆞ기로, 실노, 녀즈의, 심신이, ᄯᅩᆺ과갓
쳐, 아람답게, 되기젼에야, 누가, 이소리에,
귀를돌녀듯는쟈, 잇스며, ᄯᅩ녀즈는, 텬싱
으로, 아름다온, 셩질이, 잇노라고, 쳔인만
인이, 말만ᄒᆞ기로, 실시로, 이를, 발표ᄒᆞ기
젼에야, 참아름답 、귀ᄒᆞ게, 녁이며, 샤회
에, 무삼효험이, 잇스리요, 이러훈고로, 실
노, 바라는바는, 비록, 이갓흔말을, 아니ᄒᆞ
더림도, 자연히, 그, 형용은, 인류의, ᄯᅩᆺ치
되고, 그, 수업슨, 감을에, 우로와, 갓치되
는뒤, 잇스나, 지금, 본국졍세로, 말ᄒᆞ면, 녀

ᄌᆞ가, ᄌᆞ긔의직분을, 젹당히, 셔닷지, 못ᄒᆞ
고, 그실력이, 잇기간ᄒᆞᆨ덕, 얼마즘, 쓸곳이
잇는줄도, 아지못ᄒᆞᆫ난고로, 부득불, ᄒᆞ여, 되더,
ᄒᆞ교섭지, 아닌말싸지, 혼빅로다 되더,
나라의동셔와, 사람의남녀를, 불문ᄒᆞ고, 이
샤회에, 쳐ᄒᆞ며, 일끼국민이, 되여, 안온무
ᄉᆞᄒᆞ게, 셰월을보늬고져, ᄒᆞ며, 가졍을, 화
락게ᄒᆞ고, 붕우친쳑과, 교졔를, 깁히ᄒᆞ고져
ᄒᆞ면, 부득불적회지, 아니치못홀바는, 국
말젹, 도덕이라, 이국민젹도덕을, 남ᄌᆞ의편
으로, 보면, 남ᄌᆞ의도덕이요, 녀ᄌᆞ의편으로,
관찰ᄒᆞ면, 녀ᄌᆞ의도덕이, 될지라, 되더, 부
인의도덕이라, ᄒᆞ는거슨, 엇더훈, 도덕인고,
ᄒᆞ는의심이, 잇슬듯ᄒᆞ나, 이는, 결단코, 남
ᄌᆞ의게는, 쓸뒤업스나, 녀ᄌᆞ의게만, 필요되
는, 특별훈, 도덕이라, ᄒᆞ는거시, 안니라, 남
ᄌᆞ의게도, 필요는, 이스나, 특별히, 녀ᄌᆞ는

불가불、깁흔소양이、잇셔야、홀、도덕을、말
홀빅라、지금、이를일일히、말홀지경이면、
실노、한두가지가、안니라、부디기수일듯홍
나、긔쟈、(記者) 역시、쳔흥협식흥여、그、셥
쌴지일도、아지못흥나、다만、평일연구흥던
즁、데일、우리미형의게、필요로싱각흥는바
는、겸공(恭謙)의졍신일듯、공겸이라홈은、
그、글즈와、갓치、공경흥고。겸근흥라는、말、
인죽。즈긔의、지디。학식。문벌。지산을。
염두에。두지아니흥고、타인을、혈심으로、
공경흥고。즈긔를、겸손흥라는、쯧이라
디뎌、녀즈구、녀즈갓치、아름답게、뵈이는
바는、이졍신이、잇슴을、인홈이라、고금동
셔를、불문흥고、녀즈의도덕즁에、공겸아즈
를、말、아니홀곳이업스니、잠간싱각흥면、
공겸파、졀조(節操)는、녀즈의、젼문도덕、갓
흔나、이눈、지ᄎ의、말이거니와、결단코、그

런것시아니라、다만、특별히、이두가지가、
남즈보닥、녀즈의게는、즁딕홈으로、인연합
이라、만일、힝동거지와、언어응답이、어딕
싸지라도、뇨됴슉녀갓치、양성코져흥면、다
을、공부흥여도、무익홀지요、반다시、마음
속의、틔글흥나업는、구실갓치、찬란령농
흥、공겸지덕을、감초아둔、연후에、그지휘
를、응흥여、진퇴응답흥여야、쳐음으로、그
언어가、화려흥고、그힝동이、요됴홀바는、
빅만소가、다、무음이、근원이오、힝소는、
이를좃ᄎ、발흥믈을、인흥믈이라
공겸의、반듸는、말홀것업시、교만이니、교
만이라、홈은、즈긔의、지디、학식과、위치
부귀를、현어ᄉ싴흥여、타인을、듸글곳치、
구바엽게、보고、턴하에、즈긔이외에는、눕
흔져、업는듯시、싱각흥여、무슴일에、관계

三十七

253

흥던지, 즈긔를, 몬져, 압혜셰우고, 져, 흥
눈쟈를, 널음이나, 여츳흔쟈눈, 비록, 남즈
라도, 용셔흘슈, 업눈, 픔힝이라, 하믈며,
녀즈가, 교만지심이, 츄호관티라도, 심듕에
밍동ᄒᆞ여셔눈, 원만무결흔, 가뎡과, 화긔
만만흔, 샤회에, 일시라도, 용납흘슈, 업슬쑌
아니라, 필경은, 남의게, 슬혀흔빅, 되고,
우슴걸이가, 되여, 일평싱을, 불힝듕에, 보
닉눈, 운명이, 되리로다. 그러나, 쏘녀즈가,
숨가야, 흘바눈, 은인 [隱忍] 이라ᄒᆞᆫ것,
일듯, 흥게, 은인이라. 홈은, 즉, 것초로,
슷이라. 그심듕으로, 즈긔눈, 교만ᄒᆞ다눈,
수만금져손을, 가진우혜, 츌듕흔, 용모와
련하무쌍흔, 학식이, 잇다눈, 싱각을, 실샹
은, 몽믹의도, 잇지아니ᄒᆞ면셔, 외면으로
만, 겸손흔듯, 흥게, 보이눈, 이가, 특별히,

녀즈샤회에, 만타ᄒᆞ나, 이눈실노, 젹지아
닌, 도덕샹의, 죄인이라, ᄒᆞ여도, 과흔말이,
아닌고로, 급히급히쥬의ᄒᆞ여야, 홀빅나,
쏘그럿타고, 아모분별도, 업시, 젼후좌우
를, 도라보지아니ᄒᆞ고, 누구의게든지, 머
리를, 숙히라눈, 말은, 결단코, 아니라, 이
눈, 겸손을, 과ᄒᆞ여, 비굴흔졍신이라, 오직,
공경흘만흔, 쟈를, 어딕셔지라도, 공경ᄒᆞ
고, 즈긔를, 겸손ᄒᆞᆫ눈듕에라도, 능히, 범흘
슈, 업눈, 픔겨 (品格)을, 일쳐말고, 즈긔의
위엄을, 보젼ᄒᆞ여, 사룸으로, ᄒᆞ여곰, 스스
로, 가히, 놉힐만ᄒᆞ고, 친흘만흔사룸이라
눈, 감탄지졍을, 발ᄒᆞ도록, 심신을닥기에
그목뎍은, 잇스나, 이눈, 말노ᄒᆞ면, 대단히,
쉬운듯, ᄒᆞ여도, 실힝케, 지극히, 어려온바
이라, 오직, 다, 각각, 무음을, 놋쳐말고, 이
셰샹을, 빅리눈놀, 선지일시라도, 닛지아

니, ᄒ도록, 힘써야, 흘일일듯, 만일, 무슴
솟치던지, 츙, 아름답게, 퓌기만ᄒ
촌, 이곳치, 곱다고, 즈랑아니ᄒ여도, 스스
로, 보눈이, 마다, 둣기슬도록, 층찬ᄒ믈
마지, 아니, 홀터히오, ᄯ또, 그향긔가, 실노
황홀무쌍홀지경이면, 가만히, 안져잇드리
도, 바름을, 인연ᄒ여, ᄉ방에, 훗터질지라,
그런고로, 업눈솟빗과, 향긔를, 잇눈쳬, ᄒ
다가, 도로혀, 수비의, 수치를, 밧지말고,
다만, 힘쓰눈바눈, 실노, 즈긔의, 솟슬아,
모됴록, 곱게, 피, 도록ᄒ고, 그향긔를, 조곰
이라도, 더ᄒ게, ᄒ눈딕, 잇게홀지어다

(西諺 一句)
잘, 영근, 보리(大麥)ㅣ일ᄉ록, 그, 머리를,
숙이더라

面々그리스도

鄭 彬

그리스도눈救贖의主

우리죄를인ᄒ여셔, 예수믜셔상ᄒ며, 우
리허물인ᄒ여셔믈를마즈셧도다예수쳑
망밧은고로, 우리들이편ᄒ고, 예수믜에
상ᄒᆞᆷ으로, 우리병이나앗네 (以賽亞五
十三章五節)

엇더ᄒ한춘농부의집에셔닭을기르눈딕하로
눈암닭이이병ᄋᆞ리를만히다리고그집들에셔
놀더니맛ᄎᆞᆷ솔긔훈놈이지나다가가보고살ᄌᆞᆺ
치나리달아병아리훈마리를움겨가눈지라
암닭이쳐음은그석기들을자긔놀긔아릭로
덥허보호ᄒᆞ며자긔몸으로눈그사나온솔긔
를막으며다라나ᄂᆞᆫ다가그석기를ᄉ랑ᄒ눈졍이불닐
ᄒ눈경우에눈그석기를ᄉ랑ᄒ눈졍이불닐

듯ㅎ여 평일에 슐긔무셔워 ㅎ든 ㅁㅇ음도다니 져브리고 두눌긔를 버리고 소릭를 크게 질ㅇ며 슐긔를 솟ㅊ 공즁으로 싸라 올나 가니 슐긔가 몬져 움켯든 병ㅇ리는 노 하 주고 암닭을 움켜 가지고 갓다 ㄴ는 이야기가 잇도다 이와 ㄱㅇ치 예수씌셔 이 셰샹에 오신 목뎍은 죄에 싸진 이 셰샹을 구속ㅎ야 살길노 인도ㅎ고 각히 쟈긔 길노다라 나는 허여 진빅셩을 당신의 젼능ㅎ신 늘긔 아릭로 모흐고져 ㅎ시기를 더 암닭이 쟈긔 식긔를 보호흠곳쳐 시샤 필경은 이 셰상죄를 딕 신ㅎ샤 쟈긔를 십즛가에 못박는듸 경셔지니 므시고 그 귀ㅎ 신피로 약속을 셰우샤 영원호 구속의 쥬인이 되셧스니 그 사랑과 은혜가 엇더케 크고 넙은거슬 가히 알니로다 그런고로 셩경에 글ㅇ샤 딕하ᄂᆞ님이 이 셰샹을 이쳐럼 스랑ㅎ샤 독싱즈를 주셧스니 누구던 지 뎌를 밋ㅇ면 멸망치 안코 영싱을 엇ㅇ리라

하ᄂᆞ님이 그ㅇ 둘을 셰샹에 보닉신거 손 셰샹을 죄뎡ㅎ려 ㅎ심이 아니오 그 아들노 셰샹을 구원ㅎ시랴ㅎ는 거시라 뎌를 밋는사름은 죄를 뎡쳐 아니 ㅎ고 밋지 아니ㅎ는 사름은 발셔 죄를 뎡ㅎ엿스니이는 ᄒᆞ나님의 독싱즈의 일홈을 밋지 아니홈이라 (約三○十六ー十九)

이곳치 예수를 하ᄂᆞ님과 사름스이에 듕보(中保)를 삼ㅇ샤 아 모리 큰 죄인이라도 다 용납ㅎ고 구속ㅎ기로 쟉뎡ㅎ엿스니이거 손 곳 사름의의되흘만훈약속이라

그리스도는 춤自由

예수뎌들의 게닐너 글ㅇ샤 딕 진실노 너희게 니르노니 죄를 범ㅎ는쟈는 죄의 종이라 죵은 영원히 집에 잇지 못ㅎ나 아들은 영원히 잇ᄂᆞ니 아들이 너희의 게쟈유를 주면 너희가 춤쟈유를 엇ㅇ리라 (約八○卌四、卌六)

쟈유의근본은하나밧게업스나쟈유의바람
이젼셰계통힝홈으로브터두길노눈호여속
쟈유와것쟈유가되엿도다그런데지금은이
쟈유두구글즈를모로눈사롬이업고그둥에라
도이두구글즈를목마른듯시사모눈눈나라
디긔아라사와쳥국과우리한국이라이럼으
로아라스릐동쟈눈쟈유의쑴을쑤고쳥국쳐녀들
은쟈유의노릭를브르고한국은오쳑동즈라
도쟈유를바라눈소상이군졀홈으로사롬사
룸이놀마다머리를둥편으로돌니고태평양
에셔건너어눈빅만긔드리며금번에나혹쟈
유실은빅가올고이곳처渴望을픔엇도
다그런즉이셰샹에셔쟈유가얼마큼귀흔것
인지눈가히알니로다그런고로젼셰계에왕
피호며이쟈유를구호려호눈손님이하눌에
구름과바다에물결ㄱ굿흔지라그러나젼셰계
형편을볼진듸것쟈유가속쟈유의힘을비러

가지고그낫타닌셰력이여러비가확장이되
엿눈고로더손님들의肉眼에눈법률졍쳐와
문학긔예의허여진쟈유만보고그발자최가
그곳에굿쳐셔빅회듀져호며혹엇던사롬은
쟈유를맛나기눈호엿스나그쟈유를쓸곳이
업슴을탄식호며다만쟈긔의나라에셔쟈유
의문열기만긔드리눈사롬도잇도다그러나
만일그나라에셔쟈유를허락홀지라도그거
시온젼흔쟈유라고져못호리니이눈무타
라사롬들이다죄를가지고잇눈연고요죄인
의게눈쟈유가업느니셩경말솜에닉가원호
눈션은힝치아니호고원치아니호눈악은힝
호눈도다 (羅七〇十九) 호엿스니이거시죄
의게눈쟈유가업시춤자유를엇지
못호증거라멧히젼에쳥국에한그리스도신
쟈가잇스니처음으로밋기시쟈흔쟈라한눌
은다른사롬을향호여담비를쳥구호즉그샤

四十一

룸이쟈긔쌈지에 손을너허한줌집어주는지
라신쟈가밧아가지고집으로도라와셔딩돔
에담어피우려고홀씩에쟈셰히본죽그속에
젹은은젼한푼이잇눈지라스로생각ᄒ기
를뎌사름이밋쳐살피지못홈으로닉가말처
아니ᄒ돈이뭇치여왓스나릭일도로갓다주
리라ᄒ엿드니그마음에셔또성각나기를그
럿처안타ᄂᆡ가그돈을도젹ᄒ여온바도아니
오또그사름이ᄂᆡ게온줄은뎡녕히알지못홀
거시오그사름이혹ᄂᆡ다려뭇드릭도모론다
ᄒ면ᄂᆡ를틀니게알길도업고너를의심ᄒ여
송ᄉ홀지라도즁거가업는일이니ᄂᆡ가먹엇도
관계치안타ᄒ논지라이사름의흉둥에두가
지의론이니러나셔한편셔는도로주쟈거니
한편에셔는먹어도관계치안타거니밤ᄉᆡ도
록량심과죄가그가슴에왕릭튱돌ᄒ여한잠
도자지못ᄒ고눌이불앗는지라아춤에니러

나셩경말솜을보교량십쑥으로ᄆᆞ음을기우
려돈을도로갓다주기로쟉뎡ᄒ고돈을가지
고가셔님쟈의게돌닌죽그사름의말이웨그
티가쓰지아니ᄒ고가져왓느냐고뭇는지라
신쟈의티답이이거시내수즁에잇슬씩에ᄂᆞᆫ
내ᄆᆞ음이편치못ᄒ여내텽혼이거의죽게되
엿드니이돈을그디의게돌니기로쟉뎡ᄒ후
에야ᄆᆞ음이편ᄒ여밥을먹엇고또지금그티
를맛나셔돌닌후에는내의ᄆᆞ음이ᄀᆞᆺ처시
원ᄒ고 重賞를벗손듯ᄒ니엇지그돈을소ᄉ
로쓸길이잇스며하ᄂᆞ님의의로신심판이엇
지나물용셔ᄒ리오ᄒ엿다더라 이런일을
두고보면이거시과연쟈유로노힘을엇엇다
ᄒ리로다그 란죽춤쟈유가별훈곳에잇눈거
시아니오곳하ᄂᆞ님말솜속에잇스니구코져
홀진틱곳사름의발압헤잇눈거시라엇
지면곳ᄭᅥ지가리오이눈셰샹이어리셕게녁

이고 낫게보는십자가에셔셔흘닌예수의피가 사롬므음가온딕 비상흔능력을힝ᄒ야죽은 쟈를살니고병든쟈를곳치고마귀의결박밧은쟈들을自由解放ᄒᄂᆫ니이거시셰샹사롬의思想에셔버서나는超自然的役事라그런고로셩경말솜에하ᄂᆞ님의셩신이계신곳에 쟈유가잇ᄂᆞ니라ᄒᆞ엿도다(哥後三○十七)

實行主義

吳　錫　裕

近世物質上文明이 進步ᄒᆞᆷ에 道德上文明은 日益腐敗ᄒᆞ야 世人이日名譽曰權利로外飾主義를專主ᄒᆞ고 實行主義를忽視ᄒᆞ야口舌로는仁義를主唱ᄒᆞ되其實地所爲를見ᄒᆞ면不仁不義를行ᄒᆞ며口舌로는博愛主義를主唱ᄒᆞ되其實地行爲를見ᄒᆞ면殘忍暴虐을行ᄒᆞ며口舌로는國家主義를主唱ᄒᆞ되其實地行

爲를見ᄒᆞ면賣國的行爲를行ᄒᆞ며口舌로는同等主義를主唱ᄒᆞ되其實地的行爲를見ᄒᆞ면嬌慢嫉妬를行ᄒᆞ며口舌로는正直主義를主唱ᄒᆞ되其實地行爲를見ᄒᆞ면曲私阿陷를行ᄒᆞ며口舌로는敎育主義를主唱ᄒᆞ되其實地所爲를見ᄒᆞ면賊人子之行爲를行ᄒᆞ며口舌로는團體主義를主唱ᄒᆞ되其實地所爲를見ᄒᆞ면私黨邪徒의所事를行ᄒᆞᄂᆫ者ㅣ往々有之ᄒᆞ니嗚呼라此外飾主義여 小以言之컨딕自己一身를亡케ᄒᆞ고大以言之컨딕一國家를亡케ᄒᆞ리로다試問ᄒᆞ노니我韓에倫理道德이無ᄒᆞ야今日에如許혼地境에至乎아非也라檀箕以來로倫綱이嚴正ᄒᆞ야君々文々子々의敎訓은人々이熟知ᄒᆞᄂᆫ바라世人이我韓를指ᄒᆞ야禮義之邦이라稱ᄒᆞ얏스되今日에至ᄒᆞ야國民的德性이日益退步ᄒᆞ야爲官者ㅣ貪不汚法으로事業을合고爲民者

一阿附服從으로 天則를合아 少不愧焉ㅎ는
것은固有道德를實行치못혼故也오我韓에
敎育制度가無ㅎ야 今日에如許혼地境에至
乎아非也라當初先王立法之時에庠序學校
를設立ㅎ야 三綱五倫를敎ㅎ야德育를主張
ㅎ며六藝之道即禮樂財御書數를敎ㅎ야智
育體育를踐行 ㅎ얏스니現今文明國敎育制
度에比較ㅎ면多少改良할 條件이有ㅎ나是
는時勢의變遷으로由홈이오 其先王의敎育
主義가失錯됨은안이여늘後生이先王의遺
訓를不守ㅎ고 其本를捨ㅎ고 其末를取ㅎ야
畢竟一般人士가尋章摘句로能事를合아誦
經作詩之輩가連出ㅎ야敎育이旺盛ㅎ고도
國家가衰殘혼것은其敎育主義를實行치못
혼故也오 我韓에通商制度가無ㅎ야今日에
如許혼地境에至乎아非也라英國도我韓의
通商條約國이오北米合衆國도我韓의通商

條約國이오日本支那도我韓의通商條約國
이라世界列國中에通商條約國이無處不有
ㅎ되今日에我韓商業이恭爾不振혼것은商
業政策를實行치못혼故也라
要컨디 我韓社會上千萬事의弊害原因를一
言以蔽之ㅎ면外飾主義에歸一ㅎ도다前轍
之覆에後轍之라戒ㅎ얏스니將來의方策를
善究코쟈ㅎ면過去의失敗를殷鑑으로合는
것이爲事者의注意홀바라吾儕青年은將來
大韓帝國의相續者ㅣ라高明혼學識이國民
의師範이되지안이치못할것이오高尙혼人
格이同胞의標本이되지안이치못할것이라
卑陋혼風潮를擊退ㅎ며鄙野혼病俗를打破
ㅎ고宇宙갓혼浩々之氣와日月갓혼明々之
心으로此天地間에立ㅎ야堂々혼公々平々正
々直々으로萬事를實行ㅎ야百敗不挫ㅎ는
精神으로進々步々ㅎ면世間萬事에無所不

成이라ᄒᆞ노라

無何鄕漫筆

崔　錫　夏

孤榻夜半에 殘燈을挑ᄒᆞ고 靜言獨坐러니 忽然風聲이蕭々에 一點黃葉이 客窓을打ᄒᆞ니 無情ᄒᆞᆫ歲月이吾人에게秋節을告ᄒᆞ도다 嗚呼라人生도亦如此라 靑春이一去後에秋色이必至로다 天地間에 生ᄒᆞ야磊々落々丈夫志로 千萬年에 與日月並立ᄒᆞ야 大事業을成就ᄒᆞ야社會上에 模範을不遺ᄒᆞ면 草木同腐와 何異ᄒᆞ리오 吾儕靑年의 前途를思量ᄒᆞ니萬里程에 一步로다 四千年祖國의 將來運命을 兩肩에 負擔ᄒᆞ니 責任이輕ᄒᆞᆯ소냐 靑邱江山 널흔天地中興功臣 뉘가될고 自古及今事業家ᄂᆞᆫ人皆曰英雄이라 英雄이 是如何人고其 眞相을探究코져 萬古英雄尋訪次로 虛心囊을쩨여차고 五大洲를 轍環ᄒᆞᆯ시 自近至遠ᄒᆞᆫ 意思로 支那大陸 차자드러 漢高祖를 尋訪ᄒᆞ니其時ᄂᆞᆫ 卽天下를 掃平ᄒᆞ고 諸功臣을 團會ᄒᆞ야論功行賞ᄒᆞ던 日이라 陛見을 懇請ᄒᆞᆫ 慢侮儒生慣習으로 無禮를敢言ᄒᆞ니高祖의 論法으로 無禮를 敢言ᄒᆞ니 高祖가謝禮不己ᄒᆞ더라 敬揖良久에 余發一問曰陛下가무슴 龍韜虎畧으로써 草野中에 奮起ᄒᆞ야暴秦强楚를討定ᄒᆞ고 萬乘之位를 已得乎아 高祖ㅣ 拍膝大笑曰奇哉라 君言이여可以一問者也로다 朕이 沛中에셔 三尺劍을 提起ᄒᆞ고八年 風塵塲에 麈鹿을 競爭ᄒᆞᆫ것은 都是大愚에出ᄒᆞᆷ이라엇지 成功을 豫期ᄒᆞ야시리오 大愚二字外에 決無他策이로다 此言을聞ᄒᆞᆷ에 心神이快活ᄒᆞ야 唯々而出ᄒᆞ니 大業을 草剙ᄒᆞᆫ漢高祖ᄂᆞᆫ 名不虛傳이로다 去路가忽々ᄒᆞ야 渭城朝雨離別歌로 驪駒曲

을 一唱ᄒ고 洛陽城을차자 드러 漢光武를 尋
訪ᄒ니 愛人下士漢光武는 待衛를 一掇ᄒ고
中興功臣馬援을 迎接ᄒ던 儀式으로 帽子를
半欹ᄒ고 引見而笑之曰君이 千里를 不遠ᄒ고
고朕을 來訪ᄒ니 必是說客이로다 余曰外臣
은 一大疑問이 有ᄒ야 陛下의 質問次로 來謁
ᄒ야시니 說客이아니 오問客이로소이다帝
曰有何質問고 余對曰陛下가 漢室之宗親으
로 南陽白水鄕에셔 赤手空拳으로 奮起ᄒ야
王賊을 討平ᄒ고 旣失之漢祚를 興復ᄒ야시
니 無合經緯之才가 有ᄒ야 至於此乎잇가帝
正色而言曰朕이 赤手空拳으로 義旗를 擧ᄒ
야 百萬大衆을 有ᄒ되 王賊을 伐罪코져 ᄒ것은
엇지 自己의 榮譽로 爲ᄒ이리오다 못漢室의
血孫이되야 祖國을 愛ᄒᄂ 誠心에 出ᄒ얏고
坐中興事業으로 論ᄒ면 朕의 猷謀로써 今日
之致가 有ᄒ것이아니오 朕의 功臣等이 朕을

爲ᄒ야 忠謀善圖ᄒ結果라 朕은다 못 誠心을
推ᄒ야 諸臣의 腹中에 置ᄒ에 不過ᄒ니 朕은
誠心二字外에 別無他策이로라ᄒ더라一片
誠心으로 漢室을 中興ᄒ 漢光武의 言이여言
實이 相同ᄒ도다

支那大陸 에 二英雄을 尋訪ᄒ고 行路를 歐
洲로 向ᄒ니 一葉小船은 大洋에 泛々ᄒ야蓮
葉仙人이 蓮葉舟를 乘ᄒ고 瀛洲에 漫遊ᄒ과
恰似ᄒ더라印度洋과 紅海를 航過ᄒ야地中
海에 入ᄒ니 波濤가 穩平ᄒ야 錦紋을 生ᄒ도
다 法國馬耳塞에 上陸ᄒ야 巴里城을 向去ᄒ
니 丹靑畵閣은 半空에 騰出ᄒ고 錦繡江山은
左右에 圍列ᄒ니 촘世界中에 第一名區로다
盖世英雄拿坡崙을 尋訪ᄒ니 時는 拿坡崙의
全盛時代라 歐洲列國君王이 其膝下에 屈服
ᄒ야 臣下됨을 哀乞ᄒ더라 余間曰明公이 有
何雄圖ᄒ야 當初에 一督政官의 地位로 大皇

帝의 榮名을 得ᄒ고 歐洲를 掃平ᄒ야 威勢가
天下에 振動乎아 答曰 乃公은 別無他策이라
不能二字ᄂᆞᆫ 平生에 用ᄒᆞᆫ곳이 無ᄒᆞ니 乃公의
秘訣은 不能을 不言홈에 在ᄒᆞ노라 人生歷史
五千年에 魔力神術로 人生의 原動力이 되야
世界를 驚動ᄒᆞ던 拿坡崙의 格言이여 弱者가
強ᄒᆞ고 懦夫가 立ᄒᆞ도다

此言을 誦歌ᄒᆞ면셔 太西洋을 航渡ᄒᆞ야 北米
合衆國에 다々르니 時ᄂᆞᆫ 合衆國이 英國과 宣
戰ᄒᆞ야 大勝利를 得ᄒᆞ야 獨立을 天下에 公布
ᄒ고 大統領 華盛頓이 就位ᄒᆞ던 日이라 華盛
頓을 訪問ᄒᆞ니 海外孤客을 欣然迎接ᄒᆞ더라
謁見禮畢에 余가 敬賀曰 今日은 貴國의 獨立
日이라 一外人의 心中에도 喜悅을 難名인즉
而況 貴國人乎아 又繼言而問曰 殿下가 多年
血戰에 世人이 皆是 貴國의 失敗를 憂慮ᄒᆞ더
니 事實이 反是ᄒᆞ야 如此히 萬古大事業을 成

就ᄒᆞ야시니 有何經綸ᄒᆞ야 至於此乎아 華盛
頓이 徐々答曰 乃公이 赤手空拳으로 起ᄒᆞ야
老弱之兵과 婦人之卒을 驅ᄒᆞ야 世界萬國에
最強最銳ᄒᆞᆫ 英國兵과 交戰ᄒᆞ여시니 엇지成
功을 豫期ᄒᆞ야시리오 一敗又一敗又
爲ᄒᆞ며 百敗又爲ᄒᆞ야 以達目的ᄒᆞ야시니 乃
公의 主義ᄂᆞᆫ 熱心二字而己라ᄒᆞ더라 亞米利
加를 代表ᄒᆞ야 合衆國의 獨立基礎를 萬古에
確立ᄒᆞᆫ 華盛頓의 言이여 吾人에게 百折不屈
의 眞理를 敎ᄒᆞ도다 周流天下에 萬古英雄을
一々히 訪見ᄒᆞ고 成功의 秘訣을 問ᄒᆞ니 英雄
이 別無他策이라 曰 大愚曰 誠心曰 無不能曰
熱心이더라 快々妙々ᄒᆞᆫ 此良訣을 虛心囊에
括入ᄒᆞ고 韓半島에 歸來ᄒᆞ니 醒覺ᄒᆞᄌᆞ 南柯
一夢

四十七

○思潮滴々

會員　申相鎬

○天下萬國에 散在한 干戈를 一處에 收合하
야 一大佛像을 鑄成하야 九萬長天上에 屹
立하고 億萬年平和를 維持하면 壯快하고
偉大하니 可惜타 今世上에 此等大事業을
成就할 大人物이 無하구나

○實行으로 主義를삼고 正義로 手段을삼아
活々潑々하게 天下에 濶步하니 所向無敵
에 無事不成이로다

○吾人이 此世에서 載天立地하고 公明正大
한마암으로 萬事를 行하면 蘇秦張儀의 雄
辯이 無用이오 張良陳平의 智畧이 無効로
다

○靑丘二千萬國民은 武陵桃源春時節에 氣
暖眼自醉하야 南柯一夢依俙터니 釜義鐵
路汽笛聲에 忽然驚破하니 樑上君子 一大
隊墻屋을 破碎하고 家庭에 侵入하야 該君
妻子脅迫하며 生命財産을 橫奪할시 於是乎
發忿激怒하야 愛國鐵槌를 高擧하야 該君
子의 頭上에 猛加하니 頭骨粉碎

○世間에엇던 學生은 工夫가 第一이라하고
晝夜掩門讀書하야 形容枯고하야 畢竟廢
工하난 地境에 至하고 엇던 學生은 體育이
第一이라하고 四處運動으로 事業을삼아
書自書我自我로 虛送歲月하다가 畢竟墜
落에 至하니 참석한일이오 中庸之道를 行
할지어다

甲乙會話 (寄書)

傍聽人　友古生崔麟

甲曰桃李春光이 如昨日흔데 秋風에물드린
菊楓瞥眼間에 黃々丹々허々歲月이여 乙

日天道가無私호야人事를不待호네青春이易老호니白日을虛度말게

乙曰近日北美洲에셔黃人學童을排斥호다호니아마도黃白人種섯슴은第一鼓지甲曰然則黃人이互相殘滅홈은兄弟相爭이아닌가乙曰家必自毀而後에人이毀之라호니兄弟相爭은亡家之本甲曰家和萬事成이라호니和호면그만이지

甲曰世界에貧國은韓國이라지乙曰財源의農産礦産은韓國이第一豊富호두호니엇지貧호두謂호리오甲曰허々이스람盤中殘도먹어야빈부르지乙曰그러게韓國京城에礦産學校有호고日本留學生中農科生이多호다데青年들차々活動興業호면世界의富國은韓國일거을

乙曰世界의弱國은韓國일듯甲曰仁者無敵이라호니韓國人에셔더仁혼者ㅣ無호디

엇지弱허다謂호리오乙曰허허이스람그거슨古談일세今日은强者無敵이라네軍斧업시되갓나甲曰秦始皇이收入武器호야鍾鑄金人十二를作혼後에도楚漢이쥬먹싸음을호엿단말못들럿고北米洲獨立前에養軍鍊兵호엿단말못드럿네韓國도國民이一心團體만되면世界의强國되지

甲曰吾人生活上에雖一秒間이라도不可無者ㅣ무어신고乙曰法甲曰世稱堯舜은道德之治라호는此乃農業時代人民이라欲望이不可是飮而食之뿐인故로耕田食鹽井飮으로太平歌를和唱호엿시나今日은理想世界라人智가發達되고物態가變遷호여事々物々이人欲을惹起호눈故로國家와社會를維持호랴면法律乙曰支那始皇國은苛法으로亡호엿고歐洲全幅羅馬國은法律업셔셔亡호엿나今日之生存競爭

點은 經濟

乙曰東西萬古에 第一大役은 秦始皇之萬里
長城甲曰其次는 露國之西伯利亞四萬里
鐵道

甲曰中土戰國代에 楊朱는 自愛를 主ᄒ고 仁
義는 僞라ᄒ야 拔一毛利天下라도 不爲라
ᄒ엿다니 참 獨立家 乙曰 墨翟 은 兼愛를 主
ᄒ야 無父無君 이라ᄒ고 守儉約而非禮樂
ᄒ엿다니 참 社會家

乙曰東西海軍名將은아마 英國之네손과日
本之東鄕平八郎 이지甲曰 참말海戰先生
님은 朝鮮之李舜臣 이라네

甲曰秋風에놀는 鴻鴈遠客夢 을불너셔니去
國恨親懷는 寸心尺膓다 傷ᄒ네乙曰男兒
立志ᄒ고 出疆遊學卒業한 後他日歸國事
業ᄒ면爲國爲親 그아닌가여보게 無益之
悲말ᄒ고 勸々孜々工夫ᄒ게

和聞蟬

晚生 韓熙洙

氣候不殊與物遷　乾坤快夾一聲邊
意思含淸露　斷續精神幻細煙　感聽羈懷凄涼
多水國　假鳴詩債近秋天　貂蟬滿髮還鄕
日　句々紗籠太極前

月下聞鴈

張志台

蘆白霜華故國秋　寒鴻南下水中流　驚寒
接宿明月夜　隨陽飛落白沙洲　一般海外
同爲客　萬里天涯無限愁　飛去嗈々聲何
處　望鄕獨立自搔頭

雜報

大韓自强會會長尹致昊氏寄函

敬啓者と尙忍言哉아 我太極旗章이收光于世
界者ㅣ殆周年于 玆而國勢는今在何等이며
人民은今在何地耶아然我同胞之知此者ㅣ
果有幾人이며知此而又能哀此者ㅣ果有幾
人이며哀此而又欲回復者ㅣ果有幾人耶아
此本會所以日夜熱中호야 期使人人知此호
며又欲人人哀此而克圖回復者也러니何圖
太極之名이復發於 貴會호며 太極之影이
復覩於報面이리오及讀學報中所載諸作에
言言寒淚와篇篇熱血이無不出於回復國旗
之精神호니 一讀而感愧호고再讀而悲憤호
고三讀四讀에不覺抱書痛哭호야不能定情
者는顧今 太極形之留影海外者ㅣ只此而無
二故也니此與本會報面之大韓版圖로亦可

謂異形而同意로다國旗焉輝光舊彩호며版
圖焉保存眞面이니所謂二而一이며一而二者也
니豈以山河之夐絶과會名之不同으로少有
間然者哉아 國家之前途大任은爲國民者之
所共擔負而特有厚望於海外留學之靑年諸
君은非但本會之渴仰이라抑亦諸君子之自
任이不外此而顧今日學問之本旨가若其
專門之一技一業은尙屬支流호고惟諸君子
之個個腦中에各具四千二百四十九年之大
韓祖國호야有志死不變之志則何憂乎太極
之復光과版圖之保守耶아玆將全會同情호
야仰表祝賀微忱호고時下秋深호니順祈諸
君子는爲國自重

北米桑港共立協會總會長宋錫峻氏寄函

敬復者 僉位가際此存亡之秋호야特異호
血誠과活潑의思想으로東渡留學에常多慷
慨호야 思所以報國保種으로定不變之方針

五十一

267

ᄒᆞ고 研究學藝ᄒᆞ며 講演智識ᄒᆞ심은 己聞欽
ᄲᅵ이ᄂᆞᆫ 緣何ᄒᆞᆯ아 未賀書矣러니 今此先惠ᄂᆞᆫ悚
愧難狀이외다 貴會가 蔑出於愛國勸學之熱
誠인즉 又日新之ᄂᆞᆫ 不占可知라 經事一載에
履險遭難의 憾이 必不無 잇섯슬터이ᄂᆞᆫ 不折
不撓ᄒᆞ고 相携相導ᄒᆞ야 一步二步에 熱心이
悟ᄒᆞᆫ 結果로 五十人 團體을 固結ᄒᆞ고 三百
圓捐欵을 籌辦ᄒᆞ야 太極學報을 每月刊行ᄒᆞ
ᄂᆞᆫ딕 至ᄒᆞ얏스오며 惠送三度 學報를 再三考
閱에 文彩가 郁郁ᄒᆞ고 詞意가 澹澹ᄒᆞ니 美哉
壯哉라 一道 太極光線이 喚起二千萬春夢이
로다 莫恨時晚ᄒᆞ시고 益加勵精ᄒᆞ샤 有始有
終ᄒᆞᆫ심을 生等의 熱重이오며 美洲에 旅居同
胞ᄂᆞᆫ 其多數가 自布哇島移來이온딕 學生의
資格은 不多ᄒᆞ고 勢働이居多ᄒᆞ야 四處에 散
在ᄒᆞ이 若星之羅列ᄒᆞ니 種異語殊之地에 況
無頭殘族乎아 是以로 本會를 設立ᄒᆞ고 團體

를 成立ᄒᆞ야 同族을 相保ᄒᆞ며 忠愛相勉ᄒᆞ며
學業相勸ᄒᆞ며 患難相救ᄒᆞ며 過失 相規홀目
的을 建ᄒᆞ고 一週星霜을 己 經ᄒᆞ얏ᄂᆞᆫ딕 難境
도 多少로 經ᄒᆞ얏스ᄂᆞᆫ 今則會員이 四百餘에
達ᄒᆞ고 本會新報도 漸次擴張이되며 活字을
注文ᄒᆞᄂᆞᆫ 運에 至ᄒᆞ얏삽ᄂᆞᆫ이다 貴會與本會
가 名則雖異ᄂᆞᆫ 其義則一也요 貴報與本報
名則異ᄂᆞᆫ 義則一也니 彼此에 大洋을 隔ᄒᆞ
야 聲氣를 頻通ᄒᆞ기 難ᄒᆞᆫ遺憾이 有홀지라 도聯
絡의 路를 務守ᄒᆞ고 依敎奉行코져ᄒᆞᆸ
ᄂᆞᆫ이다 國家에 對ᄒᆞᆫ責任이 貴會와本會에在
ᄒᆞᆫ즉 相互通報ᄒᆞ야 殄盡國民之分을 誠心所
願이오니 以此照亮ᄒᆞ심

○兩氏義擧

留學生柳承欽李雨珠兩氏ᄂᆞᆫ 學生界에 令聞
이有ᄒᆞ더니 去十月二十七日에 散步次로 本
鄉區團子坂近處에 徘徊逍遙ᄒᆞ다가 一人形

製造店에 入ᄒᆞ야 一怪異人形을 發見ᄒᆞ니 卽
日本舊幕府德川九代世에 本邦先王이 納貢
來朝ᄒᆞ야 庭下에 俯揖ᄒᆞᆫ 形狀으로 製造ᄒᆞᆫ人
形이 有ᄒᆞ거ᄂᆞᆯ 兩氏가 忠憤이 激發ᄒᆞ야 其人
形을 粉碎코져ᄒᆞ다가 其店側에 出張ᄒᆞᆫ 巡査
를 見ᄒᆞ고 其店商의 所爲가 國際上交誼에 違
反이되니 警察權으로ᄡᅥ 速히 善處ᄒᆞᆷ을 請求
ᄒᆞᆫᄃᆡ 其巡査가 稱嘆不己ᄒᆞ고 곳警察署로 引
導ᄒᆞᆷ이 兩氏가 該警察署長에게 陳言ᄒᆞ기를
德川時代에 本邦先王이 來朝ᄒᆞᆫ것은 歷史上
에도 全無ᄒᆞ거ᄂᆞᆯ 一人形工匠이 無根據ᄒᆞᆫ怪
ᄉᆞᆫᄒᆞᆫ形型을 妄造ᄒᆞ야 隣邦皇室의 尊嚴을 汚
瀆ᄒᆞ되 官廳에서 視而不見ᄒᆞ니 是可忍爲乎
아 兩國의 敦誼를 思ᄒᆞ야 該人形을 速히 處分
ᄒᆞ라ᄒᆞᆫ즉 該署長이 兩氏의 忠節을 欽嘉ᄒᆞ고
該人形의 賣買를 禁止ᄒᆞ고 此等
怪物을 製造ᄒᆞ지 못ᄒᆞ게 嚴令ᄒᆞ얏다ᄒᆞ니 嗟

ᄒᆞᆫ다 兩氏의 義擧ᄒᆞᆫ여 ᄎᆞᆷ臣民의 分義를 守ᄒᆞᆫᆻ
도다 若我國民全體가 如此ᄒᆞᆫ義氣로 忠君愛
國ᄒᆞ면엇지外人에게 侮辱을 受ᄒᆞ리오

○本會ᄉᆞ 會員이 基督敎를 硏究ᄒᆞ기爲ᄒᆞ야
聖書學院에서 聖書專攻ᄒᆞ시ᄂᆞᆫ鄭彬氏게每
日曜總會日에 三十分式說敎ᄒᆞ기를 囑托ᄒᆞ
ᄂᆞ

○本會員李尙根氏가 偶然得病ᄒᆞ야 十月十
八日에 芝區東京病院에 治療ᄒᆞᆫᄃᆡ 全身에
疥癬症이 發ᄒᆞ야ᄡᅥᄂᆞᆫ 中兼且病費가 不
贍ᄒᆞ야 困難莫甚이러니 本會員金鴻亮金鎭
初諸氏의 懇篤ᄒᆞᆫ 義助로 無事히 治療全快ᄒᆞ
고本月十五日에 退院ᄒᆞ다

○本會員姜麟祐氏ᄂᆞᆫ去九月分에 還國ᄒᆞ엿
다가十月十九日에 東京에 渡來ᄒᆞ다

○平壤人鄭寅河氏ᄂᆞᆫ海外留學ᄒᆞᆯ의志를 決

ᄒᆞ고 月前 日本 長崎에 渡來ᄒᆞ야 數月間 語學

을 硏究ᄒᆞ다가 本月 初에 東京에 上來ᄒᆞ야 太

極學校에 入學ᄒᆞ고 ᄯᅩ 本會를 熟心으로 贊成

ᄒᆞ야 二十元을 義捐ᄒᆞ얏ᄂᆞᆫ뒤 氏의 令弟 鄭寅

洞氏도 其伯氏가 太極學校에 入學ᄒᆞᆷ을 聞ᄒᆞ

고 本會에 對ᄒᆞ야 感謝의 情과 贊助의 誠을 表

ᄒᆞ기 爲ᄒᆞ야 五圓을 義捐ᄒᆞ얏스니 該兄弟 兩

氏의 熱心은 令人 感服이더라

○博川人 柳東振 柳東勳 柳甲吉 柳正鐸 泰川

人 李基枋 安州人 金龍鎭 寧邊人 池熙鏡 蕭川

人 李泰熙 諸氏가 日前에 留學次로 東京에 渡

來ᄒᆞ야 太極學校에 入學ᄒᆞ다

○蕭川人 金燦星氏ᄂᆞᆫ 本會에 對ᄒᆞ야 同情을

表ᄒᆞ고 學報購覽者를 盡力 周旋ᄒᆞ다ᄒᆞ니 춤

感謝不已ᄒᆞ노라

○新入會員이 如左ᄒᆞ니

金晩圭、崔昌烈、朴寅賽、姜荃、高宜煥、李熙

瑃鄭寅河、金龍鎭、洪承逸、文乃郁、李賫鎭、

元勛常、柳東振柳、東勳、柳正鐸柳甲吉、李憲

喆、金載健、李基枋、李泰熙、池熙鏡、李允燦

楊炳鎬、鄭世胤、諸氏라

○事務員 一人 欠缺代에 姜麟祐氏가 被任ᄒᆞ

다

○太極學會贊成員

韓致愈氏 　金炳、夏氏

尹孝定氏 　洪忠鉉氏

朴殷植氏 　金瑗氏

尙灝氏 　　申宗潤氏

李甲氏 　　金昌壽氏

洪應變氏 　太極學會任員錄

金希仁氏 　會長 張膺震

姜基泰氏 　副會長 崔錫夏

金泰鉉氏 　總務員 金志侃

評議員　全永爵　申相鎬　張啓澤
　　　　金鎭初　洪正求
　　　　蔡奎丙

　　　　李潤柱
　　　　金洛泳
　　　　朴容喜
　　　　文一平

事務員　姜麟祐　金載汝

書記員　朴相洛
會計員　金淵穆
司察員　李道熙　張志台　金琮基

謂ᄒ리오ᄒ고義捐金三圓을自手特書ᄒ며
滿堂僉會員의熱誠이如湧如沸ᄒ야爭先出
義가不過瞬息間에一百四十餘圓에達ᄒᄂ니
如此盛事ᄂ我國學生界에稀有ᄒ事더라

○本月十八日總會에副會長崔錫夏氏가本
會財政前途에對ᄒ야善後方針을說明ᄒ며
會員李熙瓆氏가起立ᄒ야滿腔血心으로演
說ᄒ되本會創立ᄒ신僉位의血誠이如許히
壯烈ᄒ야本會가今日의隆盛에達ᄒ거ᄂ슨感
謝無比어니와我新入僉位도此에對ᄒ야一
臂의助力이無ᄒ면엇지義務를負擔ᄒ者라

○太極學報第二回義捐人氏名

鄭潤僑氏	五圓	玄僖運氏 五圓
洪應變氏	貳圓	洪承逸氏 五圓
秋永淳氏	貳拾圓	邊鳳現氏 五圓
金旭濟氏	壹圓	李希仁氏 貳圓
張啓澤氏	貳圓	吳尙殷氏 參圓
李正燦氏	貳圓	吳尙根氏 五圓
楊在河氏	參圓	李允燦氏 貳圓
鄭寅河氏	貳拾圓	洪正求氏 五圓
鄭寅河氏	五圓	崔錫夏氏 五圓
鄭寅洞氏	五圓	崔錫夏氏 五圓
李熙瓆氏	參圓	李熙瓆氏 拾圓
金相滶氏	二十五錢	金鎭初氏 拾圓

申相鎬氏 拾壹圓
申成鎬氏 陸圓
姜麟祐氏 陸圓
吳錫裕氏 參圓
金鎭植氏 五圓
池熙鏡氏 五圓
全台憲氏 五圓
朱翰榮氏 拾圓
高宜煥氏 參圓
柳東振氏 五圓
李道凞氏 拾五圓
李正煥氏 拾圓
全永爵氏 拾圓
柳東秀氏 貳圓

文一平氏 拾圓
張膺震氏 參圓
金琮基氏 參圓
金龍鎭氏 五圓
金志侃氏 拾圓
金志侃氏 拾圓
崔昌烈氏 參圓
金載汶氏 五圓
鄭世胤氏 壹圓
李憲喆氏 拾圓
文一平氏 拾圓
李珍河氏 貳拾圓
金錫桓氏 拾圓

○太極學會々員名簿錄

通常會員

張膺震　金載汶　李道凞

崔錫夏　張啓澤　金琮基
金志侃　洪正求　張志臺
全永爵　蔡奎丙　金昌臺
金鎭初　金淵穆　柳東秀
李洛柱　朴相洛　金志侃
金潤泳　朴濟穆　柳東植
朴容喜　楊珍中　李珍河
柳容鐸　鄭致中　崔昌烈
白成鳳　裵永淑　朴昌烈
申成鎬　鄭潤僑　金溶圭
文一平　張世現　高宜煥
申相鎬　邊鳳現　李熙瓛
吳錫裕　玄僖運　李憲喆
李寅彰　李恒烈　金龍鎭
金鎭湉　金中植
孫榮國　金鎭植　柳東勛

金鴻亮　全台憲　鄭寅河
朴永魯　洪性都　洪承逸
盧聖鶴　郭龍周　金載健
姜麟壽　李正煥　金道成
金　祐　秋永殷　李基枋
劉仁壽　吳尙殷　柳東振
尙　睦　李尙根　金相殷
柳甲吉　文乃郁　柳正振
李泰植
池熙鏡　崔光玉　鄭寅濠
　　　　特別會員
鄭世胤　徐振榮　林永基
楊炳鎬　表振模　金東元
李允燦　方元根　韓淳琪
元勛常　金英哉　金槇周
李寶鏡　金光鎭

光武十年十一月廿四日發行

明治卅九年十一月廿四日發行

●代金郵税並新貨拾貳錢

東京市本鄉區元町二丁目六十六番地太極學會內
編輯兼發行人　張膺震

東京市本鄉區元町二丁目六十六番地太極學會內
發行人

東京市本鄉區元町二丁目六十六番地
印刷人　金志侃

東京市本鄉區元町二丁目六十六番地
發行所　太極學會

東京市京橋區銀座四丁目一番地
印刷所　教文館印刷所

可許物便郵種三第 明治卅九年九月廿四日
光武十年九月二十四日

光武十年十二月廿四日發行

太極學報

每月一回發行

第五號

278

太極學報目次

279

一

280

告學會說 （三）

留學生監督　韓致愈

余不能與諸公遇以旬日者以有客相守頗有
搖脣鼓舌之勞也客即我土好古之士也今舉
其所詰辨者試爲諸公告可乎客讚余曰非大
袖不服非堯舜孔孟之書不讀者子之舊也而
今乃短其髮窄其袖通外國語好談西洲事得
無爲前後兩節人乎余應之曰然々々而井蛙之
拘於虛而夏虫之篤於時者前日之我也酌古
絫今通東貫西而以周孔爲之本以歐米爲之
用提刀躕躇目無全牛者今日之吾也今子所
以譏我兩節者無乃聞地籟而未聞天籟者耶
客曰不在其位不謀其政乃士君子守身謹言
之道也今子以喋々之舌呶々之口譏訕朝政
以及民俗何耶曰然々而不在其位不謀其政
盍有所主而爲之言也夫豈爲周厲弭謗秦政

殺偶之前驅哉夫城門開而言路閉乃宋之所
以亡也故聖王之爲政也必也導人民使之言
列士有所獻之詩庶人有所傳之言史之書也
師之箴也瞽瞍之誦也百工之諫也必求行政
之安於理而旋事之利於民近日歐米議會之
行雖其制有不同而顧其義則暗合爲今之計
苟不就我土三百六十州各撰賢良方正通時
義者三百六十人或七百二十人聚于京師別
置一院使之與聞朝政取其可否則宗社之重
不可保也生民之命不可救也政紀軍事不可
整也醫農工商不可與而獨立之實不可舉也
天若祚宋則吾所謂議院之制必行於帝都之
內而宗社生靈庶有萬億年無疆之休矣噫我
士所以積貧積弱以致今日之危者固出於政
紀法律兵農工商失職之過而至於藪澤阨曠
之士因仍習慣浮文末節有以彎卷偃囊者亦
不少也且如所謂女子及日於閨門之內而出

一

則必擁蔽其面者吾不知其可也客曰噫其甚
矣子之忘也必如歐米女子務爲同等之論而
無往非鷄牝之晨可乎曰噫請循其本而言之
牛馬四足豈非所謂天者而絡馬首穿牛鼻豈
非所謂人者耶夫天之生人也五藏百骸初無
男女之殊則其所受之理無不同而由理而爲
女子而亦有耳目視聽手足動靜之利女子而
亦有靈知靈覺生產作業之機女子而亦有忠
君事長孝友任恤之禮是知馬則同一馬也牛
則同一牛也何不齊其駑均其穿而今乃鎖其
身於閨門擁蔽之中限其用於酒食裁縫之細
使天之所賦壅閼而不能達使人之生業偏枯
而不能進耶是則我土人衆雖曰舉大數爲二
千萬而就其內女子幾百萬徒擁虛籍絕無實
用此又民之所以貧國之所以弱委靡腐敗以
致今日之一端也客曰女子之生也氣質脆薄

不可與男子同其業而易致淫奔爭奪之禍不
可與男子共其事是知爲屢者宜依於足而止
水者當防其源也曰是其言似之矣然此又出
於習慣擁蔽固之餘而至於皇天生物之本意
人立敎之活用則實有所不通也夫一治一亂
一盛一衰氣數之所變者然也而欲其治而無
亂盛而不衰者皇天之本意也或柔或強或愚
或智陰陽之所拘者然也而欲其智而無愚強
而不柔者聖敎之活用也況婦人共饗載於盛
周之禮而娠子行軍見於隋唐之世耶若曰世
衰道微敓術不明而孔孟生於否運之會不免
因時制義隨俗爲禮則可也然筌所以在魚蹄
所以在兔而徒守筌蹄坐失魚兔可乎在魚不
敎也敎之則雖愚必明雖柔必強惟其不敎也
敎之則鄭之淫衛之亂必變而爲周台大雅之
正矣況我土制爲改嫁之恥而立爲嫡庶之限
生物之源由是而不敷用人之路由是而不廣

則此又豈周公孔孟之本意耶亦嘗曰夫死不
嫁而此當聽其自由不當設為強制也客曰子
可謂好辯人也然以余觀之置身於繩索之外
引入於倡狂之中而終不可入於禮義之道也
子將以程朱所定冠婚喪祭之禮亦
歸之習慣浮文耶曰惡是何言也今子好為禮
義之說而實則不知禮義之體也何也夫天之
所命而在我者謂之性由其在我之性而立於
天地之間由家由國由內由外以應千條萬變
之事者謂之道事有萬變而一事一事莫不有
條理節次則順其條理行其節次謂之禮也是
以事有吉凶而吉凶之中有條理節次則吉禮
凶禮也物有軍賓而軍賓之中有條理節次則
軍禮賓禮也噫有樹於此以天地為之根以陰
陽為之幹其枝也以四時其花葉也以風雨霜
雪其春秋也以十二萬年先天而天不違後天
而奉天時是則名曰禮義生命之樹而古今東

西四海兆民無二致也雖然吾子以夏虫之見
老於習慣之中而雖周公制禮之義尚有隔靴
爬癢之歎則試為子一講之可乎盖堯舜之世
以道德為行政之本以倫理為立政之紀誠所
謂江漢秋陽不可尚者而至於行政之具制治
之節千條萬目未備者尚多至於武王之世周
公之聖以思兼之志有三吐之勤而道德倫理
固堯舜之舊也至於行政制治之具則因革損
益務圖擴張其所制儀禮雖經秦火存十一於
百千而政治法律醫農工商軍事譯學宮室舟
車道路園囿以至衣服飲食起居動作纖悉備
具者尚可見也及周之衰雖有孔孟之聖而窮
而在下只事誦傳由秦漢以及宋唐只以帝王
之位為富貴之資間或有賢君良臣而濟澤糟
粕無足可稱其暴虐者則蠻心狄行為禽為獸
初無道德之可問而只有殘酷之末法程朱諸
賢亦窮而在下只收周公之遺演譯講明以補

283

後世此我土之所尊信服守者而吾所以寤寐
羹墻者老且不己也然周公生於鎖國之世孔
孟老於閉關之日而人文常變只在九州之內
風俗因革不出三代之餘是以吉凶軍賓疏數
繁簡之節有宜於古而不宜於今者有合於內
而不合於外者蓋以今日舟車之利益暢歐米
之路甚近四海相交萬變相尋則迄此之時一
則曰時義不可不紊酌也二則曰習慣不可不
考覈也三則曰彼我之長短優劣不可不較量
而爲之折衷也雖使周公公子生於今之世其
必增删存革制爲一代之治而不當爲膠柱之
瑟刻舟之釰也客曰近日我土爲耶蘇之說者
不祭其父母祖先是豈天理之所宜而人情之
所安耶曰然是盍不知周孔立教之活用故也
吾之在美洲也與教會諸人遊者凡三年以祭
祀之說辯論者不翅慶矣教會之意盍曰勿論
四海兆民之多人之生也即天之所造而非人

之所能也人固有無嗣者願于思彌于恨靈以
此身爲犧牲而苟有致嗣之道則當不辭也然
卒莫之致者以人之生非人之所能也至於富
貴貧賤壽夭禍福亦莫非天之所命是知在我
者只有至一無對之天則始終生死惟當頌天
之恩侯天之命而所禱于天者則曰死而陟降
庶有得乎帝之左右也若或祭人死之鬼禱魅
魅之邪鬼邪祟拜以求福澤則是乃二其本也
況屈膝鬼邪依附而求福則失吾至一無對在
我之權而比諸人則奴婢之束縛也比諸國則
屬邪之受制也云々余之所與辯論者其教師
名曰灑益余謂灑益曰我土所信在於周孔之
禮而淫祀無福禮有明文叢祠求福非愚民則
不爲也但祖先之祀則非淫祀之比而顧其必
意亦不出於求福也此人之生也固由於天而
非人之所能也然苟無父母則天何所藉而命
吾之生乎是則吾之所主所事在於上帝而所

愛所親在於父母也盡難得者此身也至貴者
此身也而天之所以命此身者既由此父母則
滄海易盡而父母之愛爲罔極也不幸而父母
死則愛之情轉而爲哀痛之至三日留戶庶幾
其復生也然三日不返則其亦不生矣未知父
母之靈在近乎在遠乎抑陟于天而在帝之左
右乎抑四時之變寒暑之易與之漸盡泯滅無
復左右彷彿之可尋乎父母雖歿而由父母而
爲之身者其子孫在此則彼此精神尚或有相
感之微乎是盡父母祖先祭祀之禮所以作也
而出於孝子慈孫無窮之愛也灑盆曰誠如是
也則其於事上帝也初無二本殺敬之憂而雖
在教會亦所當祭云々噫我土爲耶穌之學者
不知祖先立祀之義而只以淫祀求福二本殺
敬例之則其亦愚昧不學之過也盡在國家則
宗廟郊祀之禮在所當守也在人民則父祖先
師之祀在所當存也至於門戶土神城隍零屬

馬祖山川凡駢乎禮而枝乎義者則雖出於周
孔之制所宜粲酌存革以從簡略而只以對越
上帝修身以俟天命之所由爲君臣上下正法眼藏
也噫如我土愚夫愚婦不知性命之所由始祭
祀之所由設而叢祠佛壇淫祀求福習以成俗
循以爲常有疾病則不求醫而先問椒糈有
之間亦肆毒於犖毂之內反覆沉痼以致禮俗
願欲則不求諸業而先行祈禱妖巫邪卜事神
導厄役鬼通靈左道惑衆之說非徒行於閭里
之斁敗而甚至於國庫民血耗於神事此非
所以明天理正人心以行周孔之道也客曰子
之所言一出於悶時病俗之意則吾於此固無
間然矣但黍酌古今制爲一代之治者夫豈易
言哉曰然々而天地無古今之變陰陽有循環
之理而四海之廣如彼其遠也人卒之衆如彼
其多也安知無碩學多聞之士經天緯地之才
足以折衷古今以成一治者不與吾輩並世而

五

285

遊哉苟使當世而無其人則亦少俟來世而必有其人作爾必有其人作爾

恭賀太極學會創立（寄書）

金普鉉

樂哉라太極學會之創設이여喜哉라太極學報之刊出이여東京留學生諸君이一心團力으로如此厖大호事業을可成호야써使此愚蠢之吾輩로도感發微誠케호니喜悅雀躍호야不勝手之舞之며足之蹈之호야勿拘淺短之學識호고敢玆遠爲跪賀之호노라

蓋太極學會者는日本東京에設立也오留學生兪君子의團結的發起也라其趣意之壯哉여以一其馨竭熱心호야目的於社會敎育而刊佈月報에一般同胞로普及警醒케호야益新智호고勉勵學問케호며一以其儘忠誠力호야謀計於國家之前途而著述講壇에使

我國民으로堅益愛心호야愛國如家호며愛國如身케호야爲國挺身而進을如獸之走壙에死乃含笑호고隨時而發奮을如遇飇風之鴻毛에殺身甘心이면可以揚國旗於六洲上호며振國威於萬國이리니誰敢不慄이며誰敢不慕리오斯乃

皇家之光榮이라故로讚太極學會之創立而呼

大皇帝陛下萬歲호며

蓋太極學會者는大韓國臣民으로憂國的所以創起也라誰非三千里疆土之歷代傳家며誰非五百年

聖朝之涵泳生育이리오仰思我先祖以來之歷傳根據호며伏想我族戚이涵泳生育之

聖恩이면豈不奉答萬分之一哉리오마는噫乎痛哉라吾人之氣像이恰如夜行無燭이오眩迷深夢이어늘諸公之爲光과報晨鳴鍾호

六

286

은一以其獎勵敎育事ᄒ야偕與斯民으로日進文明ᄒ며一以其激發愛國誠ᄒ야邦家之基礎ᄅᆞᆯ然可鞏固케ᄒ야며極竭本分ᄒ야며極竭之責任일서由是乎我邦家之基礎ㅣ鞏固盤石이리니誰敢毁之며誰敢奪之리오斯乃我大韓之泰運이라故로讚太極學會之創設而呼大韓帝國之萬歲ᄒ며

盖太極學會者ᄂ離親戚棄墳墓ᄒ고渡萬里之海洋而寓殊域之風土ᄒ야回憶國事而懷抱大志ᄒ고快吸文明之學術ᄒᄂ有志諸君子의固心的組織也라攻修實工之餘暇에講著高談貴說ᄒ니一以其交換智識에學人之才ᄒ며播自之所知ᄒ야一以其營爲共同的事ᄒ며一以其懇親情誼에愛人之愛ᄒ며憂人之憂ᄒ야互相依賴而結心的團合ᄒ야皆表示萬人之一心일서凡我二千萬同胞가皆能如是면豈患乎國權之恢復이리오不數年而挽回ᄅᆞᆯ可

立而待俟ᄒ리니斯乃同胞兄弟之洪福이라故로祝太極學會之創設而唱爲我二千萬同胞之萬歲ᄒ며

盖太極學會者ᄂ惟我二千萬同胞中先覺列位의高識明見的鴻功大業也라靑春妙齡으로執先唱我二千四千年腐敗之國民腦髓ᄅᆞᆯ勞之破之ᄒ고現世紀新解之文化潮流ᄅᆞᆯ敎而導之於闡明之域ᄒ며一以其明察競爭時機ᄒ야欲洗我强隣之恥辱ᄒ고比肩對外ᄒ야漸進無退케ᄒᆞᆯ注意思想일서大哉ᄒ며奇哉라支那의漢時鄧萬之可觀을將復見於今日ᄒ리로다爀々히傳至萬世而爀爀不朽ᄒ리니豈不視哉며豈不禱哉아生은敢爲諸員之前途에恭賀之ᄒ노니百折不屈ᄒ며有進無退ᄒ야使此大韓國民으로永享無窮安樂之境ᄒ며表彰我國威國光을拭目而俟之也故로賀

287

太極學會之興起而百拜千拜于留學生僉位
之案下ᄒᆞ노라

八

講學

壇園

科學論

編輯人 張 膺 震

吾人人類의居生ᄒᆞᄂᆞᆫ地球가雖云廣大ᄂᆞ彼無窮히廣濶ᄒᆞᆫ宇宙에對比ᄒᆞ면滄海의一粟이莫如ᄒᆞ고吾人의一平生生活ᄒᆞᄂᆞᆫ時間이雖云百年이ᄂᆞ彼無限히永遠ᄒᆞᆫ時間에比ᄒᆞ면一瞬萬年의比가아니라비록吾人人類가億萬年에比가아니로다如此히廣濶ᄒᆞᆫ宇宙間에如此히永遠ᄒᆞᆫ時間中에千態萬像으로變化ᄒᆞᄂᆞᆫ奇奇妙妙ᄒᆞᆫ無限의自然的現象을吾人의有限ᄒᆞᆫ頭腦와知識으로써一一의眞相을窺破코저ᄒᆞᆷ은到底期望키難ᄒᆞᆷ분不啻라吾人이비록如何ᄒᆞᆫ腦力으로써如何ᄒᆞᆫ精力을盡ᄒᆞᆯ지라도其億億萬分의一을窺知치

地球上에栖息ᄒᆞᆫ以來로今日ᄭᅥ지의年代로셰도彼無限히永遠ᄒᆞᆫ時間에比ᄒᆞ면一秒億

못ᄒᆞ리로다然이ᄂᆞ人類ᄂᆞᆫ地球上에靈物이오生物界의霸王이라精神이特出ᄒᆞ고智力이發達ᄒᆞ야地球上萬物을統御ᄒᆞ고自然界의現象을可及의程度ᄭᅥ지ᄂᆞᆫ研究利用ᄒᆞ야自己에生活을助進ᄒᆞ며種種의便利ᄒᆞᆫ規範을製定ᄒᆞ야人類共同의幸福을維持向上케ᄒᆞᆷ이로다

上所謂自然的現象이라ᄒᆞᆷ은如何ᄒᆞᆫ者를指ᄒᆞᆷ이뇨此ᄂᆞᆫ宇宙間萬物이天然的으로互相交際에懸立ᄒᆞ야運行不息ᄒᆞ고晝去夜來ᄒᆞ며春夏秋冬은一定ᄒᆞᆫ法則으로互相交代ᄒᆞ니空際에起作ᄒᆞᄂᆞᆫ事實을謂ᄒᆞᆷ이니日月星辰은間에起作ᄒᆞᄂᆞᆫ事實을謂ᄒᆞᆷ이니日月星辰은春節에草芳花香ᄒᆞ고夏節에雷鳴이殷殷ᄒᆞ면陰雨가霏霏ᄒᆞ야鳥兒蝶童은此間에飛吟ᄒᆞ고秋節에霜風이瑟瑟ᄒᆞ면本葉이黃落ᄒᆞ고冬季에北風이凜烈ᄒᆞ면白雪이皎皎ᄒᆞ며淸泉이化氷ᄒᆞ고獸羣은野에走ᄒᆞ며鳥類ᄂᆞᆫ

空中에 飛호고 林檎은 地上에 落下호며 風船은 空際로 上昇호고 水는 高處로 붓터 低處로 向下호야 如此혼 自然的 現象 (事實) 은 一一히 枚擧기 難호느니 此等現象에 對호야는 吾人의 知識이 經驗上 大槪 一定혼 法則으로 從出흠을 推想홀지니 此等種種의 現象을 吾人이 事實로 研究호야 此間에 一定혼 共通의 法則을 發見호는 者를 自然科學 或 事實科學이라 稱호느니 天文學 地理學 博物學 物理學 化學心理學 其他種種의 區別이 有호고 또 吾人人類가 社會生活上에 必要혼 種種의 規則 (規範) 을 製定호고 準標을 立혼 後에 種種에 事實을 此等標準에 對照호야 善惡 正不正 好好等에 區別을 精神上으로 判斷호미 此等學을 規範的 科學이라 稱호느니 倫理學 政治學 美學 論理學 等은 다一 規範的 科學이라 倫理學은 子가 其父母에게 對호야 孝道을 盡치아

니 치못홀 理由를 吾人에게 敎示호며 國民이 되여는 其國家를 愛호고 人類를 相愛호며 人을 殺害호고 物을 盜흠은 惡이라호고 弱者를 扶護호며 病者를 憐恤호은 善이라호야 如此히 一個人이 世上에 虛홀時에 家族에 對호야 如何혼 行爲를 如何히 行호며 國家와 社會에 對호야는 如何히 行爲를 홀것을 規範的으로 研究호는 者요 政治學은 人類의 團体行動으로 政治的 團体를 作호는 者라 即 人類는 政治的 團体를 研究호는者니 如此혼 團躰가 如何히 行動홀것을 規範的으로 研究호는 者요 美學은 物의 美醜를 研究호고 論理學은 事實의 眞僞를 確定호는 學이니 科學을 大別호면 以上二名稱下에 大畧包含호깃도다 然이나 科學이라호는 것은 如何혼 性質을 俱備혼 然後에 謂흠인지 換言호면 如何

호 要件을 俱有호 然後에 科學의 要件을 滿足

호고 호면 左擧三條를 俱備호 然後에야 實로

科學의 性質을 盡備호엿다 謂호리로다

一 觀察

二 分類

三 說明

此例를 天文學에 擧言호면 吾人이 天文學을

研究홀時에 눈몬저 日月星辰諸天軆가 如何

히 互相의 位置를 變호눈깃슬 精密히 觀察호

고 次에 눈此等諸天軆를 其運行호눈度와 其

他性質에 從호야 分類홈이니 太陽系와 他恒

星의 諸系統을 區別호며 遊星과 衛星을 區別

호미 太陽의 周圍를 運行호눈者눈 遊星이니

地球等이 是也요 地球에 周圍를 運行호눈者

눈 衛星이니 太陰等이 是也라 如此호 事實을

눈 精密히 觀察호고 如此호 事實을 其特性에 從

호야 區分호 後에도 다시 精細호 說明을 用호

然後에야 비로 소 科學에 義意를 盡호나니 大

低 某現象을 說明호다홈은 此現象을 生호게

호눈 全條件의 構成上如此호 現象이 生호아

호눈 理由를 明 示홈이라 吾人의 經驗호

눈 凡般現象은 各其全軆가 一軆系를 作홈이

니軆系的全軆를 組成호 各部分의 互相關係

를 明知호 然後에야 비로 소 全軆의 條件을 盡

호다깃도다 假使吾人이 吾人의 手를

說明홀時에 눈몬저手가 身軆全軆의 官位

호야 身軆全軆에 對호 手의 官能上으로思考

호고手以外諸機關과凡般의 關係를 明確히 研

究홀者이 아니니 萬一手를 身軆以外에 分離

호야 想究호면 必竟 意味가 無홈에 終홀지라 此와

者요 決코 身軆以外에 手一個를 獨立으로 硏

갓처 天軆에 現象을 說明홈에 도 몬저 太陽系

의 組織을 察호고 坯太陽系中諸部分의 互

相關係와 其運行의 法則을 確測ᄒ야 一定ᄒᆫ 時間內에 吾人의 住居ᄒᄂᆫ地球의 部分이 太陽의 方面에 廻轉ᄒ야 來臨ᄒᄂᆫ것을 說明ᄒ아니ᄒ고 ᄯ日出日沒의 現象은 十分說明치 못ᄒ야ᄉᆞ면 日食月食ᄒᄂᆫ 現象은 上古末開ᄒ時代에ᄂᆫ다 못ᄒ災變의 兆라ᄒ야 此를 神秘로 歸ᄒ엿스ᄂᆞ 今日은 太陽太陰地球等의 位置와 其運行上路程의 關係로 不得不有치아니치 못ᄒ理由를 說明ᄒᄂᆞ니 大低事實에 觀察或 分類ᄂᆫ吾人의 常識으로도 可認ᄒ者ᅵ不少ᄒᄂ一一의 現象을 說明ᄒᆷ에 至ᄒ여ᄂᆫ科學的 知識을 待ᄒ然後에야 可期ᄒ리로다

以上說來ᄒ數多에 科學으로 研究ᄒᄂᆫ各種에 現象은 個個特殊ᄒ個個意를 有ᄒᆷ이아니라 其間에 互相深密ᄒ關係가 有ᄒ며 結局此等 現象界에 總範圍를 다ᅵ包含ᄒ야 一大躰系 即宇宙全躰가 組成된것시시니 此宇宙全躰를 躰系的ᄋᆞ로 說明ᄒᆷ은 實로 哲學의 目的이라 各科學의 研究ᄒᄂᆫ躰系ᄂᆫ定限ᄒ範圍가 有ᄒ야 哲學에 研究ᄒᄂᆫ躰系ᄂᆫ全宇宙를 包容ᄒ야 各科學의 究極的 說明을 供給ᄒᄂᆫ者ᅵ니 此로써 觀ᄒ연哲學은 科學以上의 科學이라 稱ᄒ리로다 然이ᄂᆫ哲學의 研究가 哲學의 領域에 達ᄒ연其理也ᅵ玄妙ᄒ고 其義也深遠 無窮ᄒ야 古來幾多哲人明士의 腦漿을 絞搾 不絕ᄒᄂᆫ者ᅵ都是主觀的思想에 不過ᄒ고 其玄玄ᄒ秘密은 依然黑暗中에 伏在ᄒ니吾人의 不完全ᄒ頭腦와 不完全ᄒ感官이 到底宇宙에 秘密ᄒ眞相을 窺破ᄒ能力이 無ᄒᆫ가

租稅論

崔　錫　夏

第一節　總論

國家가凡般政務를行흠에多大훈費用을要흠은理勢의固然훈바이어니와其費用을支當코져호연收入을不可不要라收入中에大部分을占領호는者는租稅가是也ㅣ라故로租稅가國家經濟에重大훈影響을有호야其徵收호는方法의適宜與否를從호야國富의發展이懸殊호느니爲政者ㅣ此租稅問題에對호야恒常注意를不怠호이야國家百年許의失錯을庶幾可免이라호노라然호데我韓政府의收稅法을觀察호니其方法이均衡을得치못호고其納期가便利를得치못호야國庫에餘裕가無호고民富에魔障을生호니良可寒心이로다故로余는淺學을不顧호고租稅에關훈諸學說을我同胞에게紹介코져호노라

第二節　內地稅에關훈一般原則

租稅에關호야英國人비스데ㅣ불氏가論훈原理를見훈즉　一曰效力　(國用에充홀만훈實收를要흠) 이오二曰經濟的 (徵收費가少호고도經濟上發達을妨害치아니호者를擇흠) 이오三曰公平훈分配 (人民의富力階級을從호야平均케徵收흠을謂흠) 오四曰彈力 (徵稅홀時에는經濟上發達에妨害가有호는速히復舊흠을謂흠) 이오五曰確實이오六曰便宜라此等要件에注意호야租稅를徵收호라연可及的으로旣成資本 (完成貨物) 에對호야課稅호고構成中에在훈資本 (未成資本及半成資本) 에對호야는徵稅를避호는것이萬全훈策이라若不得己호야賦課코져호건되最輕最徵훈限度에止흠이可

十三

ᄒ나라要컨ᄃ資本의增殖을妨害ᄒᄂ租稅
ᄂ一切不徵ᄒᆷ이國富의發達과金融의圓滑
에가장必要ᄒ나라旣成ᄒ資本이ᄂ又ᄂ年
年一定ᄒ收入을生ᄒᄂ資本을有ᄒ者ᄂ其租
稅를負擔ᄒᆷ에恒常容易ᄒ고ᄂ構成中에在ᄒ
資本을有ᄒ者ᄂ其負擔에困難ᄒ야若不幸
히其負擔이太重ᄒᆷ에失ᄒ연其資本의增殖
과新事業의發達을妨害ᄒᆷ이甚多ᄒᆯ것은非
他라旣成資本은大槩이믜事業資本에變ᄒ
야相當ᄒ收入을産ᄒ基礎가確固ᄒ야其收
入의一部ᄂ新事業에投下ᄒ고其殘部의幾
部ᄂ稅租의納附에充ᄒ슈有ᄒᄂ構成中에
在ᄒ資本은不然ᄒ야其基礎가確定치못ᄒᆷ
으로써크게此를保護ᄒᆯ必要가有ᄒ故也ㅣ
라

第三節　各種租稅의得失
第一地租　地租ᄂ土地에對ᄒ야課ᄒᄂ稅

名을謂ᄒᆷ인데大槩熟地에課ᄒᄂ者ᄂ其實
質이良好ᄒ租稅種類에屬ᄒ도다土地가熟
地가된者ᄂ或은耕耘에供ᄒ고或은家屋建
築等에使用이되야種々의收益을生ᄒᄂᄂ
如此ᄒ地境에ᄂ相當ᄒ租稅를課ᄒ야도土
地利益을妨害ᄒᆷ이無ᄒ나然이ᄂ萬一開
墾中에在ᄒ土地에對ᄒ야課稅ᄒ면其收益
의基礎가確固치못ᄒᆷ으로써納稅者가非常
ᄒ困難을感ᄒ라니엇지注意치아니ᄒ리오
故로文明各國에셔ᄂ荒地免稅를行ᄒ야構成中에
在ᄒ資本을極力保護ᄒᄂ니라
을獎勵ᄒ고此도荒地免稅를行ᄒ

第二登錄稅　登錄稅ᄂ法律行爲를行ᄒᄂ
者ㅣ有ᄒ야其權利의設定移轉　(不動產賣
買及讓渡等事)　等의效力을公示ᄒᆯ目的으
로써其登錄을請求ᄒᆯ時에官廳에셔其權利
의價値를標準ᄒ야賦課ᄒᄂ稅를謂ᄒᆷ이라

296

大盖文明社會에는登錄은法律上行爲에必
要한條件이될뿐아니라登錄하는權利는이
믜成立한者—니此에對하야課稅하는것은
既成資本에對하야課稅홈과同一하니登錄
稅가良稅의一에參與홈은多言을不待하다
로다

第三印紙稅 印紙稅는吾人이使用하는印
紙에對하야賦課하는稅를謂홈이라其性質
은登錄稅과酷似하야良稅의一됨을不失하
는登錄稅에比較하야연租稅의性質이一層明
確하니라何者오吾人이무合行爲를行홀時
에印紙는不可不用이는登錄은不然하야設
使登錄稅를納하고登記를하지아니하여도
다못第三者의게對하야効力을奏치못할뿐
이오當事者間에는完全히効力을生하느니
라以上兩稅가如此호差異가有하는質權抵
當權의取得이느又는手形振出갓흔行爲에

對하야課稅홈에至하야는即一般이니是
以로其賦課가過重홀時에는吾人의行爲活
動을防害하고또資本의增殖을阻止하느니
라

印紙稅는契約書領受證帳簿等에貼付하야
使用하는것이定則이라其稅率이重하야는
又는印紙의階級을多設하야使用方法을煩
密케하면商業上行動에魔障을生케하느니
賦課의方法을便宜케하며稅率을輕小케하
며隋級을簡單케홈이國家의良策이니라
(未完)

去驕說

✓金貞植氏演說(金洛泳筆記)

夫驕傲者는自己의心을害하며名을敗할뿐
아니라他人의心을損하며名을喪하느니故
로古人이云하되驕傲는油와如하며火와如
하다하엿스니엇지써油에比하엿느뇨盖油

十五

눈各種流質中에其性이尤輕ᄒᆞ야만일油와
水를和合ᄒᆞ면片時間에水ᄂᆞᆫ下에壓ᄒᆞ고
사로上에浮ᄒᆞᄂᆞ니人이見ᄒᆞᆯ씨에其油만見
ᄒᆞ고其水난見치못ᄒᆞᄂᆞ니驕傲ᄒᆞᆫ사람도是
와如ᄒᆞ야往往히人을下에壓ᄒᆞ고自己를上
에顯ᄒᆞᄂᆞ니試觀ᄒᆞ라或이謂人ᄒᆞ되汝를某
에게ᄒᆞ야比ᄒᆞ면某에資格과德性이爾보다高ᄒᆞ
고ᄯᅩ善ᄒᆞ다ᄒᆞ면彼必答ᄒᆞ되我가엇지某의
를觀ᄒᆞ오ᄒᆞ야口로논비록이갓트ᄂᆞ其面
를觀ᄒᆞ연未安의態가必露ᄒᆞ리니此ᄂᆞᆫ人이
께及ᄒᆞᆯ리오ᄒᆞ연未安ᄒᆞᆷ이
自己보ᄃᆞ勝ᄒᆞᆷᄃᆞᆷ을깃거워아니ᄒᆞᄂᆞ니此ᄂᆞᆫ其證據
라太抵스사람마다스사로善ᄒᆞᆫ줄노싱각ᄒᆞ야
人의게讓頭ᄒᆞᆷ을許치아니ᄒᆞᄂᆞ니由此權之
ᄒᆞᆫ연驕傲ᄒᆞᆫ性品은人을下에壓ᄒᆞ며自己를
上애揚ᄒᆞ기를好ᄒᆞᄂᆞ니此ᄂᆞᆫ驕傲가人을損
ᄒᆞᄂᆞ니其一端이오엇지ᄡᅥ火에比ᄒᆞ얏ᄂᆞ뇨盖火
ᄂᆞᆫ其性이猛烈ᄒᆞ야凡物이近之則焚ᄒᆞ고遠

之則寒ᄒᆞ고薪을加ᄒᆞᆫ則其烈을增ᄒᆞ고撲滅
ᄒᆞᆫ則其害를遭ᄒᆞᄂᆞ니驕傲의人도是와如ᄒᆞ
야近히ᄒᆞᆫ則其輕忽ᄒᆞᆷ을被ᄒᆞ고遠히ᄒᆞᆫ則其
謗訕ᄒᆞᆷ을被ᄒᆞ고貴히待ᄒᆞᆫ則其傲를增ᄒᆞ고
制服ᄒᆞᆫ則其害를受ᄒᆞᄂᆞ니此種의人은正所
謂親亦難疎亦難者니驕傲가決不能盖人ᄒᆞ
고祗能損人ᄒᆞᄂᆞ니此二端이라盖驕傲ᄂᆞᆫ魔鬼
의宗敎라人의元祖로ᄒᆞ야곰驕傲의心을首
創ᄒᆞ고勿論何人ᄒᆞ고此計에中ᄒᆞ기易ᄒᆞ
지라嘗思ᄒᆞᆷ尤爲易ᄒᆞᆫ者有二ᄒᆞ니即富厚
者와位高者라諸君이當此國家艱虞之時ᄒᆞ
야雙淚로辭親ᄒᆞ고異域에風霜을甘受ᄒᆞ며
學問에勤勞ᄒᆞᆷ은他日에丹心으로報國ᄒᆞ고
富貴를期圖ᄒᆞᆷ이라若得此二者中에謙遜ᄒᆞᆷ
으로保守치아니ᄒᆞ고연魔鬼가必驕傲로誘
入ᄒᆞ리니盖當謙遜ᄒᆞ야恒如貧窮
者ᄒᆞ고位高者ᄂᆞᆫ亦當卑微自牧ᄒᆞ라如是則

富將更增호고位將更高호려니와若自以爲
富有호면即貧窮의端이오自以爲位高면即卑
降의兆니滿招損호고謙受益이即此理也라
故로有若無호며實若虛를恒行호야違然後에
야魔計에不中호리라恒行의法이在何오人
의靈病에有호면藥石으로治호는딕夫一人이身躰
의病이有호면藥石으로治호고行의病이
有호면律法으로治호되唯心靈의驕傲病은
非藥可醫오非律法可治니盖藥石은身을醫
호는藥이될뿐이오靈을醫호는藥은되지못
호고律法은行爲를治호는法이될뿐이오靈
을治호는法은되지못호고且人의設호바道
는다만人을勸호야善호라命홀뿐이오能히
人을化호야善을成케못호되惟吾救主의道
는人의靈病을能治호느니試觀호오信徒가
道化에一經호면비록驕傲혼者라도謙遜으
로重生혼人이되느니然則斯道也니何道也오

是乃天父가救世의法을特賜호사獨生予耶
蘇로호야곰天人之間에中保된許多事爲를
道라凡一人이欲効救主之行애許多事爲를
難以以率中이며亦難違言이로되但以謙遜
으로言호연約翰福音十三章十四節을見호
라云호엿스되我가爲主爲師호얏스니尚洗爾足
호니爾亦當互相洗足호라호얏스니幸須諸
君은恒念此節호고互相謙遜호야驕傲의病
으로自然磨滅케호심固所願

愛國의 義務

李 潤 柱

吾人이斯世에生호야當行홀義務가頗多호
느其中에가장重要혼者는愛國의義務가是
라關係의가장親密홈과契合의가장强固홈
것슨다못吾人과國家의關係니何則고國家
로吾人의生命을保護호며家族과財産을保

護ᄒᆞ고 社會와 自由를 維持ᄒᆞ기 爲ᄒᆞ야 成立ᄒᆞᆫ것시라 吾人이만일 愛國의 精神이 無ᄒᆞ면 國家를 保全기 難ᄒᆞ고 말일 國家를 保全치 못ᄒᆞ면 吾人이 엇지 此世에 生活ᄒᆞ야 幸福和樂을 期望기能ᄒᆞ리오 然則此世에셔 幸福의 生活을 期望ᄒᆞᄂᆞᆫ 吾人은 絶對的 國家를 爲ᄒᆞ야 誠心으로 獻身의 義務가 有ᄒᆞ고 忠君愛族의 義務가 有ᄒᆞ다謂ᄒᆞ리로다

文子、夫婦、兄弟親戚朋友를 可히 親愛敬信치아니치못ᄒᆞᆯ者ᄂᆞᆫ此ᄂᆞᆫ다ー愛國心一語에 包含ᄒᆞᆫ者니 推以言之컨ᄃᆡ 勿論何人ᄒᆞ고 其身을 自修後에야 其家를 能齊ᄒᆞ며 一家를 能齊後에야 治國을 可期로다 一身을 不修ᄒᆞᄂᆞᆫ 者엇지 齊家할策이 有ᄒᆞ며 一家를 不修ᄒᆞᄂᆞᆫ 者엇지 治國의 策이 有ᄒᆞ리오 事의 大小ᄂᆞᆫ雖異ᄒᆞᄂᆞ其理ᄂᆞ一般이오言의先後ᄂᆞ無序ᄂᆞ 其結은歸一인則 眞個의愛國誠이有ᄒᆞ者에

不孝를不見ᄒᆞ깃고 眞個父母의게孝道를盡ᄒᆞᄂᆞᆫ者에게忠君치안ᄂᆞᆫ者ᄂᆞ無ᄒᆞ니故로古語에忠臣은孝子의門에求ᄒᆞ라흠이實로千載不朽의銘箴이로다

愛國의情誼ᄂᆞ人生의自然ᄒᆞᆫ理라上古未開時代에도人智ᄂᆞᆫ비록矇昧ᄒᆞᄂᆞ愛國誠은不無ᄒᆞ엿스며現今亞非利加黑奴ᄂᆞᆫ吾等의目觀ᄒᆞᄂᆞᆫ바라未開ᄒᆞᆫ地域에住居ᄒᆞ며荒漠ᄒᆞᆫ沙漠에生活ᄒᆞ여何等의高等ᄒᆞᆫ思想이無ᄒᆞᄂᆞ彼等이日常故國을不忘ᄒᆞ여家鄕을思慕ᄒᆞᄂᆞᆫ情이極功ᄒᆞ야時々로熱淚가連下에病ᄒᆞᄂᆞᆫ氣를惹起혼다ᄒᆞ니엇지一般人類의感心이不無ᄒᆞ리오

人類社會上에嫉妬와怨望과乖離와反目等不祥의風潮가流行ᄒᆞ며人々이各々自利自慾에奔馳ᄒᆞ야貴重ᄒᆞᆫ公益을顧量ᄒᆞᆯ餘地가無ᄒᆞ면此ᄂᆞᆫ實로國家의蠹毒이오其影響이

朝鮮魂

崔 錫 夏

戰爭敗滅에 尤甚ᄒᆞᄂᆞ니此ᄂᆞᆫ愛國의眞義를不鮮ᄒᆞᆷ에出ᄒᆞᆷ이라故로余ᄂᆞᆫ言ᄒᆞ되國家의最大災厄은政治法律의不振이아니오農工商業의萎靡가아니오軍制의未備가아니오但其國民의愛國心이缺乏ᄒᆞᆷ에在ᄒᆞ다ᄒᆞ노라

飮水室主人梁啓超ᄂᆞᆫ淸國에有名ᄒᆞᆫ志士라일즉淸國人의自國魂이無ᄒᆞᆷ을慨嘆ᄒᆞ고國魂이라ᄒᆞᄂᆞᆫ一書를著作ᄒᆞ야서로淸國魂을造作ᄒᆞ쟈고疾聲大叫ᄒᆞ얏스니氏ᄂᆞᆫ춤熱誠이有ᄒᆞᆫ憂國家라可謂ᄒᆞ리로다今者에韓國現像을觀察ᄒᆞ니淸人보덤幾百倍ᄂᆞᆫ自國魂을要求ᄒᆞᆯ時代를當ᄒᆞ얏도다然이나余ᄂᆞᆫ自謂ᄒᆞ되吾人에人魂이有ᄒᆞᆷ과갓치國家에

國魂이有ᄒᆞ야國이生ᄒᆞ고國이死ᄒᆞ면魂이死ᄒᆞ야此兩者ᄂᆞᆫ須臾라도可히分離치못ᄒᆞᆯ것이라故로一分間에其國이有ᄒᆞ면一分間에其國魂이有ᄒᆞ고一年間에其國이有ᄒᆞ면一年間에其魂이有ᄒᆞ고百年間에其國이有ᄒᆞ면百年間에其魂이有ᄒᆞᄂᆞ니라反而言之ᄒᆞ면一分間에其魂이有ᄒᆞ고一年間에其魂이有ᄒᆞ고百年間에其魂이有ᄒᆞ면一分間에其國이有ᄒᆞ고一年間에其國이有ᄒᆞ고百年間에其國이有ᄒᆞᄂᆞ니國與魂이名雖二物이나其實은一體라엇지國家가成立ᄒᆞᆫ後에人爲로써其國魂을造作ᄒᆞᆯ理由가有ᄒᆞ리오是以로余ᄂᆞᆫ固有ᄒᆞᆫ國魂을發揮ᄒᆞᆫ다云ᄒᆞᄂᆞᆫ人士의게ᄂᆞᆫ降幡을樹ᄒᆞ려니와元無ᄒᆞᆫ國魂을創造ᄒᆞ다云ᄒᆞᄂᆞᆫ人士의게ᄂᆞᆫ逆戈를揮코져ᄒᆞ노라試看ᄒᆞ라洋之東西와時之古今을勿論ᄒᆞ고

所謂國家團躰를組成維持호는民族은其國有호國魂을有호얏도다其實例를擧論컨디武士道를崇尙호야國家를爲호야自己의生命을草芥갓치視호는것은日本人의大和魂이오天無二日이오地無二主라호야世界를統一호야一國을建設코져호는것은俄人의俄國魂이오五洲에自國의文華를傳播호야自國의國力을海外에發展코져호는것은法人의法國魂이오四海々上權을掌握호야海外에殖民地를多設호고商業權으로써天下에雄飛코져호는것은英人의英國魂이오富力으로써武力을對敵호며黃金으로써彈丸을壓倒호야隱健호帝國主義를行코져호는것은美人의美國魂이라萬一日本人이되야大和魂을有치아니호얏스면엇지亞東小邦으로今日에如許호地位를得호얏스며俄人이되야俄國魂이無호얏스면엇지北方蠻族으로今日에如許호廣大帝國을建設호얏스며法人이되야法國魂이無호얏스면엇지今日에如許호文明發達을見호얏스며英人이되야英國魂이無호얏스면엇지島中小國으로如許호隆盛을致호얏스며美人이되야美國魂이無호얏스면엇지今日에如許호天下莫富之國이되얏시리오是로由호야觀호니世界萬國中에其魂을有치아니호者ㅣ一도無호고其魂을發揮호야其國을發展치못호者ㅣ一도無호도다

或이韓國의衰弱홈을見호고喟然發嘆호야曰朝鮮人은朝鮮魂이無호다호니誤哉라此言이여若憂國의欝情을不勝호야無意中에如此호說을發호얏스면怨宥홀餘地가有호거니와若眞心으로如此호說을發호얏스면是는吾儕가不可不쥲를鳴호야其罪를伐호리로다何者오是는我祖先檀箕以來로傳호

는變國性을侮蔑ᄒᆞᄂᆞᆫ行爲가되ᄂᆞᆫ故也ㅣ라
試思ᄒᆞ라我大韓이四千三百餘年獨立花史
를有ᄒᆞ치아니ᄒᆞ얏ᄂᆞᆫ가國이되야一分間이라
도其魂을不可不有어ᄂᆞᆯ엇지四千三百餘年
間에其魂이無ᄒᆞ고其國아獨立ᄒᆞ얏시리오
余言이不信컨ᄃᆡ其例를見ᄒᆞ라高句麗時에
乙支文德將軍이數萬兵率로써百萬大兵을
率來ᄒᆞ얏던隋煬帝를擊退ᄒᆞ얏스니是가朝
鮮魂이아니고何物이며高麗朝에尹瓘將軍
이正馬單騎로滿洲寧古塔에入ᄒᆞ야莫大ᄒᆞᆫ
領土를開拓ᄒᆞ얏스니是가朝鮮魂이아니고
何物이며壬辰變亂에水師提督李舜臣이鐵
甲船을創造ᄒᆞ야殺氣凜々ᄒᆞ던敵國艦隊를
粉碎ᄒᆞ얏스니是가朝鮮魂이아니고何物이
며某年某月에大韓이激烈風潮의所襲이되
야國威가墜地ᄒᆞᆯ시閔趙諸公이日月갓든高
節을守ᄒᆞ야爲國自靖ᄒᆞ얏스니是가朝鮮魂

이아니고何物이뇨
嗚呼라大韓民族이如許히壯烈ᄒᆞᆫ朝鮮魂을
有ᄒᆞ얏거ᄂᆞᆯ何故로今日에如許ᄒᆞᆫ地位를當
ᄒᆞ얏ᄂᆞ뇨俗不云乎아荊山白玉도泥中에沈
埋ᄒᆞ면其光을發치못ᄒᆞᄂᆞᆫ이와갓치我韓
이百餘年以來로外侵이不至ᄒᆞ고內訌이絶
跡ᄒᆞ야政治가文弱에流ᄒᆞ며民心이姑息에
安ᄒᆞ며德敎가虛飾에歸ᄒᆞ며敎育이章句에
止ᄒᆞ야國家의元氣가日々銷沈ᄒᆞ며人民의
神經이時々衰弱ᄒᆞ야亘天通地ᄒᆞ던朝鮮魂
이黑々暗々ᄒᆞᆫ雲天中에晦光ᄒᆞ야世人으로
ᄒᆞ노니誰가九萬蒼空에大風을喚起ᄒᆞ야彼
靑邱江山에陰々ᄒᆞᆫ浮雲을一掃ᄒᆞ고隱蔽ᄒᆞ
얏던朝鮮魂을發起ᄒᆞ야二千萬同胞로ᄒᆞ야
곰活潑ᄒᆞᆫ自由天地와光明ᄒᆞᆫ獨立日月을見
케ᄒᆞ고大聲疾呼ᄒᆞ야曰是ᄂᆞᆫ我靑年의兩肩

二十一

에 負擔 호 責任이라 호 노라

發起 호 라 朝鮮魂을 發起 호 면 此 朝鮮魂을 同
胞마다 發起 호 면 旣失 호 政治權도 回復 호 며
有 호 고 旣失 호 財政權도 回復 호 며
失 호 國際權도 回復 호 며 有 호 고 旣

韓國國民의 生活을 論홈

蔡　奎　丙

韓國現像을 靜察 호 고 前途를 憂慮 호 는 者ㅣ
日 敎育曰 兵力曰 獨立曰 政治曰 法律이라 호
야 議論이 分岐 호 야 端一 치못 호 도 다 此 等事
가 無非緊急問題오 無非興亡政策이라 這箇
中에 一者도 忽視 홀 수 無 호 나 然이나 千萬事
業의 成敗點은 經濟實力에 在 호 고 經濟實力
의 基礎는 國民生活에 在 호 도 다 西人의 言에
個人生活에 獨立 호 지못 호 는 國民은 其國을
獨立 홀 슈 無 호 다 云 호 얏 스 니 至哉라 此言이

여 츔 服膺 호 만 호 格言이로다 何者오 大槪國
家는 人民으로 組成 호 團体라 其國体의 分子
되는 人民이 獨立精神이 無 호 면 其分子로 組
成 호 團体가 엇지 獨立 홀 슈 有 호 리오 故로 國
家의 自由를 鞏固케 호 고 져 호 면 爲先 人民의
自由精神을 養成케 홈만 不如 호 고 國家의 獨
立을 確固케 호 고 져 호 면 人民의 獨立思想을
發起 홈 만 不如 호 고 다 英人의 言에 獨立精
人은 何處에 往 호 던지 其數가 百人에 滿 호 면
英國政府의 保護를 不賴 호 고 獨立自營 홀 能
力이 有 호 다 호 니 此 數語가 英人의 自活精神
이 世界에 冠홈을 証明 호 것 이라 此 精神을 硏
究 호 야 본즉 英人이 今日世界文明各國人種
中에 第一偉大 호 達 호 國民의 地位를 占領 호 거시
其原因이 深 호 고 다 然 호 데 我韓國民
의 生活狀態를 觀察 호 니 自活精神이 乏絶 호
야 遊衣遊食이 人生의 幸福됨을 知 호 고 獨立

自營이 人生의 原理됨을 不知ᄒ니 嗚呼라 吾
人이 此 競爭風潮 中에 處ᄒ야 如此ᄒᆫ 精神으
로엇지 自己의 生活을 營ᄒᆯ 수 有ᄒ며 自國의
發展을 期ᄒᆯ 수 有ᄒ리오 注意ᄒᆯ지어다 此世
界는 健男子의 生存을 許ᄒ되 弱男子의 生存
을 不許ᄒ며 活兒의 發達을 許ᄒ되 弱虫의 發
達을 不許ᄒᄂ니 活潑精神과 健全能力으로
自活ᄒᄂᆫ 方策을 講究ᄒ야 二十世紀新舞臺
에 登ᄒ야 活技能藝로써 最後勝利期圖ᄒ야
國際上 陶汰綱罟에 罹ᄒ지말지어다 我韓의
國權을 回復ᄒ랴면은 져 個人의 自活을 謀ᄒᆯ
것이오 個人의 自活을 謀ᄒ랴면은 個人의
頭腦에 勞働神聖主義를 注入ᄒᆯ 必要가 有ᄒ
다ᄒ노라

歷史譚第三回
비스마―フ(比斯麥)傳

區宇大勢가 循環無窮에 人生機會가 亦隨而
變遷일식 乘時而活動者는 流芳無窮ᄒ고 乘
機而綱羅者는 流臭萬代ᄒᄂ니 何其世態無
情之甚乎아 著者가 於斯에 不能禁一片憤憬世
之淚가 龍鍾于袖而彷徨如有失이라가 憑憶
十九世紀 歐洲屈指之鐵血政略家比公之事
業ᄒ고 奮然起舞而長嘯短吁ᄒ니 時에 四隣
은 寂寞ᄒ고 月光은 朦朧ᄒᆫ데 客思는 耿耿
고 秋風은 蕭瑟이라 排燈跪坐ᄒ고 閱覽比公
傳ᄒ니 當時普魯斯國國勢가 彷彿干現今東
亞形便이라 余가 益有感于此ᄒ노라
而偉我同胞로 注意于此ᄒ야 直譯公傳
公은 西曆一千八百十五年四月十一日에 普
魯斯國푸쓰담에 誕生ᄒ엿ᄂᆫ디 父는 同國近

三十三

衛隊士官이러하우셴이오 母는 웰헬미나요 幼

名은 웃도폰비스막ㅣ이라 公이 二三歲時

에 一日은 一位脫世에 婦人이 公의 家庭에 來

訪ㅎ야 웰헬미나다려 曉諭曰 웃도는 稀世의

人傑이라 叔世에는 貴榮이 無比ㅎ리라ㅎ고

儵然不見ㅎ더라 公의 爲人이 獲落不羈ㅎ며 蠻

이 十七歲에 伯林大學校에 入學ㅎ야 爾來에

蟄虎躍ㅎ고 跌宕魁偉에 偶儻不屈ㅎ더라 公

歷史와 地理及當時世情小說을 徹夜閱讀ㅎ

며 氣慨를 獎勵ㅎ야 正義에 悖舛ㅎ는 者는 或忠

告도ㅎ며 或不從ㅎ는 者에는 鐵拳制裁도ㅎ고

또 嗜酒好色ㅎ야 半生은 決鬪로 消費ㅎ더라

二十二三歲에 同大學校를 卒業ㅎ고 伯林裁

判所와 폿쓰담控訴院에 出仕타가 一千八百

三十五年頃에 一年志願兵으로 近衛隊에 編

入되니라 公이 平素에 喫烟을 頗嗜ㅎ야 入隊

ㅎ後에도 手不釋卷烟ㅎ미 長官이 軍紀에 紊

觀을 憂慮ㅎ야 道路步行時에 禁烟令을 撓出

ㅎ는지라 公이 同僚를 招集ㅎ야 街上公同

椅子에 凭坐ㅎ고 步行喫烟치 아니ㅎ므로 公籍

에 喫烟이 益甚ㅎ더라ㅎ는 逸談이 至今

가지도 伯林市民에 播多ㅎ더라 服務期限을

終了ㅎ後에 포베라니아 故園에 歸臥ㅎ고 博

酒와 射擊으로 消日ㅎ다가 尋英國과 佛國

에 漫遊ㅎ야 中外大勢의 變遷을 觀察ㅎ고 意

氣가 더욱 啓發ㅎ더라 다시 故里에 歸省ㅎ

야 世態人情의 傾向變動만 專心推究ㅎ더니

時時로 索遜 바ー바ー리 等國에 遊覽ㅎ

一千八百四十七年頃에 公이 포베라니아 代

議士로 普國國會에 參列ㅎ야 君權

主義를 主張ㅎ야 衆議를 壓倒ㅎ

고 君權主義를 熱心主張ㅎ야 此君權

主義를 主張ㅎ은 昔代에 普國이나파레온一

世馬蹄에 蹂躪되고 普國國民이나파레온一

世에게 奔命ㅎ믈을 不勝ㅎ야 塗炭에 沒盡ㅎ믈을

ᄒᆞ야 某樣 普國의 國權을 回復ᄒᆞ고 皇室의 實力을 實現케ᄒᆞ야 巴里城下의 盟約을 締結코자ᄒᆞᄂᆞᆫ 滿腔血이 造次之間이라도 不忘ᄒᆞᆷ이더라

一千八百五十年에 普魯斯、한노ㅣ벨索遜 三國이 엘훌도에셔 聯邦議會을 開始ᄒᆞᆯ시 此時에 公도 同議會에 參列ᄒᆞ야 然이ᄂᆞᄂᆞᆫ 墺地利排斥을 主張ᄒᆞᆷ에 至ᄒᆞ야 會議結果ᄂᆞᆫ 空砲에 歸ᄒᆞ얏시되 케닛히ᅌᅮ레쓰 血戰은 有此로 導出ᄒᆞ니라

當時에 후란구후홀드ᄂᆞᆫ 日耳曼聯邦의 政治的 中心地라 每年 一回식 通常會議를 開ᄒᆞ고 列邦이 各기 公使를 派遣ᄒᆞ야 獨逸聯邦에 關ᄒᆞᆫ 外交와 軍事를 相議ᄒᆞᄂᆞᆫᄃᆡ 公은 호ㅣ온로하우將軍의 秘書官으로 一千八百五十一年에 同地에 赴任ᄒᆞᆫ後로 外交에 熱中ᄒᆞ더라

一日은 旅舘主人다려 呼鐘(졀녕줄)의 設備를 求請ᄒᆞᆫᄃᆡ 舘主가 呼鐘設備費用을 旅客이 自辦ᄒᆞ라ᄒᆞ고 不肯設置ᄒᆞ거ᄂᆞᆯ 公이 暫時後에 短銃을 持出ᄒᆞ야 擊鐵을 挽引ᄒᆞ니 砲聲이 代一發에 百雷가 具鳴이라 舘主가 大驚ᄒᆞ야 公의 寢室에 來到ᄒᆞ야 事故를 問ᄒᆞᆫᄃᆡ 公은 泰然自若ᄒᆞ야 文書를 調整ᄒᆞ면셔 從容이 舘主다려 曉諭曰 余의 此空砲를 發ᄒᆞᆷ은 呼鐘에 代一發이라 今後로도 如此이 施行ᄒᆞ리니 過이 吃驚치 말나ᄒᆞᄂᆞᆫ지라 舘主가 氣塞ᄒᆞ야 不得己이 旅舘費用으로 呼鐘을 設置ᄒᆞ더라 讀者諸位요 公의 此强迫的 兒戲手段을 蔑視마소 公의 外交政略에 花雷가 임이 小時로 發露ᄒᆞᆷ과 快活不羈에 臨機應變이 大慨若此ᄒᆞ더라 로하우將軍이 辭任ᄒᆞ고 伯林에 還歸ᄒᆞ시 公을 推薦ᄒᆞ야 후란구후홀드 駐劄公使에 一躍ᄒᆞ니 鐵血敏腕이라 聯邦使節을 操縱ᄒᆞ고 議長을 飜弄ᄒᆞ기를 兒童을 戲ᄒᆞᆷ과 갓치 ᄒᆞ더라 公이 多

年同地에 留割ᄒ야墺國에 許多ᄒᆫ弱點을透
底ᄒ고 觀察홈으로 他日普王을 勸誘ᄒ야累비
能도 墺國第一屈指政治家멧텔니히의無
공以南에 動兵게홈도 亦是墺國에 虛實을明
觀ᄒᆫ結果이러라 (未完)

動物社會的의生活

韓相琦

地球上生物界에 生存競爭이 劇烈ᄒ니믄吾人
의熟知ᄒᆞ는비니 更不重言이오自己의生命
파利益을保全ᄒᆞ며他物의侵害와攻擊을安
免ᄒ기爲ᄒ야全智全力을注ᄒ야防禦ᄒ건
마는自己一身은宇宙間에微塵보다
더젹어 無限ᄒᆫ外界를當ᄒ기難ᄒ니然則他物
에撲滅ᄒᆞ는비될가否라不可不頗强ᄒ힘을
準備ᄒᆞ는거시必要ᄒ도다 如何히ᄒ면頗强
혼힘을 得ᄒ고 即社會的生活이是也라同種

同屬이同心同志로相愛相扶ᄒ며 共同協力
ᄒ야利害를갓치ᄒ면 勝天之力도出ᄒ거든
況外物乎아 此界에우리가 萬物之靈長이되
야萬物을主裁ᄒᆞ는힘도 吾人先祖의共同社
會的生活혼遺澤이라萬一同種間에互相攻
擊ᄒ면外物을防禦ᄒ기는姑舍ᄒ고同種도
滅ᄒ고自己도 滅亡홈을立而見之ᄒ리니可
畏者也라蟻蜂은微物이연마는數多가一處
에棲居ᄒ야共同通利益ᄒᆞ며相愛相扶ᄒ야
同心同力 으로各盡其務ᄒᆞ며死生을갓치ᄒ
는靈虫이라吾人의耳目을驚ᄒ며生物界에
光彩를生ᄒ야處々增殖ᄒ니誰非驚愕이리
요

(第一蜜蜂의話) 蜜蜂은諸君의熟知ᄒ시는
것과갓치蜜蠟을得取ᄒ기爲ᄒ야我國各處
에셔만히 飼養ᄒᆞᄂ니라蜜蜂에三種이有ᄒ
니女王蜂、雄蜂、職蜂、이是也라女王蜂은一

群內에 一首만잇셔 骨格도 健固호고 身体도
富大호며 蜂群內의 諸般事務를 統轄호며 三
種蜂兒를 生産호눈 職務를 掌호노니라 雄蜂
은 常時에 掌호눈 事務가 無호고 女王蜂이 交
尾홀時에 補佐호눈 職務만 有호니라 職蜂은
雌도아니요 雄도아니요 生殖器가 退化호야
生殖力이 無호고 其數가 最大호며 其職業은
蜂巢을 建造호며 食物을 求集호야 運般호며
蜂兒를 養育호눈 等의 苦役을 掌호고 東馳西
走에 奔走不暇라 드러 春日이 和暢홀際에 處
々에 翩來호며 精密히 調査호야 合當홀 處所
가 有호면 衆議를 經호 后에 先鋒된者ㅣ 新巢
內에 入호야 確實히 觀察호고 職蜂들이 率來호
야 新巢를 建築홀시 各職蜂들이 腹部環節間
에 蜂蠟小板을 剝取호고 睡液을 混合호야 自
上便으로 漸次六角形室을 造홀시 出口눈 下
方에 向호고 其奧눈 漸々細狹케 호며 數多諸

室은 處所의 廣狹을 從호야 四方으로 幾層이
든지 羅列호게 作호며 小体蜂의
斯호 重役이 無호며 其構造의 宏壯홈이 大段
호더라 此을 竣畢호면 女王蜂이 率其數千호
고 這入호야 中間廣潤室에 住호고 各々師
이라 稱홀만호도다 其後에 職蜂이 女王蜂의
掌되로 次第定室호 石에 諸般事를 從事호눈
命令을 奉호야 食物을 取集호러 旅行홀시 先
디一定호 規模와 遵守호눈 法令은 可謂靈蟲
히非常호 注意로 巢內를 仔細히 보고 巢外에 出
며萬一新巢近傍地理를 不知호면 迂潤히 外
호야 巢口를 詳見호고 巢內를 詳探호
出치아니호며 身体를 少擧호야 巢口를 窺見
며二三步를 飛호고 又視호야 熟知라야 始
次熟知호면 記憶力이 大段호야 決코 失忘치
호고 又視호야 熟知라야 始 飛遠去호노니一
아니호며 外出호엿다가 歸巢호야 巢口가 五

分즘傾홀時에는 訝疑호여入치아니호느니
라食物은花粉花蜜樹脂等物이니香花芳草
間에徘徊호며花中에셔入호야花粉이自己가
入홀時에身体諸部에附着훈거슬前肢로聚
集호야後肢第一蹠節에集置호느니만일花粉
囊이未開홀時는自己입으로其壁을切開호
고花粉을取出호며花蜜을舐嘗훈後口中에
舍置호야樹脂도取來호느니며樹脂도取來호느니며此는
巢內隙間을塞호고樹脂도取來호느니며此는
此等食物을持호고歸巢호야花蜜과花粉을
混合호야白清을作호야自己도食호고諸蜂
도供給호며大部分은貯藏庫에積置호느니
라天氣가明朗훈日中에雄蜂이巢內를始飛
호며女王蜂을招호면女王蜂이愉快히感應
호야雄蜂과同伴호고空中에飛호야結婚式
을舉行호고歸巢호느니雄蜂은此事務를畢
호면職蜂이集來호야食物도不與호고毒針

으로刺호야殺之호느는慘酷훈景光에이르더
라吾輩社會에有遊食無業者면毒針으로刺
之호기쉬우니勉之호여야홀거시로다女王
蜂이歸훈後四十六時間을經호면生卵을始
호셔職蜂은來호야食物을供給호며各色으
로注意호며女王蜂이卵房에往호야頭를揷
호고詳視훈後에腹部를揷호야産卵훈즉巢
內가奔走호며職蜂은暫時도不休호고産卵
의食物을造호야卵房에入送호며産卵後四
五日이되면卵殼內에셔白色小蟲이出호야
其側에畜在훈食物을食호고又六日을過호
면大段히長成호야卵房에充滿호느니此時
에職蜂이來호야卵房을蜂蠟板으로密閉호
고卵房上에坐호야溫을給호면卵房에셔仔
蟲이吐絲作繭호고其後에脱皮호야蛹蟲이
되느니産卵훈지大槪二十日즘되면完全훈
成蟲이되야卵房의蠟蓋을突破호고世上의

二十八

始出ᄒᆞᄂᆞ니라 新蜂이出ᄒᆞᆫ後空殼은 職蜂이
來ᄒᆞ야 修覆ᄒᆞᆫ故로곳女王으로하야곰新卵
子를生産케ᄒᆞᆫ다ᄒᆞ드라 新蜂이來ᄒᆞ야
舐ᄒᆞ기도ᄒᆞᄂᆞ 職蜂이來ᄒᆞ다가暫時後新虫의
쥬며 或食物도 給與ᄒᆞ다가暫時後新虫의翅
翼이乾ᄒᆞᆫ즉 他蜂과갓치 幼虫을保養ᄒᆞ며卵
蓋도더ᄒᆞ며 其他事務를 見習ᄒᆞᄂᆞ니라
를經ᄒᆞᆫ後巢近地理를 習知ᄒᆞ면곳他蜂과如
ᄒᆞ게食物取集을從事ᄒᆞᄂᆞ니라 女王蜂은職
蜂을生ᄒᆞᆯ뿐아니라 雄蜂卵과雌蜂卵을産ᄒᆞ
ᄂᆞ니 雌卵을生ᄒᆞᆯ時ᄂᆞᆫ輸出管側에受精囊이
付在ᄒᆞ고 其口에 筋肉이在ᄒᆞ야此口가開ᄒᆞ
면精虫이 囊内에서出ᄒᆞ야産ᄒᆞ
卵ᄒᆞ고 雄卵이生産ᄒᆞᆯ時ᄂᆞᆫ此器管의作用이
無ᄒᆞ니라 其他은前것과如ᄒᆞᄂᆞ卵이前것보
다大ᄒᆞ며 注意를더ᄒᆞ야 十六日즘經ᄒᆞ면女
王卵（雌卵）이生ᄒᆞᄂᆞ니 此를單性生殖이라

稱ᄒᆞᆫ다ᄒᆞ드라 新巢內에 女王蜂이生ᄒᆞ면舊女
王은率其黨派ᄒᆞ고 新住所를尋ᄒᆞ야 移住ᄒᆞ
ᄂᆞᆫ만일黨派가少ᄒᆞᄂᆞᆫᄒᆞ야移住치못ᄒᆞᆯ境遇에ᄂᆞᆫ
舊女王을殺之ᄒᆞᄂᆞ니라 冬期를當ᄒᆞ면貯蓄
ᄒᆞᆫ食物을食ᄒᆞ고 蟄伏ᄒᆞ나食物이無ᄒᆞᆯ時ᄂᆞᆫ
女王蜂이率其諸蜂ᄒᆞ고 他蜂巢에往ᄒᆞ야襲
擊ᄒᆞ고 分捕品을掠取ᄒᆞ여온다ᄒᆞ드라 女王蜂
은冬期에ᄂᆞᆫ生産之業을休ᄒᆞ고諸蜂과ᄒᆞᆷ긔
蟄伏ᄒᆞ야全혀身体攝養만힘쓴다더라

（未完）

警察之沿革

張　啓　澤

夫警察法은國家憲法之一種이오一國政務
之一部也라 爲官吏者ᅵ不學此法이면不知
人民安堵之策而不可以行政이오 爲臣民者
ᅵ不知此法이면不抗貪官之無理壓迫而不

得自由니此と勿論官民호고不可不知者而

莫不研究者라故로前號에畧論其目的호고

今擧其沿革호야欲論數端에畧論호노니

近世我韓之警察法은模日本以行之호니此

日本之警察法은範泰西之制度호야以至今

日之發達則先說明歐洲之來歷호야述其沿

革호노라

第一節　野蠻時代之警察

人智曚昧호고人種이漸加호야於山於野에

撰擇豊沃之土地호며於東於西에轉屬有力

之團體호니於是乎一此間에起生自然的競

爭이라互爭相奪호며左右侵掠而優者則

勝이弱者則敗호야跋涉山野에獲得猛獸大

禽而供其生活之資料호니此と國無一定之

界域호며又無治民之法律故也라一般人民

이急急於軍事的武力之設備則當此時代호

야豈有保民之警察哉아

第二節　封建時代之警察

古昔未開時代에는人民之目的이但在於侵

畧之主義라故로有武力之人이면撰爲酋長

而侵他團體호며又多有戰

功者면特與一定之土地호야其域內之一切

事를皆統以治之호니自此로有諸侯封建之

名稱이러라

其後屢經星霜호야其所有權之効力과其制

治之威勢가益益廣大호며漸漸强盛호야君

主之統一權이不及于諸侯호며命令이又不

行於諸侯則於是에彼此乘隙호며上下相侵

호야兵役이不息이라當此時代호야雖有警

察之名이나急急於自國之皇室保護故로無

異於軍士的行動이러라

第三節　君主時代之警察

自十二世紀以後로는君主之勢力이更且增

大호며諸侯之權威가漸次消削而至于十四

世紀ᄒ야ᄂᆞᆫ主權之威勢가 殆達於其絕頂이
라是時에佛國路易十四世가自稱曰朕은即
國家오國家ᄂᆞᆫ即朕이라ᄒ니此ᄂᆞᆫ表明君主
權力이絕對無限之辭也라當此君主壓迫之
下ᄒ야雖有警察이나一切命令이皆出于君
主一口ᄒ며取一身之利益ᄋᆞ로爲目的則豈
有今日之警察哉아

第四節　文明過度之時代警察
自十五世紀로至十七世紀前

一國主權之勢力이如此旺盛ᄒ며統一之專
橫이如是極甚則一般人民이厭其專恣ᄒ야
圖脫羈絆者處處勃起라此時에地中海沿岸
에數多市府가東西呼應ᄒ며反抗君主之專
橫ᄒ니於是에가쓰루ᅵ소氏믄데스기유氏
等이鼓吹民權說ᄒ며處處聚黨ᄒ야激動人
民之憤心則此說이一到에無不歡迎이라各處
民心이一層激昂ᄒ야遂爲佛國之革命ᄒ니

自此로各國人民이狂奔於自國革命的運動
ᄒ야呼唱人民自由論이라
是時에君主ᄂᆞᆫ急急於民黨鎮壓ᄒ야嚴刑罰而
重政事則此時警察은不問人之罪有無ᄒ고
少有革命的意思者ᄂᆞᆫ捜索逮捕ᄒ야囚之殺
之ᄒ니警察之目的이與司法ᄋᆞ로混同이러
라

第五節　文明時代之警察
自十七世紀로至今世紀

民權說이漸益強盛ᄒ야以君主之權力ᄋᆞ로
不能防止則自此로政務가不啻爲君主之一
身이라爲一般臣民ᄒ야圖其生存發達則與
各國ᄋᆞ로自然交通이頻繁ᄒ며外交事務와
武力防備와國庫貯藏이比前倍勝이라自十
七世紀로至十八世紀ᄒ야ᄂᆞᆫ所謂國家事務
가司法、外交、軍務、財務、內務、五種에分
別而警察은屬于內務政則當此時代ᄒ야以
內務行政ᄋᆞ로爲警察之名稱이러라

三十一

313

其後시다인라반또 等의學者가輩出ᄒ야唱
種種之學說ᄒ며 硏究警察之方法而發見內
務行政之二個目的ᄒ니 (一)維持公共之秩
序ᄒ며 (二)增進人民之幸福이라現今東西
列國에 警察之目的이 無不出於此二者ᄒ며
其制限이亦有一定之範圍ᄒ야使個個人人
으로 各得其業而社會進步가至于如此ᄒ니
此誠彼學者等之所賜者也로다

第六節 日本維新以從之警察

日本之警察制度가依據泰西之法則其沿筆
도無異於泰西諸國이라 戊辰之歲에德川慶
喜氏가主張政權ᄒ야開維新之端ᄒ니當時
國內大亂ᄒ며 暴徒가散在各處而有不穩之
狀況則政府는自然爲其鎭滅ᄒ야盡力於兵
事之設備而警察도亦與軍務로混同行政이
러라
其後에撤廢諸侯之封建ᄒ고頒布郡縣之制

度ᄒ며 定公民國家之區別이나基礎가尙未
定而不守政府之命令者太半이라是故로依
刑罰以威迫ᄒ며重司法以置警察ᄒ니此時
警察은 無異於司法補助而別 無實質上効力
이러라
明治五年에警察寮를始設于司法省內而其
後川路大警視가受朝命而留學于歐洲ᄒ야
調査列國之制度然後에歸于本朝則此時政
府는容其意見ᄒ야警視廳을特設于東京而
皆管轄府下之警察事務ᄒ니라警察與司法
이雖云分離나尙屬於司法之下러니明治八
年에更定行政警察之規則ᄒ고各地方府縣
에設警部而置巡查ᄒ니 於是乎一警察寮가
不屬內務省而與司法으로分離ᄒ야至于今
日之警保局이니라
然而言之則維新後日本之警察은與軍事與
司法으로混同ᄒ야爲內務行政之一部ᄒ야

實行人民之安 寧保護而至于當時之進步ㅎ
니此皆川路大警視之多年 積功之効力也러
라

農者는百業의根本 (前號續)

荷汀生 金 晩 圭

商業時代의農業

然ㅎ므로漸々人煙이稠密ㅎ고、 人智가開
化ㅎ니前者와갓치、 單純ㅎ生産組織에눈、
그ㅣ用을足히ㅎ기能치못ㅎ야、 人의能不
能과、 地의便不便과、 其他事情의由ㅎ므로
各種分業이行ㅎ니各人이競爭心으로生産
化ㅎ나、 其間의、 上下階級이生ㅎ고、 港灣
河川의附近은、 交換運通의便을隨ㅎ야、 都
市의建設이有ㅎ니、 都市눈經濟上의中心
괴、 開化의中心이되고、 手工은生産의重要
가되나、 鑛山을採堀ㅎ야、 交換의媒介됴貨

者、 教師、 技藝者가有ㅎ되至ㅎ니此를稱ㅎ
幣를生ㅎ고 無形物도坐ㅎ야賣買ㅎ야 著述
야、 商業時代라ㅎ느니라、 此時代에當ㅎ야
아직、 精緻ㅎ工藝品이少ㅎ고、 或有ㅎ지라
도、 家中婦女가自手製造에不過ㅎ으로、 少
數의 止ㅎ고、 一大器械에一時의同種物品
을數百萬 으로製出ㅎ이無ㅎ도다、 딕미商
人의、 一時賣買는農業에限ㅎ이顯著ㅎ고、
農業은坐ㅎ、 諸般職業中의基礎를失치아
니ㅎ니라

工業時代의農業

最後時代에눈、 歐米文明國의今日과갓치
分業이極히微細ㅎ되及ㅎ야、 蒸溜機械, 其
他各種의發明品을、 多數利用ㅎ야、 表裏
置에産業의各種이四方에繁盛ㅎ야、 物價
가漸々低落ㅎ니、 此를工業時代라稱ㅎ며

進步ᄒᆞ야, 그組織이漸々集約ᄒᆞ며, 分業도
各方面의施行ᄒᆞ얏고, 土地의改良이盛行
ᄒᆞ야, 其面積이前日보다, 異ᄒᆞᆯᄲᅮᆫ더러, 그
産出力이가쟝增加ᄒᆞ야, 地價가騰貴ᄒᆞ니,
地稅도, 此를隨ᄒᆞ야甚히高ᄒᆞᆷᅵ, 地主는,
農業經濟의注意ᄒᆞ고, 小作人[쟉인]은, 勞
力을勉勵ᄒᆞ는ᄃᆡ 止ᄒᆞ얏도다. 貧富의懸隔
은往々히見ᄒᆞ얏스니, 農業은오히려, 他職
業의基本에及ᄒᆞ야, 往古도異ᄒᆞᆫ處가, 無ᄒᆞ
도다. 農産物의豊凶은, 곳商工業盛衰의關
ᄒᆞ고, 商工業의消長은農業의關ᄒᆞᄂᆞᆫ故
로, 農業은, 時代의如何를勿論ᄒᆞ고, 百業

農業의要素

의根本이라云ᄒᆞᆯ지로다

農業은土地를耕ᄒᆞ야, 作物(穀食)을育ᄒᆞ
고, 動物을育ᄒᆞ니, 人의衣食住의 必要ᄒᆞᆫ

物品을供給ᄒᆞ도다, 쏘, 利益을生ᄒᆞ는고로
此를營營ᄒᆞ며, 土地, 水, 空氣의自然도, 人
生의勞力이, 無ᄒᆞ면必要가昭然ᄒᆞ니라.
此生業을謀ᄒᆞ며, 衣服, 食物, 器具, 器械의
具備가, 必要ᄒᆞᆷ으로, 此等物件을資本이라
稱ᄒᆞ니, 勞力, 自然, 資本, 은農業의緊切ᄒᆞᆫ
要素오 其數가三인고로三要素라稱ᄒᆞᄂᆞ니
라.

第一節 自然

自然은人生以外의存ᄒᆞᆫ, 宇宙의一部分인
ᄃᆡ, 農業과其他生産을助ᄒᆞᄂᆞᆫ者를云ᄒᆞ
니, 空氣, 日光, 田野, 沼澤, 山林等이라. 自
然을分ᄒᆞ야言ᄒᆞ면, 自然物, 自然力, 土地
니라.

自然物은地球上의, 存ᄒᆞᆫ, 有形物體니, 自
然히存在ᄒᆞ야, 發生生長ᄒᆞ며, 此를取ᄒᆞ야
人類의用에供ᄒᆞᄂᆞ니, 此는魚介, 鳥獸, 空

316

自然力은 人力을 待치안코、無爲而發生
ᄒᆞᄂᆞᆫ自然力이니、곳、風力、水力、引力、地
熱、磁石力等이니라

土地는、田野、山林、沼澤、河海의 一定ᄒᆞᆫ面
積과、固有ᄒᆞᆫ、自然力의 物体를 發生ᄒᆞᆷ이니
以上二種의 比ᄒᆞ면、더욱必要ᄒᆞᆷ으로、農業
의 三要素를 言ᄒᆞᄂᆞᆫ者ㅣ太半은土地、勞力、
資本、의 在ᄒᆞ도다

以上三者는農業上의、가장必要ᄒᆞᆫ者니、如
何이資本이有ᄒᆞ고、人口가多ᄒᆞᆯ지라도、耕
墾ᄒᆞᆯ田地가無ᄒᆞ고、探伐ᄒᆞᆯ森林이無ᄒᆞ면、
그資本은 擲ᄒᆞ고그勞力을 施ᄒᆞᆯ處가無ᄒᆞ도
다、만일自初로、田野、山川、이無ᄒᆞ면、人
口의 蕃殖과資本의 蓄積을 謀치못ᄒᆞᆯ거시오
ᄯᅩ人智가如何히 發達ᄒᆞ엿슬지라도、太陽
의光線과熱線을ᄅᆞᆯ치아니면、畢竟은農産
物의 蕃殖生長을 成치못ᄒᆞᆯ지니라、此等自
然力이 欠乏ᄒᆞᆫ地方에는滿足ᄒᆞᆫ耕種을 營치
못ᄒᆞ고ᄯᅩ土地面積의 積載力이無ᄒᆞ면物件
을置ᄒᆞᆯ處와吾人의 居ᄒᆞᆯ處가無ᄒᆞᆯᄲᅮᆫ더러決
斷코農業이成立치못ᄒᆞ리라

衛生問答

朴 相 洛(譯)

(問) 近來衛生法이 非常히 發達ᄒᆞ야可히 絶
頂에達ᄒᆞ엿다 謂할지라비록二三歲兒童의
走戱ᄒᆞ는데 對ᄒᆞ여서도 衛生을 言稱ᄒᆞ니大
抵衛生이라ᄒᆞᄂᆞᆫ거슨 如何ᄒᆞᆫ者를 謂ᄒᆞᆷ인지
願君은一言으로써 其眞義를 敎示ᄒᆞ야余의
疑點을 氷釋케ᄒᆞ여쥬읍소셔
(答) 古書에日病이 發生ᄒᆞᆫ然後에 藥을用ᄒᆞ
며亂이成ᄒᆞᆫ然後에 治를圖ᄒᆞᆷ은譬컨디臨渴
의堀井이오戰場의 敎練이라ᄒᆞ여스니此는

實노干古의 名言이로다 大抵衛生法 이라ᄒ
는것슨 多論을不待ᄒ고可知할者ᅵ一言以
論之ᄒ면即病이發生ᄒ기前에預防ᄒᄂᆫ
시라一般吾人身體의構造는外力의抵抗할
氣力이多有ᄒ며病氣의侵襲과外氣의寒熱과乾濕의
備ᄒ야病氣의侵襲과外氣를防禦ᄒᄂᆫ機能이具
不調等種種의外力을防禦ᄒ
ᄒᄂᆫ腕力이有ᄒ야猛獸昆虫毒物의侵害
를能逐ᄒ며眼明과嗅官이有ᄒ야食物의腐
毒과行步의危險을能別ᄒ니此는自然的衛
生이라할만ᄒ며其他居處、睡眠、飲食、衣
服、等各色生活狀態에注意ᄒ야體力의消
耗를保存ᄒ며元氣의不足을補充ᄒᄂᆫ即
運動을適當히ᄒ며飲食은滋養分의多ᄒ者
를撰ᄒ고居處를淸潔히ᄒ며時候의變遷을
從ᄒ야適當ᄒ衣服을着ᄒᄂᆫ等事는此乃人
爲的衛生이라稱ᄒ리로다

現今所謂衛生을知行ᄒᆫ다ᄒᄂᆫ人의種種외
誤解를有ᄒᆫᄂᆫ者ᅵ不少ᄒ니此는士等社會에
第一多流ᄒᄂᆫ病風이라ᅵ一身의衛生이나못
ᅵ飲食節次에만關ᄒᆫ줄노못知ᄒ야可食할物
이有할지라도能食지못ᄒ며坨能食ᄒ後에寒氣를
는運動을不行ᄒ야滯症이發生ᄒ며
難堪ᄒ야衣服을多着ᄒᆷ익自然皮膚가軟弱
ᄒᆷ으로瑣少의外壓을不勝ᄒ야生病의原因
을自作ᄒᄂᆫ此는都是衛生의眞義를誤解
ᄒ者로다吾人의身體는可食者를能食ᄒ고
運動을活潑히ᄒ然後에健康을能保ᄒ며健
康을保ᄒ然後에動力이有ᄒ야社會上에能
히競爭生活을試할能力이有ᄒ며如此ᄒ然
後에能히病氣와其他侵襲의抗拒力이生ᄒ
리로다
德國伯林에有名ᄒᆫ醫士가衛生雜誌에揭載
ᄒᆫ바衛生十條가如左ᄒ니

（一）晝夜淸新ᄒᆫ空氣ᄂᆫ健康을造成ᄒᆞᄂᆫ根

（二）運動은人의貴重ᄒᆫ生食이오ᄯᅩ一不健
全ᄒᆫ身體를恢復ᄒᆞᄂᆫ名藥

（三）夏冬兩節에冷水浴을行ᄒᆞᄂᆫ거슨人의
皮膚를淸潔히할ᄲᅮᆫ아니라皮膚를能히强壯
히하고ᄯᅩ一週間에三回入浴ᄒᆞᄂᆫ것슨健
康의大利益

（四）衣服을暖ᄒᆞ게ᄒᆞ고廣ᄒᆞ게ᄒᆞᄂᆫ거슨皮
膚防衛의最必要

（五）住居ᄒᆞᄂᆫ家園이廣潤ᄒᆞ야花草樹木이
多繁ᄒᆞ며日向이조흔거슨心神快樂의第一

（六）吾人의呼吸ᄒᆞᄂᆫ空氣와食物、水、皮膚
衣服、寢具、居處、便所、土地、等을淸潔히
ᄒᆞᄂᆫ거슨各色傳染病을預防ᄒᆞᄂᆫ最良法

（七）一定ᄒᆫ時間에規律을定ᄒᆞ고業務에從
事ᄒᆞᄂᆫ거슨身體精神을完全히安靜케ᄒᆞᄂᆫ
最良藥

（八）休息과睡眠을適當히ᄒᆞ며每日曜日은家
族을同率ᄒᆞ고寺院或教堂說教處에往ᄒᆞ야
有益ᄒᆫ談話를多聞ᄒᆞᄂᆫ거시德性保養과精
神을高尙히ᄒᆞᄂᆫ最要訣

（九）夜中寢床에入ᄒᆞ야ᄂᆫ萬想을運忘ᄒᆞ고
安眠ᄒᆞᄂᆫ거시서平和의休息

（十）必要ᄒᆫ事業을成ᄒᆞ며愉快ᄒᆫ心思를抱
ᄒᆞ야生活의眞味를覺ᄒᆞ고國家의義務를盡
ᄒᆞ야忠實ᄒᆫ國民이되고져할진딘身體의健
康이아니면不能ᄒᆞ리니此ᄂᆫ不得不衛生이
必要ᄒᆫ것

造林上立地의關係（第三號續）

金 鎭 初

五砂土ᄂᆫ其大部分이石英의分碎成立ᄒᆫ것
인데粘土를含有ᄒᆫ量이少ᄒᆞ니通常의砂

地는一分以下의粘土를含호고其他의成分은皆砂粒이라然이나壤土質砂地라名호는地는一乃至二分의粘土를含호고砂質壤土라호는地는二乃至三分의粘土를含有호느니라然而土地에含有혼砂量이多호면多를隨호야其土地가漸々劣惡호야其性이粗에過호며乾燥호기易호고雨水를過急히沈降호는害가有호며乩鑛物質의養分이少호야濕氣만不足홀섇不啻라地溫이急變홈으로써林木이寒暑의害에罹호기易호느니라一般砂地가石英으로만成立된것은最劣호나長石과雲母로成立된것은土性이良好호며大粒의砂地는小粒의砂地보다劣惡혼데細粉狀의砂地에雲母의細片을混호면能히水分을保持호야肥沃혼土壤이되느니라

六、壚土는朽土로成立되것인데其性質에就호야論호면通常壚土는百分中二分乃至三分의朽土를含有호느니若朽土의量이過度호면反히不適호고아직分解되지못혼朽土는樹木生長에不適호나此地에石灰或木灰를混호면普通朽土가되느니라

七、礫土는혼이石礫으로成立된土地인딕其混合혼細土가少量이면少를隨호야尤盆瘠惡호느니라

○林木이鑛物質養分을要호는多少、

一般林木은農作物(禾穀菽穀等)에比호면化學的養分에關係는少호나然이나學者의考說을據혼즉鑛物質養分을要홈은多少를依호야樹種을區別홈이如左호니

最多量의鑛物質養分을要호는것은欅와橘와楡와楓과樺과山毛欅等이오最少量의養分에堪當호는것은黑松과赤松과樺木類와樫(노가지)과皂莢(주염나무)과合歡木과

奴槐와 柳와 赤楊等이니라

△土地의 濕氣

大抵樹木은 適潤한 地에 好生하고 過度의 乾濕은 樹木成長에 不宜하니 造林上에 恒常注意할것은 其土地가 適宜히 水分을 保存케함이라 其水分에 對한 關係는 各樹種을 依하야 不同하니 가중 能히 濕地에 堪當하는 것은 柳와 赤楊과 樺木과 高松과 白楊과 山梨 (사세나무) 等이며 其次되는것은 黑松과 樅과 檪과 栂와 欅等이오 乾燥地에 堪當하는것은 赤松과 檜와 落葉松과 樺木과 山梨와 山赤楊과 共能히 生長하고 或時눈 沼澤中에도 赤楊과 柳의 種類 다然而 樺木은 乾燥한 砂地上에도 生흠을 見하오또 其次눈 柳와 山梨等이니 過度의 乾濕을 不拘하고 能히 生長하야 其性이 强하니라 然이나 多數눈 新陳代謝하는 水濕地에눈 濕地에야 甚當하고 不通停滯한 水濕地에눈

被害를 不免하느다 뭇 樺木赤楊高松等은 가증 其性이 强하야 不通停滯한 水濕地에도 堪林學上에 地土의 濕氣를 論하기便함을 爲하야 次의 階級을 用하니 一은 强濕地 二눈 濕地 三은 適潤地 四눈 乾燥地 五눈 强乾燥地 等이라

強濕地라 하는것은 土地의 間隙을 水로써 充滿한것인딩 곳 水田 갓든것이오 濕地라 하는것은 其土를 手로 强握하면 水滴이 流出하는것이오 適潤地라 하는것은 其土를 手로 强握하야도 水滴이 流出치아니하는것이오 乾燥地라 하는것은 雨後라 도니여 水分을 失하는것이오 强乾燥地라 하는것은 비록 大雨後라 도니여 土地下層 서지 水分을 失하는것이니 凡適潤地에눈 各種의 樹木이 可히 生長흠을 得하나 乾燥地에눈 松、白樺、山赤楊、落葉

松、檜類 뿐만 林業을 經營ᄒ야 得ᄒ고 强乾
燥地에셔ᄂ 아직 價値잇ᄂ 林木을 産出치못
ᄒᄂ니라

△土地의 深淺

林業上에 土地의 深淺을 論ᄒ고 其爲ᄒ야左와
如ᄒ 階級을 用ᄒ니 一은 極淺地 (零寸乃至
五寸) 二는 淺地 (五寸乃至一尺) 三은 適淺
地 (二尺乃至一尺五寸) 四는 深地 (一寸五尺
乃至二尺) 五는 極深地 (二尺乃至三尺) 等
이라平地及傾斜地 는急히乾燥ᄒᄂ 害가有
ᄒ나平地에ᄂ或甚ᄒ 濕地가되ᄂ데도有ᄒ
니이ᄂ곳地下에 水分의疏通을妨害ᄒᄂ地
層이存ᄒᄂ 境遇라如此ᄒ 地面에ᄂ造林上
好結果를得ᄒ기不能ᄒ도다

△土地의 疎密
土地의 疎密 은흔이 微細ᄒ 根毛를 生ᄒᄂᄂ것
과 樹木을 堅立ᄒᄂ것과 濕氣를保持ᄒᄂᄂ것

과 弇히 地中에 空氣流通의 良否 等에 關ᄒ야
써 森林의 成立에 關係되ᄂ바多ᄒ니 極히密
着ᄒ 地와 極히輕鬆ᄒ 地ᄂ 다 樹木의 生長 에
不適ᄒ나 其輕鬆ᄒ 土地에ᄂ 楡와 欅와 赤楊
과 赤松과 黑松等이 能히生長ᄒ고 가증密着
ᄒ 土地에ᄂ 樅、 落葉松과 欅와 欉과 抱等이
能히成長ᄒᄂ니라

松花와 風

洪 正 求 (譯)

松은 我國山野 에自生ᄒᄂ 普通의 常綠樹 니
霜雪을 經ᄒ야도 能히 壽
命을 오릭保全 ᄒᄂ 故로 昔時붓터 樹木中에
가장珍重ᄒ 植物 이라松의 葉은細長이針과
恰如ᄒ고 先端이 尖銳ᄒ며 其性質이 剛强ᄒ
야冬雪을 凌駕 ᄒ고其葉은恒常一葉이密接
ᄒ야二個葉片 으로된複葉갓치되이ᄂ 其實

은發育처못한 小枝上에二葉이密着한者니

其芽가生長할時에葉만伸長하고枝가完全

히發育처못홈으로如此히뵈는것시라

松은春節에數個新芽를枝頭에生하고花를

發하미雌花雄花의別이有하니此雌雄兩花

가一株에同發하고此를雌雄同株라稱하고

柳銀杏、等과갓치雌雄花가各異株에發하

는것、을雌雄異株라稱하느니라

松의雌花는新芽의頂端에發하야紫紅色을

帶하고數多의雌雄가相集하야球形을形作

하니各其雌內面에는二個의胚珠가裸出하

고雄花는黃色을帶하며數花相集하야新芽

底部에附着하니各雄花는數多의雄蕊가集

合하야穗를作하는지라五月頃에此雄花가

極盛하야無數의花粉을生하면風便에八方

으로飛散하야雌花에達하야受粉을作用을

完全게하느니如此히風의媒助로因하야受

粉하는者를風媒花라稱하도다雄花의花粉

은每一粒에二個의氣囊을備有하니其內部

에는空氣를含蓄하미其輕홈이輕氣球와如

하야空中에飛上하야風力에從하야遠隔한

地方에達홈을得하느니라

松花가盛開할時에其技를搖動하면黃色에

花粉이灰와갓치飛散하야空中에飛홈을見할

것시요雨後에松林間에往하면地上에雨水가

溜乾한處에硫黃의粉末을散布홈과갓치黃

花粉으로渦紋의印作홈을見할지라此는

花粉이風力에좃츠飛散할際에落下한者니

是로써觀하면花粉의生하는量이夥多홈을

知할지라

松以外에杉花、銀杏花、稻花、麥花、玉蜀黍

(옥수수俗에강낭이) 等은다風媒花니風媒

花는美麗한彩色이無하고甘味에花蜜이無

하며또花香이別無하니此는風媒花의受粉

作用은全혀風媒에依ᄒ며昆虫의誘引을要
ᄒᆞᆯ必要가無ᄒᆞᆷ으로因ᄒᆞᆷ이라
松의雌花ᄂᆞᆫ花冠과蕚을不有ᄒᆞ며受粉ᄒᆞᆫ後
라도萎微치아니ᄒᆞ고次第로生長ᄒᆞ야其翌
年秋에至ᄒᆞ면成熟ᄒᆞ야果實을成ᄒᆞᄂᆞ니此
ᄅᆞᆯ球果라稱ᄒᆞ고 (俗語에ᄂᆞᆫ솔방울이라) 稱
ᄒᆞᄂᆞ니라

告別辭

金 昌 臺

會員金昌臺ᄂᆞᆫ臨別ᄒᆞ야我의親愛ᄒᆞᆫ太極
學會ᄋᆞ員僉兄座下에一言을白ᄒᆞ노라不肖
한金昌臺ᄂᆞᆫ家運이不幸ᄒᆞ야家兄이離世함
으로써勢不得已ᄒᆞ고學業을未了ᄒᆞ고歸國
ᄒᆞ니第一은父母의罪人이되고第二ᄂᆞᆫ國家
에罪人이되나이ᄃᆞ然이나百折不屈ᄒᆞᆫ我靑
年에게敎訓한箴言이라엇지一時의變災로

쎠平生素志를抛棄하리오捲土重來를神人
의게盟誓하고暫時諸愛兄과離別하나이다
余ᄂᆞᆫ聞하니龍頭蛇尾ᄂᆞᆫ大丈夫의事業이아
니오有始無終은活男兒의意氣가아니라하
니願컨딕
諸愛兄ᄋᆞᆫ太極學會ᄅᆞᆯ擴張ᄒᆞ야新
來學生을善以指導ᄒᆞ며一邊으로本國同胞
를善以啓發ᄒᆞ야他日獨立宣告場에太極旗
를高擧하고踊々躍々할血性兒를多々養成
하소셔이것이諸愛兄의兩肩에負擔한天命
的義務로소이다

歲暮所感

金 志 侃

歲月이如流ᄒᆞ니異域光陰이於焉間ᄯᅩ一年
이라陰極陽生은萬物의發源이오秋去春來
ᄂᆞᆫ四時의定序로다自然界의循環은如許ᄒᆞ

定則으로 運行不己ᄒᆞ는데 人事界의 變遷은

測量ᄒᆞ기 難ᄒᆞ구ᄂᆞ 往事를 溯究ᄒᆞ고 來事를 推

想ᄒᆞᆷ은 吾人이 恒常 準用不怠ᄒᆞ는 者ᄂᆞ 世路

塵海에 人事를 回憶ᄒᆞ면 咫尺이 黑暗이오 門

前이 萬里로다

아아 無知ᄒᆞ 動物!

아아 無賴ᄒᆞ 人生!

昨年 此時에 吾人이 如何ᄒᆞ 感想을 抱ᄒᆞ엿든

고 旅窓三更깁픈밤에 靑燈으로 벗을삼고 書

榻을의지ᄒᆞ야 過去 一年間 血歷史를 瀝瀝히

思起ᄒᆞ니 毛骨이 悚然ᄒᆞ고 萬感이 交至로다

무엇무엇……

多條件 志士의 淚源이오 同胞의 血痕이지……許

우리 同胞

우리 靑年

一思再思三思ᄒᆞ라 如此ᄒᆞ 血歷史가 國運의

進步를 表ᄒᆞᆷ인가 退步를 表ᄒᆞᆷ인가 此를깁히

깁히 硏究치아니ᄒᆞ면 將來 如何ᄒᆞ 關係가 吾

人頭上에 落來ᄒᆞᆯᄂᆞᆫ지 測知기難ᄒᆞ리로다 長

夜乾坤에 甘夢만成ᄒᆞ지말고 活眼을一開ᄒᆞ야

中天에 旭旭ᄒᆞ 紅日을見ᄒᆞ라 舊歲도 幾盡이

오 新年이 將至로다 來年으로 今年을作치말

고 新精神을 奮發ᄒᆞ야 新事業을 經營ᄒᆞ며 新

智識을 硏究ᄒᆞ야 新國民을 造成ᄒᆞ세 新年은

無窮ᄒᆞᄂᆞ 新事業을 不成ᄒᆞ면엇지 新年이 貴

ᄒᆞ바 有ᄒᆞ리오 惟我 同胞兄弟ᄂᆞ 新年에 新思

想으로 偉大ᄒᆞ 事業을 成就ᄒᆞ야 國權을 回復

ᄒᆞ며 自由를 勿失ᄒᆞ야 將來無窮ᄒᆞ 新年에 無

窮ᄒᆞ 幸福을 增進케ᄒᆞ기를 千祝萬賀ᄒᆞ노라

祝詞三調 (寄書)

李 承 鉉

(一) 弱極强强 極弱은　無私天理是太極이

니　太極이 本無極이오

四十三

(二) 樂極苦々極樂은　太極眞理原無極어니
無極이是太極이라
(三) 旗太極學太極에　弱者還强苦還樂이
라야　名實이始相得이라

讚　歌 (寄書)

李　奎　澄

太極學會　東方萬年　太倉之米이몸덜이
極樂世界보라거든　學問힘써個人力이
會合團體일너보세　東洋大韓復權基礎
方々正々죠흘시고　萬苦千辛호지로다
年富力强우리同胞

思　故　人

在岡山　池　成　浣

海氣欧凉月己秋　悠々心事付東流　庭蘊
雨濕虫聲咽　巷樹煙沉鳥夢幽　關塞三年
空作客　岡山萬里獨登樓　同窓故友今安
否　葭露蒼蒼繞遠洲

吾人이一生의立志할原論

劉　睦

大抵阿房宮樑과未央宮棟을準繩으로裁호
며丹靑으로施호야玉礎華美上에加호니人
々이其壯麗호고輪煥호製度를稱誦처아니
리無호나然이나方其大材가될始에는深山
大藪中에生호야尺寸의苗에不過홈으로斧
斤相尋의危와牛羊凌踏의禍에履호며蓬蒿
藤蘿의間에도困難이不少호되오직中堅
外直호質과就月將할性이有호故로風雨
에도能堪호며霜雪에도能闘호야漸々그
天干雲할形勢를培養호야乃大廈峻宇의
用材가되엿느니人과物理가亦無異호지라
大概不世의大功을建호며不朽의榮名을立

ᄒᆞ야尺土에封ᄒᆞ며子孫이世世로爵祿을得ᄒᆞ며人民이德義를稱誦ᄒᆞ은賢愚와古今을勿論ᄒᆞ고다ᄒᆞ고져ᄒᆞᄂᆞᆫ빅로되能ᄒᆞᆫ者가甚鮮ᄒᆞ니何其易哉며何其不難哉리오마ᄂᆞᆫ自古로忠信才德의士가一世亂亡ᄒᆞᆫ時代를當ᄒᆞ則宗社의邱墟와生靈의塗炭을憂慮ᄒᆞ야慨然히匡救할뜻을發ᄒᆞ야天下事를自任ᄒᆞ여挺身出ᄊᆞᆯ ᄒᆞᄂᆞᆫ日에ᄂᆞᆫ其無限ᄒᆞᆫ苦楚와無限ᄒᆞᆫ窮厄과無限ᄒᆞᆫ危險과無限ᄒᆞᆫ決乏을自擔ᄒᆞ야炮燃血雨와釰水刀山이라도鄕里에偃臥홈갓치보며虎穴龍窟과鬼關蟻境이라도几案의遊戲와갓치ᄒᆞ녀事에臨ᄒᆞ야萬死一生의志를墮落치말며正墻에當ᄒᆞ여百折不屈의氣를가지고他人이忍치못ᄒᆞᄂᆞᆫ바를能忍ᄒᆞ며人이堪치못할바를能堪ᄒᆞ야百尺竿頭에一步를再進ᄒᆞ여야바야으로建功立名할地位를得ᄒᆞᄂᆞ니라古昔時代에越句踐

의當膽과漢昭烈의髀泣ᄂᆞᆫ이엇더ᄒᆞᆫ困狀이며晉重耳의受壤과唐太宗의癭蔡은이엇더ᄒᆞᆫ苦情이며佛國拿巴翁의爭衡全歐ᄒᆞᆫ거슨이엇더ᄒᆞᆫ危機ㅣ며北美華盛頓의血戰八年ᄒᆞᆫ거슨이엇더ᄒᆞᆫ險境닌가況又今日當事ᄒᆞᆫ我同胞ᄂᆞᆫ拳鱗附翊할榮志로決定ᄒᆞ고矢射我ㅣ今我有志靑年은宗社生靈을兩肩上風塵의間에從事ᄒᆞᆯ者가엇지危險과苦楚와決乏과窮厄ᄒᆞᆯ노其志를挫ᄒᆞ며其踵을旋에負擔ᄒᆞ고偉功盛名은將來에期約ᄒᆞ여슨니事ㅣ엇지重大치아니며뜻시엇지高尙치안이리오마ᄂᆞᆫ그러나風雨霜雪을能堪치못ᄒᆞ면棟梁의偉材를成ᄒᆞ기難ᄒᆞ고艱極困難ᄒᆞ는時를當치못ᄒᆞ면志士와熱士를能辨치못ᄒᆞᄂᆞ니請컨디우리二千萬同胞ᄂᆞᆫ余의所言을泛忽타勿ᄒᆞ고銘心刻肺ᄒᆞ여勉之勉之ᄒᆞᆯ지어다

人生의 大罪惡은 自由를
棄흠에 在흠

李珍河

飲水室主人 梁啓超一言ᄒ되 西人의 言에 人의 罪惡이 有二ᄒ니 一은 人의 自由를 侵害ᄒ는 罪惡이오 一은 自己의 自由를 棄ᄒ는 罪惡이라 云ᄒ얏스나 余는 思ᄒ되 人의 自由를 侵害ᄒ는 罪惡보다 自己의 自由를 棄ᄒ는 罪惡이 一層 尤深ᄒ다ᄒ엿스니 至哉라 此言이는 罪참頂門一針이로다 蓋生存競爭이 劇烈ᄒ時代에는 强食弱肉은 勢不可免이라 自己의 生存을 維持기爲ᄒ야 人의 自由를 侵害흠은 辭치못ᄒ을境遇가有ᄒ니 是는 容或無恠이거니와 天賦의 自由를 他人의게讓與ᄒ고 奴隸를 甘作ᄒ야 他人命令을 低頭服從ᄒ는거슨 自亡自滅을 催促ᄒ는것이니라 余는世間에 人의自由를 侵害ᄒ는者一 旺盛흠을 或聞ᄒ엿

거니와 自己의 自由를 棄ᄒ고 不亡不滅ᄒ者一有흠을 不聞ᄒ엿노라 余言이 不信커든 實例를 見ᄒ라 彼英人의 言에 英領地內에는 日沒時가 無ᄒ다ᄒ니 如許히 廣大흔地를 開拓ᄒ엿슬時에 人의 自由를 不侵ᄒ고 征服ᄒ엿슬理由가 豈有ᄒ리오 然이나 余는 不足恠焉이라 此競爭世界에는 皇天이 强者의 生存을 許ᄒ고 弱者의 生存을 不許ᄒ다ᄒ노라 彼印度는 二億萬國民의 團体가 有ᄒ되 數萬名英人軍門에 垂首來降ᄒ야 數千年祖宗의 基業을 一朝에 他人의게讓與ᄒ여 活潑自由ᄒ는 此世界예셔 賤妾奴卒이되여 人의 脚下의셔 殘命을 僅保ᄒ니 嗚呼라 是誰之罪오 即印度人이 自己의 自由를 抛棄ᄒ罪惡이니라 試問ᄒ노니 我韓同胞中에 自己의 自由를 不棄ᄒ는者一 果然幾人이 有乎아 官吏의게賄賂를 納ᄒ고 威脅을 免ᄒ는것은 內國官吏의게對

ᄒᆞ야自己의自由를棄ᄒᆞᆷ이오外人의게服從
ᄒᆞ야天命ᄭᆞᆺ치施行ᄒᆞᄂᆞᆫ것은自國의自由를
棄ᄒᆞ야其亡을自招ᄒᆞᆷ이라嗚呼라自由ᄂᆞᆫ人
生의生命이라萬一自由를不失ᄒᆞ면死者ㅣ
猶生이오自由를放棄ᄒᆞ면生者猶死이어늘
我二千萬同胞가此大問題에等閒看過ᄒᆞ니
頭痛! 心痛! 血痛! 疾聲大呼曰國民이비
록二千萬이라ᄒᆞ나實은一個人도無ᄒᆞ다ᄒᆞ
노라

隨感謾筆

金載汝

里에漁夫를命送ᄒᆞ니뉘가武陵이神世界別
ᄒᆞ야天地라謂ᄒᆞ리오俗塵이襲至ᄒᆞ고風潮가侵
來ᄒᆞᆷ에草堂春睡不能ᄒᆞ고高枕肆志難期로
다擧目ᄒᆞ고四海를觀望ᄒᆞ니强食弱肉이國
際上道德이오優勝劣敗가人生의天則이로
다吁홉다吾人이斯世에處ᄒᆞ야壓制政治로
만爲主ᄒᆞ면文明發達ᄒᆞ수업고陳文古說로
만爲主ᄒᆞ면民智發達ᄒᆞ수업고服從으로만爲主
ᄒᆞ면人材登用ᄒᆞ수업고仁道로만爲主ᄒᆞ면
國際競爭ᄒᆞ수업고仕宦으로만爲主ᄒᆞ면實
力養成ᄒᆞ수업고剛毅木訥로만爲主ᄒᆞ면國
際談判ᄒᆞ수업네今後로ᄂᆞᆫ政治ᄌᆞᆷ잘ᄒᆞ고敎
育ᄌᆞᆷ잘ᄒᆞ고自由ᄌᆞᆷ잘ᄒᆞ고平等ᄌᆞᆷ잘ᄒᆞ고養
兵ᄌᆞᆷ잘ᄒᆞ고實業ᄌᆞᆷ잘ᄒᆞ고演說ᄌᆞᆷ잘ᄒᆞ여國家
獨立ᄒᆞ여보셰

嗟홉다二千萬同胞여我韓이亞東一隅에處
ᄒᆞ야競爭의法則을茫然不知ᄒᆞ고武陵桃源
雲深村에擊壤歌를吟詠ᄒᆞ고樂天主義로日
月을閒送터니天道가有心ᄒᆞ샤此忙忙忽々
ᄒᆞᆫ社界上에閒人의生存을不許ᄒᆞ샤天涯萬

體育을 勸告홈　崔昌烈

不肯호崔昌烈은單刃直入的으로一言을我
二千萬同胞의게勸告호노라西哲의言에健
全호身體中에는健全호精神이棲在호다호
야스니簡單호此言中에無限호理가包含호
얏도다何者오此二十世紀는優勝劣敗호
는競爭時代라相當호腕力을不有호면個人
生活에落第할뿐아니라國家의生存에坯호
陶汰를免치못호리니吾人이엇지腕力養成
에法意치아니하리요故로世界文明各國敎
育은三育中에體育을入호야活潑호氣力을
養育홈에勤勤孜孜홈으로써文明國人은智
德만有할뿐아니라體力이兼備호야平時에
는健全호身體로써社會的事業에從事호며
戰時에는活躍호는身體로써軍國的義務에
獻身호야自國을發展케호나니是눈都是體
育의功果라謂호리로다我韓은不然호야百
餘年以來보敎育의大方針이文藝에歸一호
야體育을全然不知홈으로써國民의身體가
日益殘弱호고活潑호精神과健康호氣力이
日日漸襄호야다만退步를知호고進就를不
知호야今日에如許호地位를當호야스니余
는我韓獨立의基礎는國民의게體育을獎勸
홈에在호다호노라

世界雜觀　尹定夏編

英國郵便統計　英國內地에서昨年中分傳
호郵便書數는二十七億七百二十萬度(同國
民平均一人一百八度餘)요未傳호登記及通
常郵書눈三十二萬四千一度인데其中換金
及有價券이六百七十二萬九千餘圓이오
郵便貯金總額이四千三百三十萬圓(平均

一人百五十圓의貯金額）이오電報數는八
千九百四十七萬八千張이며坐말고니電報
는一萬一千九百九十四張이오郵便局員은
總八萬六千七十八人中一萬二千五十五人
이婦人이라더라

英國民의雞卵消費金　　英國의雞卵消費額
이年年增加ᄒᆞ는ᄃᆡ昨年은露國셔二千萬圓
丁抹셔千五百萬圓、德國셔二千萬圓、比國
셔八百萬圓、法國셔七百萬圓、加奈陀셔百
二十九萬圓合計六千二十九萬圓을雞卵
輸入으로支撥ᄒᆞ엿다ᄒᆞ니眞是喫驚ᄒᆞᆯ事이
라

英國煙草店과同消費額　　英國셔煙草販賣
商의게每年五실닁三몐스（我國新貨約二
圜六十錢）의鑑札稅를徵ᄒᆞᆫ規定인ᄃᆡ昨
年此稅金을納ᄒᆞᆫ人數가三千萬七千七百十
二人에達ᄒᆞ얏ᄃᆡ라再昨年에比ᄒᆞ면七萬一千

人再昨年에比ᄒᆞ면二萬五千人이增加되얏
ᄂᆞ며且昨年同國內需要ᄒᆞ기爲ᄒᆞ야貯置ᄒᆞ
製造煙草額는八千八萬七千四百八十五封인

ᄃᆡ每年煙草額은二億圓以上이라더라
世界第一銅鑛　　米國신ᄭᅡᆯ메르、헤셕라
銅鑛은三十五年前부터會社組織으로採掘
에着手ᄒᆞ야本年六月ᄭᅡ지九千五百三十五
萬弗의利益分配가되고其株式券은額面金
額一株二十五弗된것시六百二十五弗以上
의價値가有ᄒᆞ나株主는僅百五十餘人으로
셔一人도轉賣ᄒᆞᆯ者無ᄒᆞ다니此鑛山은實上

世界第一有利ᄒᆞ銅鑛이라謂ᄒᆞ지라
世界最大商事會社　　米國銅鐵會社昨年營
業報告에其資産이三十二億七千五百萬
圜、利益總額이二十二億三千九百萬圜
使用人이十七萬八萬餘名

이라더라

歐洲各國政府富籤收入。 每年富籤의收入

이普魯士ᄂᆫ凡四千二百五十萬圓、 伊太利

ᄂᆫ凡二千五百萬圓、 葡萄牙ᄂᆫ凡七十萬

圓、 丁抹은凡五十八萬圓、 和蘭은凡五十萬

圓이라

世界鐵道哩數 南北亞米利加鐵道ᄂᆫ二十

八萬千五百哩 (其合衆國二十一萬八千)

歐羅巴ᄂᆫ十八萬七千哩、 亞細亞ᄂᆫ四萬八

千哩 (其中日本五千哩)、 亞弗利加ᄂᆫ一萬六

千二百哩、、 濠太利ᄂᆫ一萬六千八百二十五

哩이라 然ᄒᆞ나 土地面積에比ᄒᆞ면每百方

哩에英國은二一、 七基米突、 其次에德國은

一〇、 三基米突、 米國은僅四、 四基米突에

不過ᄒᆞᆷ이라

伊國漫遊者의消費額 各國旅客이每年伊

太利에漫遊ᄒᆞᆫ消費金額이凡一億三千萬圓

即一日平均四十萬圓이라比較的貧窮ᄒᆞᆫ同

國에收入됨이實노最大라可謂ᄒᆞᆯ지라

韓國産金額 光武四年부터同八年ᄭᅡ지五

箇年間産金額이如左

四年　三六三三〇五〇圓

五年　四九四九三三五一圓

六年　五〇六四一〇六圓

七年　五四五六三九七圓

八年　五〇〇九五九六圓

鐵道死傷者 昨年間米國諸鐵道에서死傷

ᄒᆞᆫ總數十六萬餘人이라더라

清國阿片輸入額 阿片戰爭以來로英國이

印度로부터清國에輸入ᄒᆞᆫ阿片量은千八百

八十年에ᄂᆫ三十萬斤인ᄃᆡ千八百三十八年

브터千八百八十年에至ᄒᆞᆫ輸入總額이二十八萬

四千五百八十二噸 (每噸一六九三、四斤)

인즉其間書夜의別업시每時間千百二十斤

을 輸入ᄒᆞᆫ比例라 英國政府가此로由ᄒᆞ야得ᄒᆞᆫ收入이几二十六億五千八百二十七萬一千二百六十圓假量이라

歐洲諸國新聞數

歐洲諸國中新聞最多處ᄂᆞᆫ德國에五千五百種(內日刊이八百種)英國에三千種(內日刊이五百三十種)伊國에千二百種이有ᄒᆞ고其次에墺地利、西班牙、露西亞、希臘等國의順次이더라

雜　報

✓ 奇哉會員金昌臺氏

會員金昌臺氏ᄂᆞᆫ本是平安北道郭山人으로昨年八月에鵬搏의大志를抱ᄒᆞ고日本東京에渡來ᄒᆞ야 太極學校에入學ᄒᆞ야日語를硏究ᄒᆞᆫ後에京華中學校에入學ᄒᆞ야晝夜不息ᄒᆞ고 勤勤做工ᄒᆞᆷ에 一般留學生이稱誦ᄒᆞ더라氏ᄂᆞᆫ年纔十九에志氣가剛直ᄒᆞ고思想이高尙ᄒᆞ고品性이端正ᄒᆞ도리여老熟人에勝ᄒᆞᄂᆞᆫ氣慨가有ᄒᆞᆫ데本會創立以來로今日ᄭᅡ지非常ᄒᆞᆫ熱心과超凡ᄒᆞᆫ血誠으로써會事에獻身ᄒᆞ야或은自己의知友處에懇告ᄒᆞ야太極學報義捐金을募集ᄒᆞ고或은本國同胞의게太極學報를購讀ᄒᆞ야智識을啓發ᄒᆞ고獎勵ᄒᆞ야本會에큰功效가有ᄒᆞ더니今月에氏의家運이不幸ᄒᆞ야伯氏의訃音을接ᄒᆞᆷ에萬里海外에父母를棄ᄒᆞ며親戚을離ᄒᆞ고한갓祖國의國運을挽回코져ᄒᆞᄂᆞᆫ精神으로辛山苦海를樂地로合고勇往直前ᄒᆞᄂᆞᆫ精神으로學業을修ᄒᆞ던氏의心事가其如何哉아傍聞ᄒᆞᄂᆞᆫ友人도其同情의淚를禁ᄒᆞᆯ無ᄒᆞ거든하물며氏의兄弟友愛心에야其悲哀慘憺을엇지形言ᄒᆞᆯ介有ᄒᆞ리오平常ᄒᆞᆫ靑年이며著黃失措ᄒᆞ야其所爲를不知ᄒᆞᆯ것이어늘氏ᄂᆞᆫ不然

호야其凶聞을接홈에自己의愛兒을爲호야
兩行의淚를下호고友人의게言曰余兄은이
의世上을棄혼지라哀之無益이어늬와余가
血誠으로做工호야愛兒의遺志를遵行치못호면
何面目으로他日黃泉之下에셔愛兒을對
호리오云홈에座中이感泣驚服호더라氏의
離發호는日은即本會通常總會日이라氏가
諸會員의게別辭를告호고本會에對호야百
圓金을出義호고歸國홈에諸會員이感嘆不
已호더라嗚呼라本會가今日如許히發達혼
것은氏와갓치熱中호는諸會員의誠力으로
由홈이니촘社會에向호야廣布홀만혼美事
라호노라試問호노니我韓同胞中에本會員
金昌臺氏갓든血誠을抱혼者ㅣ幾個人이有
乎아萬一我韓同胞가金昌臺氏의心으로心
을삼아社會에獻身면호면旣失혼獨立權을不

過幾年에回復호리라호노라

太極學會遠足會

十一月二十三日本會에셔遠足會를擧行호
엿는데當日天氣晴朗호고日氣稍和라午前
七點半에七十五名會員이一齊本鄉區太極
學校에團會호야準備를整齊後에出發水道
橋停車場에至호야二車에配乘호고大久保
（地名）에到達호니草野는平潤호고楓葉은
丹丹혼데滿目風景이灑落爽快호야紅塵萬
丈裏에都會生活호던人士의煩惱塵腸을可
滌호깃더라披草坐定後에會長이本日開會
의趣旨를說明호고因以遊戲競走等各樣運
動으로遊興이方酣홀際에留學生監督韓致
愈氏가亦爲來臨호야種種의興技로主客의
歡樂을相極호니日己午正이러라蕎麥（麥
麵）菓子等으로午餐을喫호고小憩後에韓

致愈氏는 衝天의 意氣로써 勸學歌를 唱호미
數多會員이 互相和應호며 次에는 愛國歌軍
歌詩調雜歌舞蹈等으로 各自의 長技를 輪演
호야 十分의 興을 盡호고 次에는 脚戲(시름)
의 勝負로 餘興을 助호미 韓致愈氏는 五圓을
特出호야 各優勝者에게 賞品을 分給호고 餘
興을 畢호 後에

大皇帝陛下萬歲를 各三唱호고 大韓帝國萬
歲二千萬同胞萬歲 太極學會萬歲를 各三唱
호고 愛國歌를 合唱호며 歸路에 就호니 天涯
萬里落日城에 一團團大韓精神氣堂堂凱旋
聲이 夕陽天에 울니더라

藤井敎師의 熱心
太極學校敎師 藤井孝吉氏는 太極學校創立
以後로 今日ᄭ지 敎鞭을 執호야 日語와 普通
學을 熱心으로 敎授호는데 氏는 語才가 特越
호야 英語 韓語其他 數個國語를 能通호며 生
徒에게 對호야는 熱心과 親愛로 獎勵勸導호
야 獻身的 事業을 實行호니 氏는 참 太極學校

○新入會員

金基涎、金基琨、金致鍊、李勳榮、吉敬承、
金應律、諸氏가入會호다

○本會員張志台全台憲兩氏는 觀親次로 去
月二十六日下午十時半에 歸國호다 ○本會
員文一平氏는 觀親次로 去月二十九日下午
十時半에 歸國호다 ○本會員金昌臺氏는 今
月三日下午十時半에 歸國호다 ○本會員李
尙根氏는 皮膚症이 更發호야 今月十二日에
本鄕區順天病院에 入院호다 ○本會員玄僖
運氏는 親患急報를 因호야 今月十五日下午
十時半에 歸國호다 ○本會總務金志侃氏는
會中用務를 帶호고 本月二十一日下午十點

五十三

牛에 出發歸國하얏다 ○本會員蔡奎丙氏는 觀
親次로 本月二十七日下午十點半에 出發歸
國하다

太極學報第三回義捐人氏名

金明濬氏　壹圓　　　李相龜氏　拾圓
邊龍玨氏　拾圓　　　孫榮國氏　拾圓
金昌臺氏　壹百圓　　鄭寅濠氏　參圓
楊致中氏　貳圓　　　金台鎭氏　貳圓
吳州學會　貳圓　　　李泰熙氏　拾圓
金載健氏　參圓　　　崔　麟氏　伍圓
金基珽氏　伍圓　　　金鎭根氏　伍圓
洪性燮氏　參圓

正誤

前號　吳尙根氏伍圓은 李尙根氏로 正함。
本報第四號五十五頁下欄第十一行義捐
人名簿에 金旭濟氏는 金昶濟氏의 誤植

一、諸般學術과 及文藝詞藻等에 關한 投書를 一切歡迎함

一、直接政治上에 關한 記事는 受納치 아니함

一、投書는 반다시 原稿紙에 正書함을 要함

一、投書의 揭載與否는 編輯人이 撰定함

一、一次投書는 返附치 아니함

一、投書當撰호신이에게는 本報當號 一部를 無代價로 進呈함

一。投書는 完結함을 要함

廣告

本報가 一號로부터 四號싸지는 業已沒數發賣되야 有志君子의 請求에 不得已應呈치못하읍고 五號로부터는 卷數를 增加하오니 以此 照亮敬要

光武十年十二月卅一日發行

明治卅九年十二月卅一日發行

● 代金郵稅並新貨拾貳錢

東京市本鄉區元町二丁目六十六番地太極學會內
編輯兼發行人　　　　張　膺　震

東京市本鄉區元町二丁目六十六番地太極學會內
印刷人　　　　金　志　侃

東京市本鄉區元町二丁目六十六番地
發行所　　　　太　極　學　會

東京市京橋區銀座四丁目一番地
印刷所　　　　敎文館印刷所

明治卅九年九月廿四日　第三種郵便物許可
光武十年九月二十四日

太極學報

光武十一年一月廿四日發行

每月一回發行

第六號

342

太極學報目次

告學會說 三

留學生監督　韓致愈

烹鮮者撓則必爛養樹者靜則自長此必然之理也且藏金于檟莫若藏之于山藏珠于櫜莫若藏之于淵盍因其自然而所藏自固也夫我學生之在此京者其數不甚少而自然奮務求討論其所設學會在々成形如太極學會如洛東親睦會如共修會如留學生會如光武學會如漢錦青年會以暇日相聚講親愛資麗澤余甚喜之從以贊之冀其成長不加沮撓此烹鮮養樹之術而山淵金珠之意亦寓乎其間也然有為非難者曰各立門戶分植旗幟曰各以偏愛之心將為國家他日趨向之患是盍局外之論而非當局實際之見何也盍我學生幾十百人初非一日一時携手共來同住一處者也以一日二二人一月五六人運以數年漸次增

加或因自心定館或以傍人勸導散在十五區初如相忘之魚失群之鳥不相往來者有之一自公館告撤監督立名之後其有志者起而唱之從其所親及所住相近爲一部學會而其目的則曰學業相勸疾厄相救親愛相尙過失相規是固出於古人鄉約之意而同國之情相孚於異土之內此吾所以喜之而贊之者也於是諸生之在遠區者從以效之亦各從所親又組成各部學會而至其目的則此會彼會異口同辭余惟恐其成之不固而行之不力此比如陳荒古地人類始關而各從土宜漸次成落雖其村町有分而社會自立則爲監督者從其後提綱挈維以時鞭督雖無社首約長之名而實有社首約長之義則固不當因其分門列戶而使之致偏愛掎角之患也乃者留學生會晚後組立而說者謂凡學生留學此京者當以留學生會爲機關總會不然則當曉諭各會合併爲

一以涵養同胞之志氣貫穿忠愛之目的其合併各會之說則實是勢所不行何也各部學會組立既久衆心成團而暇則必會々則必講或因之而維持學校或進之而刊行所學初不犯於國際政府之論而實有補於親愛麗澤之事則必欲合併乃所以致沮撓而起爭端也夫民會目的苟無妨害治安抵觸法律之失則政官強制初無其權況學生所設討論之會乎況學生與愚民不同畧知世界通行之例畧知人權發達之理雖使監督強行壓制之手而如其非例乖常則必不肯仆々下首者乎至於機關總會之說則不爲無理故余嘗加之意而勸其成然此亦有鵠卵越雞之虞而迄無成就之效盆諸生入學年級名譽智識若衛若魯莫相上下無以厭衆心而致磁石引鐵之妙此其不便者一也且其會也時刻常促雖有見面之益而終無講學之暇反致疲困之思仍失歡娛之快二

不便也且諸生所食區域遠近不齊而遠者常失休暇溫習之工一來折臂旋即吹薤此其三不便也爲今之計只當娛其會步盆進人心益和而會員熱心者自當以時維持也雖然吾爲諸公不能不發一藥焉夫兄弟之生也同受父母之氣並居同門之內飢飽寒煖呼吸痛痒無往而不相貫屬其恩愛之篤情理之切果何如而時或不免爲閱墻紾臂之舉何耶彼此之形既立物我之分斯生入於兄之口而不能充弟之腹加之第之身而不能煖兄之體展轉有偏私畦畛之孽長於其間也嗚呼哀莫大於心死而身死次之使吾人不知皇天生物之愛而驚於形氣桎梏之中則馴以至於洪水猛獸之禍誠不可以此身之不死而謂之有生故曰兵莫慘於偏私之志而鎮鋣干將爲之下也使諸公雖在故國之內宜念同胞之愛況沐雨躓霜爲客異土無故林之樂而有蒙茸之感則雖所謂

二

跟位其空聞人足音者猶不足以喻其喜也其
何可滯於彼此之形以生畦畛偏私之心乎人
之所見必要高其地步今夫登淺草凌雲閣則
所見者遠矣若夫登富士絕頂則所見者又不當
益遠乎故曰危臺多物使諸公苟就皇天生物
之源置心遊想以求同胞相愛之體則此其地
步之高不當止於凌雲富士之比而所謂物我
之形彼此之私頑爭執者即是壚雞焉而己
蠻觸爲而己野馬塵埃焉而己諸公其勉之哉
雖然吾所覩縷者實不免爲日下之燭而欲補
聰明於婁曠之前何也吾於六會目的而知
之曰親愛相尚曰學業相勸則其正且大公且
切果何如而寧有偏私各立之慮分旗列標之
憂而至於國家他日趨向之患則尤萬々不當
議者也大抵六會所設只是學術討論之會如
我京南北村舊日詩會文會之比而絕不當以
議會政黨之見插入其中何也諸公此時乃攻

學時代諸公此地非漢城郊市如其紛紜綱繆
以含國際政府之見則部有定則在所不恕諸
公其勉之哉雖然今日攻學乃是他日歸國爲
政之基則所謂藏金于山而藏珠于淵者此也
但必欲藏之于櫝而攝其緘縢固其扃鐍則是
乃太早計功不可求時於卵而求灸於彈也噫
吾請爲六會諸公獻一策諸公其採之諸公宜
一太極合而爲六會統體一太極惟諸公亮之
各從本部以休暇日會講所學而亦時行親睦
總會持之必久守之無斁則分而爲一會各具
噫誠如是也則如人之出於河而浮于海愈往
愈無窮而相送者其自崖而返矣

祝賀太極學報

殷栗　洪性　燮

僕之讀報者ㅣ近以數種이로딕惟於太極學
報에一倍祝賀者는非獨愛學識之宏博斗言

論之懇切而已라祝其不忘祖國之熱誠ㅎ며

賀其忠告同胞之善擧ㅎ노니苟無二者인된

雖日刊萬言ㅎ야廣播全世界인달於我에有

何祝賀之關哉아夫報紙之發行于世者ㅣ必

有基金之資焉ㅎ며亦有主筆之人焉ㅎ야各

專其任이로믹猶患財政窘絀과事務煩劇이

어늘想此太極報는海外留學青年이不贍學

資를撙節義捐ㅎ야組成學會ㅎ고其著述則

分擔義務ㅎ야下學之暇에孜孜編纂者也니

較諸他報에其所困難이果何如哉아嗚呼라

諸公之爲此者ㅣ爲名譽歟아爲事業耶아曰

惡라等有是也리오迨此國權陵夷로고民生

塗炭之日ㅎ야閭巷婦孺도猶懷憂憤之血誠

커든況我二千萬中拔萃特達호 有志青年이

肩擔興復的義務ㅎ며胷抱拯濟的思想ㅎ야

百折不撓ㅎ며萬難不辭ㅎ고遠出海外者ㅣ

豈肯名譽營業之爲哉아然이나名譽는不期

而至於者라有不可得而避也오謂之事業則又

有說焉ㅎ니將使我韓人士로人々愛讀此報

ㅎ야淨洗舊染之腦髓ㅎ고灌入新鮮之精神

이면我韓獨立이實起因於此ㅎ리니此則太

極學報之力也라諸公의平生事業이孰大於

此리오更爲國家祝之ㅎ며亦爲同胞賀之ㅎ

노라然이나天下事ㅣ知之匪艱이라行之惟

艱이오靡不有初나鮮克厥終이니今此學報

는洵是導衆之赤幟오警世之木鐸而不過交

換智識ㅎ며嘔盡熱血而已라斯足爲諸公之

快志而畢願耶아瞻望祖國ㅎ라在於何等이

며回顧同胞ㅎ라許多憤冤을將

控訴于政府歟아政府不可恃오將伸告于父

兄歟아父兄도無能爲니然則代表二千萬ㅎ

야擔任四千年舊邦者ㅣ非留學青年而誰오

若或放心惰己ㅎ야惟浮華效顰ㅎ고不修實

德實學ㅎ야損傷祖國名譽면此는同胞之罪

敬賀國旗學報發刊

謹將慨切悲憤之血忱

崔永澈

人也니 一太極報ㅣ烏能塞責哉아又爲諸公
懼之ᄒ노라今之寄書於
貴報者ㅣ律多恭賀之不暇而予獨爲激論危
言者ᄂ蓋非愚且昏ᄒ야疑諸公於萬一也라
祝賀之不足故로繼以勸勉ᄒ노니此所謂條
風이輔大鵬之凌霄ᄒ며膠鞭이加渴驥之奔
川이라幸恕蒭蕘ᄒ고勉而益勉ᄒ며勤之又
勤ᄒ야實地學業을成就ᄒ야後同胞에自由를
倡導ᄒ며國家에獨立을鞏固케ᄒ야太極旗
章을六洲에輝揚ᄒ면知而行之에結果와有
始克終의實證이貴報命名호本意를不負ᄒ
리니諸公에百世芳名과國家에萬年幸福이
將何如哉리오玆에祝賀ᄒᄂ微忱을表ᄒ기
爲ᄒ야贊成金三圜과代金一圜四十四錢을
忘些三汗呈ᄒ오니恕其同情ᄒ시와幸爲收容
爲謹祝太極學報萬歲無極

五

講學

壇園

人生各自에 關ᄒᆞᆫ 天職

全永爵

此에 研究코저 ᄒᆞᄂᆞᆫ바ᄂᆞᆫ 社會國家의 耳目이 되ᄂᆞᆫ 學者紳士의 天職이 何에 在ᄒᆞ며 ᄯᅩ一般 人類에 對ᄒᆞᆫ 關係ᄀᆞ 如何ᄒᆞ며 天職을 完全히 ᄒᆞᄂᆞᆫ 途如何ᄒᆞ뇨ᄒᆞᄂᆞᆫ 問題를 解決코저홈이 라

大抵學者紳士라云홈은 何如ᄒᆞᆫ 意味뇨 無 他라 一般人類에 對ᄒᆞ야 一種關係的品位를 賦與ᄒᆞᆫ 딕로 從來ᄒᆞᆫ 名稱資格이라 그러ᄂᆞ學 者紳士의 天職을 論코저ᄒᆞ면믄저 元來人生 이 社會國家에 對ᄒᆞᆫ 天識이무어시냐ᄒᆞᄂᆞᆫ 疑 問을 解釋홀 必要ᄀᆞ 有ᄒᆞ고 人生이 社會國家 에 對ᄒᆞᆫ 天職을 論ᄒᆞ랴면人生各自의 關ᄒᆞᆫ 天 職이무어시뇨即人生이外他의 關係를 離ᄒᆞ 야各自單位에關ᄒᆞᆫ天職이무어시냐ᄒᆞᆫ問題

를思量치아니치못홀지니故로人生各自에 關ᄒᆞᆫ天職이라ᄂᆞᆫ問題를提出ᄒᆞ所以라 該問題에就ᄒᆞ야精密ᄒᆞ學理的研究ᄂᆞᆫ深遠 ᄒᆞ哲學에訴求ᄒᆞᆯ터이ᄂᆞᆫ短縮ᄒᆞ時間을利用 ᄒᆞ야本問題를解決코저ᄒᆞᄂᆞᆫ余輩의目的은 極히簡短主義로其大略을說明코저홈이로 라

吾人々生이自己에關ᄒᆞᆫ天職을自覺코저ᄒᆞ 면믄첨所謂自己라ᄒᆞᄂᆞᆫ意義를明定치아니 치못ᄒᆞᆯ다라所謂自己라홈은何를謂홈이뇨 純的無形ᄒᆞ自我와現實々驗의自我를區別 ᄒᆞ야此를領解홀지니原是純的無形ᄒᆞ自我 라ᄒᆞᄂᆞᆫ것은現實々驗의自我를離ᄒᆞ야ᄂᆞᆫ 知覺기難ᄒᆞ도다心的自我ᄂᆞ身的自我를離 ᄒᆞ여서ᄂᆞᆫ吾人이到底히思念치못홀것이라 今玆人生의自己라ᄂᆞᆫ것은現實々驗의自我 를超絶ᄒᆞ純的無形의自我를指홈이아니오

七

四肢五體로써成立호身心相關的自己를指
홈이라凡人生이他動物과異호바는何에在
호뇨吾人人生이萬物의靈長으로特有호天
職과各自々已에關호本分이로는것은무어
시냐호는問題를解得호랴면一個假定의基
礎를立호지라人生이理性을有호以上에는
人生其身이即目的이될지라換言호면人生
은他物을爲호야存在호것이은이라自己의
存在는自己存在를目的홈이오他에其目的
을不問호다는條件을定홀必要有호도다
此吾人人生一般感情裏에撲滅기難호思想
으로固有호뿐이오哲學上에證明됨것이라人
生此絶對的存在호天職外에도一特別호天
職이有호지라何也오日吾人人生은호又存
在호뿐만아니라쏘人生은一種의何許物이
니라其存在호以上에는人生은理性的物이
라그러는一種의何許物이로는以上에는果

然何許호物인지玆에研究홀問題라吾人人
生은絶對的存在外에一種何許物이로고云
호所以는各自々己外에非我로云호는物이
有호지라是各自人의現實々驗的自覺은自己
以外에存在호非我的外界를假定함으로비로
소現出호는것이라非我를前堤에不置호면
實노自己를覺知키不能호故라自他內外マ
에게何等影響이든지及호지라그러면此際
에一種의感覺이生홈은必然호事라於是乎
吾人々生은絶對的存在外에感覺的生物이
라그런즉理性的生物이오又感覺的生物이
라理性은感覺을爲호야沒却되는것이아니
라믄일感覺을爲호야理性이沒却호면人生
存在의價值를湮滅케호는것이라故로理性
과感覺은兩立併進치아니치못호너라故로人生
은理性的方面에는純一無雜호性質이有호

고感覺的方面에ᄂᆞᆫ外界의影響을受ᄒᆞᄂᆞᆫ故
로繁雜多端ᄒᆞ야矛盾이不相容ᄒᆞᄂᆞᆫ時不尠
ᄒᆞ도다此時ᄅᆞᆯ當ᄒᆞ야外界影響에誘惑치아
님을要ᄒᆞᆯ지라本來人生은自己로써目的을
合은것인즉自己ᄅᆞᆯ憑ᄒᆞ야行爲ᄅᆞᆯ決定ᄒᆞ고
自己ᄅᆞᆯ依ᄒᆞ야事物을選擇ᄒᆞᆯ것이오非我的
外物의處分을盲從ᄒᆞᆯ빅이아니라所謂自由意
思의尊重을忘却ᄒᆞᄂᆞᆫ것이不可ᄒᆞ도다不羈
獨立ᄒᆞᆫ精神을守ᄒᆞᆯ지라於此에人生道德의
原則은自由意思의訓誡를從ᄒᆞ야行動ᄒᆞᆯ것
이오決코誘惑의欺罔을被치오非我의奴
隷ᄅᆞᆯ作ᄒᆞᆯ지라그러면理性純一的의自我의
本分은絕對的의一致에在ᄒᆞ고自己와融和ᄒᆞᆷ
에在ᄒᆞ도다此一致融和ᄆᆞ理性的自我의形
式이오面目이라此一致融和ᄒᆞ야自己의完全
히ᄒᆞ랴면自由意思ᄅᆞᆯ修養ᄒᆞ야自己의本性
과矛盾케ᄋᆞᆷ됨을務ᄒᆞᆷ이至要ᄒᆞ고道德學의

専히鼓吹ᄒᆞᄂᆞᆫ빅ᄅᆞᆫ吾人의能力은本來唯一
物이오統一性이ᄂᆞᆫ外界를向ᄒᆞ야運用되ᄂᆞᆫ
時에ᄂᆞᆫ外界ᄂᆞᆫ複雜多樣ᄒᆞᆷᄋᆞ로運用되ᄂᆞᆫ
能力도統一性을失ᄀᆡ易ᄒᆞ도다만일諸能力
의統一性을失ᄒᆞ면理性의一致融合ᄒᆞᆫ形式
을傷케ᄒᆞᄂᆞ니如斯ᄒᆞ면理性的自我ᄂᆞᆫ原來純
一ᄒᆞ야自己와融合ᄒᆞᄂᆞᆫ것이라云ᄒᆞᄂᆞᆫ感覺
的自我大概非我的外界影響에關係ᄒᆞ야
自己에게從屬지오ᄂᆞ라ᄂᆞᆫ傾向을有ᄒᆞᆷ이常
例라非我的外界ᄂᆞᆫ干態萬狀이互相牴牾ᄒᆞ
야容許터ᄋᆞᆫ形式을呈ᄒᆞᄂᆞ니吾人은如此
ᄒᆞ外界에對ᄒᆞ야能히此를克ᄒᆞ고ᄎᆞ리此
ᄅᆞᆯ利用ᄒᆞ며다시一步를進ᄒᆞ야此를掬化코
아니티못ᄒᆞᆯ지라此를利用ᄒᆞ고此를掬化코
저ᄒᆞ면單意思修養에止ᄒᆞᆯ것이아니오ᄯᅩ一
種의技倆을要ᄒᆞᆯ지라吾人이外界事物을應
接ᄒᆞᆯ際에理性이發達치못ᄒᆞ야ᄉᆞᆯ時ᄂᆞᆫ外的

刺戟을爲ᄒ야天眞의實相을滅却ᄒ고屈曲
的形狀을作ᄒ야恰然히奴隷的姿勢를取ᄒ
ᄂ데至ᄒ지라以此로人格을埋沒ᄒᄂᆫ憾이
不無ᄒ도다如斯히外畏에對立ᄒ야奴隷的
屈曲에不陷코저ᄒ면意思의修養과ᄀᆺ치一
種의技倆을要ᄒ지라

葢自我ᄀ外界를打克ᄒ고此를利用ᄒ고ᄯᅩ
外界的奴隷를免케ᄒᄂᆫ一種의技倆을養成
ᄒ랴면此實文化敎育이라文化敎育은理性
을有ᄒᆫ人生의究竟目的을爲ᄒ야最上의手
段이라否라만일人生을感覺的生物의一面
으로觀察ᄒ면文化敎育은도리여人生의目
的이된다謂치아니치못ᄒ지라敎化ᄂᆫ人生
感受性에對ᄒ야無上至實로다

如斯히論來ᄒ면吾人ᄉᄉ生이自己의本性도
一致融合ᄒ이人生究竟의目的이라一致融
和를得코저ᄒ면外界와外界에對ᄒᆫ觀念

（即外畏의實相을悟得ᄒᄂᆫ觀念）等의一致
融和를要ᄒ지니此를兩個方面으로分ᄒ야
言ᄒ면一은吾人行爲의意思와永久的價値
를有ᄒᆫ自由意思의觀念과一致ᄒᆷ이니此를
道德이라云ᄒ고一은吾人의合理的意思와
外界的事物과一致ᄒᆷ이니此를幸福이라云
ᄒᄂᆫ니라

道德과幸福의關係에就ᄒ야一言을發치아
니치못ᄒ지라幸福을得ᄒ기爲ᄒ야道德을
行ᄒ랴ᄒᆷ은非理오道德을行ᄒᄂᆫ것이即幸
福이라道德은幸福을生ᄒᄂᆫ道德은幸福의
手段이아니오幸福을生ᄒᄂᆫ故로道德이亦
其價値를有ᄒᆷ도인이라元來幸福의觀念과
幸福의欲望은人生道德의本性으로由來ᄒ
것인디道德이無ᄒ면幸福이無ᄒ니라엇든
快樂的感情은道德과不伴ᄒᆯᄲᅮᆫ안이라反
히相戾ᄒ야生ᄒᄂᆫ時有ᄒᄂᆫ此等快樂은決

코幸福이아니오도로혀幸福과不相容ᄒᄂᆫ
것인줄을知ᄒᆯ지라
凡吾人生은萬物의靈長이된以上에ᄂᆫ諸有
ᄒᆫ理性을有치못ᄒᆫ外的事物을自由로司配
ᄒᄂᆫ거이最終의大目的이라그러ᄂᆫ有限的
人生으로ᄂᆫ到底히其最終의大目的을達기
難ᄒᆫ고其目的인ᄇᆡ甚히前途遼遠ᄒᆯ도다ᄉᆞ
못此에向ᄒᆞ야一步漸進에益々接近ᄒᆞᆷ이
實노人生의天職이라云ᄒᆯ지로다人生이自
己의本性과一致融和코저ᄒᄂᆫ完全圓滿ᄒᆫ
一致融合은有限的人生의望기難ᄒᆫ事ᄅᆞ只
此에接近ᄒᆯᄲᅮᆫ이라結局言之ᄒᆞ면一步로一
步ᄂᆫ道德을進捗ᄒᆞ고一段으로一段은幸福
을增進ᄒᆞᆷ으로써實노人生의本分니라ᄒᆞ리
로다以上陳述ᄒᆫ것은人生互相間의關係ᄆᆞ
아니오各自己上에當ᄒᆫ天職이라그러ᄂᆫ
人生은孤獨隔離的物이아니오我輩의右上

說明을見覽ᄒᆞ시ᄂᆫ諸同胞와我輩ᄂᆫ己社交
的關係를成立ᄒᆫ지라然則玆에互相的關係
에對ᄒᆞ야一言ᄒᆯ要ᄆᆞ有ᄒᆞ도다余輩諸同胞
에向ᄒᆞ야人生各自의天職을論ᄒᆞ야스미諸
同胞의言行으로幾多의人々으로ᄒᆞ곰諸
聞케ᄒᆯ지니如此히波及ᄒᆞ면余輩의淺見陋
說이라도幾千百萬人上에影響을與ᄒᆯ지라
文化敎育의進步ᄂᆫ人類의面目이라哲學이
든지科學이든지此에反ᄒᆞ면一毫의價
値ᄆᆞ無ᄒᆯ지라本述의主眼에在ᄒᆞ려니
와文化敎育의必要ᄂᆫ腐敗ᄒᆫ國民의思想을
健全케ᄒᆞ고ᄯᅩ靑年時代를經過ᄒᆞ야學校敎
育을受ᄒᆯ形便이못되는人生에게感化시기
ᄂᆫ手段中ᄆᆞ장必要ᄒᆞ도다近日新聞上에頻
傳ᄒᆞᄂᆫ自强會에서設立ᄒᆫ講演會도亦此趣
旨에不出ᄒᆞ도다今日日本邦形便은一日일
道急々히一般同胞로ᄒᆞ야곰平均ᄒᆫ智識을

注入ᄒᆞᄂᆞᆫ것이最先務오學校敎育은도리혀

第二의急務로思ᄒᆞ노라我京中에多數의會

ᄀᆞ有ᄒᆞᆫ즉會마다講談會ᄅᆞᆯ設ᄒᆞ고愛國誠과

社會의諸般事ᄅᆞᆯ學問的事實的으로有志ᄒᆞᆫ

先覺者가公衆의感受性을振起ᄒᆞ면國家前

途의利害ᄂᆞᆫ勿論ᄒᆞ고라도學者紳士의天職

을盡ᄒᆞᆷ이로다特히在內先覺者에게告

ᄒᆞᄂᆞ니此點에一層注意ᄒᆞ시믈希望ᄒᆞ옵ᄂ

이다

租稅論 (續)

崔 錫 夏

第四遺産稅　遺産稅ᄂᆞᆫ旣成資本이受遺者

의게移轉ᄒᆞᆯ時에賦課ᄒᆞᄂᆞᆫ稅名을謂ᄒᆞᆷ이라

故로旣成資本課稅主義로言ᄒᆞ면此亦良稅

의一에參與ᄒᆞᆷ을得ᄒᆞᆯ것이니라遺産稅에對

ᄒᆞ야注意ᄒᆞᆯ者ㅣ一二件이有ᄒᆞ니受遺者가

萬一遺贈者의直系血屬이되면其賦課ᄅᆞᆯ가

장輕케ᄒᆞ고其系統이稍遠ᄒᆞᆷ을從ᄒᆞ야漸次

로重케ᄒᆞᆷ이ᄆᆡ호도다何者오當然히遺産을

得ᄒᆞᆯ者와僥倖으로遺産을得ᄒᆞᄂᆞᆫ者ᄅᆞᆯ區別

ᄒᆞᆷ이道理에適合ᄒᆞᆫ故也ㅣ라

第五營業稅　營業稅ᄂᆞᆫ營業行爲ᄅᆞᆯᄒᆞᄂᆞᆫ者

의게對ᄒᆞ야賦課ᄒᆞᄂᆞᆫ稅名을謂ᄒᆞᆷ이라其課

稅多少의標本은該營業者의資本金額과從

業者의數와營業의規摸等을斟酌ᄒᆞᄂᆞᆫ其課

稅의目的은營業行爲에在ᄒᆞᆫ데라然ᄒᆞᆫ데世

人이往々히營業稅와所得稅의區別을混同

ᄒᆞᄂᆞ니是ᄂᆞᆫ誤見으로由ᄒᆞᆷ이라大盖營業稅ᄂᆞᆫ

營業의大小를見ᄒᆞ고所得稅ᄂᆞᆫ

고所得稅ᄂᆞᆫ所得의多少ᄅᆞᆯ問ᄒᆞᄂᆞᆫ營業의大

小를不拘ᄒᆞᄂᆞ니此兩者가如此ᄒᆞᆫ區別이有

ᄒᆞ야一見에明瞭ᄒᆞᆯ도다彼仲立營業者 (居

間人)ᄂᆞᆫ具體的標本이無ᄒᆞᆫ故로勢不得已

호야其報酬金額으로써標本을權定홈에不過홈이라其標本과目的物을混視홈은事理에不當호다謂치아니호슈無호도다

營業稅의性質은如斯호거니와大盖國家經濟上에國民의營業行爲눈獎勵홈이可호고抑制홈이不可호니營業稅를重케호거나課稅方法을繁密케호야事業의發達을阻害호리니엇지注意치아니호리오

第五所得稅　所得稅눈其種類의如何를不問호고其金額이엇던程度에達호면其所得者에對호야賦課호눈稅名이라故로其賦稅가輕小홀時에눈納稅者눈其生計의費用을節호야納附홈을得홈으로써旣成資本에對호야課稅호면더옥善良호租稅가되치아니홀것이오쏘旣成資本에서生호눈收益에對호야課稅홈이不可호니라例言컨딕彼利息取得者及家賃取得者에對호야相當호稅金을徵收호면事業發達에障害가無호니라

然이눈勞働者의勞働結果로써生호눈所得이又눈거슨貯蓄호야他日의準備에充홈을要호눈故로其稅率이重호면國富의發達에妨害가되눈니라

以上陳述호諸租稅의徵收法은現今文明各國에서採用호눈方法이라然이눈我韓經濟의狀態눈아직文明各國과同一히論홀슈無호니爲政者一맛당히取捨斟酌을要호리라호노라

第三節　原料品及器械에課稅호눈可否

第一原料品等의課稅눈事業發達에障害가有호니라　租稅눈可及的으로旣成資本에課호고構成中에在호資本에對호야課稅홈이不可호다謂홈은以上陳述호理論中에旣爲說明호바어니와盖原料品의課稅눈營業

十三

費를增加 한야畢竟事業이不振 한는境遇에
至 한는憂慮가有 한니是는大忌 할뿐아니라
金融市場을茶毒 함이甚大 한니其所以를說
明코져 한노라
且夫最小資本 으로써最大結果를得 함은經
濟上最后目的이오最要秘訣이라原料品의
課稅 는企業家로 한야坯製品의大資本을要
함에至케 한야坯製品의價格을增加 한야其
需用을抑制 한야市場을擴張키不能케 한야
其結果로써 한갓資本의需用을增加케 한고
利息의割合을昂進케 한야生產事業의發達
을妨害 한고坯貨幣가市場을壓迫 한야凡般
物價가騰高 한야民生의生計가有裕함을得
치못 한고此를從 한야人民의貯蓄力을減殺
한야流動資本涵養 한는道를防塞 한야一因
이몬져發 한야一果를結 한고一果가變 한야
一因이되야坯一果를造成 한야如此히變轉

한야底止 한는곳이無 한야其害毒이層生蔓
延함을可히測量 할介無 한도다是以로原料
品에對 한야賦稅 한는것은國家經濟에大端
히注意 할바ㅣ라設使不得已 한情況이有 한
야賦稅 한時가有 한야도其稅率을輕徵케함
이可 한니라器械에對 한야課稅 한는것이不
可함은原料品課稅와同一 한理由가有 한야
生產費에不利 한影響을生케 한야同一事業
에比較的多額의資本을要 한야事業의發達
을障害 한는니라
第二原料品課稅 는徵收에便宜 한는利害가
相償치못함이라以上陳述 함과갓치經濟上
으로觀察 한면原料品에對 한야課稅 함이不
可 한는收稅方法의難易로論 한면原料品課
稅 는製造品課稅에比 한면자못便宜 한것은
非他라原料品은其生產地에就 한야便宜 한ㅼ히
檢査 한야賦稅 함을得 한便利가有 한는製造

品은各地에散在ᄒ야此를收拾기甚難ᄒ도
다然이ᄂ是ᄂ行政上小便利에不過ᄒ이라
萬一金融界에及ᄒᄂ是ᄂ弊害에比ᄒ면同一히
論ᄒᆯ슈無ᄒ도다元來原料品은需用이廣大
ᄒᆯ뿐더러其他物과密接ᄒ關係가有ᄒ故로
其課稅의害毒이甚ᄒ니라例言컨ᄃᆡ吾人의
日用ᄒᄂ器具ᄂ大槪鐵로造成ᄒ것이라若
此物에對ᄒ야課稅ᄒ면其結果로由ᄒ야鐵
瓶價가騰高ᄒ야吾人의生活에須要ᄒ白湯
價ᄭ지도騰高ᄒᆯ것이오畢竟農夫의鋤犁等
物價도高昇ᄒ야其影響이米穀價에도及ᄒ
야其弊害가波及ᄒ야底止ᄒᆷᄒ不知ᄒᄂ니
엇지原料品課稅를注意치아니ᄒ리오

末完

國文便利及漢文弊害의說

姜　荃

古語에曰權ᄒ後에輕重을知ᄒ고度ᄒ後에
長短을知ᄒ다ᄒ니凡天下의事ᄂ다經驗的
으로觀察力을惹起ᄒ야學問上講磨와事業
上發展을此로由ᄒ야利害의分을定ᄒ고取
舍의志를決ᄒᄂ니만일方向의針을善用치
못ᄒ고夢覺의關을透出치못ᄒ면終局의價
誤ᄂ一身에止할뿐아니라一家와一國을悲
境에陷케ᄒᄂ種々의禍胎를釀成ᄒᄂ니엇
지此에愼重顧慮치아니ᄒ리오
大抵文字라云ᄒᄂ者ᄂ言語를直接으로發
表ᄒ야事物을形容代表ᄒᄂ者에過치못ᄒ
고또其應用의變化ᄂ各地方言語의差異로
隨ᄒ야體裁와音調의異同이有ᄒᄂ事物에
就ᄒ야實際的意義ᄂ죠곰도差別과損益이

十五

無ᄒᆞ고 또何事何物이던지 始의 命名ᄒᆞᆷ을 從ᄒᆞ야 稱號가 生ᄒᆞ고 其稱號는 亦自然的으로 固有的을 成立ᄒᆞᆷ이요 決코 極艱甚難ᄒᆞ 異種의 言語로 制作ᄒᆞ야 人으로 ᄒᆞ야금 强히 學케 ᄒᆞᆷ은 아니로다

今世界의 星羅碁布ᄒᆞᆷ과 如히 地球上에 環列ᄒᆞᆫ 各國이다 其文字가 互殊ᄒᆞ야 此方彼域에 往來交通은 實노 拘碍의 狀態를 呈ᄒᆞᆫ즉 各々 其國民族은 其文字를 憑據ᄒᆞ야 人類社會의 秩序를 維持ᄒᆞ고 學術程度의 機關을 活動ᄒᆞ며 經營云爲의 期會를 親密케 ᄒᆞᄂᆞ니 此에 反ᄒᆞ야 他邦의 文字를 依賴信用ᄒᆞᆫ 면 弊端의 滋蔓이 尋常ᄒᆞᆫ 薄物細故에 屬치안는 故로 即 祖國의 人情이 變幻ᄒᆞ고 俗風이 混淆ᄒᆞᆷ을 因ᄒᆞ야 他人을 尊敬ᄒᆞᆫ 觀念이 重ᄒᆞ고 自家를 卑屈ᄒᆞᆫ 麁貌를 現ᄒᆞᄂᆞ니 此와 如ᄒᆞᆫ 思想이 頭腦에 灌注ᄒᆞ고 習慣이 耳目에 侵染ᄒᆞ면 不知不覺ᄒᆞᄂᆞᆫ間에 日來月往ᄒᆞ고 風馳電擊ᄒᆞ야 情緒업시 去ᄒᆞᄂᆞᆫ光陰은 東流水를逐ᄒᆞ야 片時도 停止치안는디 國民社會ᄂᆞᆫ 漸々 其形勢와 志尙이 渙散ᄒᆞ야 人心이 朽敗ᄒᆞ고 邦本이 萎靡ᄒᆞᄂᆞᆫ디 至ᄒᆞᆷ을 歷史上에 指로 攄치못ᄒᆞ깃도다

欽惟我韓의 世宗朝 御筆刪定ᄒᆞ옵신 訓民正音은 即我 聖神ᄒᆞ옵신先王씨 丙枕을 屢回ᄒᆞ옵시고 宸襟을 寔煩ᄒᆞ옵셔 風氣通塞과 音調運化의 蘊奧奇妙ᄒᆞᆷ을 階前萬里에 洞察無遺ᄒᆞ옵셔 精巧完全ᄒᆞᆫ 國文을 編成ᄒᆞ옵셔 기에 至ᄒᆞ야 人民에게 頒賜ᄒᆞ옵셔 智識을 開牖ᄒᆞ고 福利를 享有케 ᄒᆞ옵신바 先王의 巍々蕩々ᄒᆞ옵신盛德懿烈이 愈久愈 著ᄒᆞ심을 엇지다 致히 名言ᄒᆞ야 拜謝ᄒᆞ리요

余ᄂᆞᆫ 謂ᄒᆞ되 我韓의 獨立精神은 此時代의 此

國文에 胚胎ᄒᆞ얏스나 今日에 至ᄃᆞ록 效蹟을
能히 奏치 못ᄒᆞᆷ은 但 利用ᄒᆞᄂᆞᆫ 方法을 擴張치
못ᄒᆞᆫ 緣故인즉 從玆以往으로 奮勵를 大加ᄒᆞ
야 用路를 恢拓ᄒᆞ면 맛당이 億千萬年을 閱ᄒᆞ
도록 百折不回ᄒᆞ야 世界에 屹立ᄒᆞᆫ 獨立 基礎
가 此에 在ᄒᆞ다ᄒᆞ노라

國文의 便利ᄒᆞᆫ 其字体의 結搆가 精當ᄒᆞ고 子
母合音의 變化가 詳簡ᄒᆞ며 規模가 確實ᄒᆞ고
意味가 眩亂치아님으로 學習ᄒᆞ기甚히 容易ᄒᆞ
야雖 三尺의 童과 倡優隷僮의 賤이라도 三四
日의 工夫만 勉ᄒᆞ면 豁然觧了ᄒᆞ야 日用事物
야平生에 用ᄒᆞ야도 限이 無ᄒᆞ고
과往復書翰에 隨機酬應ᄒᆞ기가 極히 敏速ᄒᆞ
漢文의 樊害ᄂᆞᆫ 髮을 結ᄒᆞ야 書를 讀ᄒᆞ미 膏油
를 焚ᄒᆞ고 日光을 繼ᄒᆞ야 孜々矻々히 頭齒
潤도록 口에 吟ᄒᆞ기를 絶치안코 手에 披ᄒᆞ기
를 停치안드리도 成業ᄒᆞᄂᆞᆫ 日에ᄂᆞᆫ 陳腐ᄒᆞᆫ 套

句例題만 掇拾ᄒᆞ야 等身의 書를 得ᄒᆞ기에 過
ᄒᆞ고 卓越ᄒᆞᆫ 學問을 發明ᄒᆞ거ᄂᆞ 顯赫ᄒᆞᆫ
勳烈을 建樹ᄒᆞ기도 ᄒᆞ야 國民的 義務를 盡기
難ᄒᆞ고 或 世에 出ᄒᆞ야 榮進의 塗에 登ᄒᆞᆫ 者ᄂᆞᆫ
一時 僥倖에 付ᄒᆞ야 ᄶᅩ못 鮮少ᄒᆞᆫ 統計ᄒᆞ야
論ᄒᆞ면 漢學者ᄂᆞᆫ 畢生ᄃᆞ록 書蟲을 作ᄒᆞ야
耳聞目見이 固陋頑迷ᄒᆞ고 肢胚를 惰息ᄒᆞ며
菽麥을 不辨ᄒᆞᄂᆞᆫ 者가 多ᄒᆞ니 肉袋飯囊에 不
過ᄒᆞ고 石怪木偶에 是同ᄒᆞ야 其身勢가 淸冷
ᄒᆞ境遇를 當ᄒᆞᆯᄲᅮᆫ아니라 國家進取的 勢力의
分子된 臣民의 職責을 擔任치못ᄒᆞᄂᆞᆫ도다
噫라 今日의 世界ᄂᆞᆫ엇더ᄒᆞᆫ 世界ᄂᆞᆫ가 卽聖人
의 云ᄒᆞᆫ바 六合의 外ᄂᆞᆫ 存ᄒᆞ야 勿論ᄒᆞᆫ다ᄂᆞᆫ 區
域이다 蠻種의 習을 脫ᄒᆞ고 開明의 國을 化ᄒᆞ
야 前日에 見치도못ᄒᆞ고 聞치도못ᄒᆞ던 各國
의人物이 智巧를 爭逞ᄒᆞ고 機械을 精備ᄒᆞ야
火車汽船이 陸海에 聯絡ᄒᆞ으로 宇內에 橫行

호야侵伐奪畧의手段을到處에相試호는딕
不幸호야亞細亞諸國은天下大勢를通치못
호야古聞을株守호고外情에茫昧호다가國
防이日縮호고人權이漸削호며惟日本은能히
야朝에夕을謀치못호고國交을闡明호고教育을
의風潮를測度호야變法自强호지四十年間에東洋
의覇柄을握호기에至호얏스니누가其先見
의鑑과勇進의志를欽歎치안으리요

(未完)

國家와國民企業心의關係

張 弘 植

夫國家는一定호主權、領土、國民、을有호
者ㅣ니即一大國家的經濟를組織호者를云
홈이요且國民은其一定호領土、一定호主
權、一定호法律範圍內에在호야生命財產

을保全호고安寧秩序를維持호는者ㅣ니即
一小家族的經濟를組織호는者를云홈으로
셔外敵團体는敢히此를犯害호지못홈지者
ㅣ오企業은一人或은二人以上團体에依호
야營利의目的으로써勤勞又는商品을永續
的으로吾人需用에供給호는處에組織（經
濟）을云홈이니即企業은家族或은其他團
体와갓치國民經濟의內部에在호야活動호
는組織이나然이나其發生의原因及其存續
中에活動을全然히營利一點에存호고寧營
利以外의事를持치아니호는者를特色이라
언뎡營利以外의意味를持치아니호며坐營
홈이라然이나若外敵團体로此를敢犯홀時는
吾人의最厭호는戰爭의導火가起호야一方
은外敵을防禦호기를務호고一方은內部를
團次호기를益益鞏固호게호는者ㅣ國家團
体를組織호는處의原則이라홈이라然이以

上은 一國民經濟學說에 不過 하나 余는 現今
世界의 東西를 不問 하고 國家를 組織 하는 國
民과 及 其國民의 企業心이 國家를 組織되는
者를 實例에 比 하야 論 하고자 함이라 盖企業
에는 販路、資本、企業心、技術、階梯、競爭、
等의 要 하는 處ㅣ 元來 多함으로써 企業者의
數가 一、個人的 企業二、結社的 企業이 有함
이라 然이나 個人的 企業은 別노 論 할새 시無
하다 結社的 企業은 自古로 氏又는 家族의 制
度으로 自하야 發生 하는 者를 可見 할지라 假令
中海北海에 在 하야 古代로부터 漁業航海業
에 關한 一種의 團体ㅣ 起 하야 十一世紀乃至
十八世紀에 現今 所謂 組合이라 하는 者ㅣ
되고 또 以太利에서는 家族的 團体와 밋 雇主
가 雇人에 對한 給料를 資本에 借入 하야 株式
會社ㅣ라 하는 者ㅣ 十七世紀乃至 十八世紀
에 起함이라 然이나 會社々員의 風紀紊亂 하

야 經濟의 惶恐을 來케 함이 十八世紀後半에
在 하야 「아ー담스미스」氏等 學說은 商工業
의 媒介되는 者의 企業을 排斥 하는 者ㅣ되고 此
國革命에 際 하야 (一七世紀) 禁止함이라 此
革命이 沈潛 함이 一八三〇年頃에 至 하야 技
術進步와 信用交通이 發達 하야 大資本의 企
業이라 唱 하는 者ㅣ 有力한 組合을 成立함이
라 各國이 或은 此를 獎勵 하고 或은 弊害를 豫
防 하야 現今에 所謂 大企業等 即 鐵道、貯蓄
銀行、保險會社等은 特히 嚴正한 規定을 設
하고 最長한 進步를 受함이라 然이나 其結社企
業의 長處를 擧하면 左와 如하니라

(一)個人企業 보담 資本과 信用이 大할事

(二)存立機關이 個人生命에 依 하야 制限
을 受함이 無할事

(三)俊才를 多用할事

(四)最新最良의 技術을 利用할事

(五)企業失敗의危險이有할時는數人의
게分擔게할事

(六)特히株式會社에在호야는零細호資
本을鳩集호야大資本을成形할事

歷史上으로觀할진딕以上에論혼二個企業
이其利益을相爲保護홈은近世의特産섇이
아니라寧休언뎡同業者ㅣ同市場을相關호
야其業을營홀時는一面으로競爭호
고一面으로는반다시共約호야第三者(外
敵)의犯호는事를豫防호기를務호고國家
는此에適當호保護政策을加호는딕在호야
發達홈이라如此혼大企業에就호야自由를
尊重홈이라論者等은多少의評論이有호나此
는過渡時代를論홈이라此를一言에蔽호면
企業은國家의利益을增進호고吾人의文物
智識을發達호는一動機라云홀지라一九〇
四乃至一九〇五年에日露戰爭이各國人으

로호야곰東半球에目을傾注케호더니此戰
爭아沈息홈이各國이自國內部를整理호기
努力호는現象을呈홈이라假令吾人이共知
호는바와갓치日本이此戰爭에得利호國
家國民이企業의熱에狂호야逐日勃興홈을
觀홀지라此는無他라一、은外敵에게侵犯
을受홈이一層內部를鞏固게홀團体心과
二、는戰爭中에重稅를加호者와밋其他原
因의反動으로起호는利己心에在홈이라然
이其企業者는滿洲鐵道株式會社、日淸火
災保險會社、日淸豆粕製造會社、東洋紡績
會社其他에數로勝紀치못할者ㅣ多々홈이
라然이나此等會社에對호야國民或은直接
關係者ㅣ가疑心을惹起호는弊를防홈과此
를獎勵호는手段으로政府에서六朱以下五
朱以上利率을保證홈이라此로由호야此를
觀호면國家와國民企業心의關係ㅣ深遠홈

을可히知호지로다

家庭敎育

吳錫裕

世界가文明에漸進홈에家庭敎育의必要를唱호눈소리甚히盛호도다今에其注意點을擧호야略述호노라大抵小兒와母의關係의緻密혼것은不可再論의可驚處라是눈天然的造化의作用인즉爲其母者는其愛情으로호야곰益々親密히호야堅固케호고母의價値를知케호야一層勉力호야愛兒로호야곰正道를常踏케호야幼兒의美質을永遠히發達케할지라盖幼兒의性質은白紙와如히其染호눈딕依호야或靑或黃됨과갓치惡에陷落호기一旦惡에染質되고邪에陷落호기면容易히回復기到底難혼지라故로注意에注意를加호야十分被導

高尙한德性을養成호는것을其母는肝要로知호지니라世上이愛兒의敎育이極其至重홈을知호고갓師傅手中에委任호야母의責任을以盡호다고自感者ㅣ擧世가靡不皆然호니師傅된者ㅣ極히撫而敎之호야其全力을盡혼다云호야도其慈愛之情이엇지親生母의게比호리오幼兒가其母를尊敬仰慕호는것이鬼神을崇尙호는사름갓치一事二事를惟其母의게단依賴홈이안이라如斯히小兒가信服호는其母ㅣ自手를下호야懇勤히注意호야小兒를敎而育之호면其感化의强固홈이當何如哉아父母가小兒敎育의責任을共負호는것은必不待言이나然히其感化力은父의게는少호고全然히母의게惟在혼지라然則爲其母者ㅣ是我之子라依我之思호야我當十分

教之ᄒ리라ᄒᆞᆷ과 如ᄒᆞᆫ惟思를自諒치말고此

幼兒로言ᄒᆞ면我國民의一分子라將來의社

會를組織ᄒᆞᆯ樞要의民子됨을廣義로解釋ᄒ

며ᄯᅩᄒᆞᆫ婦人이國家에對ᄒᆞᆫ一大義務ᄂᆞᆫ小兒

의敎育을完全히ᄒᆞᆷ에在ᄒᆞᆷ을自悟ᄒᆞ야ᄂᆞᆫ小兒

敎育上에一毫過失이無ᄒ게勉力ᄒᆞᄂᆞᆫ것은

爲母者의責任上最必要ᄒᆞᆷ이니라

大抵母位에居ᄒᆞᆫ者ᄂᆞᆫ不當一人之母오即一

國之母라實로國을生ᄒᆞᄂᆞᆫ者ᄂᆞᆫ其能力이母

의게全在ᄒ도다小兒의敎育之如何ᄂᆞᆫ即社

會盛衰에關係됨인故로小兒의敎育은將來

의社會를組織ᄒᆞᆯ大要其基礎이니라自古로聖

賢은다一賢母의手에서養出된것은理自昭

을養成ᄒᆞᆫ것을研究ᄒᆞ야其善良行爲를模範ᄒ

ᄒᆞ야自身에移習ᄒᆞ야小兒를完全히敎育ᄒ

야有爲의人物이되케ᄒᆞᆯ것은女子의極其重

大ᄒᆞᆫ責務됨을謹愼恐懼ᄒᆞᆯ지여다

夫婦人은造物者의代理人이라上帝ᄭᅦ서母

를造ᄒᆞ신所以ᄂᆞᆫ幼兒의敎育을委托ᄒᆞ심이

내然則如斯히重ᄒᆞᆫ責任을上帝의게受托

ᄒᆞ얏스니爲母者ᄂᆞᆫ當十分注意ᄒᆞ야其責을

負擔ᄒ고天職을徒然히말지니라上帝ᄂᆞᆫ小

兒의自然能力即身體等働作을天然的으로

具備ᄒ얏시되極其重大ᄒᆞᆫ小兒의精神性質

을有益케ᄒᆞᆯ責任은母의手中에委任ᄒᆞ셧스

니爲其母者一於其小兒敎育上에可不愼哉

아今日世態ᄂᆞᆫ昔日과異ᄒᆞ야世界ᄂᆞᆫ文明에

漸進ᄒ고列國은强弱을競爭ᄒᆞᄂᆞᆫ時機라我

國이上古以來로女子가公然社會上에立ᄒ

사畢竟其賢이孟子一慈母의三遷之敎를幼被ᄒ

然ᄒ것이孟子一千古에流來ᄒ은其故로

方針이完全ᄒ바안이리오是故로爲母者ᄂᆞᆫ

古今賢人偉傑의母가何如히ᄒᆞ야是等人物

야公務에從事ᄒᆞᆫ바前無ᄒᆞ고다만深閨에閉ᄒ

處ᄒᆞ야裁縫一業을勤事ᄒᆞ고內를治ᄒᆞ야男子로ᄒᆞ야곰內顧의憂를無케ᄒᆞ야女子의責任에盡力ᄒᆞ얏스나今日에至ᄒᆞ야는子女을精密히養育ᄒᆞ며敎導ᄒᆞ야有爲의人物을養成ᄒᆞᆯ必要ㅣ目前에旣迫ᄒᆞ얏도다그러면女子도相應ᄒᆞ學識을其備ᄒᆞ야家政을整理ᄒᆞ고小兒의敎育에도困難치안케ᄒᆞᆯ지라實로女子의敎育이進步되면隨其程度之進ᄒᆞ야小兒敎育上에缺點을可見ᄒᆞᆯ지오亦可裨益ᄒᆞᆯ지라爲先自知ᄒᆞ야後人行爲上의善論을談ᄒᆞ게되면小兒의敎育도女子의智識開進에從ᄒᆞ야種々의經驗이有ᄒᆞᆯ지로다

小兒의게對ᄒᆞ야오히려慈愛之情으로以接ᄒᆞ는것은가쟝必要ᄒᆞ나더욱必要로認定ᄒᆞ바는事에對ᄒᆞ야能堪忍의勇氣를養成케ᄒᆞᆷ이라小兒가處事ᄒᆞ는딩當ᄒᆞ야其事의成功이難ᄒᆞᆷ으로母의게依賴ᄒᆞᆯ지라도直히此

言을容納ᄒᆞ야扶助치말고傍助ᄒᆞ야小兒스스로成功ᄒᆞᆷ을볼지여다不然ᄒᆞ고小兒의所請을惟從ᄒᆞ야指敎賴人ᄒᆞ야면小兒는自知의觀念에乏從ᄒᆞ야不能自爲의境에至ᄒᆞᆯ지라凡小兒敎育上에注入的을養成ᄒᆞ는것은다開發的으로敎ᄒᆞ는것이智識此世界는實로小兒를爲ᄒᆞ야造作되얏다고可論ᄒᆞᆯ지라小兒가將來社會에關係될實力을豈可量衡ᄒᆞ리오小兒敎育上에種々方法이多有ᄒᆞ는敎育家의ᄒᆞᆷ을希望ᄒᆞ는바는他의게너머關涉지말고天然的方策으로敎導ᄒᆞᆷ이라小兒를羈束ᄒᆞ고는것은精神上身體上에其害實甚ᄒᆞ야其結果ㅣ畢竟小兒로ᄒᆞ여곰進取의勇氣를失케ᄒᆞ야些細의處事라도人의顔色을窺伺ᄒᆞ야陰密히行ᄒᆞ며又所欲의言이有ᄒᆞ야도容易히未發ᄒᆞ야其慣習焉

二十三

必爲性質ᄒᆞ야將來社會行動에到底活潑치
못ᄒᆞᆯ것은果然ᄒᆞᆯ지라故로小兒의게對ᄒᆞ야
慈愛之情과嚴恪之道로敎訓ᄒᆞ야些少過失
이有ᄒᆞᆯ지라도威脅叱責으로軟弱ᄒᆞᆫ兒意를
逆離치말고嚴正方法을使用ᄒᆞ야一大國民
의資格을養成ᄒᆞᆯ지여다
그러면小兒의게對ᄒᆞᆫ母의責任이如斯重大
ᄒᆞᆫ즉爲其母者ᄂᆞᆫ以何方略으로失手업시盡
善盡美히ᄒᆞᆯ고不可不先學先習ᄒᆞ야古今事
理를硏究ᄒᆞᆯ良策에不外ᄒᆞ도다

個人的自身國家論

禪師一愚 金 太 垠

人이라ᄒᆞᄂᆞᆫ거ᄉᆞᆫ形을두고謂ᄒᆞᆷ인가心을두
고名ᄒᆞᆷ인저有形無心저肖像은木人土偶그
안인가大哉라此心이여歷千刧而不古ᄒᆞ고
亘萬歲而長今이라不揀凡聖男女ᄒᆞ고歷々

昭々圓備ᄒᆞ야毫末도加減업네處萬像而獨
露ᄒᆞ고在羣品而不混이라苦樂喜懼諸境上
에打之搖ᄒᆞᄂᆞᆫ바안이여늘中根以下諸衆生
은自失而不覺ᄒᆞ고脚跟을未定ᄒᆞ야耻辱을
蒙頭ᄒᆞ고向外馳求奔走ᄒᆞ여色力强壯ᄒᆞᆫ
時節ㅣ趨赴塲春夢中에不成人事虛送ᄒᆞ고
白首寒山져문날에前路가茫々ᄒᆞ야忽然悲
悔歎息ᄒᆞᆫ덜晩而不及어이ᄒᆞᆯ고國家라ᄒᆞᄂᆞᆫ
거슨國家가不能自國家라衆多人이合勢ᄒᆞ
야國家團體이뤄새든衆多ᄒᆞᆫ諸人等이각々
反省自己ᄒᆞ야個人的自國家를正方으로先
治ᄒᆞ야卓然獨立이急務로다作善止惡조흔
주를彼此업시悉知ᄒᆞ나實行치못ᄒᆞ기ᄂᆞᆫ心
不確定ᄒᆞᆫ故也로다精神的物質的은如飛禽
之兩翼ᄒᆞ야不可須臾闕一이니精神的을論
之컨딕身은猶舟也오心은如柁也라舟雖欲
渡彼岸이나若不用柁開頭ᄒᆞ면舟不能自運

은不待智者可明이라先聖이不云乎아無量
혼妙智慧가皆從定心流出이라항얏스니定
與智가圓滿항면治安之道에만有益혈뿐안
이라自在히受用力이超出三界大丈夫라定
心强力항는法이具足항고明易홈은洋東西
哲學中에無過於佛敎어늘愛惜항고痛切항
다우리大韓習俗이여束於偏局舊癖으로不
論理趣眞假항며不識墻奧深淺항고輒曰佛
敎는虛無라항야自招一盲이誤引衆盲之過
失항며便至僧侶는下賤이라항야竟致藥草
로枉受毒草之惡名항나니自取牀賊이러커든
盲人之前路를뉘가이셔引導항며病者之大
癃을어느때에全治홀고精神的眞面目이次
第로頹癈항야墮地而盡矣라已往은勿論
항고目今之管轄은正己而正物이라終日靜
座항는거시不足定心工夫오니一切事一切
處에萬般으로作務항디眞正獨露本地風光

一造次라도忘失말고隨分隨力培養항면積
累혼結果로써卓然獨立强大力이天地를撑
柱항며日月과並明홈은必然혼理勢로다人
々이如此항야獻身的法을써서우리帝國同
胞의게血誠으로盡力항며物質的工商等을
遠近업시敎育을發達항야實敎을發達항면士勇兵
强이아니며國富家給이안인가舊邦維新우
리大韓ㅣ世界에第一일네

憲 法

郭 漢 倬 譯

第一篇 總論

第一章 國家

第一節 國家의三要素

夫國家云者는一定혼土地와人民의團体와
管轄항는權力을指홈인故로國家의要素는
即土地와人民과밋權力三者也ㅣ니此三者

三十五

371

中에 其一을 缺ᄒᆞ면 國家를 成立키 不能ᄒᆞᄂ

然이ᄂ 土地의 廣狹과 人民의 多少와 權力의

最高ᄒᆞᆫ 點을 不問ᄒᆞᆯ디니 此三者를 國家要素

點으로 云ᄒᆞᆫ면 領土와 國民과 밋 統治權이 是

也니라

第二節　形式上의 區別

國家를 形式上으로 區別ᄒᆞᆯ時에ᄂ 單數國과

複雜國二種에 可分ᄒᆞᄂ니 單數國云ᄒᆞᆫ者ᄂ 其

成立ᄒᆞᆫ 國家가 單純ᄒᆞᆫ者오 複雜國云ᄒᆞᆫ者ᄂ 國

家與國家가 合倂ᄒᆞ야 國家를 更作ᄒᆞᆫ者ㅣ라

假如聯邦이니 卽 獨逸北米合衆國及瑞士等

이是也ㅣ니라

獨逸은 大公國이六이오 候國이七이오 帝

領이一이오 王國이四오 公國이五오 自由

市가三이니 合二十六의 小國을 合ᄒᆞ야

家를 成ᄒᆞ고 北米合衆國은 十三州를 合ᄒᆞ

야 國家를 成ᄒᆞ고

瑞士ᄂ 二十五州를 合ᄒᆞ야 國家를 成ᄒᆞ니

라

ᄯᅩ 國家與國間에 意外의 密接ᄒᆞᆫ 關係를 生ᄒᆞ

ᄂ 事가 有ᄒᆞᄂ니 其關係의 種類를 大分ᄒᆞᆫ

딘 身上結合과 物上結合과 밋 國家聯合等이

니라

身上結合云者(一名은 君合國)ᄂ 二國以

上이 同一ᄒᆞᆫ 君主를 戴ᄒᆞ고 國務上關係가

互相聯屬치 안ᄂ者ㅣ니 千八百八十五年

前의 比利時와 밋 孔哥와 如ᄒᆞᆫ者ㅣ니라

物上結合云者(一名은 政合國)ᄂ 政治上

或外交上의 目的을 達ᄒᆞ기爲ᄒᆞ야 同一의

君主를 戴ᄒᆞ야 二國의 代表를 삼고 二國이

各々自有의 憲法規定에 依ᄒᆞᄂ者ㅣ니 壞

太利와 밋 匈牙利와 如ᄒᆞᆫ者ㅣ니라

國家聯合云者ᄂ 其最高ᄒᆞᆫ權이 仍在各國

ᄒᆞ고 다만 第三國 (當事國以外의 國家를

總稱第三國이라云홈) 의外交事務에對
호야共同權力으로處理호는者ㅣ니千八
百十五年으로千八百六十六年에至호기
씨지獨逸聯合이即是類也ㅣ니라

第三節　國體上의區別

國家를國體上으로區別홀時는君主國과民
主國이有호니君主國은其國家의要素權力이
의要素權力이國民에在호者를謂홈이나然
이나國家가統治權의主體를行홀時에는君
主의最高機關을指홈이오民主國은不然호
國을指홈이니라

君主國云者는君主가主權을總攬호는國
을謂홈이니即皇帝쏘는王의尊號를有호
고國民의最高位를有호一人의君主가主
權을總攬호는者니我國과밋英、獨、露、
淸、日、諸國과如호者ㅣ니라

民主國云者는國民全體가主權을總攬호
는國家를謂홈이니如此호民主國에셔는
國民全體가主權을總攬혼다云호느實狀
衆多의國民이共同호야行政키不能홈으
로其中一人을撰擧호야行政케호느니此
를通常大統領이라稱호니現今民主國은
北米合衆國과佛國의二者ㅣ니라

第四節　政體上의區別

國家를政體上으로區別홀時에는立憲國과
專制國二種에可分홀디니立憲國은其政事
에一定호形式이有호者를謂홈이오專制國
은一定호形式이無호者를謂홈이라

立憲國云者는憲法을制定호야主權行動
의自由를制限호는國家를謂홈이니即主
權의行動을各個의機關에分配호는者라
假如立法은議會로호야곰行케호고行政
은政府로호야곰行케호며司法은裁判所

二十七

로호야곰行케호는政體를立憲政體라稱호느니英、米、佛、獨、日諸國과如혼者니라

專制國云者는主權의行動이各個의機關에分排치안코專히一人의手中에在혼國家를謂홈이니其專制權을有혼人 (假如君主) 이暗愚호던디坯는補佐가其人 (假如臣) 을不得홀時는往往이壓制暴虐에陷호야國民에게買怨호고坯는無名의師 (戰爭) 을起호야耻辱을被호느니現今顯著혼專制國은我國과밋淸露等이니라

호도다

第五節 統治權의作用

今日立憲國에通行호는統治權의作用을槪擧호면

一 民選議會를設호야法律과밋豫算을議決호고

二、民事刑事의訴訟裁判所에는獨立司法을行호고

三、一國元首의行爲는國務大臣의副署홈을要호느니라 (未完)

歷史譚第四回

比斯麥傳 續

朴 容 喜

露國은比年以來로國民의要求를應호야客歲에거오議會를開호야憲政을宣布호얏스나아즉完備호는域에未進호고淸國도客歲에立憲準備홀上諭가下호얏느니然則專制國은我國뿐이될듯

有幾에公이露國公使로聖彼得에駐在호얏지四年에다시佛國公使로轉任호야나파레옹三世에爲人을細察호고西班牙에游覽터니

太弟월헬름이一世即位ᄒᆞ야即日公을召還ᄒᆞ야拜爲相國ᄒᆞ고國政을委任ᄒᆞ니라公이임이數十年間外交에獻身ᄒᆞ야列強得失을達觀ᄒᆞ고蠖蟄이已久에鵬飛萬里를蹺足可期러라公이임이國政을掌握ᄒᆞᆷ이第一은國民的精神養成과施政方針改良과軍備擴張에不顧衆論ᄒᆞ고晝宵戰兢ᄒᆞ며第二ᄂᆞᆫ外交政略에敏活手腕을翻弄ᄒᆞ야列強을操絡ᄒᆞ며佛墺擧動을全心注目ᄒᆞ고波蘭分割에對ᄒᆞ야歐洲沸議을不念ᄒᆞ고露國을煽助ᄒᆞ야强俄에歡心을買收ᄒᆞ고ᄯᅩ佛國을利餌로弄翻ᄒᆞ야墺國에援救를猶豫케ᄒᆞ고只今은全力을積年仇視ᄒᆞ던墺國에注射ᄒᆞ야一擧鞭撻에機會만企待ᄒᆞ더니 (寃讐ᄂᆞᆫ외누무다리에相逢ᄒᆞᆫ다ᄂᆞᆫ格言에不過ᄒᆞ야)丁抹戰爭이瞥起ᄒᆞ얏ᄂᆞᆫᄃᆡ其原因은獨逸聯邦中의一國되ᄂᆞᆫ아옹우스넵벨구公이些二少ᄒᆞᆫ關係

로丁抹領슈레스윙우를侵占코져ᄒᆞᆷ에對ᄒᆞ야聯邦이同公을援助ᄒᆞᆯ셔比公이此墺을涉을聯邦問題로歸ᄒᆞᆷ을憂ᄒᆞ고故意로墺國과聯合ᄒᆞ야丁抹을壓迫ᄒᆞ니其內意ᄂᆞᆫ墺國虛實兵力을觀察코져ᄒᆞᆯᄂᆞᆫ外交政策에出ᄒᆞᆷ이더라一千八百六十四年十月維也納(墺都)會議에丁抹은슈레스ᄒᆡ우寄數多에領土를普墺에割與ᄒᆞ고平和條約을締結ᄒᆞ니라當時에普墺ᄂᆞᆫ日耳曼聯邦에龍虎라岂得兩立ᄒᆞ리요自然其侵奪領土分割과其許多事件에軋轢이不絶ᄒᆞ더니一千八百六十六年에公이墺國이나파레온三世의提出ᄒᆞᆫ歐洲平和會議에不贊ᄒᆞᆷ으로動機를삼아即時墺領홀스타인에送兵侵占ᄒᆞ고同年七月에洲닛윌우레쓰野에大戰ᄒᆞᆯ셔此時陸戰에猛烈ᄒᆞᆷ은想像以外라普王윌헬름一世以下文武百官이다出陣ᄒᆞ얏고勝敗가容易이定치안

눈지라公도十分憂慮ᄒ야總司令홀로게

에態度를觀察코쟈ᄒ야其偏嗜ᄒᄂᆫ類似好

不好의呂宋烟二個을持ᄒ고將軍司令部에

至ᄒ야其取擇을慫慂ᄒ시將軍이喜色이滿

面에擧動이自若ᄒ고握手答禮後에欣然이

其品好의呂宋烟을擇取ᄒᄂᆫ지라比公이몰

도게將軍의從容沈着에制機果敢ᄒ며臨事

不亂에寧靜致遠ᄒᆷ이卽古之孔明安石准陰

守仁徐達繼光의類라知其大器ᄒ고普王에

歸奏曰我有大將軍ᄒ니大王은勿憂ᄒ소셔

ᄒ더니有幾에光의先斷과갓치壤軍이一敗

中裁에盡力ᄒᆷ으로公도佛帝의心地를揣諒

ᄒ고八月二十三日푸라하에셔普墺兩國全

塗地ᄒ야오루뮤丛에退郤ᄒ니此時에佛

帝나파레온三世ᄂᆫ普國에大捷을陰妬ᄒ야

權委員이會見ᄒ고賠償金二千万弗과홀스

타인, 후란구후홀드等地를割取ᄒᆫ後에平

和條約을締結ᄒ니以後로ᄂᆫ日耳曼聯邦의

覇權이普國掌裡로歸ᄒ니當時에普國의

强盛과日耳曼聯邦組織에對ᄒ야第一蛇蝎

的反目ᄒᆫ者ᄂᆫ나파레온三世니何故오나

파레온三世가獨逸聯邦에干涉ᄒ야自己已版

圖를擴張코져ᄒ던宿志가更無立錐之地故

也러라如此이外若和穆이나內實仇視ᄒ던

次에西班牙에繼統紛擾가惹起ᄒ야女王이

셔라ᄂᆫ佛國으로逃來ᄒ고普魯斯王統의

레오폴도親王이西國國王王冠을載ᄒ시動

機가已迫에風雲이咫尺이라駐劄伯林佛國

大使ᄲᅦ네데쓰레ー伯은普王윌헬름一世를

예무公園에謁見ᄒ고레오폴도親王廢位證

明과同親王에不得再次推薦ᄒᆯ宣誓를勤請

ᄒᄂᆫ지라普王이冷笑一塲에比公과相議ᄒ

고卽時會見의始末을伯各新聞에刊行케

ᄒ고또巴里에送人ᄒ야號外로佛國一般民

心을攪亂케ᄒᆞ니라此時에佛帝나파레온三
世가普王의不承諾과普國一般新聞의嘲罵
的物議에激憤ᄒᆞ야慚恚ᄒᆞᆫ業火가高上天九
萬里ᄒᆞᆯᄲᅮᆫ일가佛民에先天的强悍ᄒᆞᆫ敵愾心
도一般激昂ᄒᆞ야一千八百七十年七月十二
日에對普宣戰書를宇內에發表ᄒᆞ고普王도
伯林에急歸ᄒᆞ야對佛開戰書를中外에佈告
ᄒᆞ니라 (未完)

外國地理

韓 明 洙

엇던鄕客이京師로구景왓다가鍾路갓흔곳
에서路를失ᄒᆞ야蹰躇ᄒᆞᆷ을巡檢이見ᄒᆞ고親
切히引導ᄒᆞ려ᄒᆞ야問曰君의住所가何處뇨
其鄕人이答曰仔細不知ᄒᆞ노라巡檢이曰그
러면住所近傍에무슨麆이有ᄒᆞ며洞口에巡
檢幕이有ᄒᆞ더냐又答曰그런것도不知ᄒᆞ고

但吾의住所ᄂᆞᆫ瓦家온뒤後庭이廣澗ᄒᆞ고庭
中에小池가有ᄒᆞ야鵝鴨四首가終日水中에
游泳ᄒᆞ며셔菜葉만食ᄒᆞ니必竟吐泄ᄒᆞᆯ듯ᄒᆞ
되다其巡檢이啞笑ᄒᆞ고其住所를探知ᄒᆞ야
還歸ᄒᆞ얏다ᄒᆞ니此等人物은誰某라도愚氓
이라謂ᄒᆞᆯ지라然이ᄂᆞ諸君도其愚氓과智識
이如ᄒᆞ다ᄒᆞ오諸君이地球上의生ᄒᆞ야一生
을住居ᄒᆞᄂᆞᆫ處所라其住居ᄒᆞᄂᆞᆫ地球上의事實
을不知ᄒᆞ면其愚氓이其地名과統戶數를不
知ᄒᆞᆷ과不異ᄒᆞ며池中에鵝鴨이游泳ᄒᆞᄂᆞᆫ것
만記憶ᄒᆞᄂᆞᆫ것과갓치諸君이野의花가發ᄒᆞ
다山에鳥가鳴ᄒᆞᆫ다江에蒼波가瀇瀁ᄒᆞ다山
에峯巒이淩層ᄒᆞ다此等無用件만記憶ᄒᆞ나
其野에土理가如何ᄒᆞ니彼花樹의性質이如
何ᄒᆞ며此江의根源과此山의山脈이何處로
從來ᄒᆞ야스며亞細亞地方은엇더ᄒᆞ고歐羅
巴의諸國은何方의在ᄒᆞ고亞米利加山川은

如何혼것슬不知호면其愚眜보다賢明혼것시無호지라故로余가餘暇를乘호야學校에셔講師게聞호갓과教科書의셔讀혼바를略記호오니愛讀호심을希望호노라吾輩의住居호는地球를五大洲로分호야亞細亞、歐羅巴、亞弗利加、太洋、亞米利加라稱호니몬져亞細亞洲의地勢와氣候를略述호고諸國의風土를記호게숩

亞細亞洲는五大洲中에最大혼지라其大部分은北溫帶에在호야北、東、南三方은北極、太平、印度、三大洋을面호얏스니其位置가스스로諸大洲에中央을占호야西으로歐羅巴洲와南西로亞弗利加洲를控호얏고南東은一大島大洋洲를對호얏고北東端은亞米利加洲大陸을向호얏스며本洲와亞弗利加洲間의紅海와스이쓰地峽이隔호얏고歐羅巴洲間에는카스쎄海와黑海와及유랄山脈

이有호고北亞米利加洲間에는本洲東北端과겨우쎄ー링海峽만隔호니라

本洲四端

端四\洲本			
北	시베리아	北緯七十八度	칠뷰쇼킨岬
南	마라이半島	北緯一度半	로마니아岬
東	시베리아	西經百七十度	데스네부岬
西	亞細亞돌코	東經二十六度	쌔々岬

本洲는東西가四百四十四度요南北이七十六度半에間의亘호야其面積이約二百八十万方里니全世界陸面에約三分之一이니라 本洲中央으로부터西으로

山脈과及高原

走혼파밀高原이有호니世界의용마롬이라呼호느니라此高原으로中心을삼고大山脈이四方으로分出혼中에特別히其東北山三大山脈이出호얏스니其東北으로走혼것

순天山々脈이니此山脈이更히同方으로直走ᄒ야알타이山脈과스타노보이山脈과連ᄒ얏고正東으로走ᄒᆞᆫ것은崑崙山脈이니此山脈에陰山과興安嶺等諸山脈이連ᄒ얏고又其南東으로走ᄒᆞᆫ것슨히마라야山脈이니橫斷山脈이其東端의連ᄒ니라崑崙과히말니야兩山脈間에西藏高原이有ᄒ니高가万四千尺으로乃至万六千尺(日本尺)에達ᄒ니世界에最高ᄒ高原이오파밀高原은西藏보다稍低ᄒ니라又崑崙山脈으로붓터出ᄒ諸山脈과天山々脈과相連ᄒ諸山脈間은蒙古高原이有ᄒ니라파밀高原으로붓터西走ᄒᆞᆫ것슨힌듀큐쉬山脈이요南走ᄒᆞᆫ것슨힐리만山脈이니힌듀큐쉬山脈이更히가스비海南端에沿ᄒ야走ᄒ야옐버스山脈의連ᄒ야本洲西端ᄭᅡ지達ᄒ얏스니此諸山脈間의이란高原과알멘이다高原과아나를리아高原

等이有ᄒ니라아라비아와及페ᄅᆞ칸二大半島ᄂᆞᆫ中央高地南邊에有ᄒ야別로高原이成ᄒ니라諸高原이四方山脈을擁圍ᄒ야年內에雨가少ᄒ고土地가沙漠性이多ᄒ니라

河川과及平野 本洲에四方으로平野가有ᄒ니皆中央高地로出ᄒᆞᆫ大河가貫流ᄒ고天山々脈에連ᄒᆞᆫ諸山脈北에在ᄒᆞᆫ시베리아平原에ᄂᆞᆫ엔이셔이, 오보, 三大河가貫流ᄒ니此平原의南部ᄂᆞᆫ耕作에適當ᄒ沃野가多ᄒ니라中央高地東方에在ᄒᆞᆫ東部平原은本洲에最要ᄒ地니更히三分ᄒ야黑龍江流域에屬ᄒᆞᆫ滿洲平原과黃河, 楊子江等이貫流ᄒᆞᆫ支那平原이메콩河等이貫流ᄒᆞᆫ印度支那平原이니皆地味가肥沃ᄒ고人口가稠密ᄒ니라히말니야山脈과데간高原間에ᄂᆞᆫ南部平原이有ᄒ니其東은섕가, 부라마푸보라, 一大河流域의屬ᄒ야地味가最沃ᄒ

三十三

며其西는印度河의流域이니라샹가河流域
에平野는雨量이多호고氣候가炎熱호야熱
帶産物이豊富호니라아라비아, 이란兩高
原間에在혼메소포담이아平原은틔그리
스, 에푸릐트兩河의流域이니地味가肥沃
호나灌漑가全一치못호고湖水는世界에最
大혼鹹湖가有호니가스비海라其東에도鹹
湖가多호며淡水湖는바이갈湖와洞庭湖等
이有호니水運이最便호니라 (未完)

警察之分類 第四號續

張　啓　澤

警察者는豫防危害而内治之要素故로具種
種取締之規則호야以成一行政之方針호니
其事體가甚繁호며其範圍가甚廣호야近來
學者가多有研究라今試擧其大端컨딕警察
之全體가分爲二種호니(一)司法警察(二)行
政警察이라所云司法者는以助長行政司法
之作用으로爲務而危害已生之後에調査處
理호야維持社會之秩序호니其權가與刑事
訴訟으로比等이라例如甲有物品호야被乙
之盜而報告于警察署호며訴訟干裁判所者
是也니其權이屬于司法大臣호며又云行政
者는以直達行政之目的으로爲務而危害將
生之前에保全社會之安寧者라例如人欲爲
盜나尙未犯罪則警察이即一禁制之호야使
不至於爲盜之類是也니其權이屬于内務大
臣호며此中行政警察을又分兩種호니(一)
各部行政警察 (二)保安警察이라各部行政
者는何也오其職이在於直達各部行政之目
的而其權이專係于各部行政官廳者也오保
安警察者는專以一般社會之安寧으로爲目
的이니其種類가亦爲二호니라 (一)高等警
察 (二)普通警察이니高等警察者는其職務

가專以保護國家之機關으로爲目的인則與他警察로特有區別也라盖國家機關者는以國務大臣之意想으로行國家之政令ㅎ야以保安寧者則譬於人身컨디手足機關이活動然後에可成事業이오若不然이면全體가皆病에無異於木石之虛偶而歸于無用故로當設警察ㅎ야有國家之害及이면能以竭力保護ㅎ며至于結社及暫時集會라도有政界之所關이면當必取締而解散ㅎ나니此皆高等警察之事也며普通警察者는以保護一般之秩序로爲務니凡各色營業、交通、衛生、消防、等事가皆是라

以上數端은皆以事實上으로區別者오此外에又有國家警察與地方警察之分ㅎ나니此는非但以事實區別也라國家警察者는國內常有之普通者也오地方警察者는乃各地方에從其地制ㅎ야宜所獨有者니其分別이在於法令之規定及効力也라夫國家警察之權은其法令이皆由於憲法之所規定ㅎ며或由於勅令及省令之所發布命令이나其力이無普行于全國地方ㅎ며地方警察者는其法令이由於府縣及知事之發令則其效力이不行於他地方者也라今更擧警察之種類ㅎ야揭示于左ㅎ노라

- 警察
  - 司法警察
  - 行政警察
    - 國家警察
      - 司法警察
      - 各部行政警察
      - 保安警察
        - 高等警察
        - 普通警察
          - 營業警察
          - 消防警察
          - 衛生警察
          - 交通警察
    - 地方警察

衛生問答

朴 相 洛 (譯)

(問) 諺에 云ᄒ되 人生此世에겨우五十年이라ᄒ며 六十에 達ᄒ면還曆을 祝賀ᄒ고ᄯ人生七十古來稀라ᄒᄂ古詩도 有ᄒ니 大抵人生의 壽命은實로 幾歲ᄂ 能保ᄒᆯᄂ지오

(答) 此ᄂ現今學者間에 議論이不一ᄒ問題라 夫ㅣ世人은 長壽ᄒᄂ거스로써 最上의幸福을삼으나 一體長生이라ᄒᄂ거슨長命을 保全ᄒᆷ으로써 幸福이라謂치못ᄒᆯ거시오幾歲를生ᄒ든지 第一身體가健康ᄒ며精神이强壯ᄒ야 社會에 有助ᄒ人物이된然後에야 長生의効力이有ᄒ고만일身體가藥弱ᄒ고 耳目이老廢에其用을不供ᄒ야 社會에一助가無ᄒᆯ뿐아니라 子孫等의苦役만定케ᄒ고 면長生의効ᄂ更無ᄒ고 도리혀其自身의不幸이될거시오ᄯ長生을一層다른意味로云ᄒ면一은其人이社會에立ᄒ事業에關係ᄒ者니日本維新初에國事에從事ᄒ다가二十九歲에終身ᄒ吉田松陰은後世에遺存ᄒ效果가普通人의百歲生ᄒᆷ에優勝ᄒ며今古偉人의事業을觀ᄒᆯ지라도彼偉人等이十年만早死ᄒ엿스면如許ᄒ大事業을成就ᄒ기難期ᄒ者甚히不少ᄒ리니然則衛生法을守ᄒ야長生을得코져ᄒᆷ은大事業을成ᄒᄂ基礎라云ᄒ리로다今古의歷史를參考ᄒ면英國의一僧侶ᄂ二百十歲를生ᄒ엿고德國에ᄂ二百十七歲에達ᄒ者가有ᄒ다ᄒ며其他各國에도百餘歲長命ᄒ者ᄂ其數를擧等기未遑ᄒ고日本明治卄年에全國에調査ᄒ바를據ᄒ則人口四千萬中에百歲以上에達ᄒ者九十九人이라ᄒ니吾人々類가衛生法을十分講行ᄒ면此等壽命에達ᄒ기ᄂ容易히期得

호듯호도다

吾人의生命이生理上大略幾歲써지能保할

써슬攻究코져호면몬저다른生物에비較호

야其極點을定할必要가有호니生物中에거

우一日을生호고死호는蜉蝣가有호며鶴은

千年龜는萬年을長命혼다호고此中間에位

혼馬는四十年猫는二十年가량을生혼다호

니此로觀호면生命의長短은何로써其標準

을定기難호도다或學者는生命의長短이身

體의大小에關혼다호니만일此說을信從호

면象과如혼巨動物은最長의生命을享有호

깃고蟻와如혼小動物은最短의生命을保有

할거시라然스나身體가比較的小혼蛙와쉬우는

二十年가량을生호며鯉는二百歲를生호는

者有호고此外鳥類中에도百年以上壽命을

保호는者有호다호니身體比較說은正當호

說로認치못호깃고또近來一部社會의信用

호는것은吾人身體의完全發育期에五倍가

량生혼다호는說이니完全發育이라홈은人

類와如혼脊椎動物로論호면軟骨이化骨을

完成호는時期를成熟期라호나니人類의成

熟期는大略二十歲라然則人類는其成熟期

의五倍即一百歲가량을生호리라호나니此는

確實혼證據가無혼說이오또近來進化論에

有名혼씨윈氏의說을從호면總生物이此世

에生호는者는種屬蕃殖과生活保續의二機

能을俱有호는니生存競爭의結果로何時代를

勿論호고生物의數는甲는增加호면乙에減

호고乙에增호면甲에減호야大概平均一定

의數를保有호다호니此는今日學者의一般

信認호는바라鯡과如혼魚類는一腹中에幾

千万의卵子를産호누니此만일此卵子가다一

孵化生育호고此幾千万이다시如許혼大量

의 卵子를 代代로 多産호며 一二三代後에 는 梅面을 鱈魚로써 充滿혈 理致라 然이나 事實을 見호면 年代를 經혈수록 多少의 差는 有호느 大體로 觀호면 如許호 增減은 無호니 此說을 依考호호 면 吾人의 生活호 느 거시 生物의 根本的 機能이나 生存競爭의 結果上揭의 鱈과 如호 現像이나 生호 면 吾人은 種屬蕃殖을 爲호야 吾人의 子孫이 獨立으로 種屬蕃殖의 作用을 能히 營혈씨 지 生存保護혈 必要가 有홈은 自然의 法則인듯호 도다 此論을 基點으로 調査호 學者의 報告를 聞호 則 蚜蟲와 如호 動物은 生호 면서 直生殖의 目的을 達홈으로 一日의 壽命을 僅保호 고도 野猪 와 家猪를 此見호 면 同一호 種類나 大抵家猪 는 二十五年家猪 는 二十年의 生命을 保호 나 野猪 는 人家에 畜호 며

殖호 면 大任務를 盡호 느 거시 即一子孫蕃

食物을 得홈이 容易호 고 또 蕃殖作用을 成홈

이 速홈으로 壽命이 自然短호 다호 며 澤 人類 호 大概五十歲 지에 生殖作用을 舉호 것지 느 其子孫이 父母 와 同一호 作用을 有호 기씨지 느 二十五年 乃至 四五十年에 年月을 要홈으로 人類의 壽命은 大概百歲로 見호 면 大差가 無호 듯 호오

食蟲植物 (譯)

洪 正 求

毛氈苔라 호 느 植物은 温帶地方 山野濕地에 自生호 느 小草니 其高 는 僅々二三寸으로 四五尺에 不過호 느 葉은 數多輪狀形으로 發生호 야 夏日에 는 其中央 으로부터 絲狀의 長穗를 秀出호 며 五瓣의 小紅花를 綴호 고 其形이 恰然이 杓子 와 如호 야 綠色을 帶호 고 其面에 는 數多紅色의 腺毛를 生호 며 其先端으로부터 粘液을 分泌호 며 粘液은 透明호 야 其

美麗ᄒᆞᆫ것시玉과如ᄒᆞ니만일小蟲이飛來ᄒᆞ
야葉面에止ᄒᆞ면粘液의捕虜가되야飛逃치
못ᄒᆞᆷ이蜘網에罹ᄒᆞᆫ小鳥와如ᄒᆞ도다如此히
ᄒᆞ면葉面의周圍에佈列ᄒᆞ엿든腺毛ᄂᆞᆫ次第
로葉面의中央을向ᄒᆞ야屈曲ᄒᆞ며ᄯᅩᄂᆞᆫ毛端
으로부터ᄂᆞᆫ一種의液汁을分泌ᄒᆞ니此液汁
은上述의粘液과도特異ᄒᆞᆫ別種이라此液은
動物의胃液과如ᄒᆞ야動物質을消化ᄒᆞᄂᆞ能
力이有ᄒᆞ며次第로捕攜蟲의體를溶解ᄒᆞ야
其液汁을腺毛로써吸收를終ᄒᆞᆫ然後에ᄂᆞᆫ腺
毛ᄂᆞᆫ다시伸延ᄒᆞ야根本位置에回復ᄒᆞᄂᆞ니
라此腺毛가動物質에對ᄒᆞᆫ感動이極히機敏
ᄒᆞ거슨左의試驗으로知得ᄒᆞᆯ지라婦人의頭
髮의長이, ○二「미리그람」되ᄂᆞᆫ毛髮의一片을取ᄒᆞ야
八二「미리메돌」重量○、○○○
吾人의舌上에置ᄒᆞ면吾人의神經은此를感
覺치못ᄒᆞᄂᆞ此를此植物의腺毛에附着ᄒᆞᆯ時

에ᄂᆞᆫ문득感應ᄒᆞᆷ을見ᄒᆞᆫ다云ᄒᆞ며ᄯᅩ其他接
觸에感應이機敏ᄒᆞᆫ거슨實로可驗ᄒᆞᆯ만ᄒᆞ다
ᄒᆞ고ᄯᅩ此植物感應은根으로水分을吸取ᄒᆞ
야營養分을給ᄒᆞᆯᄲᅮᆫ아니라葉面으로ᄂᆞᆫ昆蟲
의液汁을吸收ᄒᆞ야營養을供給ᄒᆞᆷ으로此를
食蟲植物이라稱ᄒᆞᄂᆞ니라北米合衆國東部
에産ᄒᆞᄂᆞᆫ헤지고우라ᄒᆞᄂᆞᆫ植物은葉의上部
가團扇形을成ᄒᆞ야蠅類가此에接觸ᄒᆞ면迅
速動作ᄋᆞ로此를能히捕ᄒᆞ고ᄯᅩ馬來半島와及
其群島에産ᄒᆞᄂᆞᆫ壺桂라ᄒᆞᄂᆞᆫ植物은其葉이
變化ᄒᆞ야瓶子狀을作ᄒᆞ고瓶內에ᄂᆞᆫ恒常液
汁을貯蓄ᄒᆞ고各種의小蟲을此內에誘入溺
死케ᄒᆞ야此로써養分을吸收ᄒᆞᄂᆞ니라此外
에도陸上及海中에産ᄒᆞᄂᆞᆫ食蟲植物이我邦
에도不少ᄒᆞ나我邦은아즉此等의研究가發
達치못ᄒᆞ야此를發見치못ᄒᆞᆷ이로다一般植
物은根ᄋᆞ로써水와及土中에在ᄒᆞᆫ礦物質을

三十九

吸收ᄒᆞ고葉面으로ᄂᆞᆫ大氣中에存在ᄒᆞᆫ炭酸
瓦斯ᄅᆞᆯ吸取ᄒᆞ야셔生活ᄅᆞᆯ營ᄒᆞ나食蟲植物
은生活ᄒᆞᄂᆞᆫ動物ᄋᆞᆯ捕虜ᄒᆞ야其液汁ᄋᆞᆯ葉ᄋᆞ
로吸收生活ᄒᆞᄂᆞᆫ것시植物界에特異ᄒᆞᆫ現象
이더라

農者ᄂᆞᆫ百業의根本續

第二節 勞力

荷汀生 金晩圭

自然의空氣光線水等이雖有ᄒᆞᆯ지라도人의
勤勞가若無ᄒᆞ면吾人의慾望ᄋᆞᆯ充足키難ᄒᆞᆯ
지니此效用ᄋᆞᆯ創設增進ᄒᆞ기爲ᄒᆞ야用ᄒᆞᄂᆞᆫ
吾人의心力及體力ᄋᆞᆯ活動과勞力이라稱ᄒᆞ
ᄂᆞ니라換言ᄒᆞ면勞力은生產ᄒᆞ기爲ᄒᆞ야用
ᄒᆞᄂᆞᆫ人의體力과心意의活動ᄋᆞᆯ總稱ᄒᆞᆷ이니
故로生產의用ᄋᆞᆯ못ᄒᆞ면비록身體ᄅᆞᆯ動ᄒᆞ고
心力ᄋᆞᆯ勞ᄒᆞᆯ지라도勞力이라云치못ᄒᆞᆯ지라

勞力은其觀察의如何ᄅᆞᆯ隨ᄒᆞ야多種에分ᄒᆞ
을得ᄒᆞᆯ지니ᄂᆞᆫ大槪精神的勞力體力的勞力自
由的勞力不自由的勞力으로分ᄒᆞᆷ이가장便
宜ᄒᆞ도다精神的勞力은精神을活動ᄒᆞᄂᆞᆫ勞
力이니農塲을設施ᄒᆞ며耕地ᄅᆞᆯ整理ᄒᆞ고肥
料(거름)ᄅᆞᆯ改良ᄒᆞᄂᆞᆫᄃᆡ屬ᄒᆞ얏고體力的勞
力은手足을活動ᄒᆞᄂᆞᆫ勞力이니苗ᄅᆞᆯ種ᄒᆞ며
稻ᄅᆞᆯ刈ᄒᆞ며惡草ᄅᆞᆯ除ᄒᆞᄂᆞᆫ거시此의屬ᄒᆞ얏
스니元來實地에ᄂᆞᆫ精神的勞力에도體力을
活動ᄒᆞ고體力的勞力에도精神을勞ᄒᆞ미有
ᄒᆞᄂᆞ其活動의重大部分은體力과精神의有
ᄒᆞ니라自由的勞力은其意思ᄅᆞᆯ束縛ᄒᆞ지은
코自己의自由意思ᄅᆞᆯ隨ᄒᆞ야勞働ᄒᆞᆷ을云ᄒᆞ
미오不自由的勞力은奴隷或半奴隷의勞力
과갓치恒常他人의指揮束縛을受ᄒᆞᄂᆞᆫ勞力
을云ᄒᆞ미니라此自由的勞力中에獨立的勞
力과雇傭的勞力의區別이有ᄒᆞ니獨立으로

自己의農塲에勞力ㅎ는者는所謂自作農夫
의勢力이니前者의屬ㅎ고農夫의使役된日
傭人(품파리군)或俾僕의勞力은後者의屬
ㅎ니라

第三節 資本

資本이如何ㅎ거시라는거슨學者의說이不
一ㅎㄴ가장平易히解釋ㅎ면直接間接으로
將來收益의方便이되야社會의供給ㅎ는貨
物인딕價格으로見ㅎ만흔거시라然則如何
흔巨萬財産이라도다만庫中에貯置만ㅎ고
他의收益方便으로用치아니ㅎ면서資本의
地位를得치못ㅎ고쏘才智藝能은收益
方便의必要ㅎ쑨이오價格으로見치못ㅎ야
資本의地位를得지못ㅎㄴ니라
資本도쏘其觀察의如何를由ㅎ야各種을區
別ㅎ깃스ㄴ農業上에普通區別은固定資本
과流動資本이니固定資本은貨物을生產ㅎ

기爲ㅎ야頻數히使用ㅎ고쏘그保存이長久
ㅎ야漸次로減損ㅎ는資本을云ㅎ미니耕耘
의機械牛馬等이是요流動資本은一次使用
ㅎ는時의其形을變ㅎ고其處를換ㅎ야頻數
히使用치못ㅎ는者를云ㅎ미니肥料(거름)
와勞力者의食物이니라

資本은實노生產의基礎物인딕此로써人力
을節減ㅎ고勞力을維持ㅎ며生產을循環ㅎ
야間斷이無케흘지니만일資本이無ㅎ면生
産을維持기難ㅎㄴ니라日本은米國의比ㅎ
資本이甚히缺乏ㅎ야農業上에大資本을擲
ㅎ기難ㅎ며肥料의買入과機械의製作과土
壤의改良이發達ㅎ미實노農學發達의由ㅎ
얏도다

吾人의生活을엇지ㅎ면?

金 洛 泳

壁上에걸닌녀 木鍾地球公轉標範ᄒ야뜩々
뜩도라가ᄂ듸로時日朔年作成ᄒ여於千萬
古去英雄慷慨淚를葬送ᄒ고二十世紀來天
地萬有機를變幻ᄒᄆ昨日桑田今日海오今
日靑年 日老라北邙山頭纍々塚도一時
에ᄂ如吾靑春이엿마ᄂ公道白髮不可避오
天定生死莫敢奈라蓋世英雄拿巴倫도絕島
孤魂未免ᄒ고拔山氣力楚霸王도烏江寃靈
甘作ᄒ니嗚呼人生幾何든고七十年을自期
ᄒ고幼穉衰弱時代를除去ᄒ즉二十五年間
이,即,壯年時代인데此箇中睡眠時間으로
三分一을計減ᄒ니十四萬六千十四時間이
吾人의活動ᄒᆯ時間이라如此僅少ᄒᆫ時間에
宏遠無涯ᄒᆫ吾人欲望其中을不適ᄒ야或者
ᄂ富贍財産爲主ᄒ야朝東暮西에黃金色一
物만摑取ᄒ기기他事念未暇ᄒ고或者ᄂ美食
美衣爲第一ᄒ여安洞商店萬物廛에吳綾蜀

帛購入키와西洋料理八仙床에龍煎鹿脯鼈
食ᄒ기舌鼓長鳴壺中天에顏目을長瑣ᄒ고
或者ᄂ玉堂金馬斗大印에最高榮位偸得ᄒ
여萬民血膏一己肥로體面을不顧ᄒ고或者
ᄂ鴛鴦綠水四時春에美人共携일合으며或
者ᄂ浮世榮辱云汚耳라雲晴月釣一良策으
로深山窮谷鳥獸群에白首乾坤自處ᄒ니嗚
呼라人生々活果如何오黃金摑取爲主커든
蜂蟻生活仔細보소夏日働作冬日食그아니
며美衣美食爲主커든錦衣公子黃鸚羽와天
然羅綺孔雀衣ᄂ吳綾蜀帛不羨ᄒ고膚鸝鷩
鳶獅虎等의饕食自飽ᄒᄂ거ᄉ新鮮ᄒᆫ其味
趣가西洋料理及이며美人共携일合으니
鸚鵡鳩鴿은間關ᄒᆫ其滋味가猶勝치아니ᄒᆫ
가아々萬物靈長吾人類의貴重ᄒᆫ其生涯가
若此低廉寒心도다然則吾人은如何ᄒᆫ生活
을送ᄒ며如何ᄒᆫ事業을經營ᄒ여야眞正ᄒ

生活이될가此問題가困難頗極ᄒᆞ나余ᄂᆞᆫ對答ᄒᆞᄃᆡ貯金美衣食㩒良妻等이다必要ᄒᆞ나此以外의大努力全心務ᄒᆞᆯ거시有ᄒᆞ다ᄒᆞ노니何者오曰大凡人은自己의盡力을依ᄒᆞ야其周圍를幾許間이라도自己生時보다改良進步케ᄒᆞᆯ거시라此를輕忽히聽及ᄒᆞ면容易히實行치못ᄒᆞᆯ거스로處認ᄒᆞ기쉬우나可爲可成的으로其力量을依ᄒᆞ야進行ᄒᆞᆯ터힌즉決코不可能의事가아니며且吾人類가他動物보다特異ᄒᆞᆫ點을占檢ᄒᆞ건ᄃᆡ他動物은太古나今日이나頗히同一의狀態를持有ᄒᆞ여進步의效痕이全無ᄒᆞ거니와吾人類ᄂᆞᆫ不然ᄒᆞ야古來祖先緫英雄의盡力을依ᄒᆞ야今日의게遺賜ᄒᆞᆯ거신ᄃᆡ顧今黃海東邊에思潮가類도各自의周圍를改良進步식혀後代子孫世界의文明을享受ᄒᆞ니吾儕二十世紀의人奔騰ᄒᆞ여悲劇的으로現代의受侮만憤觀ᄒᆞ

고人類公共的生活의進就를忘却ᄒᆞ니此ᄂᆞᆫ檀箕四千載歷史上에德化頌美ᄒᆞ고將後億萬年永遠ᄒᆞ고無窮ᄒᆞᆯ大韓國民精神界의一大缺點이니願我同胞여此缺點을消去ᄒᆞ고世界人類的의高尙ᄒᆞᆫ思想으로現世文明以上의發見과眞生活을經營ᄒᆞ시오此를實行ᄒᆞ려면其方面은頃刻間에全世界全國家에普及이되지못ᄒᆞᆯ지라도亦無妨ᄒᆞ나다만各自의力量과境遇를從ᄒᆞ야一村里二郡縣을改良케ᄒᆞᆫ지或은實業技術敎育等事業에進就케ᄒᆞ면이ᄂᆞᆫ其周圍를改進케ᄒᆞᆯ이오眞生活을送遣ᄒᆞᆷ이니其積累ᄂᆞᆫ畢境國家幾萬年의繁榮과世界人類의幸福이될진뎌

觀雪有感

霞山生 楊 致 中

雨雪霏霏 旅榻寒 旅榻寒兮 客心懷

四十三

客心懷兮　鄉思倍　鄉思倍兮　望美人
望美人兮　愁難禁　愁難禁兮　夢不成
夢不成兮　思綿綿　思綿綿兮　爰古今
爰古今兮　物盛則衰　物盛則衰兮　爰古今
必盛　衰亦必盛兮　衰亦
時變遷　時變遷兮　物各異
春花冬雪　春花冬雪兮　物各異兮
不同兮　觀感殊　觀感殊兮　興悲異
悲異兮　安奮生　安奮生兮
命道多遷兮　人事隨移　人事隨移兮　命道多遷
亂分　治亂分兮　安樂殊　安樂殊兮　治
奮起　當奮起兮　如彼寒雪　如彼寒雪兮　當
陽來即消　陽來即消兮　江山醒　江山
醒兮　花將發　花將發兮　萬和暢　萬和
暢兮　可行樂　可行樂兮　不忘本　不忘
本兮　陽之功　陽之功兮　公無私　公無
私兮　正々方々　正々方々兮　無往不遂

無往不遂兮　可準則　可準則兮　可施
家國　可施家國兮　家和國治
兮　人之功　人之功兮　更何求　題罷에
暫步於中庭호니陽氣篤而雪盡消호야暖々
然如生春日之氣像이더라

新年祝詞

吳　錫　裕

太極肇判호온후에　大韓帝國싱겨서라
大韓帝國敎育部에　太極學會儼然호다
南颸薰셜々부러　太極旗빗나도다
國旗太極會名太旗　極其無極우리帝國
生於斯長於斯　우리大韓國民이여　今日
責任非常호세　擔肩負背重호여라　流水
歲月不待我라　白駒過隙匜一年　二千萬
우리同胞　新年幸福祝賀로다　新春空氣
快吸호고　新精神奮發호여　新智識硏究

新年學業

海外留學生　江山

奉賀新年學業新　堂堂帝國大韓人

一望三千里　草木欣欣雨露春

多情多恨　寫實小說

白岳　春史

一

時節은大韓光武五年頃인가、흘너가는、가
을빗슨、大地를包容ㅎ야나무가지、풀닙마
다、누릇、누릇峰々ㅎ黑雲中에써엿다버
셔젓다、써러지는日輪은黃海水平面上에
半掛ㅎ야上下天을眞紅으로물드린듯順風
에돗글달고濟物浦로도라가는漁夫노리
울굴굴、미러오는、潮水소리、멋다、잠겻다、
필一필、나라드는、白鷗소리自然의妙樂을

新年逢故人

海外遊覽客

海國三霜歲色新一樽相對故鄉人梅花小屋
多情月喬木殘山得意春成敗有時觀世事淸
閒自足道吾眞笑他要路奔忙客風雨乾坤夜
問津

新年寄書

海外送郞婦

海島數千里送郞歲又新　遙憐江戶月虛送
洛陽春　聞道開明世登庸博學人　丈夫當
此日宜作丈夫眞（江戶는東京舊號）

호세　新國民식로되네
아　國權回復어서어서
다　無窮安樂永亨ㅎ세
祝我　聖上萬々歲

惟我同胞兄弟들
來頭無限新歲마
千々千祝々何事

四十五

391

合奏ᄒᆞᄂᆞᆫ듯이씨에草々ᄒᆞᆫ四騎輕裝으로一

童子를隨行ᄒᆞ야仁川港柚峴으로下來ᄒᆞᄂᆞᆫ

一客子年可四十頃에容貌가秀出ᄒᆞ고風采

가非凡ᄒᆞ나多年客地風霜에苦楚를經ᄒᆞᆷ인

지人世風波에辛酸을嘗ᄒᆞᆷ인지顏色이憔悴

靑白ᄒᆞ고顎骨이稍高ᄒᆞ야一種의秘憂를머

음은듯ᄒᆞ더라

　二

上篇所謂客子의蹤跡을搜探ᄒᆞ니京城桂洞

居ᄒᆞᄂᆞᆫ三醒先生이라先生은元來品性이卓

越ᄒᆞ고志氣가潤達ᄒᆞ야靑年當時에恒常自

思ᄒᆞ되何如則男子가此世에生ᄒᆞ야碌々ᄒᆞ

俗夫를作치말고不世의大事業을成ᄒᆞ야一

世의耳目을驚動ᄒᆞ며千秋의雄名을遺傳ᄒᆞ

고ᄒᆞ야家業을抛棄ᄒᆞ고神法奇術工夫次로

人情風土硏究次로八道江山遍踏ᄒᆞ야名山

大川과名勝都會를歷訪ᄒᆞ며所謂異人道僧

과奇士術客을一々히訪問ᄒᆞ니異人道僧이

別非他人이오奇士術客이都是虛名에不過

ᄒᆞᆷ을覺破ᄒᆞ고中心이不平ᄒᆞ야以後一

切濁浪世界에名利의念을斷ᄒᆞ고今古의活

學問과外國의新智識을隱然自修ᄒᆞᆷ으로無

聊의世를渡ᄒᆞ더니、물、흐르듯、가는、歲月

頭霜이將垂로다建陽元年도라와서天運이

泰回에國運이維新ᄒᆞ야警務局長의榮職을

拜命ᄒᆞ니라

　　*……
　　*　　*
　　*　　*
　　*

이씨에獨立協會로一變ᄒᆞᆫ萬民共同會가貞

洞에셔貞商軍의大打擊을受ᄒᆞ고再次龍山

血戰에失敗를當ᄒᆞᆷᄋᆡ內外人心이洶湧如沸

ᄒᆞ야大小各學校學徒는一時에同盟休學ᄒᆞ

며各商店은撤廛罷起ᄒᆞ야萬口一唱으로民

會에加勢ᄒᆞ니此時에民會는本陣을鍾路에

두고風餐露宿으로晝宵를不撤ᄒᆞ고一邊으

로派員演說ᄒ야人心을鼓動ᄒ며……

* * * *

當局에셔ᄂᆫ百方手段으로民會를解散코져ᄒ되民會에셔ᄂᆫ當局의處置를益々憤慨ᄒ야人民과當局間에輕轢이日甚ᄒ니此時城中景光은怪雲이慘憺ᄒ고殺氣가騰々ᄒ야不知瞬刻間에腥風血雨의活劇을演出ᄒᄃᆺᄒ더라一夜警務局長에게通知가急下ᄒ야卽刻으로巡撿幾百人을領去ᄒ야民會를屠戮ᄒ라ᄒ거ᄂᆞᆯ先生이沈思拒曰口來分付ᄂᆫ決코不許聽이라ᄒ니畢也當局에셔局長을招入ᄒᄂᆫ境에至ᄒ더라先生이政府에들어가如此히殘虐無道의政令은到底執行치못ᄒᆯ緣由를滔々히抗辯出來ᄒ니

此時에警務廳內幾百巡撿은此通知의密下를探聞ᄒ고擇淚相議ᄒ되民會々員은卽吾輩各自의父兄親戚이라此를屠戮ᄒᆷ은吾輩의父兄親戚을屠戮ᄒᆷ이니엇지天理人道의能히行ᄒᆯᄇᆞ리오만일局長ᄯᆡ셔上部의令을抗拒치못ᄒ야如此의不道의慘事를無理로遂行코져ᄒ면우리ᄂᆫ一齊히巡撿을닉여노코同盟退出ᄒ쟈고決議ᄒ든中에先生의抗辯出來ᄒᆷ을ᄃᆺ고幾百巡撿이先生의卓見을感泣稱頌ᄒ며自後로ᄂᆫ先生에게信服ᄒᄂᆫ마음이더욱두텁더라先生이警務局長을拜命ᄒ야來ᄒᆷ幾年間에如此히衆議를排ᄒ며羣誹를不顧ᄒ고一身을國家에獻ᄒ며誠力을公事에盡ᄒ야一平生胷中의宿志를萬分一이라도斷行ᄒᄂᆫ機會가有코져ᄒ엿더니嗚呼라皇天이不吊ᄒ샤人事가多端ᄒ니孤掌難鳴이오隻輪不行이라先生의高尙ᄒᆫ思想과剛直公平ᄒᆫ行事가於公於私間에半點公然의非難을受ᄒᆯ處ᄂᆫ無ᄒ나羣疑의焦點이되고衆目의的이되야地位를保有치못ᄒ고必

也木浦警務官으로移職되ᄂᆞᆫ境에至ᄒᆞ민先
生이快然應諾後에遊覽兼到任次로即日束
裝發程ᄒᆞ야輪船便을기다리러仁川港으로
下來ᄒᆞ음일네라

三

却說先生이木浦警務官으로赴任ᄒᆞ지幾日
後에一日은一役夫의等訴를聞ᄒᆞᆫ즉役夫廳
에셔役夫牌長이一役夫를笞六十度에處ᄒᆞ
야幾至死境이라ᄒᆞ거늘巡撿을即派ᄒᆞ야該
牌長을捉致問招曰「官憲이自在ᄒᆞ거늘네
가무슴名色으로人民을私刑에處ᄒᆞ야死境
에至ᄒᆞ엿단말이냐?」牌長「小人이小人의
自意로ᄒᆞ거시아니오라役軍中에不法ᄒᆞ者
가有ᄒᆞ면隨時處罰ᄒᆞ라고監理使道씌셔
許給ᄒᆞ신條文에照依ᄒᆞ야笞刑에處ᄒᆞ거시
옵니다」先生「監埋使道씌셔如許ᄒᆞ條文을
許給ᄒᆞ얏단말이냐?」牌長「네ㅡ果然監理
使道씌오셔條文을許下ᄒᆞ엿습니다」先生
「그러면그條文을가져오너라牌長을拘留
後에條文을가져보니該條目中에役夫中不
法者가有ᄒᆞ거든隨時處罰ᄒᆞ되若重罪를犯
ᄒᆞᄂᆞᆫ者ᄂᆞᆫ笞二十에處ᄒᆞ음을得ᄒᆞ다ᄂᆞᆫ條件이
有ᄒᆞ더라於是에牌長을다시問招曰「이놈
들어라이條目中에重罪를犯ᄒᆞ者ᄂᆞᆫ笞二十
에處ᄒᆞ라ᄒᆞ엿지어늘六十에處ᄒᆞ라ᄂᆞᆫ法이
잇단말이냐?」牌長「果然該役軍이重大ᄒᆞ
罪를犯ᄒᆞ엿쓰오기此律文에의지ᄒᆞ와二十
度式셰번處刑ᄒᆞ엿습니다」先生이此牌長
의答을問畢ᄒᆞ고慨然嘆曰如此ᄒᆞ官憲과如
此ᄒᆞ行政이都是法令을腐敗케ᄒᆞ며人民을
苛酷케ᄒᆞᄂᆞᆫ原因이라ᄒᆞ고即時監理와交涉
ᄒᆞ야該條文을即日노撤破ᄒᆞ고先生이數多
役夫를一齊招集後에諄々曉喩曰今日該條
文은旣爲破棄ᄒᆞ엿스니너희等은다시牌長

等의 不法ᄒᆞᆫ 苦刑을 不受ᄒᆞᆯᄲᅮᆫ만아니라만일
牌長輩中에 依前頑習을 不改ᄒᆞ야 不法行爲
를 敢行ᄒᆞᄂᆞᆫ者ㅣ 有거든即 余의게告訴ᄒᆞ라
ᄒᆞ고 年來頑冥俠雜ᄒᆞᆫ牌長輩의 餌食을 不免
ᄒᆞ든 役夫軍의 喜悅雀躍ᄒᆞ야 萬歲를齊唱ᄒᆞ며 太
平을 謳歌ᄒᆞᄂᆞᆫ 樣子米國南北戰爭後에 自由
解放ᄒᆞᆫ黑奴의 그것과 恰似ᄒᆞ겟더라 ᄯᅩ先生
은 慈愛心이 多ᄒᆞ고 同情이 深ᄒᆞᆷ으로 自己의
月銀을 盡散ᄒᆞ야 可憐ᄒᆞᆫ部下를 救濟ᄒᆞ며 其
後一慶節을 當ᄒᆞ야ᄯᅩ 幾十金을 巡撿等의
給ᄒᆞ야 一次宴遊를 期ᄒᆞ민 巡撿等의 喜悅稱
頌이 何에 比ᄒᆞᆯ바 有ᄒᆞ리오 於是에 巡撿等이
慶祝宴會를 設ᄒᆞ고 先生의 鴻恩을 感謝ᄒᆞ야
祝杯를 獻ᄒᆞ더라 此時에 先生이 上席에 坐ᄒᆞ
야 窓隙으로 瞥見ᄒᆞᆫ즉 一人이 烹豚을 큰그릇
에 담아 가지고 南北으로 巡回ᄒᆞᆫ다가 略一時

間後에야 酒果와 兼ᄒᆞ여 酒席에ᄂᆞᆯ이거늘先
生이 心中에 自思ᄒᆞ디 必是 愚昧ᄒᆞᆫ人民等이
ᄯᅩ귀신이나 神堂等屬을 崇拜ᄒᆞᆷ이로다ᄒᆞ고
宴罷乃歸러니 其後에 一巡撿을 私招ᄒᆞ야隱
然問曰 日前宴會時에ᄂᆞᆯㅣ 暫見ᄒᆞᆫ즉 烹豚을
가지고이곳뎌곳巡回ᄒᆞ니 是何曲折고 ?
巡撿네ㅣ 이곳此山下에 數百年來로 爲ᄒᆞᄂᆞᆫ
神堂이잇ᄉᆞᆸᄂᆞᆫᄃᆡ 大端히靈검ᄒᆞ고嚴ᄒᆞ와
官民間에 무合飮食이싱기면 반다시 몬저此
神堂에 供獻ᄒᆞᄂᆞᆫ 規例가 有ᄒᆞ옵ᄂᆞ이다ᄒᆞ거
ᄂᆞᆯ先生이 허허 大笑曰 幽明이 地己隔ᄒᆞ고 神
人이位己殊어ᄂᆞᆯ神人共居가 甚是未便者也
로다ᄒᆞ고即時巡撿幾人을불너 該神堂을處
置ᄒᆞ라ᄒᆞᆫ즉 巡撿等이 大驚戰慄曰 此神堂은
數百年來有名ᄒᆞᆫ靈검ᄒᆞᆫ神靈이라만일 人間
이些少ᄒᆞᆫ罪를犯ᄒᆞ면 神罰이立地에 至ᄒᆞᆸ
ᄂᆞ이다ᄒᆞ거ᄂᆞᆯ先生이 大呼曰 神罰은 我自當ᄒᆞ

四十九

리라ᄒ고即時役軍과巡撿을率去ᄒ야該神堂을燒燼ᄒ니人民이戰競相目曰今次警務官令監은天主敎人이아니면耶蘇敎人이라고소문이浪藉ᄒ더라如此히先生이到任ᄒ以來不過月餘에部下를撫服ᄒ며舊習을一掃淸新ᄒ고人民의否運인지時代潮流의所襲인지此未前의好警務官이一朝依願免本官이되엿다고

四

先生이木浦警務官으로免職上京ᄒ니家勢ᄂ淸貧如洗ᄒ나賢夫人姜氏와長男유봉이八歲와次男하봉이四歲와及先生合四八間의和氣靄靄ᄒᆫ家庭에셔一切政海의蹤跡을斷ᄒ야世憂를忘ᄒ고專혀兒童敎育과同胞開發로써半生의天職을盡ᄒ고져ᄒ야洞內某々有志人士와相議ᄒ야小學校를新築設立ᄒ기로決定ᄒ고小學兒童을一齊히불너礎石一個式을求來ᄒ라ᄒ니兒童輩가爭先歸家ᄒ야各自의柱礎를쎄여오며或不美ᄒ거슬가져오는兒ᄂ相責相促ᄒ야不日內에基地를定ᄒ고新築에着手ᄒ니此間에無窮ᄒ滋味ᄂ前日風雲界生活時의到底夢想ᄒ지못ᄒ엿든바더라先生이一日은早朝에니러나烟草를피여물고緩步散策으로小學校基地로올나가니南山北岳에자옥히잠긴안ᄭᅵ萬象의秘密을包藏ᄒ고베거리, 널흔길에, 물찌게장스의, 물, 깃는소릭만, 짜걱짜한골목에, 다々르니, 한사룸, 허리룸, 굽붓ᄒ며, 안녕히, 지무셔겝시오? 先生이不焉中에바라보니前日警務局長으로在ᄒᆞ時에,熟知ᄒ던別巡撿이라先生「하엇더케여긔왓나?」別巡撿「아니올시다이집은누가

主ᄒᆞ야新築ᄒᆞᄂᆞᆫ거시옵닛가?」先生「이집은온一洞內사룸이合同ᄒᆞ여짓ᄂᆞᆫ小學校다」別巡「至今警衛總管씌셔令監을좀오시라고ᄒᆞ엿슴늬다ᄒᆞ며帖紙를出示ᄒᆞ거늘바다보니即逮捕狀이라先生이疑訝ᄒᆞ며左右間집으로도라오니이골목에셔또나오면셔安寧히지무셔겝시오뎌골목에셔도또나오면셔安寧히지무셔겝시오ᄒᆞ며이골목뎌골목에셔불닐듯나오ᄂᆞᆫ別巡八九名에幾至ᄒᆞ니必是시벽브터줄을버리고先生의擧動을警戒ᄒᆞ던貌樣이더라先生이집에도라와衣冠을正着後에朝餐을먹고나아가니數多別巡이先生을左右前後로擁衞ᄒᆞ고나는드시警務廳으로모시더라先生이巡撿의게擁衞ᄒᆞ야警務廳門內에드러가니大罪人을捕縛ᄒᆞ엿다고숙운숙운ᄒᆞᄂᆞᆫ소리四面에셔들니더라先生은엇더ᄒᆞᆫ셕당을아지못ᄒᆞ고引導ᄒᆞᄂᆞᆫ디로獄間에드러가니一靑年이馳前拜揖曰令監씌셔엇지ᄒᆞ여쏘이곳에드러오시옵ᄂᆞ잇가ᄒᆞ고痛極飮泣ᄒᆞ거늘仔細히바보니此靑年은即四五年前에先生이局長으로잇슬時에手下에親히부리든使喚이라此使喚은廳內의大小物論을聞知ᄒᆞᆷ으로先生의被提됨을듯고如此히痛惜哀呼ᄒᆞ니此乃先生의重罪를默示ᄒᆞᆷ일네라一邊으로栲拷를치우고看守를嚴히ᄒᆞ야一朝에汚穢를極ᄒᆞ고黑暗々ᄒᆞᆫ牢屋中에自由를失ᄒᆞᆫ몸이되니嗚呼라黑雲이慘憺ᄒᆞ고前路가杳茫ᄒᆞ다

先生의運命!(未完)

雜　報

●悲壯ᄒᆞ다天道敎學生

雙手로兩行의熟淚를揮ᄒᆞ고血이有ᄒᆞ고骨이有ᄒᆞ고情이有ᄒᆞ고淚가有ᄒᆞᆫ我二千萬同

胞에게告ᄒᆞᄂᆞ이다指를斷ᄒᆞ야學業의成就

흠을同盟ᄒᆞ고死心을決ᄒᆞ야祖國에獻身흠

을共享흔天道敎學生二十一人의血誠이여

弱者로ᄒᆞ여금心을强케ᄒᆞ며懦夫로ᄒᆞ여금

志를立케ᄒᆞ고見者의淚를落케ᄒᆞ며聞者의

情을悲케ᄒᆞᄂᆞ다

日本東京에留學ᄒᆞᄂᆞ天道敎派遣學生五十

餘人은日本에留學以來로熱心攻學ᄒᆞ야每

學年試驗에成績이擧皆良好흠으로留學生

界에令聞이素著ᄒᆞ더니不幸該敎會에셔昨

秋以來로學資를不撥ᄒᆞ야二十餘人은各自

先爲歸國ᄒᆞ고殘留二十餘人은進退維谷ᄒᆞ

야千辛萬苦를忍ᄒᆞ고該學生監督崔正德氏

의熱心周旋으로써或書籍을拍賣ᄒᆞ며或衣

服什物等을典當ᄒᆞ야僅々得生ᄒᆞ더니近日

에ᄂᆞ飢寒이層一層ᄒᆞ고困難이疊又疊ᄒᆞ야

旅舘의積滯흔食債를未報흠으로去月晦夜

에無情흔旅舘主人에게一切被逐ᄒᆞ야勢不

得己留學生監督廳에齊往ᄒᆞ야監督韓致愈

氏에게事情을陳告ᄒᆞ고一間空房을借得ᄒᆞ

야二十餘人이單衫薄衣로嚴冬雪天에身與

脚戰ᄒᆞ며薄饌薄食으로僅々療飢ᄒᆞ야滿腔

血恨으로聚首相泣ᄒᆞ며朝夕을보닉더니去

五日曉에異口同聲으로互相大叫曰吾儕가

墳墓를棄ᄒᆞ며親戚을離ᄒᆞ고此地에來學흠

은他日祖國을爲ᄒᆞ야獻身코져흠이라만일

學業을不成ᄒᆞ고故國에空歸ᄒᆞ면是ᄂᆞ還不

如死라ᄒᆞ고二十一人이一時에斷指誓天ᄒᆞ

고同盟書를書ᄒᆞ민全幅에血痕이斑々ᄒᆞ니

人으로ᄒᆞ여금見ᄒᆞᄂᆞ者毛骨이悚然ᄒᆞ고感

懷가促痛ᄒᆞ야誰가同情의淚를揮下치아니

리오留學生各團體에셔爲先義捐金을募集

ᄒᆞ야一時救急의策을講ᄒᆞᄂᆞ此後에特別흔

方策이若無ᄒᆞ면長久의策은到底覺束이無

ᄒᆞ도다

斷指人氏名이如左ᄒᆞ니

崔昌祚　李熙瓛　李允燦　崔忠昊　朴允
喆　金昌河　白宗洽　安希貞　金潤英
徐允京　李善曉　梁大卿　金致鍊　咸俊
灝　韓文彦　劉永熙　張景洛　韓文善
鄭利泰　張雲龍　閔在賢

○優等卒業

昨年十二月學期에李圭正高永相兩氏가警
務學校를卒業ᄒᆞ얏ᄂᆞᆫ듸李奎正氏ᄂᆞᆫ特히優
等賞을受ᄒᆞ엿스니춤我留學生界의名譽더
라

○有志興學

近來新來同胞學生이逐日增加ᄒᆞᄂᆞᆫ데小石
川區近方에來留ᄒᆞᄂᆞᆫ同胞의便利를爲ᄒᆞ야
劉銓張弘植韓相琦諸氏가發起ᄒᆞ야東寅義
塾을新設ᄒᆞ고該幾氏가上學ᄒᆞᆫ餘暇에輪次

로敎鞭을執ᄒᆞ야日語와普通學을敎授ᄒᆞ다
더라

○學務渡來

在米國我韓人共立協會學務員安昌浩氏가
學生界視察次로去月三十日에日本東京에
渡來ᄒᆞ엿더라

會錄要抄

○本月六日總會에셔全永爵氏가動議ᄒᆞ되
方今天道敎派遣學生等의學資窮乏ᄒᆞ야旅
舍에셔被逐된것은一般學生이己所通知어
니와昨日下午十二時頃에該學生等이ᄀᆞ獻
身的精神이愈益堅固ᄒᆞ야만일學業을不成
ᄒᆞ면死不還國이라ᄒᆞ고一時에斷指血盟ᄒᆞ
엿다ᄒᆞ니그勇決血誠이若此ᄒᆞ고到飢寒이到
骨ᄒᆞᆫ同胞에對ᄒᆞ야人情間에엇지尋常默過
ᄒᆞ리오我一般會員은一時救急之策으로隨

力義捐ᄒ야ᄒᆞ미滿塲會員이不待動議可決ᄒ고爭先出義ᄒᆞᆫ金額이三十餘圓에達ᄒᄂ딕卽時總代四人을定ᄒ야該義捐金을送致ᄒ다○七日下午一時에臨時總會를開ᄒ고斷指ᄒᆞᆫ同胞의救急方策을討議ᄒ엿ᄂᆫᄃᆡ爲先內地各新聞에廣告ᄒ야義捐募集ᄒᄂᆫ事와各團體에通知ᄒᄂᆫ事와學部에上書ᄒᄂᆫ事를議決ᄒ다

會員消息

○還國ᄒ엿던本會員玄僖運氏ᄂᆫ本月七日에東京에渡來ᄒ다○本會員尙允植氏ᄂᆫ做業中不幸學資가絶乏ᄒ야本月四日에還國ᄒ다○本會員金琮基氏ᄂᆫ身病이有ᄒ야水土를換ᄒᆞᆯ次로本月十二日에京都에發往ᄒ다○本會員李尙根氏ᄂᆫ皮膚症으로順天病院에서治療ᄒᄂᆫ中漸復淸快ᄒ야不日間退院ᄒᆞ깃더라○本會員金淵穆、朴相洛、朴寅喜、金瀅穆、金載健、諸氏ᄂᆫ太極學校에서語學科普通을修得ᄒᆫ後에今月學期에正則豫備學校에入學ᄒ다○本會員金載汶、金溶重、金洞奎、諸氏ᄂᆫ警務學校에入學ᄒ다○太極學校甲班學員은語學科普通을修了ᄒ야各々相當ᄒᆫ日本學校로入學ᄒ고至今ᄭ지乙班은甲班으로昇級ᄒ고新乙班을開設ᄒ얏ᄂᆫᄃᆡ甲乙班의新入學員이如左ᄒ니李承珪、張舜基、李敦九、沈瓊燮、柳東振、李承鉉、李元鵬、李昌均、柳正鐸、安炳恪、柳成鐸、沈導澧、柳甲吉、金龍鎭、諸氏더라○新入會員　李承瑾、崔麟、金鉉俊、柳成鐸、安炳恪、李承鉉、鄭雲騏、楊在河、金洞奎、李承鉉、李元鵬、李昌均、諸氏가入會ᄒ다○本會員高宜煥氏ᄂᆫ農科大學校에셔退學

호야明治大學法律科에入學호다 ○本會總務員金志侃氏는去月二十九日에東京에渡來호다

○太極學報第四回義捐人氏名

崔容化氏　　　參圓
朴容喜氏　　　拾圓
朴寅喜氏　　　伍圓
李承瑾氏　　　參圓
李勳榮氏　　　拾圓
崔永澈氏　　　貳圓

投書注意

一、諸般學術과及文藝詞藻等에關훈投書를一切歡迎홈

一、直接政治上에關훈記事는受納치아니홈

一、投書는반드시原稿紙에正書홈을要홈

一、投書의揭載與否는編輯人이撰定홈

一、一次投書는返附치아니홈

一、投書當撰훈신이의게는本報當號一部를無代價로進呈홈

一、投書는完結홈을要홈

廣告

光武十年二月十六日發行

明治四十年二月十六日發行

●代金郵稅並新貨拾貳錢

日本東京市本鄉區元町二丁目六十六番地太極學會內

編輯兼
發行人　張　膺　震

日本東京市本鄉區元町二丁目六十六番地太極學會內

印刷人　金　志　侃

日本東京市本鄉區元町二丁目六十六番地

發行所　太　極　學　會

日本東京市京橋區銀座四丁目一番地

印刷所　敎文館印刷所

405

明治卅九年九月廿四日 第三種郵便物許可
光武十年九月二十四日

光武十一年二月廿四日發行
每月一回發行

太極學報

第七號

太極學報第七號目次

410

告學會說　四

留學生監督　韓致愈

我土藪澤之士動稱經濟之術然而凡天道人
紀行政司法兵農工商以至偏技曲藝無一事
不在經濟範圍之內則經濟夫豈易言哉噫經
濟之學必先求三要素曰自然曰勞力曰資本
而資本有固定流動之異勞力有生產不生產
之分此則經濟學家所皆知也今請以此爲諸
公從學普通之論可乎政法兵農以及工商醫
藥諸學術乃諸公之所分占而是則要素之自
然也諸公或因政府之饋或因父兄祖業之遺
以能致身海外而從學器具即固定資本也衣
食所需即流動資本也但未知諸公所以致勞
力者何如也就三要而決其一則即勿論生
產不生產而其能成就富業以致他日消費報
酬之利者未之有也我土即農國也誥以稼穡

之事言之土地雨暘即所謂要素之自然也而
牛馬器械賃人饟畝之需即資本之固定流動
也然苟使佃人農夫而不致勞力則雖有土地
及資本而秋無廩石無以卒歲是必至之事也
今我諸公從學之地所就有校所教有師普通
專門各有所主則足以釋吾慮而但不能不撓
唇皷舌以添日下之燭者即此勞力二字也今
且以監督者經濟而言之皇天所以生吾人者
有耳目聰明之用有手足運用之機有靈知靈
覺思想之妙而由是身焉有肉體欲望是乃
焉有精神欲望是則監督之土地也以監
教育成材自然之姿是則監督之
督之職占監督之部而算日計朔有糊口之用
則此監督之資本也但未知能致所謂勞力
者而終致諸公進修之富乎西人之諺曰人有
過則收而納諸目前之帑已有過則收而納諸
背後之帑前帑易見而後帑難觀是盆名言也

縱使吾不能致勞力之實而其於後帑之不易
觀何哉幸諸公有以補我之短而使之成吾之
志也噫勉强勤勵爲勞力之機而怠惰恬嬉爲
勤勉之蠹節省儉約爲貯蓄之媒而浮華贅澤
爲節儉之賊吾未知諸公果皆勤歟儉歟吾有
帑在目前是盍易見而難諱也上學之時其或
遲刻缺席則非勤勉也授業之地其或昏沉假
窹則非勤勉也夜習失時間話消刻動運過度
體育不服則非勤勉也如其或歌樓酒肆倫往
潛返則是贅澤也衣必欲華而行必欲乘則是
贅澤也引朋挈儔出入韓日洋清料理之舖則
是贅澤也諸公於此萬有一身親犯之則非所
以致勞力之實而亦必有資本不繼之虞其何
以致富有之業而終享報酬利潤之美哉天何
下之事莫不以立志爲之本而志爲氣之帥氣
爲志之卒志而氣必從之氣作而力必至焉今
我諸公之致力與不致力惟在諸公立志之堅

不堅如何耳諸公其勉之哉抑余有一言附告
者近日後生率多悅歐米之新而薄孔孟之舊
以余觀之是甚不然也大政治大經濟無如
孔孟而但所主在於道德倫理不以政治經濟
作爲專門學也其曰制民之產仰足以事父母
俯足以育妻孥其曰子庶民則百姓勸來百工
則財用足者此經濟之大關鍵也曰用天之道
因地之利者何也雨暘寒暑海陸原濕空氣吸
力無非天道地利而此則所謂要素之自然也
曰運其乘屋其始播百穀曰工欲善其事必先
利其器則是其部分爲固定資本也曰日省月
試餼廩稱事曰通工易事以羨補不足則是其
部分爲流動資本也曰生之者衆爲之者疾曰
或勞力或勞心則是其部分爲要素之勞力
而肉體精神之勞包在其中也曰人無信不立
曰道千乘之國敬事而信則其主於信用果何
如也曰謹身節用曰節用而愛人曰食之者寡

用之者舒則其主於勤儉勉勵以爲貯蓄之地
者果何如也但孔孟生於鎖國之世而風氣有
古今之變是以行政司法兵農工商千條萬目
固有未盡舉者此則安知孔孟不遺嫉今日諸
公哉諸公宜思所以益致勞力也

講學

壇園

社會我를論홈

編輯人　張膺震

吾人이通常自我(나ㅣ)와他我는全혀關係가無ᄒ고各々特殊ᄒ거스로思維ᄒ나實로我라ᄒ는意를깁히窮究ᄒ면決코不然ᄒ야自我의內容은他我의內容과共通聯絡홈을發見ᄒ지라大抵自我와他我의內容의關係는吾人의日用ᄒ는言語와如ᄒ니言語는決코一個人의特別ᄒ物이아니오公共ᄒ社會에屬ᄒ者니個々人의特有ᄒ性質로因ᄒ야多少의差異는有ᄒ나ㅣ其性質에至ᄒ여는全혀共通됨을知ᄒ지라今에人의內容의關係를攷究ᄒ기爲ᄒ야먼저小兒의心的狀態의發達ᄒ는楷梯를觀ᄒ면幼兒는最初에我라ᄒ는觀念을明日히自覺치못ᄒ도다無論自覺ᄒ腦力은有ᄒ지라도漸次生長發達ᄒ

然後에야我를漸覺ᄒ며人格의觀念을始認ᄒ느니此의順序로言ᄒ면幼兒가最初에自身과가장親密ᄒ關係가有ᄒ人即父母乳母等에對ᄒ야비로소特別ᄒ거스로認知ᄒ는 要素 感知가人格이라ᄒ는거슬始認ᄒ는 要素 自己로身體와思想이漸次發達ᄒ면自己의身體도또ᄒ一種異樣의活動이有ᄒ거슬始覺ᄒ야畢境自己도또ᄒ父母와乳母等과同一ᄒ者로認知홈에至ᄒ느니故로始에는他人의게對ᄒ야發見ᄒ人格을後에는自己에게對ᄒ야認覺ᄒ는기시라即自我의內容은他人의內容과如ᄒ거스로解釋ᄒ느니此는幼兒가自覺的으로我를認知ᄒ는初니라兒童은또非常히他를模倣ᄒ는性質이多ᄒ야他人의게셔認ᄒ內容을自己의內容으로取入ᄒ며自己의主張을貫徹코져ᄒ는心이强ᄒ고또他人은다自己가싱각ᄒ는것又

五

치셩각ᄒᆞᄂᆞᆫ줄노推測ᄒᆞ야自己의心으로他
人의心을作코져ᄒᆞᄂᆞᆫ傾向이多有ᄒᆞᆷᄋᆞ로自
己보다年長者의게對ᄒᆞᄂᆞᆫ如許ᄒᆞᆫ效力을
未奏ᄒᆞ나年下者의게對ᄒᆞ여ᄂᆞᆫ自己의心각
ᄒᆞᄂᆞᆫ主張을壓制的ᄋᆞ로實行ᄒᆞᄂᆞᆫ거시라如
邊ᄋᆞ로ᄂᆞᆫ自己思想의一部分을割出ᄒᆞ야他
人의게傳與ᄒᆞ면必也自己의內容과他我의
內容이中間에確然ᄒᆞᆫ區別을立치못ᄒᆞᆯᄀᆞ境에
至ᄒᆞ리니然則全혀孤立創造ᄒᆞᆫ自我의思想
은絕對的有기不能ᄒᆞ고共通的思想을有ᄒᆞᆫ
所謂社會我를作成ᄒᆞᆷ이라此間에但各人의
境遇와種々의原因ᄋᆞ로因ᄒᆞ야發展의差異
ᄂᆞᆫ有ᄒᆞᆯ지라도一般社會我됨에至ᄒᆞᄂᆞᆫ差
別이無ᄒᆞ니此ᄂᆞᆫ社會以外에孤立ᄒᆞᆫ個人이
有처못ᄒᆞᆯ理由로다故로個人과社會ᄂᆞᆫ別物
이아니오個人의精神은即社會의精神이며

ᄯᅩ吾人의心以外에別노히社會心이更有ᄒᆞᆯ
거시아니라通常에謂ᄒᆞᄂᆞᆫ바一吾人以外에
興論이라ᄒᆞᄂᆞᆫ것도亦是自我의心과大同小
異ᄒᆞᆫ社會心을指ᄒᆞᆷ이오ᄯᅩ吾人이朝鮮精神
의一團이何處에特別
이라云ᄒᆞ면朝鮮國民의個々人
이所有ᄒᆞᆫ共通精神을謂ᄒᆞᆷ이라如此히吾人
의社會我의內容은다共通ᄒᆞᆫ性質을有ᄒᆞ나
各人의內容即心이全혀一致치아니ᄒᆞᆷ은如
何ᄒᆞᆫ原因ᄋᆞ로由ᄒᆞᆷ인고學者의說을從ᄒᆞ면
無論吾人의社會我ᄂᆞᆫ漸々發達進化ᄒᆞᄂᆞᆫ거
시니此進化가發展의極에達ᄒᆞ야吾人이完
全無缺ᄒᆞᆫ社會我에到達ᄒᆞ면其時에ᄂᆞᆫ吾人
의心이다一致ᄒᆞᆯ거시나(實은空想)今
日吾人의認識ᄒᆞᄂᆞᆫ社會我ᄂᆞᆫ方今發展進化
ᄒᆞᄂᆞᆫ程路에在ᄒᆞᆷᄋᆞ로現在의境遇에從ᄒᆞ야
多少의差異ᄂᆞᆫ免치못ᄒᆞ나此差達의點은極

히微少ㅎ고其大部分은大略一致ㅎ느니此
一致共通호各個人의心을抽象的으로싱각
ㅎ면此를社會心이라稱ㅎ는거시라古語에
人心은如面이라ㅎ여스니此는實노適當호
比喩로다吾人의日常經驗ㅎ는바人의顔面
은一見ㅎ면千萬人이千萬面을各有ㅎ야其
面々間에非常호差異가有호듯ㅎ나面面을
의搆造上으로觀察ㅎ면耳目口鼻諸機關의
配布와其他各部의配列이大槪共通一定ㅎ
야其大部分은一致ㅎ고吾人의眼中에如許
히非常호差異가有호것ㅊ치映見ㅎ는面々
이其實大異ㅎ는一致ㅎ는部分의幾萬分의
에도未滿ㅎ는거시오吾人의心도此와如ㅎ
야其差違는幾萬分의一에不過ㅎ고一致ㅎ
는거시大部分을占ㅎ나故로吾人이日常談
話言論上에發表ㅎ는吾人의思想이라ㅎ는
것도吾人이特別히創造發明호者이아니오

實은一般社會思想을交換吐出흠이라社會
我가發展ㅎ는데對ㅎ야一樣의動作이有ㅎ
미一은。一般化요二는特殊化니一般化라ㅎ
는意味는人이此世에生ㅎ면社會生
活을營ㅎ는結果로周圍의感化를受ㅎ여社
會精神即個人精神이漸次自我를發展ㅎ야
社會平均의標準即社會精神의平均의高度
에進達ㅎ면此時에는彼敎師와兩親이其子
弟의精神을敎育ㅎ다흠도其眞相은如此호
社會生活이助長發展케
흠이라無論此社會的生活은各個人에依ㅎ
야其範圍를各異ㅎ나니假令一家庭內에서生
長호兒童의精神은此一家庭이라ㅎ는社會
의社會精神을表有ㅎ다거시라此兒童의生活
는社會的의生活의範圍는一家庭內에區劃
ㅎ는社會精神도亦

是家庭精神을表흐거시오此兒童이만일成
長後에家庭以外一層廣濶흔社會的生活을
營흠에至흐야其人의有흔바ㅣ社會精神은
다시範圍가廣張흐야社會精神의自我發展
이一段進化를生흐겟고一層更進흐야其人
의屬흔國家의精神으로自我의精神을發展
흠에進흐면此時에논其人의社會精神이一
層高度에進흘거시라如此히其生活흐논社
會範圍의如何로各人의社會精神이
各樣의差違가有흐나此即各自의遺傳敎
育經驗境遇等으로因흐야社會精神의自我
發展上에種々흔差異를生흐논거시라如此
히人이一般化를受흐야漸次一定흔見에
達흐야其時에논다시一種特殊흔主義를産
出흐야自己의特殊흔意見을主張흐야所謂
改革을主張흠에至흐고如此히各個人의特
殊흔意見이一時에現出흐면於此에互相感

化흐야前보다一層進步흔一般的社會精神
의新標準이成立흐고此新標準이다시次代
의社會를一般化흐면또個人은特殊化를行흐
야如此흔作用이連續不絕흐면於間에社會
我의發展은進化向上흐논거시니故로吾人
이一般化만受흠에滿足흐논者ㅣ無흐
면此논所謂凡人을未免흐논者요最廣最高
흔社會精神으로最完全흔發展을成흔個人
은所謂大人物이라稱흐논거시로다吾人의
社會我가今日과如흔發展에達흔거슨全혀
吾人々類의게논言語가有흠으로從來흔者
라言語로써自我의內容을自解흐고自我의
思想을發表흐야他人의게知케흐며또言語
를代表흐야思想을傳通흐논文字가有흠으
로遠近의思想과今古의思想을一々히蒐集
흐야衆酌흐는方便이有흐도다人類以外의
動物을觀흐면感情을表示흐논自然의音聲

은有ᄒᆞᆯ지라도아즉言語ᄂᆞᆫ發達치못ᄒᆞ야異時代動物間의思想을互相交通ᄒᆞᆷ은姑捨不論ᄒᆞ고同時代同類間에도各自의思想을十分相通치못ᄒᆞ니然則動物의思想은多少의遺俗이有ᄒᆞᆫ以外에各目의一平生々活中에直接經驗으로得ᄒᆞᆫ外에ᄂᆞᆫ方法이更無ᄒᆞ나吾人의思想은不然ᄒᆞ야個人個人이一平生에直接經驗으로得ᄒᆞᄂᆞᆫ範圍에不止ᄒᆞ고過去及現在人類全般社會의思想을受入ᄒᆞ야自我의思想을助成ᄒᆞᄂᆞ니即動物의經驗은個體的經驗이오人의經驗은社會的經驗이니此ᄂᆞᆫ言語文字의有無로從ᄒᆞ야生ᄒᆞᄂᆞᆫ差異로다故로動物은個體個體가生存競爭自然淘汰ᄒᆞᄂᆞᆫ結果進化의法則으로微々ᄒᆞ進步가有타ᄒᆞᆯ지라도其思想上에ᄂᆞᆫ前代動物과今代動物間에如許ᄒᆞᆫ進步의差違가有ᄒᆞᆫ거ᄉᆞᆯ認치못ᄒᆞᆯ것스니此ᄂᆞᆫ言語와文字가

吾人의社會我發展에對ᄒᆞ야如何히密接且大ᄒᆞᆫ關係가有ᄒᆞᆫ거ᄉᆞᆯᄢ想ᄒᆞ리로다

獻身的 精神

女史 尹貞瑗(윤뎡원)

대뎌,문명뎡도(文明程度)가극도에달ᄒᆞᆫ금일,이십셰긔(二十世紀)ᄂᆞᆫ무合셰계인고,ᄒᆞᆯ디뎡이면,일편으로,셕탄셰계(石炭世界)라,ᄒᆞ여도됴ᄒᆞᆯ지라,금일문명의데일,리긔(利器)로치ᄂᆞᆫ,긔챠긔션(滊車滊船)과,긔타허다ᄒᆞᆫ공장회샤(工場會社)에,혹셕탄이업슬디뎡이면,일촌일분(一寸一分)을,음즉일수업슬지라,혹시,하로라도,이곳ᄒᆞᆫ늘이잇슬디뎡이면,문명셰계가변ᄒᆞ야,암흑(闇黑)셰계가될지라,엇지셕탄이귀즁ᄒᆞᆫ물건이라아니ᄒᆞ리오,연즉,이문명지모(文明之母)와,곳ᄒᆞᆫ귀듕ᄒᆞᆫ셕탄은,

엇지ᄒᆞ여, 싱 (生)ᄒᆞᆫ것인고ᄒᆞᆯ디경이면 이
눈보ᄃᆞᆼ디식 (普通知識) 잇ᄂᆞᆫ이ᄂᆞᆫ 누구라
도, 아, 눈듯시, 왕고의, 왕셩ᄒᆞ엿든, 일죵식
물 (一種植物) 이, 믹몰 (埋沒) ᄒᆞ여, 슈쳔만
년동안, 디하에셔, 압력 (壓力)을밧아, 화셕
(化石)ᄒᆞᆫ것이즉, 금일셕탄이라, 혹, 왕시 (往
時)의식물이, 그싱명을져ᄇᆞ리고, 믹몰퇴,
아니ᄒᆞ엿더면, 엇지금일, 오인의ᄒᆡᆼ복 (吾
人幸福)을 치 (致ᄒᆞᆯ수잇셔스리오, 연즉, 금
일이십셰긔문명지모ᄂᆞᆫ, 왕고식물의, 희싱
지결과 (犧牲之結果) 라ᄒᆞ여도, 됴ᄒᆞ미로
다, ᄯᅩᄆᆞ롯무슴, 곡식이던지, 츈하지시에, 뎐
답에셔, 쳥々 (靑々)히, 싱장ᄒᆞᆯᄯᅢ에, 시험츠
로, 그무엇시던지, 한폭이를, 썀아볼디경이
면, 반듯시, 그씨가썩고말나셔, 형용만남아
잇슬지라, 그연고ᄂᆞᆫ, 시순을닉고로, 그씨ᄂᆞᆫ
죽은바ㅣ라, 혹, 일기의씨가, 죽지아니ᄒᆞ엿

드면, 엇지, 션수십긔나, 수ᄇᆡᆨ긔의곡식을싱
ᄒᆞᆯ수잇스리오, ᄯᅩ이계샹나라의, 동셔남북
을물문ᄒᆞ고, 대뎌, 남의부모된쟈, 특별히
모쳔된쟈ᄂᆞᆫ, 실노그ᄌᆞ녀를기르기위ᄒᆞᆫ,
일평싱을져ᄇᆞ린다ᄒᆞ여도, 됴ᄒᆞᆯ지라, 뒤ᄋᆞ
(胎兒)의모쳔은, 뒤ᄋᆞ를보호ᄒᆞᆷ을일시라도
잇지아니ᄒᆞ여, 일동일졍을, ᄌᆞ긔의임의로
못ᄒᆞ고영ᄋᆞ (嬰兒)의모쳔은영ᄋᆞ를위ᄒᆞ여,
일ᄎᆞ일입을여의케못ᄒᆞ고, 병ᄋᆞ의모쳔은
병ᄋᆞ를위ᄒᆞ여, 삼복염텬과, 엄동셜한이라
도, 쥬야를불고ᄒᆞ고, 진심간병ᄒᆞ노라고, 일
면 (一眠) 을듣게못ᄒᆞ며, ᄌᆞ녀를원방에보
닌모쳔은, 출외ᄌᆞ녀 (出外子女) 를위ᄒᆞ여뎐
디신명씌, 그무ᄉᆞᆼ기를츅원ᄒᆞ며, 화됴월
셕 (花朝月夕)에, 그원졍 (遠情)을싱각ᄒᆞ여,
락루ᄒᆞᆯ지라, 일노보면, 모쳔된쟈ㅣᄂᆞᆫ, ᄌᆞ
긔일신의회로ᄒᆞᆯ락을, 도라보지아니ᄒᆞ곡,

다만그 것녀를위호여, 싱활혼다홀지라도, 과 언이아닐지라, 그런고로, 동셔남북을, 아지못호눈, 으희들이, 안연무스히, 싱장 립신호여 각기허다힝복을누리고, 지닉나니 그원인(原因)은, 엇지다모쳔의혈심졍셩을, 인홈이아니리오, 긔타예수긔독(耶穌基督)이, 텬샹신즈(天上神子)의최교최대(最高最大)의광영(光榮)을보리시고 이진긔셰계(塵芥세界)에느려오샤, 젹즈창싱(赤子蒼生)을위호여, 쳔추불후지도(千秋不朽之道)를, 광파(廣播)호시다가, 우리인죵의죄악을인호여, 십즈가샹(十字架上)에, 셩혈(聖血)을흘니심과셕가여린(釋迦如來)씌셔, 일국왕즈의부귀와, 금뎐옥루(金殿玉樓)의환락(歡樂)을브리시고, 삼계즁싱(三界衆生)을구졔호기위호여, 젹막고독혼일긔승려(一個僧侶)가되심과, 공즈

(孔子)씌셔, 부셰영광(浮世榮光)을, 초기굿치녁히시고, 허다풍상간고즁에, 희연즈락히, 삼쳔뎨즈로더브러, 인도(仁道)를강론호심이, 다, 이헌신뎍졍신과, 희싱뎍스업에, 귀홀터히오, 이외에고금동셔의남을위호여, 닉몸을브린쟈의슈눈, 실노부디긔슈홀여, 일々히긔록홀수업고, 쪼필요도업슬듯 드른즉, 군일, 본국유지갸위의혈셩으로, 부인학회(婦人學會)라호눈거시, 창립되엿다호니, 그조직(組織)과, 현샹(現狀)의, 엇더홈은, 조셰히아지못호나, 엇지호엿던지, 금일, 본곡녀즈샤회에눈, 극히필요호고, 아름다온일이로다, 그러나, 대뎌, 무숨일이던지, 그목뎍이아름다울스록, 만일일이이던 그결과가여의치못호면, 다른심샹혼일보다, 빅빅가, 더불미호게보이눈지라, 그런고로, 우리부인학회를, 아모됴록, 명실(名

實)이갓치아름답게후고져후며、이는말후
것업시、각々회원(各々會員)이、진심갈력
후여、그목뎍에득달후게후랏게수업스나、
대뎌、우리한국녀즈의、종리습관이、다만
을보닉고、사름열명이라도、모힌되나셔만、
즈긔의집죱은안방에드러안져셔만、셰월
교졔훈일이드믈고、혹은업슬지라、그런즁
졸디에、크나젹으나、일기단테에드러가보
면、허다、난쳐지스도、만을터이요、쏘엇지후
면、회를위후여、실노유익홀지도、모로시후
눈이가、잇슬듯후나、데일、단테에드러잇
눈쟈의게、필요후고、아름다온덕은、헌신
뎍정신이라홀리로다。무릇、무슴회던지、
학교던지、드러가셔눈、즈긔눈、즉그회나、
학교의일분즈(一分子)라、즈긔의언힝동
졍과、픔힝여부가、즉졉히、그회와학교의
대표(代表)가되고、쏘명예셩쇠의관계됨

을、몽즁에라도、닛지말고、므릇、무슴일
로즁심을숨어야훌지라、연고로、비룩즈긔
의게눈、괴롭고、히가되눈일이라도、단테
젼례를、위후여야、훌일이면、즈긔를브리
고、후눈수도잇후여야、말모딕、기침후
나라도、타인의게、방히됨을위후여、후고
습훈씩못후눈일도、잇슬터히라、이눈、극
히스쇼훈것굣후나、그결과눈、실노큰고로、
만일、명심슈의치、아니후면、젼례에、딕후
여、큰방히가、되눈지라、외국대학교에셔
눈、수빅명학도가、한방에셔、공부를후여
도、그방문밧게셔、드를디경이면、사름이
하나도、업눈듯시、종용훈거슬、훈、명에로
숨눈니、이눈、좀간드르면、거즛말굿후나
그듯지、어려온일이아니요、다만、각々조
심후여、췱한쟝을、뒤져이눈티라도、소틱

가, 아니ᄒᆞ게ᄒᆞ고, 잡담한미 되를, 아니ᄒᆞ
가만ᄒᆞ면 ᄌᆞ긔공부도되고, 남의방ᄒᆡ도되
지아니ᄒᆞ고, 또눈학교의아름다온풍속도,
되눈지라, 이거시격은듯ᄒᆞᆫ일이나, 그결과
를보면, 엇지크고즁대ᄒᆞᆫ일이아니리오, 그
러나, 혹, 그즁에하나라도, 이규측을, 가법
교쓸되언눈일이라ᄒᆞ고, ᄌᆞ긔의, ᄒᆞ고습흔
티로만, 홀디경이면즉시, 슈빌명의방ᄒᆡ가
되고, ᄌᆞ긔눈, 그즁에용납지못ᄒᆞᆯ사ᄅᆞᆷ이될
지라, 엇지가셕ᄒᆞᆫ일이아니리오, 그러나,
다만, 이원인인즉, 남을위ᄒᆞ고, ᄌᆞ긔를반
리눈ᄆᆞᄋᆞᆷ, 즉, 크게말ᄒᆞ면, 헌신뎍졍신이
업슴을인ᄒᆞᆷ이로다
이굿치미루워, 싱각ᄒᆞ면, 혹일긔가뎡에
대쇼간혼솔이, 다각각닉몸보다, 남을위ᄒᆞ
여, 서로ᄉᆞ양ᄒᆞ여, 지닉면, ᄌᆞ연히, 화긔가
만실ᄒᆞ여질터히요, 일국졍부와, 샤회의

남녀로소가, 다각소ᄌᆞ긔의몸을, 비록, 회
싱지공(犧牲之供)이되더ᄅᆞ도, 국가와샤
회를위ᄒᆞ여, 미소를, 결심단ᄒᆡᆼ(斷行)홀디
경이면, 그나라의긔초가, 확연부동(確然
不動)홀지라, 방금, 우리나라국민된쟈ㅣ, 이
를싱각ᄒᆞ면, 비록약섭미력(弱力)이나, 엇
지밍연활동치아니ᄒᆞᆯ수잇스리오, 연이나,
이굿흔졍신으로, 무ᄉᆞ일이던지, ᄒᆞ고져ᄒᆞ
눈졍신은, 비록덜셕ᄌᆞ치단단ᄒᆞ더ᄅᆞ도, 실
샹으로ᄒᆡᆼ코져ᄒᆞ면, 극히어려온일인고로,
혹몽즁예라도, 굿튼사ᄅᆞᆷ과, 굿튼국민이되
여, 남은남되로ᄒᆞ고ᄉᆞᆸ고, 편ᄒᆞᆫ일만, ᄒᆞ눈
딕, 나혼ᄌᆞ만쳔신만코ᄒᆞ눈거슨, 실노ᄌᆞ
미도업고, 그ᄶᅵ눈, 원통ᄒᆞᆫ일이라ᄒᆞ눈싱각이나거
든, 그ᄶᅵ눈, 혹예수교신쟈어든, 예수긔
독의, 한평싱을싱각ᄒᆞ여, 스스로위로ᄒᆞ교
불교(佛敎)의신쟈여든, 셕가의몸이되여,

十三

싱각ᄒ며 유교 (儒敎) 를 신ᄒᆞᆫ눈이여든, 공ᄌᆞ의 ᄉᆞ업을싱각ᄒᆞ며 혹 이셰가지즁 아모것도 모르시눈이가잇거든 그 모친이 ᄌᆞ긔를 양휵ᄒᆞ시던의졍을싱각ᄒᆞ여 대뎌 이 셰샹의 타인이라ᄒᆞᆫ눈것슨 결단코 업고 ᄉᆞ히지ᄂᆡ (四海之內) 가 다동포형뎨요 부ᄌᆞ모녀지의 가 잇눈줄을 깁히 싱각ᄒᆞ여 더욱ᄉᆞᄉᆞ 열심으로 면려젼진 (勉勵前進) ᄒᆞᆯ지어다

버록금은보빈와, 능라금슈와, 순히뎐미가 잇기로셔 집이업스면, 어딕셔, 그영화부귀를 누릴수잇스 며, 비록집이잇기로, 그타뎐이, 남의손에드러잇스면 엇지하로를안심ᄒᆞ고 지닐수잇스리요, 지금, 본국ᄉᆞ셰는 졈간방심만ᄒᆞ면, 집과터뎐이업서지고져ᄒᆞ눈ᄯᅵ라, 만일ᄌᆞᆺ기도, 한국국민이라눈ᄉᆞ상이, 조곰이라도, 가진쟈ㅣ면,

그 ᄉᆞ의 ᄉᆞ졍을, 져ᄇᆞ리고셔라도, 아, 국가뎐톄의시급지환을, 구ᄒᆞ여야 ᄒᆞ겟다눈싱각이, 잇슬지라, 하믈며, 쥬야로, 국가의셩쇠를 우려불망ᄒᆞ며, 이쳔만동포의안위를 염녀ᄒᆞ여, 락누쟝탄ᄒᆞᆷ을, 마지아니ᄒᆞᆫ눈, 우리동지된쟈, 엇지국가와, 동포를위ᄒᆞ여, 리긔지졍신 (利己之精神) 하나ᄲᅵ리기를, 어렵다ᄒᆞ리오

韓國이渴望ᄒᆞᆫ人物

崔 錫 夏

國이亂ᄒᆞᆷ에忠臣을思ᄒᆞᆫ다ᄒᆞ얏스니韓國은忠臣을思慕ᄒᆞ눈時代오非常ᄒᆞᆫ人物이生ᄒᆞᆯ然後에야非常ᄒᆞᆫ事業을成就ᄒᆞᆫ다ᄒᆞ얏스니韓國은非常ᄒᆞᆫ人物을要求ᄒᆞ눈時代로다米國의獨立은華盛頓을待ᄒᆞ야其目的을達ᄒᆞ얏고德國의聯合은比斯麥을待ᄒᆞ야其主義

를成호지아니호얏는가

嗚呼라我二千萬同胞가最愛호는韓國이何
故로今日석지皇恩을報答호고蒼生을廣濟
홀英雄兒를出産호지아니호느뇨頃年에閱
忠正이라호는豫言者의게聞호니誕生日이
不遠에在호듯호도다吾儕가滿腔血誠으로
其英雄兒를歡迎호려니와其英雄兒는如何
혼性格을其備혼人物인가我二千萬同胞가
探知코져호야晝夜로研究를不息호리로다
或이曰其人物은那破翁것튼軍略家라恭爾
不振혼民族을警醒호야百敗不挫호는勇氣
를頭腦에注入호야世界列國을一時에征服
호고太極國旗를五洲에揮揚호면天下에第
一强國이되리니此言은壯호느 非호
리오快哉라當年歐洲예는那破翁것튼人物
도다何者오當年歐洲예는那破翁것튼人物
이一人만存在혼故로一時에列國이其膝下

에屈服호얏거니와今日은世界軍略家中에
無數혼那破翁이存在호얏스니엇지一個
那破翁이無數혼那破翁을對敵호리오或이
曰其人物은諸葛孔明것튼大政治家라吳를
親호며魏를伐호야國際上政策을敏活케호
며農桑을勸課호며兵甲을訓鍊호야南蠻을
七擒호며祈山에六出호면覇業을圖라엇
지區々히國權回復을掛慮호리오誤哉라此
言이여其一을知호고其二를未知호도다當
年三國中에는孔明갓튼大政治家가一人만
存在혼故로最小最弱혼西蜀一方으로써最
大最强혼吳魏兩國을對敵호고能히自國의
獨立을保全호얏거니와今日世界政治家中
에는無數혼孔明이存在호얏스니一個
孔明이無數혼孔明을對敵호리오然則一個
鬼沒호는軍略家도아니오經天緯地호는政
治家도아니라天上天下에如何혼人物을更

十五

427

求ᄒ리오自古以來로一代偉人이되야一大偉業을成就ᄒᆞᄂᆞᆫ者ᄂᆞᆫ반다시其時代의要求를代表ᄒᆞ며其人民의希望을代表ᄒᆞ야其目的을達ᄒᆞᆫ者ᅵ라故로世人이言ᄒᆞ되英雄은時代의産物이라ᄒᆞ나니今日我二千萬同胞의理想은何處에在ᄒᆞᆫ뇨必然三尺童子도獨立自由라云ᄒᆞ나니然則獨立自由ᄂᆞᆫ我韓時代의要求오我韓國民의希望이라此理想을貫徹ᄒᆞᆯ者ᅵ即 我韓의大人物이니誰가如此ᄒᆞᆫ大責任을貧擔ᄒᆞ겟ᄂᆞᆫ뇨余ᅵ自答ᄒᆞ야曰此ᄂᆞᆫ別人物이아니라即義務를知ᄒᆞᄂᆞᆫ國民이라ᄒᆞ노라古人이云ᄒᆞ되大英雄이大國民만不如ᄒᆞ다ᄒᆞ니至哉라此言이여千萬年不易ᄒᆞᄂᆞᆫ眞理를包含ᄒᆞᆫ格言이로다東西洋古今歷史를閱考ᄒᆞᆷ에英雄이建設ᄒᆞᆫ國家ᄂᆞᆫ其運命이短ᄒᆞ고國民이建設ᄒᆞᆫ國家ᄂᆞᆫ其運命이長ᄒᆞ도다余言이不信컨디實例를試看

ᄒᆞ라秦始皇이六國을併呑ᄒᆞ고版圓를擴張ᄒᆞ야前無後無ᄒᆞ던大帝國을創立ᄒᆞ얏스ᄂᆞ始皇이去後에其偉業이始皇을從ᄒᆞ야墓中에埋藏ᄒᆞ얏고마게도나아亞歷山大王이龍韜虎略으로써一時에歐亞의太半을征服ᄒᆞ고大帝國을創立ᄒᆞ얏스ᄂᆞ亞歷山大王이去後에其雄圖가泡花에歸ᄒᆞ얏스ᄂᆞ何故也ᅵ오此ᄂᆞᆫ非他라始皇이去後에始皇의偉業을相續ᄒᆞᆯ國民이不出ᄒᆞ얏고亞歷山大王이去後에亞歷山大王의雄圖를繼承ᄒᆞᆯ國民이不出ᄒᆞᆷ으로由ᄒᆞ미라法國은不然ᄒᆞ야建國以來로危險ᄒᆞᆫ歷史를有ᄒᆞ야或은列強聯合軍의馬蹄下에蹂躪을被ᄒᆞᆫ慘狀이有ᄒᆞ고或은怪傑의籠絡物이되야革命의酷禍를當ᄒᆞ얏스나萬死中에一生을得ᄒᆞ야今日에如許ᄒᆞ富強의地位에居ᄒᆞᆫ것은其建國의基礎와立國의原動力이國民에在ᄒᆞᆫ故也ᅵ라

目下我韓現像을觀察하니非常한手段과非常한勇氣와非常한熱心과非常한誠心이아니면決코吾儕의最後希望을達할介無하니是난一二英雄의能할바ㅣ아니오只是無數英雄이同心協力한然後에能할바ㅣ라無數英雄은何를謂함이뇨卽義務를知하난國民全體를指言함이니願컨딕我二千萬同胞난皆是無數英雄이되야國家에心身을献하야我祖先이遺傳하신自由權을回復하야千秋萬載에殊勳을立할지어다

二十世紀의生活

全　永　爵

一日을愉快히지닉고一生을幸福으로送코저홈은吾人々生의共通한願望이라그러면엇지하여야愉快홈을得하랴하난問題가必起할지라愉快한生活은金殿裡에在할ㅁ狩頓의富에在할ㅁ否라엇지此에限하리오高하며卑하며富하며貧하야如何한職業에從事하난人이라도愉快난定코均等히亨受할것이라도愉快난人生에게怡然히得할것이라고似하야何人이라도願하야得할것이라그러나社會의實相을觀察하면愉快히生活하난者其多數를占하나니이난人生이愉快치아니미아니오一生을愉快케하난術을不知홈이로다

一, 愉快한人生

人生은決코愉快한것이니라

人生은元來愉快한것이라古賢이敎하야曰此世에만일人生의不愉快홈을嘆하난者有하면是난其人의過失이라天은人으로하야곰愉快케홈을爲하야造與한것이라하얏더라만일人生을不愉快한것이라고하면人生

은自初로此世에生치아님만굿지못ᄒ도다

旣爲此世에生ᄒ以上은何等의愉快ᄒ것으

로다도先天的約束이無ᄒ다謂치못ᄒ지니

然則天이人을苦辛케ᄒ랴고此世에生케홈

이아님은無疑ᄒ事實이아니리오佛國文士

云ᄒ되人의天性은自然의生活노幸福을삼

고死로써不幸을合ᄂᆞᆫ것이라그러면人生第

一의義務ᄂᆞᆫ天에對ᄒ야人이此世에生ᄒ것

을謝ᄒᄂᆞᆫ데在ᄒ뿐이라ᄒ얏드라美哉라是

言이여生은天의一大恩典이아닌ㄱ

人生을愉快케ᄒᄂᆞᆫ道

快樂의原則은自他의幸福을計ᄒᄂᆞᆫ데在ᄒ

고幸福ᄒ人生은自己와ᄀ치他人을不忘ᄒ

ᄂᆞᆫ데在ᄒ도다此原則은吾人日常의經驗을

依ᄒ야明證되ᄂᆞᆫ것이니例를擧ᄒ必要가無

ᄒ울노思ᄒ노라

室內的人과日外的人

古來에詩歌에만耽溺된人은믄히人生은悲

觀ᄒ지라不生產的人〃이라도亦此의偏習

이有ᄒ니此를矯正ᄒᄂᆞᆫ道不難ᄒ도다恒常

出外ᄒ야活世界에立ᄒ라米國人民의常〃

愉快ᄒ一事ᄂᆞᆫ可謂龜鑑이되염죽ᄒ도다此

事實을推ᄒ면室內人은槪悲觀的

思想이多ᄒ고室外即活世界에立ᄒ人은樂

觀的으로傾ᄒ니誰가此를否定ᄒ리오東洋

에古來로悲觀的人生이多홈은其原因이一

노足ᄒ빈아니ᄂᆞᆫ彼虛無寂滅을鼓吹ᄒᄂᆞᆫ宗

敎의影響은此主因의一이라云치아니치못

ᄒ깃고實業을賤이녁이고官位만崇尊ᄒ것

도亦及에不尠ᄒ影響을及ᄒ얏도다그러

ᄂᆞᆫ現今時勢ᄂᆞᆫ生存競爭의社會라此活

動ᄒᄂᆞᆫ者ᄂᆞᆫ恒常勝을制ᄒᄂᆞᆫ데至ᄒ고此에反

ᄒ者ᄂᆞᆫ甚至自己에國家와一身을亡失ᄒ고

歷史上流嘆百歲ᄒᄂᆞᆫ波蘭埃及等에隻影을

相弔홀뿐이라 故로 人生의 利益은 單長壽호

눈데 在홀뿐은이 오善히 人生 을 利用호야 生

息호눈데 在호도다 假令百年의 壽命을 保호

다호야도 無爲히 送호면 何等의 益이 有호리

오少壯호야 夭折호야도 能히 活動호고 善히

其才能을 利用호야 生호면 其人의 生活은

幸福이라 云홀지라 以此로 結局言之호고 면人

호양즉호 利益幸福의 分量에 在홀뿐이라호

노라

人世의 災厄을 避호눈道

世上에 禍害가 存在홈은 否定키 難호 事實이

눈 其存在호 理由가 有호도다 野蠻이

未開호 人民은 此를 惡鬼의 業에 歸호고 希臘

人은 人生의 不幸으로써 牡神牝神의 反情嫉

妬의 溯源홈이라 云호고 波斯人은 二元論을

提出호야 善元惡元을 假定호고 人生을 福케

호눈 善神과 又人이 崇拜호눈 惡神이 有홈과

갓치 觀察호며 此를 日에 吉凶에 嫁호며 此를

運命良否에 歸호눈 等事눈 難取홀空言이눈

人生行動에 自由說이라홈은 確實이 禍害存

在를 解說호눈데 足호다 云홀지라 만일人에

게自由撰擇의 權이 有호야 면此權을 利用호야

可成的惡을 避홀지라 惡을 避호면 禍害눈스

로消失홀것이니 自由行動의 一大

至實라 人々이 此至 實利用의 方法을 善이호

면他人의 拘束을 免홀것이오 스스로 禍淵에

陷치아니호리라고 余輩눈 斷言을 不憚호노

라

國文便利及漢文弊害의 說(前號續)

姜 荃

我韓이 列强間에 介立호야 今日에 當호 危急

호情狀은 枚舉호야 忍說키不能호나 一線의

餘望은 實노 敎育에 在호야 幾何改良案이 漸

次로 發見ᄒᆞ되 오히려 曩日漢學의 痼弊를 免
치못ᄒᆞ야 一般人士ᄂᆞᆫ 비록 新聞과 雜誌等을
覽ᄒᆞ드리도 純然ᄒᆞᆫ 漢文으로 記載ᄒᆞ거슨 愛
讀ᄒᆞ고ᄯᅩ 學校에 敎科書도 四書와 其他文章
詞句를 敎授ᄒᆞᆫ다ᄒᆞ고 又其他退鄕僻陬에 學
校도 備치못ᄒᆞᆫ處ᄂᆞᆫ 由來의 漢學者의 道學과
文章의 古跡을 繼述ᄒᆞᄂᆞ니 高蹈潔行ᄒᆞ고 遁世
逸俗ᄒᆞᄂᆞᆫ者를 可히 志士라 稱ᄒᆞ깃ᄂᆞᆫ가 能히
古의 道로 今의 俗을 反ᄒᆞ깃ᄂᆞᆫ지 此漢學으
로ᄡᅥ 能히 人智를 開發ᄒᆞ고 國權을 伸張ᄒᆞ리
요實노 我韓의 學政이 明치못ᄒᆞᆷ으로 貧弱의
病을 馴致ᄒᆞ고 存亡의 秋를 遭逢ᄒᆞ엿스니 엇
지杞人의 憂와 添室의 歎을 免ᄒᆞ리요 玆에 千
慮一得의 愚見妄言을 敢히 列陳ᄒᆞ오니 電
覽ᄒᆞ시ᄂᆞᆫ 博雅君子ᄂᆞᆫ 其狂率ᄒᆞᆷ을 寬恕ᄒᆞ
시고 諭劣ᄒᆞᆷ을 俯憐ᄒᆞ읍시기 懇乞ᄒᆞ노라
第一은 上으로 政府에 始ᄒᆞ야 制誥勅語等絲

編과ᄯᅩ庭僚大臣의 奏御䟽章의 體格과 句
讀을 删繁就簡ᄒᆞ며 祛舊就新ᄒᆞ고 國漢文
을相半揷入ᄒᆞ야 面目을 另開ᄒᆞ야ᅥ셔 全國
의 標準을 作ᄒᆞ며 人民의 趨向을 定ᄒᆞᆯ거시
요

第二ᄂᆞᆫ 學部로부터 全國各學校의 敎科書籍
을 一切히 國漢文으로 改定ᄒᆞ고 純然ᄒᆞᆫ 漢
文은 中學校의 四五年生이나 다만 文章에
適宜ᄒᆞᆫ 一二冊을 編選ᄒᆞ야 敎ᄒᆞ며ᄯᅩ 將來
에 大學을 建設ᄒᆞ거던 文學部에ᄂᆞᆫ 特別히
充用ᄒᆞᆯ거시오

第三은 諸般社會의 應用ᄒᆞᄂᆞᆫ 各種簿書와 流
行小說雜誌라도다 國漢文을 混用케ᄒᆞᆯ거
시니

右三條ᄂᆞᆫ 現時에 本國에셔 略行ᄒᆞᄂᆞᆫ 事도 有
ᄒᆞ나 만일 往轍을 戒ᄒᆞ고 來效를 收ᄒᆞᆯ진ᄃᆡ 積
習을 勇斷ᄒᆞ고 新規를 實踐ᄒᆞ야 上下가 相勸